INTRODUCTION

Welcome to the world of digital publishing ~ Using state of the art digital technology and equipment, **VelocePress** is able to bring titles back in print allowing you to access the information that you need, when you need it. Never has information been so accessible and it is our hope that this book serves your informational needs for years to come. While this edition is presented unchanged from the original 1967 edition, it has been reproduced using the latest print-on-demand technology.

If this is your first exposure to digital publishing, we hope that you are pleased with the results. Many more titles of interest to the classic automobile and motorcycle enthusiast are available via our website at **www.VelocePress.com** we hope that you find this title as interesting as we do.

NOTE FROM THE PUBLISHER

The information presented is unchanged from the original edition and has not been updated to reflect changes in common practice, new technology, availability of improved materials or increased awareness of chemical toxicity. As such, it is advised that the user consult with an experienced professional prior to undertaking any procedure described herein.

INFORMATION ON THE USE OF THIS PUBLICATION

This manual is an invaluable resource for the classic **BMW** motorcycle enthusiast and a must have for owners interested in performing their own maintenance. These manuals include detailed repair and service data and comprehensive step-by-step instructions and illustrations on dismantling, overhauling, and re-assembly.

Whilst every care has been taken to ensure correctness of information, it is obviously not possible to guarantee complete freedom from errors or omissions or to accept liability arising from such errors or omissions. Therefore, by using the information contained within this manual, any individual that elects to perform or participate in do-it-yourself repairs or modifications acknowledges that there is a risk factor involved and that the publishers or its associates cannot be held responsible for personal injury or property damage resulting from the outcome of such repairs.

ISBN: 1588500675 ~ Published in 2007 by

check our website ~ **www.VelocePress.com** ~ for a complete list of titles

REPARATURANLEITUNG
MANUEL DE REPARATION
REPAIR MANUAL
MANUAL DE REPARACIONES

MOTORRÄDER
R 50 · R 50 S
R 60 · R 69 S

Announcement

This is probably one of the most complete shop manuals ever published, as it pertains to servicing and maintenance of the famous BMW Motorcycles built in Munich, Germany. The text and picture captions are printed in four languages—English, German, French and Spanish—and is a reproduction of the shop manual covering the following models: R50, R50S, R60, R69S. Also included is a supplement for the USA models: R50US, R60US, R69US.

This manual is not intended to make the BMW owner an expert mechanic, but to give him a better understanding of the fundamentals of what many experts in every country consider to be the finest motorcycle available. BMW models are unique, have a long life with seldom needed repairs and, due to few yearly changes, they have an exceptionally high resale value.

When service is needed, we urge every rider to go to the nearest BMW dealer, as most of them have the necessary special tools to do a proper job and mechanics trained in factory methods. They also have genuine BMW factory parts.

There is a network of fine BMW dealers in the United States and Canada —too many to list here. We suggest, therefore, that owners contact:

EAST: BUTLER & SMITH, INC., 160 WEST 83RD STREET, NEW YORK, N.Y. 10024
WEST: FLANDERS COMPANY, 200 WEST WALNUT STREET, PASADENA, CALIF. 91103
CANADA: NORTHWEST MOTORS LTD., 2321 KEELE STREET, TORONTO 15, ONTARIO

Published in 1967 by

FLOYD CLYMER PUBLICATIONS
World's Largest Publisher of Books Relating to Automobiles, Motorcycles, Motor Racing, and Americana
222 NO. VIRGIL AVENUE AT BEVERLY BLVD., LOS ANGELES 4, CALIFORNIA

Vorwort

Der zunehmende Wettbewerb auf dem Kraftfahrzeugmarkt fordert heute mehr denn je eine sorgfältige Betreuung des Kunden, um diesem die Freude an seinem Fahrzeug sowie die Treue zum Händler und das Vertrauen zum Werk zu erhalten.

Der wichtigste Faktor für einen guten Kundendienst ist die einwandfreie Instandsetzung der Kundenfahrzeuge in einer sauber gehaltenen, mit den erforderlichen Spezialwerkzeugen ausgestatteten Werkstätte. In einer solchen werden sich auch gute Fachleute, die in einer BMW-Kundendienstschule ausgebildet wurden, wohlfühlen. Damit ist die beste Gewähr für eine einwandfreie und schnelle Erledigung der Arbeiten zur Zufriedenheit der Kunden und der Betriebsleitung gegeben.

Die vorliegende Reparaturanleitung soll diesem Ziel durch Anweisung der fachgerechten Arbeitsfolgen mit Anwendung der zugehörigen Spezialwerkzeuge dienen.

Sie gehört deshalb in die Werkstätte, damit sie jedem Monteur, der an BMW-Motorrädern arbeitet, stets zugänglich ist.

BAYERISCHE MOTOREN WERKE
Aktiengesellschaft
München 13

Avant-propos

La concurrence sans cesse croissante sur le marché des véhicules á moteur exige, aujourd'hui plus que jamais, les soins les plus attentifs au service du client, afin qu'il soit totalement satisfait de son véhicule, qu'il demeure fidèle à son fournisseur et conserve toute sa confiance à la marque.

Le plus important facteur à cet effet est le maintien en parfait état du véhicule, dans un atelier ordré et propre équipé de tout l'outillage spécial nécessaire, par de bons mécaniciens, ayant parfait leurs connaissances à un cours de service BMW. Ainsi sont réunies les meilleures garanties d'un travail impeccable, promptement exécuté à la satisfaction du client et assurant la sécurité de fonctionnement de son véhicule.

Le présent manuel aidera à atteindre ce but, en précisant le déroulement rationnel de chaque opération et l'emploi des outils spéciaux correspondants.

Sa place est donc à l'atelier, à portée de main de chaque monteur travaillant sur les motos BMW.

BAYERISCHE MOTOREN WERKE
Aktiengesellschaft
München 13

Foreword

The increasing competition on the motorcycle market requires more than ever careful attending of the customer in order to give him satisfaction with his motorcycle and to maintain his confidence in dealer and factory.

It is a most important factor for good service to repair the clients' vehicles correctly in a well organized and clean repair shop equipped with all necessary special tools. In such a workshop also qualified specialists who have been trained in the BMW service school will feel happy. Herewith the best guarantee is given for competent and quick execution of repair work to the satisfaction of the customer and the management.

It is the purpose of this workshop manual to serve this aim by indicating the competent working order with the use of the corresponding special tools.

The workshop manual therefore ought to be always within the workshop being at hand of every mechanic working on BMW motorcycles.

BAYERISCHE MOTOREN WERKE
Aktiengesellschaft
München 13

Prólogo

Debido a la creciente competencia en el mercado motociclista, la clientela debe ser atendida, ahora más que nunca, en forma amplia y satisfactoria, a fin de conservar en ella la afición por su vehículo, la lealtad al vendedor y la confianza en la marca.

El factor más importante para un buen servicio de clientela radica en un taller limpio y ordenado, provisto de todas las herramientas especiales necesarias, donde pueda efectuarse la correcta reparación de los vehículos. Allí también podrán trabajar con agrado los especialistas que hayan ampliado sus conocimientos en la escuela de servicio de la fábrica BMW. Bajo estas condiciones, los trabajos de arreglo podrán ser efectuados de forma rápida y correcta, con lo que habrán quedado complacidos tanto el cliente como la dirección del taller.

El presente manual de reparaciones contribuye a alcanzar esta finalidad, indicando la sucesión metódica de las diferentes operaciones de trabajo y explicando el empleo de las correspondientes herramientas especiales.

Por lo tanto, este manual de reparaciones deberá hallarse siempre en el mismo taller, a la disposición de los mecánicos encargados del arreglo de las motos BMW.

BAYERISCHE MOTOREN WERKE
Aktiengesellschaft
München 13

Inhalt	
	Seite
Einführung	8
Technische Daten	10
Maße und Passungen	24
Spezialwerkzeuge	
a) Matra-Werkzeuge	36
b) Selbstanfertigungswerkzeuge	40
D = Demontage und Montage des Triebwerkes	44
D 1 = Hinterrad aus- und einbauen	44
D 2a = Hinterradgetriebe aus- und einbauen (Laufrad ausgebaut)	46
D 2b = Hinterradschwinge aus- und einbauen (Hinterradgetriebe ausgebaut)	48
D 3a = Getriebe aus- und einbauen (Hinterradantrieb ausgebaut)	52
D 3b = Getriebe aus- und einbauen (bei eingebautem Hinterradantrieb)	52
D 4 = Motor aus- und einbauen (Getriebe ausgebaut)	54
M = Motor	58
M 1 = Zylinderkopf abbauen, instandsetzen und wieder anbauen	58
1. Zylinderkopf ab- und anbauen	58
2. Ventile aus- und einbauen einschließlich Prüfungen	58
3. Ventilführungen erneuern	60
4. Ventilsitze erneuern	60
5. Ventilsitze nacharbeiten	60
M 2 = Zylinder und Kolben aus- und einbauen, nachmessen und instandsetzen	62
1. Zylinder und Kolben aus- und einbauen	62
2. Prüfungen und instandsetzen	64
M 3 = Magnetzünder ab- und anbauen (Motor ausgebaut)	66
M 4 = Steuerwelle mit Antrieb aus- und einbauen (Motor ausgebaut)	68
M 5 = Kupplung aus- und anbauen (Motor ausgebaut)	72
M 6 = Schwungscheibe ab- und anbauen (Motor im Montagebock)	74
M 7 = Ölwanne und Ölsieb ab- und anbauen	76
M 8 = Kurbelwelle samt Pleuel aus- und einbauen	78
M 9 = Einstellen der Ventile	82
M 10 = Zündung einstellen	84
M 11 = Vergaser und Ansaugluftfilter reinigen, Leerlauf einstellen	88

Table des matières	
	Page
Introduction	8
Données techniques	10
Cotes et tolérances	24
Outillage spécial	
a) Outils Matra	36
b) Outils à exécuter par l'agent	40
D = Dépose et pose de la transmission	44
D 1 = Dépose et pose de la roue arrière	44
D 2a = Dépose et pose du couple arrière (roue déposée)	46
D 2b = Dépose et pose de la suspension arrière (couple arrière déposée)	48
D 3a = Dépose et pose de la boîte de vitesses (transmission arrière déposée)	52
D 3b = Dépose et pose de la boîte de vitesses (la transmission arrière étant posée)	52
D 4 = Dépose et pose du moteur (boîte de vitesses déposée)	54
M = Moteur	58
M 1 = Dépose, mise en état et repose des culasses	58
1. Dépose et pose des culasses	58
2. Dépose et pose des soupapes, avec contrôles	58
3. Remplacement des guides de soupapes	60
4. Remplacement des sièges de soupapes	60
5. Retouche des sièges de soupapes	60
M 2 = Dépose et pose des cylindres et pistons, mesures et mise en état	62
1. Dépose et pose des cylindres et pistons	62
2. Contrôles et mise en état	64
M 3 = Dépose et pose de la magnéto (moteur déposé)	66
M 4 = Dépose et pose de l'arbre à cames et des pignons de distribution (moteur déposé)	68
M 5 = Dépose et pose de l'embrayage (moteur déposé)	72
M 6 = Dépose et pose du volant (moteur sur banc de montage)	74
M 7 = Dépose et pose du fond de carter et du treillis-filtre	76
M 8 = Dépose et pose du vilebrequin avec les bielles	78
M 9 = Réglage des culbuteurs	82
M 10 = Calage de l'allumage	84
M 11 = Nettoyage des carburateurs et du filtre d'air, réglage du ralenti	88

Contents

		Page
Introduction		9
Technical Data		11
Tolerances and Fits		25
Special Tools		
a) Matra Tools		37
b) Tools to be made on drawings		41

D = Removal and Installation of Power Train . . . 44

D 1	=	Removing and Installing Rear Wheel . . . 44
D 2a	=	Removing and Installing Final Drive (Rear Wheel removed) 46
D 2b	=	Removing and Installing Rear Swinging Arm (Final Drive removed) 48
D 3a	=	Removing and Installing Transmission (Final Drive removed) 52
D 3b	=	Removing and Installing Transmission (with installed final drive) 52
D 4	=	Removing and Installing Engine (Transmission removed) 54

M = Engine . . . 58

M 1	=	Removing Cylinder Heads, Repairing and Reinstalling 58
		1. Removing and Installing Cylinder Head . 58
		2. Removing and Installing Valves, including Inspection 58
		3. Replacing Valve Guides 60
		4. Replacing Valve Seats 60
		5. Refacing Valve Seats 60
M 2	=	Removing and Installing Cylinders and Pistons, Checking and Reconditioning . . . 62
		1. Removing and Installing Cylinders and Pistons 62
		2. Checking and Reconditioning . . . 64
M 3	=	Removing and Installing Ignition Magneto (Engine removed) 66
M 4	=	Removing and Installing Camshaft and Timing Gears (Engine removed) . . . 68
M 5	=	Removing and Installing Clutch Unit (Engine removed) 72
M 6	=	Removing and Installing Flywheel (Engine in assembling stand) 74
M 7	=	Removing and Installing Oil Sump and Oil Strainer 76
M 8	=	Removing and Installing Crankshaft with Connecting Rods 78
M 9	=	Adjusting Valve Clearance 82
M 10	=	Adjusting Ignition Timing 84
M 11	=	Cleaning Carburetors and Intake Air Filter, Adjusting of Idling Speed 88

Indice

		Página
Introducción		9
Datos técnicos		11
Medidas y tolerancias		25
Herramientas especiales		
a) herramientas MATRA		37
b) herramientas hechas en el taller		41

D = Desmontar y montar los órganos de accionamiento . . . 45

D 1	=	Desmontar y montar la rueda trasera . . 45
D 2a	=	Desmontar y montar la transmisión de la rueda trasera (con la rueda desmontada) . 47
D 2b	=	Desmontar y montar el balancín trasero (con la transmisión trasera desmontada) . . 49
D 3a	=	Desmontar y montar la caja de cambio (con el mecanismo de accionamiento trasero desmontado) 53
D 3b	=	Desmontar y montar la caja de cambio (con el mecanismo de accionamiento trasero montado) 53
D 4	=	Desmontar y montar el motor (con la caja de cambio desmontada) . . . 55

M = Motor . . . 59

M 1	=	Desmontar la culata del cilindro, repararla y volverla a montar 59
		1. Desmontar y montar la culata del cilindro 59
		2. Desmontar y montar las válvulas, incluyendo su comprobación 59
		3. Renovar las guías de las válvulas . . 61
		4. Renovar los asientos de las válvulas . . 61
		5. Rectificar los asientos de las válvulas . . 61
M 2	=	Desmontar y montar el cilindro y el pistón, medirlos y repararlos 63
		1. Desmontar y montar el cilindro y el pistón 63
		2. Comprobaciones y reparaciones . . . 65
M 3	=	Desmontar y montar el magneto para el encendido (con el motor desmontado) . . . 67
M 4	=	Desmontar y montar el árbol de levas con su sistema de transmisión (con el motor desmontado) 69
M 5	=	Desmontar y montar el embrague (con el motor desmontado) 73
M 6	=	Desmontar y montar el volante (con el motor en el caballete de montaje) . 75
M 7	=	Desmontar y montar el cárter y el filtro de aceite 77
M 8	=	Desmontar y montar el cigüeñal con la biela 79
M 9	=	Ajustar el juego de válvulas 83
M 10	=	Ajustar el encendido 85
M 11	=	Limpiar el carburador y el filtro de aire, ajustar la marcha en vacío 89

G = Getriebe zerlegen, instandsetzen und zusammenbauen (Getriebe ausgebaut) . . . 90	**G = Démontage, mise en état et remontage de la boîte de vitesses** (Boîte déposée) 90
G 1 = Mitnehmerflansch zum Kardanwellenantrieb ab- und anbauen 90	G 1 = Dépose et pose de la joue d'entraînement de l'arbre 90
G 2 = Getriebewellen aus- und einbauen 92	G 2 = Dépose et pose des arbres de boîte . . . 92
G 3 = Fuß-Schaltung aus- und einbauen 96	G 3 = Dépose et pose du sélecteur 96
G 4 = Antriebswelle zerlegen und zusammenbauen 98	G 4 = Démontage et remontage de l'arbre primaire 98
G 5 = Abtriebswelle zerlegen und zusammenbauen 98	G 5 = Démontage et remontage de l'arbre de sortie 98
G 6 = Kickstarter ab- und anbauen 100	G 6 = Dépose et pose du kickstarter 100
G 7 = Tachometerantrieb ab- und anbauen . . . 100	G 7 = Dépose et pose de l'entraînement de compteur 100
G 8 = Leerlaufkontakt ab- und anbauen . . . 100	G 8 = Dépose et pose du contact de point-mort . 100
H = Hinterradantrieb zerlegen, instandsetzen und zusammenbauen (Hinterradgetriebe ausgebaut) . 102	**H = Démontage, mise en état et remontage de la transmission arrière** (couple arrière déposé) . 102
H 1 = Kardanwelle aus Schwinge aus- und einbauen. 102	H 1 = Démonter et remonter l'arbre cardan dans le bras oscillant 102
H 2 = Hinterradgetriebe zerlegen, instandsetzen und zusammenbauen 104	H 2 = Démontage, mise en état et remontage du couple arrière 104
B = Bremsen und Laufräder (Laufräder ausgebaut) 110	**B = Freins et roues** (roues déposées) 110
B 1 = Laufradlager aus- und einbauen, neu fetten 110	B 1 = Dépose et pose des roulements de roues, graissage 110
B 2 = Bremsbelag erneuern 112	B 2 = Remplacement des garnitures de freins . . 112
B 3 = Laufräder einspeichen 112	B 3 = Rayonnage des roues 112
L = Lenkung und Federbeine (Laufrad ausgebaut) 114	**L = Direction et jambages à ressort** (roue déposée) 114
L 1 = Vorderrad-Federbeine aus- und einbauen . 114	L 1 = Dépose et pose des jambages à ressort . . 114
L 2 = Vorderradschwinge aus- und einbauen (Laufrad und Stoßdämpfer ausgebaut) . 116	L 2 = Dépose et pose du bras oscillant avant (roue et jambages déposés) 116
L 3 = Vorderradgabel aus- und einbauen . . . 118	L 3 = Dépose et pose de la fourche avant . . . 118
L 4 = Hydraulischen Lenkungsdämpfer aus- und einbauen 120	L 4 = Dépose et pose du frein hydraulique de direction 120
E = Elektrische Anlage 124	**E = Equipement électrique** 124
Beschreibung 124	Description 124
Instandhaltung 128	Entretien 128
Stromlaufplan 136	Schéma des connections 136
Störungen, deren Auffindung und Beseitigung 138	Dérangements : recherche des causes et réparation 138
Nachträglicher Anbau des BMW-Seitenwagens „Spezial" 152	**Montage après coup du side-car BMW « Spezial »** . 152

G =	**Disassembling, Reconditioning and Assembling Transmission** (Transmission removed)	90
G 1 =	Removing and Installing Coupling Flange of Output Shaft	90
G 2 =	Removing and Installing Transmission Shafts	92
G 3 =	Removing and Installing Foot Gear Shifting Mechanism	96
G 4 =	Disassembling and Assembling Primary Shaft	98
G 5 =	Disassembling and Assembling Output Shaft	98
G 6 =	Removing and Installing Kickstarter	100
G 7 =	Removing and Installing Speedometer Drive Take-Off	100
G 8 =	Removing and Installing Neutral Indicator Contact	100
H =	**Disassembling, Reconditioning and Assembling Final Drive** (Final Drive removed)	102
H 1 =	Removing Drive Shaft from Swinging Arm and Installing	102
H 2 =	Disassembling, Reconditioning and Assembling Final Drive	104
B =	**Brakes and Road Wheels** (Road Wheels removed)	110
B 1 =	Removing Wheel Bearings, Re-Packing with Grease and Installing	110
B 2 =	Brake Shoe Relining	112
B 3 =	Fitting Spokes	112
L =	**Steering and Spring Legs** (Road Wheel removed)	114
L 1 =	Removing and Installing Front Spring Legs	114
L 2 =	Removing and Installing Front Swinging Arm (Road Wheel and Shock Absorbers removed)	116
L 3 =	Removing and Installing Front Fork	118
L 4 =	Removing and Installing Hydraulic Steering Damper	120
E =	**Electrical Equipment**	125
	Description	125
	Maintenance	129
	Wiring Diagram	136
	Typical Failures, their Causes and Correction	139
Subsequent Mounting of a BMW "Spezial" Sidecar		**153**

G =	**Desarmar la caja de cambio, repararla y armarla** (con la caja de cambio desmontada)	91
G 1 =	Desmontar y montar la brida de arrastre que acciona el eje de cardán	91
G 2 =	Desmontar y montar los ejes de la caja de cambio	93
G 3 =	Desmontar y montar el mecanismo selector del cambio de velocidades	97
G 4 =	Desarmar y armar el eje impulsor	99
G 5 =	Desarmar y armar el eje inducido	99
G 6 =	Desmontar y montar el pedal de arranque	101
G 7 =	Desmontar y montar el conjunto impulsor del velocímetro	101
G 8 =	Desmontar y montar el contacto de marcha en vacío	101
H =	**Desarmar, reparar y volver a armar el mecanismo de accionamiento trasero** (con la transmisión desmontada)	103
H 1 =	Desmontar y montar el eje de cardán, del balancín	103
H 2 =	Desarmar, reparar y armar la transmisión de la rueda trasera	105
B =	**Frenos y ruedas** (ruedas desmontadas)	111
B 1 =	Desmontar, engrasar y montar los cojinetes de las ruedas	111
B 2 =	Renovar los forros de los frenos	113
B 3 =	Enrayar las ruedas	113
L =	**Dirección y brazos telescópicos** (con la rueda desmontada)	115
L 1 =	Desmontar y montar los brazos telescópicos de la rueda delantera	115
L 2 =	Desmontar y montar el balancín delantero (con la rueda y los amortiguadores desmontados)	117
L 3 =	Desmontar y montar la horquilla delantera	119
L 4 =	Desmontar y montar el amortiguador hidráulico de la dirección	121
E =	**Instalación eléctrica**	125
	Descripción	125
	Entretenimiento	129
	Esquema de conexiones	136
	Fallas, su localización y eliminación	139
Acoplamiento posterior del sidecar BMW „Spezial"		**153**

Einführung

In der Reparaturanleitung wird das Zerlegen, Instandsetzen und Zusammenbauen soweit beschrieben und durch Abbildungen erläutert, als diese Arbeiten in einem guteingerichteten Reparaturbetrieb für Motorräder mit im BMW-Kundendienst geschulten Monteuren und den erforderlichen Spezialwerkzeugen durchzuführen sind.
Im Interesse einer übersichtlichen Darstellung sind elementare, klar übersichtliche Arbeitsvorgänge nur kurz zusammengefaßt angegeben.

Die Reparaturen sind in Hauptgruppen, z. B. M = Motor, G = Getriebe usw., aufgegliedert, die wiederum in einzelne Arbeitsvorgänge, z. B. M1, M2 usw., unterteilt sind.

Diese Kurzbezeichnungen der Arbeitsvorgänge entsprechen den gleichen Bezeichnungen in der Richtzeitenliste.

Die Reparaturen, besonders an Motoren und Triebwerken, sollen in staubfreien Räumen vorgenommen werden.

In Arbeitspausen sollen offene Triebwerke und Öffnungen, die in Triebwerke oder Ölkanäle führen, mit sauberen Lappen abgedeckt werden.

Für die Reparaturen sind die angegebenen Spezial- und Selbstanfertigungswerkzeuge zu verwenden, um eine einwandfreie Arbeit und eine kurze Arbeitszeit zu erreichen.

Zum Lösen und Festziehen von Schrauben und Muttern sind möglichst Steck- oder Ringschlüssel zu verwenden, um die Sechskante zu schonen.

Beim Zerlegen von Bauteilen ist auf die Anordnung von Schrauben- und Mutternsicherungen, Abstandsscheiben, Dichtungen, Gummilagerungen usw. zu achten. Gegebenenfalls sind zusammengehörige Bauteile zusammenzuzeichnen, damit sie in gleicher Lage wieder zusammengebaut werden.

Ventile, Ventilfedern, Federteller, Schwinghebel, Stoßstangen, Stößel, Kolben, Pleuel und Lager sind in geeigneten Ablagekästen mit Lagerrasten geordnet abzulegen.

Zerlegte Teile sind nach Reinigung wie folgt zu prüfen:

Gleitende und rollende Flächen auf Verschleiß und einwandfreie Oberflächen,
alle Metallteile, insbesondere Gußstücke, gehärtete Teile und Schweißstellen auf Risse und Korrosion sowie Gummiteile auf Geschmeidigkeit für eine Wiederverwendung.

Dichtungen und Sicherungsscheiben mit Abbiegelappen sind in der Regel beim Zusammenbau zu erneuern.

Der Zusammenbau geschieht sinngemäß in der umgekehrten Reihenfolge wie beim Zerlegen, weshalb auf eine gesonderte Einbaubeschreibung verzichtet wurde. Abweichungen hiervon sowie erforderliche Messungen und besondere Maßnahmen, die beim Zusammenbau zu beachten sind, wurden bei den entsprechenden Ausbaufolgen unter dem Vermerk „Achtung" angeführt.

Introduction

Ce manuel de réparations décrit assez à fond – illustrations à l'appui – tous les démontages, remises en état et remontages, pour que ces travaux puissent être exécutés sans difficulté par tout atelier bien installé, disposant d'un personnel instruit au cours BMW et de l'outillage spécial nécessaire. Pour une meilleure clarté de l'ensemble, les travaux élémentaires, facilement compréhensibles, ne sont que brièvement résumés.

Les réparations sont organisées en groupes principaux, par exemple M = Moteur, G = Boîte de vitesses, etc., subdivisés eux-mêmes en travaux particuliers, par ex. M1, M2, etc.

La même désignation est également employée, pour chaque travail, dans la liste des temps normaux de réparations.

Les réparations, spécialement sur le moteur et la transmission, doivent être exécutées dans un local à l'abri de la poussière. Pendant les interruptions de travail, les pièces nues ou les ouvertures donnant sur un mécanisme ou sur des canalisations d'huile, doivent être recouvertes de chiffons propres.

Pour obtenir un travail impeccable, sans perte de temps, il est nécessaire d'utiliser l'outillage spécial prescrit (Matra ou exécuté dans l'atelier même).

Pour le déblocage ou le serrage des vis ou écrous, il faut autant que possible utiliser des clefs à tube ou fermées, pour ne pas endommager les pans.

Au démontage, il faut veiller à la disposition des arrêts des vis ou écrous, des rondelles d'espacement, joints, appuis caoutchouc, etc. Il faut aussi repérer les pièces devant être remontées ensemble, pour pouvoir les remettre dans la même position.

Les soupapes, ressorts de soupapes et coupelles, culbuteurs, tiges de culbuteurs et poussoirs, pistons, bielles, roulements, seront déposés, après démontage, dans des caisses en bois pourvues de casiers. Avant remontage, elles seront soigneusement nettoyées et contrôlées aux points de vue suivants :

Surfaces portantes exemptes d'usure ou de détériorations ;
Toutes pièces métalliques, spécialement les pièces fondues, traitées ou soudées : absence de fissures ou de corrosion ;
Pièces caoutchouc : pas de durcissement.

Les joints, les goupilles et les rondelles de sécurité repliables doivent, dans la règle, être remplacés à chaque démontage.

Le remontage s'opère normalement en sens inverse des opérations de démontage, sauf autre indication. Chaque fois qu'une exception à cette règle se présente, ou que des contrôles ou des dispositions spéciales doivent être prises au remontage, ce manuel l'indique, sous la mention «Attention!» immédiatement à la suite des instructions de démontage.

Introduction

The purpose of this workshop manual and its illustrations is to explain the operations necessary for disassembly, repair and reassembly as far as this work can be carried out in a well organized repair shop for motorcycles by mechanics trained in the BMW Service School.

In order to hold the description as clear as possible the basic and already well known working operations are summarized in only short explanations.

The repairs are classified in main groups as for instance M = Engine, G = Transmission a.s.o. Each main group is further divided into subgroups, such as M 1, M 2, a.s.o.

The same abbreviated specifications are also used in the Flat Rate Manual.

Repairs on the engine and transmission especially should be carried out in dust-free places.

During breaks disassembled transmissions and openings leading to the inner engine parts or lubrication holes should be protected from dust by clean rags.

In order to obtain first-rate work and to decrease at the same time the working hours, the listed special tools and the tools made on drawings must be applied. For unscrewing and tightening of bolts and nuts, box or ring wrenches should be used whenever possible.

On disassembling of parts attention has to be paid to the arrangement of lockwashers on screws and nuts, spacing washers, gaskets, rubber mounts a.s.o. If necessary mark mating parts in order to guarantee correct assembly.

Valves, valve springs, spring retainers, rockers, pushrods, tappets, pistons, connecting rods and bearings should be put away in suitable boxes.

Disassembled parts have to be cleaned and thoroughly checked for the following:

Sliding and rolling surfaces for wear and freedom from scoring marks, all metall parts, particularly castings, tempered parts and welded joints as well for cracks and corrosion, and rubber parts for suitableness.

As a rule all gaskets and tab washers are to be replaced on reassembling.

As the reassembly has to be carried out precisely in the reverse order it has not been considered necessary to separately explain the assembly. Variations herefrom as well as necessary gauging or special measures which have to be respected on assembly are mentioned under the remark "Caution" or "Important".

Introducción

En este manual se describen e ilustran con suficiente exactitud y claridad los diversos trabajos de desmontaje, reparación y montaje, para que puedan ser ejecutados por cualquier mecánico que haya participado en los cursillos de servicio BMW y que trabaje en un taller de motocicletas bien equipado, provisto de todo el utillaje especial preciso.

Con el fin de lograr una descripción fácilmente comprensible, sólo se han indicado de forma breve y esquemática las operaciones de trabajo elementales.

Las reparaciones han sido divididas en grupos principales, p.e. M = motor, G = caja de cambio, que a su vez constan de las diversas operaciones de trabajo individuales, p.e. M 1, M 2, etc. Estas abreviaturas de las diferentes operaciones de trabajo también se emplean, con la misma designación, en la relación de tiempos de trabajo.

Las reparaciones, especialmente del motor y de los sistemas de transmisión, deben efectuarse en recintos exentos de polvo.

Durante los descansos, es indispensable cubrir con trapos limpios los órganos de accionamiento abiertos y los lugares descubiertos que conduzcan a transmisiones o a conducciones de aceite.

Se recomienda utilizar las herramientas especiales así como las que han sido hechas en el mismo taller, para efectuar las reparaciones de forma correcta y en el menor tiempo posible. Para no deteriorar los cantos de las tuercas y de los tornillos, al apretarlos y aflojarlos durante dichas reparaciones, se recomienda emplear llaves tubulares y llaves anulares siempre que sea posible.

Al desarmar las diferentes piezas, es preciso poner mucha atención en el orden de colocación exacto de los tornillos, tuercas de seguridad, arandelas distanciadoras, juntas, apoyos de goma, etc. Si fuese necesario, se confecciona un dibujo con el orden de colocación de los elementos que forman estas piezas, para valerse de él al efectuar el montaje.

Las válvulas, resortes de válvulas, platillos de resortes, balancines, vástagos de tope, taqués, pistones, bielas y cojinetes han de ser guardados en cajas, adecuadas para su almacenamiento.

Después de haber desarmado y limpiado las diferentes piezas, se efectuará su revisión según los siguientes puntos de vista:

superficies sometidas a deslizamiento y rotación: comprobar el desgaste y la ausencia de irregularidades en la superficie; piezas metálicas, sobre todo piezas de fundición, templadas o soldadas: comprobar la ausencia de hendiduras y de corrosión; piezas de goma: examinar si aún son lo suficientemente flexibles para volver a ser empleadas.

Las juntas y las arandelas de seguridad con lengüetas abatibles han de ser sustituidas por regla general durante cada montaje. Como es natural, el montaje se efectúa en sentido inverso al desmontaje, por lo que se ha renunciado a incluir en este manual instrucciones de montaje especiales. Las excepciones de esta regla, así como ciertas disposiciones y mediciones especiales que deben ser tenidas en cuenta al efectuar el montaje, se especifican bajo la observación de «Atención» inmediatamente después del párrafo dedicado a las respectivas operaciones de desmontaje.

Technische Daten

Motor:

Motorbauart: Zweizylinder-Viertakt-Ottomotor mit gegenüberliegenden Zylindern, mit V-förmig im Zylinderkopf hängenden Ventilen.

Bei Baumuster	R 50	R 50 S	R 60	R 69 S
Höchst-Dauerleistung PS	26	35	30	42
bei Motordrehzahl U/min.	5800	7650	5800	7000
Zylinderbohrung mm	68	68	72	72
Kolbenhub mm	68	68	73	73
Hubvolumen ccm	490	490	590	590
Verdichtungsverhältnis	6,8:1	9,2:1	7,5:1	9,5:1

Steuerwelleneinstellung bei 2 mm Ventilspiel (Toleranz ± 2,5°):

	R 50 + R 60	R 50 S + R 69 S
Einlaß öffnet	6° n. OT	4° n. OT
Einlaß schließt	34° n. UT	44° n. UT
Auslaß öffnet	34° v. UT	44° v. UT
Auslaß schließt	6° v. OT	4° v. OT

Betriebsventilspiel bei kaltem Motor:
- Einlaß: 0,15 mm
- Auslaß: 0,20 mm

Schmiersystem: Druckumlauf-Schleuderschmierung durch Zahnradpumpe, Ölvorrat im Motorgehäuse-Unterteil

Schmierstoff: Marken-HD-Öl SAE 10 W 30 für Ottomotoren, Sommer und Winter

Schmierstoff-Füllmenge: 2 Liter

Vergaser:

	R 50	R 50 S	R 60	R 69 S
Bauweise	Zwei Bing-Schrägstrom-Schiebervergaser mit Nadeldüse			
Bing-Vergasertyp linker Vergaser	1/24/45	1/26/71	1/24/125	1/26/69
rechter Vergaser	1/24/46	1/26/72	1/24/126	1/26/70
Vergaser-Durchgang mm	24	26	24	26
Hauptdüse	105	135	110	135
Nadeldüse 45–251/	1308	1208	1308	2108
Düsennadel 46–	255	934 Nr. 4	255	934 Nr. 4
Nadelposition	3	2	3	2
Leerlaufdüse	35	35	35	35
Leerluftluftschraube geöffnet (Umdr.)	1–2½	1–2½	1–2½	1–2½
Gasschieber	22–470	22–531	22–470	22–531
Schwimmergewicht	7 g	7 g	7 g	7 g

Ansaugluftfilter: Für beide Vergaser ein gemeinsames Micronic-Trockenfilter, bei R 50 und R 60 mit Startschieber, bei R 50 S und R 69 S ohne Startschieber.

Données techniques

Moteur:

Type: Bi-cylindres, 4 temps, cylindres opposés horizontalement, soupapes en tête disposées en V.

Modèles	R 50	R 50 S	R 60	R 69 S
Puissance soutenue max. PS	26	35	30	42
au régime de t/min	5800	7650	5800	7000
Alésage, mm	68	68	72	72
Course, mm	68	68	73	73
Cylindrée cm³	490	490	590	590
Rapport de compression	6,8:1	9,2:1	7,5:1	9,5:1

Calage de distribution, avec 2 mm de jeu aux culbuteurs (Tolérance ± 2,5°):

	R 50 & R 60	R 50 S & R 69 S
Admission ouvre	6° après PMH	4° après PMH
Admission ferme	34° après PMB	44° après PMB
Echappement ouvre	34° avant PMB	44° avant PMB
Echappement ferme	6° avant PMH	4° avant PMH

Jeu en service des culbuteurs, moteur froid :
- admission: 0,15 mm
- échappement: 0,20 mm

Graissage : Par circuit d'huile sous pression et projection ; pompe à engrenages, réserve d'huile en fond de carter moteur.

Lubrifiant : Huile HD de marque SAE 10 W 30, pour moteurs, été comme hiver.

Remplissage d'huile: 2 litres

Carburateurs :

	R 50	R 50 S	R 60	R 69 S
Construction	deux carburateurs Bing, inclinés, à boisseau, avec gicleur à aiguille			
Types Bing carburateur gauche	1/24/45	1/26/71	1/24/125	1/26/69
carburateur droit	1/24/46	1/26/72	1/24/126	1/26/70
Passage, mm	24	26	24	26
Gicleur principal	105	135	110	135
Gicleur d'aiguille 45–251/	1308	1208	1308	2108
Aiguille 46–	255	934 Nr. 4	255	934 Nr. 4
Position de l'aiguille	3	2	3	2
Gicleur de ralenti	35	35	35	35
Vis d'air de ralenti ouverte de tours	1–2½	1–2½	1–2½	1–2½
Boisseau	22–470	22–531	22–470	22–531
Poids du flotteur gr.	7	7	7	7

Filtre d'air: Un filtre Micronic à sec commun pour les deux carburateurs ; pour R 50 et R 60 avec volet d'air de départ, pour R 50 S et R 69 S, sans volet d'air.

Technical Data

Engine:

Type of engine: Opposed type two cylinder, four-cycle engine, with V-type overhead valves.

Models	R 50	R 50 S	R 60	R 69 S
Nominal rated horsepower	26	35	30	42
at engine r.p.m.	5800	7650	5800	7000
Bore (mm.)	68	68	72	72
Stroke (mm.)	68	68	73	73
Piston displacement (c.c.)	490	490	590	590
Compression ratio	6.8:1	9.2:1	7.5:1	9.5:1

Valve timing, with valve clearance of 2 mm. (.08"), (tolerance ± 2.5 deg.):

	R 50 + R 60	R 50 S + R 69 S
Intake opens	6 deg. aft. T.D.C.	4 deg. aft. T.D.C.
Intake closes	34 deg. aft. B.D.C.	44 deg. aft. B.D.C.
Exhaust opens	34 deg. bef. B.D.C.	44 deg. bef. B.D.C.
Exhaust closes	6 deg. bef. T.D.C.	4 deg. bef. T.D.C.

Valve clearance (as measured when engine is cold):
- Intake: 0.15 mm. (.006")
- Exhaust: 0.20 mm. (.008")

Lubrication system: Combined force-feed/centrifugal lubrication, operated by geared pump; oil sump.

Lubricants: Brand-name SAE 10 W 30 HD oils for gasoline engines, summer and winter

Engine oil capacity: 2 liters (.52 U.S.gal. or .44 Imp.gal.)

Carburetors:

	R 50	R 50 S	R 60	R 69 S
Type	\multicolumn{4}{c}{Two inclined BING carburetors with sliding throttle and needle valve}			
BING model left	1/24/45	1/26/71	1/24/125	1/26/69
BING model right	1/24/46	1/26/72	1/24/126	1/26/70
Venturi (mm.)	24	26	24	26
Main jet	105	135	110	135
Needle jet 45–251/	1308	1208	1308	2108
Jet needle 46–	255	934, Nr. 4	255	934, Nr. 4
Needle position	3	2	3	2
Idling jet	35	35	35	35
Idling mixture adjusting screw	\multicolumn{4}{c}{proper position: open 1 to 2½ turns}			
Sliding throttle	22-470	22-531	22-470	22-531
Weight of float	7 gms. ¼ oz.	7 gms. ¼ oz.	7 gms. ¼ oz.	7 gms. ¼ oz.

Intake air filter: Common micronic dry filter, with sliding choke (strangler) for R 50 and R 60, without sliding choke for R 50 S and R 69 S

Datos técnicos

Motor:

Tipo: motor Otto de dos cilindros opuestos, 4 tiempos, con válvulas suspendidas de la culata en forma de V.

Modelo	R 50	R 50 S	R 60	R 69 S
Potencia máxima en CV	26	35	30	42
Régimen contínuo de r.p.m.	5800	7650	5800	7000
Diámetro del cilindro en mm.	68	68	72	72
Carrera del émbolo en mm.	68	68	73	73
Cilindrada en cc.	490	490	590	590
Relación de compresión	6,8:1	9,2:1	7,5:1	9,5:1

Ajuste del árbol de levas, con una holgura de válvulas de 2 mm. (tolerancia ± 2,5°):

	R 50 + R 60	R 50 S + R 69 S
Admisión abre	6° d.p.m.s.	4° d.p.m.s.
Admisión cierra	34° d.p.m.i.	44° d.p.m.i.
Escape abre	34° a.p.m.i.	44° a.p.m.i.
Escape cierra	6° a.p.m.s.	4° a.p.m.s.

Holgura de servicio de las válvulas, con el motor frío
- Admisión: 0,15 mm.
- Escape: 0,20 mm.

Sistema de lubricación: lubricación centrífuga por circulación de aceite a presión, con bomba de engranajes y reserva de aceite en el cárter

Clase de lubricante: aceite de marca HD SAE 10 W 30, para motores Otto, tanto en verano como en invierno

Capacidad: 2 litros

Carburadores:

	R 50	R 50 S	R 60	R 69 S
Tipo	\multicolumn{4}{c}{dos carburadores de corriente oblicua BING, con corredera y surtidor de aguja}			

Modelo de carburador BING

	R 50	R 50 S	R 60	R 69 S
Carburador izquierdo	1/24/45	1/26/71	1/24/125	1/26/69
Carburador derecho	1/24/46	1/26/72	1/24/126	1/26/70
Paso del carburador en mm.	24	26	24	26
Surtidor principal	105	135	110	135
Surtidor de aguja 45–251/	1308	1208	1308	2108
Aguja del surtidor 46–	255	934 n°4	255	934 n°4
Posición de la aguja	3	2	3	2
Surtidor de ralentí	35	35	35	35
Tornillo de aire para marcha en ralentí abierto (vueltas)	1–2½	1–2½	1–2½	1–2½
Corredera de gas	22-470	22-531	22-470	22-531
Peso del flotador	7 g.	7 g.	7 g.	7 g.

Filtro depurador de aire: filtro seco «micronic» para ambos carburadores, en los modelos R 50 y R 60 con corredera de arranque, en los modelos R 50 S y R 69 S sin corredera de arranque

Elektrische Anlage		**Equipement électrique**	
Zündung	Bosch-Magnetzündung MZ ad/R	Allumage	Magnéto Bosch MZ ad/R
Antrieb	unmittelbar von der Steuerwelle mit halber Kurbelwellendrehzahl	Entraînement	direct par l'arbre à cames, à demi-régime du vilebrequin
Unterbrecher-Kontaktabstand	0,4 mm	Ouverture du rupteur	0,4 mm
Zündpunktverstellung	selbsttätiger Fliehkraftversteller auf der Steuerwelle	Réglage de l'avance	automatique, par dispositif centrifuge sur l'arbre à cames
Zündeinstellung	9° v. OT (Fliehgewichte in Ruhestellung)	Calage de l'allumage	9° avant PMH (masselottes de l'avance automatique au repos)
Verstellbereich	30° KW	Marge de réglage	30°
Max. Frühzündung	39° ± 2° v. OT	Avance maximum	39° ± 2° avant PMH
Zündkerzen		Bougies	
R 50 und R 60	Bosch W 240 T 1 oder Beru 240/14	R 50 et R 60	Bosch W 240 T 1 ou Beru 240/14
R 50 S und R 69 S	Für die Einfahrzeit Bosch W 240 T 1 oder Beru 240/14, nach der Einfahrzeit Bosch W 260 T 1 oder Beru 260/14	R 50 S et R 69 S	Pour le rodage Bosch W 240 T 1 ou Beru 240/14 Après le rodage Bosch W 260 T 1 ou Beru 260/14
Elektrodenabstand	0,6 mm	Ecartement des électrodes	0,6 mm
Lichtmaschine	Bosch LJ/CGE 60/6/1700 R 5 mit angebautem Reglerschalter	**Dynamo**	Bosch LJ/CGE 60/6/1700 R 5 avec régulateur incorporé
Antrieb	unmittelbar von der Kurbelwelle	Entraînement	directement par le vilebrequin
Signalhorn	Klaxon ETF/4 D	Claxon	ETF/4 D
Batterie	6 V/8 Ah	Batterie	6 V/8 Ah
Beleuchtung		**Eclairage**	
Scheinwerfer	Bosch LE/MTA 160×2 (48/3)	Phare	Bosch LE/MTA 160×2 (48/3)
Lampenbestückung		Lampes	
Fern- und Abblendlicht	6 V, 35/35 W, Biluxlampe	Phare et code	6 V, 35/35 W, Bilux
Standlicht	6 V, 2 W, Anzeigelampe	Feu de position	6 V, 2 W
Leerlaufkontrolleuchte	6 V, 2 W, Anzeigelampe	Témoin de point-mort	6 V, 2 W
Ladekontrolleuchte	6 V, 2 W, Anzeigelampe	Témoin de charge	6 V, 2 W
Tachometerbeleuchtung	6 V, 1,2 W, Anzeigelampe	Eclairage de compteur	6 V, 1,2 W
Schluß- und Bremslicht	6 V, 5/18 W, Zweifadenlampe	Feu arrière et stop	6 V, 5/18 W, à deux filaments
Kennzeichenbeleuchtung	6 V, 5 W, Kugellampe	Feu de police	6 V, 5 W, sphérique
Blinkleuchte	Hella Bl 81	Clignotants	Hella Bl 81
Blinklampe	6 V, 18 W, Soffitte	Lampes de clignotants	6 V, 18 W, Soffitte
Steckdose (einpolig)	unter dem Sattel; für SW-Beleuchtung oder Handlampe	Prise de courant (monopôle)	sous la selle ; pour éclairage du side-car ou lampe balladeuse.

Electrical Equipment

Ignition	BOSCH MZ ad/R magneto
Drive	direct from camshaft, at half engine speed
Contact breaker gap	0.4 mm. (.016")
Ignition timing	Automatic centrifugal advance and retard unit on camshaft
Firing point	9 deg. before T.D.C. (with governor weights in stationary position)
Timing range	30 deg. of crankshaft
Max. advance	39 ± 2 deg. before T.D.C.
Spark plugs	
R 50 and R 60	BOSCH W 240 T 1, or BERU 240/14
R 50 S and R 69 S	for running-in period: BOSCH W 240 T 1, or BERU 240/14, afterwards: BOSCH W 260 T 1, or BERU 260/14
Electrode gap	0.6 mm (.024")

Generator (Dynamo)

	BOSCH LJ/CGE 60/6/1700 R 5, with integral voltage regulator
Drive	direct from crankshaft
Horn	KLAXON ETF/4 D
Battery	6 volts/8 ampere-hours

Lighting System

Headlights	BOSCH LE/MTA 160×2 (48/3)
Bulb data	
Country and traffic	Bilux lamp (twin-filament), 6 V, 35/35 watts
Parking light	Pilot lamp, 6 V, 2 watts
Neutral indicator	Pilot lamp, 6 V, 2 watts
Charging indicator	Pilot lamp, 6 V, 2 watts
Speedometer illumination	Pilot lamp, 6 V, 1.2 watts
Tail and stop light	Twin-filament lamp, 6 V, 5/18 watts
License plate illumination	Round-bulb lamp, 6 V, 5 watts
Blinker unit	HELLA Bl 81
Blinker bulb	Tubular lamp, 6 V, 18 watts
Jack (socket), one-pole	under saddle; for sidecar lighting or work (inspection) light

Instalación eléctrica:

Encendido	encendido de magneto Bosch MZ ad/R
Accionamiento	directo por el árbol de levas, con la mitad del número de revoluciones del cigüeñal
Separación entre los platinos del ruptor	0,4 mm.
Regulación del punto de encendido	regulador centrífugo automático conectado con el árbol de levas
Ajuste del encendido	9° a.p.m.s. (contrapesos centrífugos en reposo)
Gama de regulación	30°
Máximo avance del encendido	39° ± 2° a.p.m.s.
Bujías R 50 y R 60	Bosch W 240 T 1 o Beru 240/14
R 50 S y R 69 S	durante el período de rodaje Bosch W 240 T 1 o Beru 240/14, después del período de rodaje Bosch W 260 T 1 o Beru 260/14
Separación entre electrodos	0,6 mm.

Dinamo

	Bosch LJ/CGE 60/6/1700 R 50 con interruptor regulador incorporado
Accionamiento	directamente por el eje de cigüeñal
Claxon	Klaxon ETF/4 D
Batería	6 V/8 Ah

Alumbrado

Faro	Bosch LE/MTA 160×2 (48/3)
Bombillas	
luz de cruce y de carretera	6 V, 35/35 W, lámpara Bilux
luz de estacionamiento	6 V, 2 W, lámpara piloto
luz de control de ralentí	6 V, 2 W, lámpara piloto
luz de control de carga	6 V, 2 W, lámpara piloto
luz de velocímetro	6 V, 1,2 W, lámpara piloto
luz trasera y de «pare»	6 V, 5/18 W, lámpara de dos filamentos
luz de la matrícula	6 V, 5 W, lámpara esférica
Luces intermitentes	Hella Bl 81
Bombilla para las luces intermitentes	6 V, 18 W, lámpara sofita
Caja de enchufe (monopolar)	debajo del sillín; para el alumbrado del sidecar o para una lámpara de mano

Kraftübertragung				Transmission			
Kupplung	Einscheiben-Trockenkupplung mit Tellerfeder			**Embrayage**	monodisque, à sec, à membrane		
Wechselgetriebe	Viergang-Klauengetriebe am Motor angeblockt, Stoßdämpfung des Antriebsmoments in allen Gängen			**Boîte de vitesses**	4 vitesses, par clabots, faisant bloc avec le moteur, amortisseur de couple sur les 4 rapports		
Getriebeschaltung	Ratschen-Fußschaltung			Commande	au pied, par sélecteur		
Getriebeübersetzungen		R 50 + R 60	mit Seitenwagen	Rapports de la boîte		R 50 & R 60	avec side-car
im 1. Gang		4,171 : 1	5,33 : 1	en 1re vitesse		4,171 : 1	5,33 : 1
2. Gang		2,725 : 1	3,02 : 1	2e vitesse		2,725 : 1	3,02 : 1
3. Gang		1,938 : 1	2,04 : 1	3e vitesse		1,938 : 1	2,04 : 1
4. Gang		1,54 : 1	1,54 : 1	4e vitesse		1,54 : 1	1,54 : 1

Die Gehäuse der Getriebe mit Solo- bzw. Sportübersetzung sind am Öleinfüllstutzen mit „S" gekennzeichnet.

Le carter des boîtes rapports solo ou resp. sport est marqué d'un S sur le bossage de remplissage d'huile.

Schmieröl	Motorenöl wie für Motor			Graissage	même huile que pour le moteur		
Füllmenge	ca. 0,8 Liter			Contenance	env. 0,8 litre		
Hinterradantrieb	Kardanwelle zwischen Wechselgetriebe und Hinterradgetriebe im rechten Schwingarm in Ölbad laufend. Kardanwellenanschluß am Getriebe mit nadelgelagertem Kreuzgelenk und am Hinterradgetriebe mit gelenkiger Zahnkupplung			**Transmission arrière**	Entre la boîte de vitesses et le couple arrière : arbre cardan logé dans le bras oscillant droit, sous bain d'huile. Accouplement à la boîte : en croix, sur aiguilles ; au couple arrière par accouplement denté coulissant.		
Schmierung im rechten Hinterradschwingarm	Marken-Motorenöl SAE 40 für Sommer und Winter			Graissage dans le bras oscillant arrière droit :	Huile de marque, pour moteurs, SAE 40, été comme hiver		
Füllmenge	150 ccm			Contenance	150 cm³		
Hinterradgetriebe	spiralverzahntes Kegelradgetriebe im Ölbad laufend			**Couple arrière**	conique, denture spirale, sous bain d'huile		
Übersetzungen	R 50, R 60	R 50 S	R 69 S	Rapport	R 50, R 60	R 50 S	R 69 S
für Solobetrieb Zähnezahl	3,13 : 1 8/25	3,58 : 1 7/25	3,13 : 1 8/25	solo nombres de dents	3,13 : 1 8/25	3,58 : 1 7/25	3,13 : 1 8/25
für Seitenwagenbetrieb Zähnezahl	4,33 : 1 6/26	(4,33 : 1) (6/26)	(4,33 : 1) (6/26)	pour side-car nombres de dents	4,33 : 1 6/26	(4,33 : 1) (6/26)	(4,33 : 1) (6/26)
Schmieröl	Marken-Motorenöl SAE 40 für Sommer und Winter			Graissage	Huile de marque SAE 40, pour moteurs, été comme hiver		
Füllmenge	150 ccm			Contenance	150 cm³		
Fahrgestell				**Partie cycle**			
Rahmen	geschlossener Doppel-Stahlrohrrahmen			Cadre	fermé, à double berceau, en tubes d'acier		

Drive

Clutch Single-disc, dry plate clutch with disc-type central spring

Transmission Four-speed, with sliding dog clutches, integral with engine, torque-dampened in all gears

Gearshift Positive-stop, sequential, foot-operated

Gear ratios

	R 50 + R 60	with sidecar
1st	4.171:1	5.33:1
2nd	2.725:1	3.02:1
3rd	1.938:1	2.04:1
4th	1.54:1	1.54:1

The transmission housings containing the "Solo" or "Sports" ratio gear cluster are marked with the sign "S" at the oil filler plug.

Lubricant Engine oil as specified for engine

Capacity 0.8 liters (.21 U.S. gal. or .18 Imp. gal.)

Power transmission from gearbox to rear drive Universal shaft from gearbox to rear drive, fully enclosed in oil-bath right-hand rear swinging arm. Coupling to gearbox shaft by universal joint on needle bearings, internally-splined coupler gear to rear drive.

Lubricant in right-hand rear swinging arm Brand-name SAE 40 engine oil, summer and winter

Capacity 150 c.c. (9 cu. in.)

Rear-axle drive Spiral bevel gears in oil-bath

Bevel gear ratios

	R 50, R 60	R 50 S	R 69 S
Solo	3.13:1	3.58:1	3.13:1
No. of teeth	8/25	7/25	8/25
Sidecar	4.33:1	(4.33:1)	(4.33:1)
No. of teeth	6/26	(6/26)	(6/26)

Lubricant Brand-name SAE engine oil, summer and winter

Capacity 150 c.c. (9 cu. in.)

Frame, Suspension, Wheels

Frame Welded duplex-tube steel frame

Transmisión de fuerza

Embrague embrague por monodisco en seco, con resorte de disco

Caja de cambio engranaje de garras, con cuatro velocidades, formando un solo bloque con el motor, amortiguación del momento de impulsión en todas las velocidades

Cambio de las velocidades por pedal y mecanismo de carraca

Demultiplicación de la caja de cambio

	R 50 + R 60	con sidecar
1ª velocidad	4,171:1	5,33:1
2ª velocidad	2,725:1	3,02:1
3ª velocidad	1,938:1	2,04:1
4ª velocidad	1,54:1	1,54:1

Las cajas de cambio de tipo deportivo o de tipo monoplaza llevan la marca «S» junto a la boca de entrada de aceite.

Aceite lubrificante el mismo aceite de marca que el del motor

Capacidad 0,8 l. aproximadamente

Mecanismo de accionamiento de la rueda trasera eje cardán alojado en el balancín derecho, entre la caja de cambio y la transmisión de la rueda trasera; el eje cardán gira en un baño de aceite y se halla acoplado a la caja de cambio por una articulación de cruceta, con cojinete de agujas, y a la transmisión de la rueda trasera por medio de un embrague dentado articulado

Lubricante en el balancín derecho de la rueda trasera aceite de calidad para motores SAE 40, en verano e invierno

Capacidad 150 cc.

Transmisión de la rueda trasera Engranaje cónico en baño de aceite

Demultiplicación

	R 50, R 60	R 50 S	R 69 S
para solo	3,13:1	3,58:1	3,13:1
número de dientes	8/25	7/25	8/25
con sidecar	4,33:1	(4,33:1)	(4,33:1)
número de dientes	6/26	(6/26)	(6/26)

Aceite lubrificante Aceite de calidad para motores SAE 40, en verano e invierno

Capacidad 150 cc.

Bastidor

Cuadro cuadro doble, cerrado, de tubo de acero

Vorderradfederung	Langarmschwinge mit 2 Federbeinen und doppelt wirkenden hydraulischen Stoßdämpfern. (Für Seitenwagenbetrieb den Schwingarm an vorderen Augen der Vorderradgabel lagern und obere Federbeinbefestigung in untere Bohrungen der Gabel einsetzen. Stärkere Tragfedern einbauen.)	**Suspension avant**	Bras oscillants longs, avec 2 jambages à ressort et amortisseurs hydrauliques à double effet. (Pour side-car, monter le bras oscillant dans l'œillet avant de la fourche et le jambage à ressort dans l'œillet inférieur du haut de fourche. Monter des ressorts plus forts.)
Vorderrad-Nachlauf		**Chasse avant**	
für Solobetrieb	95 mm (Schwinge im hinteren Gabelanschluß gelagert und Federbeine in oberen Gabelanschlußbohrungen befestigt)	Pour solo	95 mm (bras oscillant dans l'œillet arrière du bas de fourche et jambage dans l'œillet supérieur du haut de fourche).
Für Seitenwagenbetrieb	60 mm (Schwinge im vorderen Gabelanschluß gelagert und Federbeine oben in unteren Gabelanschlußbohrungen befestigt)	Pour side-car	60 mm (bras oscillant dans l'œillet avant du bas de fourche et jambage dans l'œillet inférieur du haut de fourche).
Hinterradfederung	Langarmschwinge mit 2 Federbeinen und doppelt wirkenden hydraulischen Stoßdämpfern. Federvorspannung für Solo- und Soziusfahrt von Hand umstellbar. (Für Seitenwagenbetrieb stärkere Tragfedern einbauen.)	**Suspension arrière**	Bras oscillants longs avec 2 jambages à ressort et amortisseurs hydrauliques à double effet. Tension préalable des ressorts, pour solo ou passager arrière, réglable à la main. (Pour side-car, utiliser des ressorts plus forts.)
Laufradfelgen		**Jantes**	
Solomaschine	Leichtmetall-Tiefbettfelgen 2,15 B x 18 (40 Speichen)	Solo	Métal léger, base creuse, 2,15 B × 18 (40 rayons)
Seitenwagenmaschine	Stahl-Tiefbettfelgen vorn 2,15 B x 18 hinten 2,75 C x 18	Side-car	Acier, base creuse, avant 2,15 B × 18 arrière 2,75 C × 18 side-car 2,15 B × 18
Seitenwagenrad	Stahl-Tiefbettfelge 2,15 B x 18		

Reifengröße		R 50, R 60	R 50 S und R 69 S
Solomaschine vorn und hinten, Seitenwagenmaschine vorn sowie Seitenwagenrad		3,50–18	3,50–18 S
Seitenwagenmaschine, hinten	4,00–18		(4,00–18)

Pneus		R 50, R 60	R 60 S & R 69 S
Moto solo, avant et arrière, Ensemble side-car, roue avant et roue side-car		3,50–18	3,50–18 S
Moto pour side-car, arrière		4,00–18	(4,00–18)

Max. Laufradunwucht	9 g am inneren Felgendurchmesser
Balourd maximum	9 g au diamètre intérieur de la jante

Reifenluftdruck (atü)	vorn	hinten	SW
Fahrer allein	1,4 (1,7)*	1,7 (2,0)*	–
Fahrer + Sozius	1,4	2,3	–
Fahrer + S.W. besetzt	1,5	1,9**	1,9
Fahrer + Sozius + S.W. besetzt	1,5	2,7**	1,9

Pression des pneus (atm.)	avant	arrière	side-car
Pilote seul	1,4 (1,7)*	1,7 (2,0)*	–
avec passager arrière	1,4	2,3	–
Pilote + side car occupé	1,5	1,9**	1,9
Pilote + passager arrière + side-car occupé	1,5	2,7**	1,9

* Für R 50 S und R 69 S bei hoher Geschwindigkeit

** Bei Seitenwagenbetrieb mit Hinterradbereifung 4,00–18

* pour R 50 S et R 69 S, à vitesse élevée

** pour side-car, avec pneu arrière moto 4,00–18

Front Suspension	Pivoted swinging arm springing employing multi-rate coil springs and dual-action hydraulic shock absorbers. (For sidecar work set pivot into front eye of front fork and upper telescopic leg mounting into the lower position on the fork. Install the stronger coil springs.)		**Suspensión delantera**	por balancín largo, con dos brazos telescópicos y amortiguadores hindráulicos de doble efecto. (Para acoplar un sidecar es preciso montar el brazo oscilante en los ojos anteriores de la horquilla delantera y colocar los elementos de sujeción superiores de los brazos telescópicos en los orificios inferiores de la horquilla. Instalar resortes de suspensión más fuertes.)
Trail (castor) of Front Wheel			**Avance de la rueda delantera**	
Solo	95 mm. = 3.74" (swinging arm pivot in the rearward location on the fork and spring leg mountings in the upper position on the fork)		sin sidecar	95 mm. (con el balancín en el orificio posterior y los brazos telescópicos en los orificios de conexión superiores de la horquilla)
Sidecar	60 mm. = 2.4" (swinging arm pivot in the forward location on the fork and spring leg mountings in the lower position on the fork)		con sidecar	60 mm. (con el balancín en el orificio posterior y los brazos telescópicos arriba, en los orificios de conexión inferiores de la horquilla)
Rear Suspension	Pivoted swinging arm springing employing multi-rate coil springs and dual-action hydraulic shock absorbers. Two-position adjustment for load on rear shock absorbers. (For sidecar work, install the stronger coil springs.)		**Suspensión trasera**	por balancín largo, con dos brazos telescópicos y amortiguadores hindráulicos de doble efecto. La tensión de los resortes puede ser regulada a mano, para marcha sin o con socio. (Instalar resortes de suspensión más fuertes al acoplar un sidecar.)
Wheel Rims			**Llantas de las ruedas**	
Solo	Light-alloy drop-center rims, 2.15 B x 18 (40 spokes)		moto monoplaza	llantas de metal ligero y de base hundida, 2,15 B × 18 (40 radios)
Sidecar	All wheels: steel drop-center rims; front 2.15 B x 18, rear 2.75 C x 18, sidecar wheel 2.15 B x 18		moto para sidecar	llantas de acero con base hundida, adelante 2,15 B × 18 – atrás 2,75 C × 18
			sidecar	llanta de acero, con base hundida, 2,15 B × 18

Tires (Tyres)	R 50, R 60	R 50 S and R 69 S	**Tamaño de los neumáticos**	R 50, R 60	R 50 S y R 69 S
Solo, front and rear, sidecar motorcycle, front, and sidecar wheel	3.50 – 18	3.50 – 18 S	Moto para sólo, adelante y atrás; moto para sidecar adelante y rueda del sidecar	3,50–18	3,50–18 S
Sidecar motorcycle, rear	4.00 – 18	(4.00 – 18)	moto para sidecar, atrás	4,00–18	4,00–18

Max. unbalance	9 gms. (.32 oz.), as measured at inner rim diameter			**Masa centrífuga máxima de la rueda**	9 g. en el diámetro interior de la llanta		
Tire Pressures (psi)	Front Wheel	Rear Wheel	Sidecar Wheel	**Presión de los neumáticos, en atm.**	adelante	atrás	sidecar
Driver alone	20 (24)*	24 (28)*	—	motociclista	1,4 (1,7)*	1,7 (2,0)*	
Driver and passenger	20	33	—	motociclista + socio	1,4	2,3	
Driver with occupied sidecar	21	27**	27	motociclista + sidecar ocupado	1,5	1,9**	1,9
Driver and passenger plus occupied sidecar	21	38**	27	motociclista + socio + sidecar ocupado	1,5	2,7**	1,9

* for R 50 S and R 69 S at high speeds

** with 4.00 × 18 tire

* para R 50 S y R 69 S a grandes velocidades

** para marcha con sidecar y con neumáticos traseros de 4,00–18

Bremsen	Leichtmetall-Vollnabenbremsen mit eingegossenen Graugußringen. Vorderrad mit Duplex-Bremse (2 auflaufende Bremsbacken), Hinterrad mit Simplex-Bremse		**Freins**	Moyeux métal léger grand diamètre, avec bague de freinage fonte grise venue de fonderie. Avant avec frein Duplex (2 mâchoires positives), arrière avec frein Simplex.
Bremstrommel	200 mm ⌀, 35 mm breit		Tambours de freins	⌀ 200 mm, largeur 35 mm
wirksame Gesamtbremsbelagfläche	182 cm²		Surface totale de freinage	182 cm²

Baumaße
(Motorrad unbelastet)

größte Breite*	660 mm; R 69 S = 722 mm an Zylindern		Largeur hors tout*	660 mm; R 69 S = 722 mm, aux cylindres
Sololenkerbreite*	660 mm		Largeur guidon solo*	660 mm
Seitenwagenlenkerbreite*	745 mm		Largeur guidon side-car*	745 mm
größte Breite* BMW-Gespann	1625 mm		Largeur hors tout side-car BMW*	1625 mm
größte Höhe	980 mm		Hauteur totale	980 mm
Sattelhöhe	725 mm		Hauteur de selle	725 mm
größte Länge Solomaschine BMW-Gespann	2125 mm 2400 mm		Longueur hors tout Solo Side-car attelé	2125 mm 2400 mm
Radstand Solomaschine Seitenwagenmaschine	1415 mm 1450 mm		Empattement Solo Moto side-car	1415 mm 1450 mm
Spurweite BMW-Gespann	1100 mm		Voie side-car	1100 mm
Bodenfreiheit	135 mm		Garde au sol	135 mm

* ohne Blinkleuchten

*sans les feux clignotants

Gewichte

	R 50, R 50 S, R 60	R 69 S
Leergewicht* Solomaschine BMW-Gespann	198 kg 320 kg	202 kg (324 kg)
zulässiges Gesamtgewicht** Solomaschine BMW-Gespann	360 kg 600 kg	360 kg (600 kg)
zulässige Radlasten vorn hinten*** Seitenwagenrad	150 kg 225 kg (320) 160 kg	150 kg 225 kg (320) (160 kg)

Poids

	R 50, R 50 S, R 60	R 69 S
Poids à vide* Moto solo Side-car attelé	198 kgs 320 kgs	202 kgs (324 kgs)
Poids total admissible** Moto solo Side-car attelé	360 kgs 600 kgs	360 kgs (600 kgs)
Charge admissible des roues Avant Arrière*** Roue du side-car	150 kgs 225 kgs (320) 160 kgs	150 kgs 225 kgs (320) (160 kgs)

* Leergewicht = Eigengewicht des betriebsfertigen Motorrades mit Schmier- und Kraftstoff und Werkzeug

** Zulässiges Gesamtgewicht = Leergewicht + Personen + Gepäckbelastung

*** Klammerwert für Seitenwagenbetrieb mit Hinterradbereifung 4,00–18

* Poids à vide = Poids propre du véhicule en ordre de marche, avec carburant, lubrifiant et outillage.

** Poids total admissible = Poids à vide + passagers + bagages.

*** Valeur entre parenthèses est pour l'emploi avec side-car, pneu arrière de 4,00–18.

Brakes	Light-alloy full-hub brakes with integral gray-cast iron rings. Front: duplex brake (2 leading shoes), rear: simplex brake
Brake drum	Diam. 7.8", width 1.4"
Effective brake lining area	28.2 sq.in.

Dimensions
(without load)

Overall width*	26", R 69 S = 28.4" engine width
Width of solo handlebar*	26"
Width of sidecar handlebar*	29.3"
Overall width of motorcycle with attached sidecar*	64"
Overall height	38.6"
Saddle height	28.5"
Overall length	83.6"
Overall length of motorcycle with attached sidecar	94.4"
Wheelbase, solo	55.7"
Wheelbase, with sidecar attached	57"
Track width, motorcycle with attached sidecar	43.3"
Ground clearance	5.3"

* without blinkers

Weights

Curb weight*	R 50, R 50 S, R 60	R 69 S
Solo	436 lbs.	445 lbs.
With sidecar	705 lbs.	714 lbs.
Permissible total weight**		
Solo	794 lbs.	794 lbs.
With sidecar	1,323 lbs.	(1,323 lbs.)
Permissible axle loads,		
front	331 lbs.	331 lbs.
rear	496 lbs.	496 lbs.
Rear, with sidecar***	705 lbs.	(705 lbs.)
Sidecar wheel	353 lbs.	(353 lbs.)

* Curb weight = weight of the motorcycle with fuel, lubricants and tool kit.

** Permissible total weight = curb weight + passengers + luggage.

*** with 4.00 × 18 tire.

Frenos	frenos de metal ligero, de buje integral, con anillos de fundición gris incorporados. La rueda delantera con freno Duplex, provisto de dos zapatas que abren en contra del movimiento de la rueda, la rueda trasera con freno Simplex
Tambor de freno	200 mm. ⌀, 35 mm. de ancho
Area total efectiva de freno	182 cm.²

Dimensiones constructivas de la moto (sin carga)

ancho máximo*	660 mm.; R 69 S = 722 mm. en los cilindros
anchura del manillar monoplaza*	660 mm.
anchura del manillar con sidecar*	745 mm.
anchura máxima* sidecar BMW	1625 mm.
altura máxima	980 mm.
altura del sillín	725 mm.
longitud máxima	
moto sola	2125 mm.
moto con sidecar	2400 mm.
distancia entre ejes	
moto sola	1415 mm.
moto con sidecar	1450 mm.
distancia entre ruedas moto BMW con sidecar	1100 mm.
altura libre sobre el suelo	135 mm.

* sin tener en cuenta las lámparas de luz intermitente

Pesos

peso sin carga*	R 50, R 50 S, R 60	R 69 S
moto sola	198 kg.	202 kg.
moto con sidecar	320 kg.	(324 kg.)
carga total admisible**		
moto sola	360 kg.	360 kg.
moto con sidecar	600 kg.	(600 kg.)
cargas admisibles sobre las ruedas		
adelante	150 kg.	150 kg.
atrás***	225 kg. (320)	225 kg. (320)
rueda del sidecar	160 kg.	(160 kg.)

* peso sin carga = peso propio del vehículo en condiciones de servicio, con lubricante, combustible y herramientas

** carga total admisible = peso sin carga + viajeros + equipaje

*** las cifras indicadas entre paréntesis se refieren a la marcha con sidecar, con las ruedas traseras de 4,00–18.

Zulässige Geschwindigkeiten in den einzelnen Gängen

R 50 und R 60

Tachometer-stand (km)	Übersetzung für	Geschwindigkeit in km/h im 1. Gg.	2. Gg.	3. Gg.	4. Gg.
0–1000	Solobetrieb	35	55	80	100
	mit Seitenwagen	20	35	55	75
über 1000	Solobetrieb	50	75	110	—
	mit Seitenwagen	30	50	80	—

R 50 S

Tachometer-stand (km)	Übersetzung für	Geschwindigkeit in km/h im 1. Gg.	2. Gg.	3. Gg.	4. Gg.
0–1000	Solobetrieb	35	55	75	95
	mit Seitenwagen	30	45	65	80
über 1000	Solobetrieb	55	85	125	—
	mit Seitenwagen	40	70	100	—

R 69 S

Tachometer-stand (km)	Übersetzung für	Geschwindigkeit in km/h im 1. Gg.	2. Gg.	3. Gg.	4. Gg.
0–1000	Solobetrieb	40	60	85	110
	mit Seitenwagen	30	45	65	85
über 1000	Solobetrieb	60	95	135	—
	mit Seitenwagen	40	70	100	—

Geschwindigkeiten

Höchstgeschwindigkeit der eingefahrenen Motorräder. Wird stark beeinflußt durch den Luftwiderstand, den der Fahrer durch Größe, Haltung, Kleidung bietet.

		R 50	R 50 S	R 60	R 69 S
Geschw. sitzend	km/h	130	145	135	160
Geschw. liegend	km/h	140	160	145	175
Geschw. m. SW	km/h	100	—	110	—

Vitesses max. admissibles dans les divers rapports

R 50 et R 60

km au compteur	Rapport pour	Vitesses en km/h en 1ère. vit.	2ème. vit.	3ème. vit.	4ème vit.
0 à 1000 km	Solo	35	55	80	100
	side-car	20	35	55	75
plus de 1000 km	Solo	50	75	110	—
	side-car	30	50	80	—

R 50 S

km au compteur	Rapport pour	Vitesses en km/h en 1ère. vit.	2ème. vit.	3ème. vit.	4ème vit.
0 à 1000 km	Solo	35	55	75	95
	side-car	30	45	65	80
plus de 1000 km	Solo	55	85	125	—
	side-car	40	70	100	—

R 69 S

km au compteur	Rapport pour	Vitesses en km/h en 1ère. vit.	2ème. vit.	3ème. vit.	4ème vit.
0 à 1000 km	Solo	40	60	85	110
	side-car	30	45	65	85
plus de 1000 km	Solo	60	95	135	—
	side-car	40	70	100	—

Vitesses

Vitesse max. pour moto rodée. Est fortement influencée par la résistance de l'air, variable selon la taille, la tenue et le vêtement du pilote.

		R 50	R 50 S	R 60	R 69 S
Pilote assis	vitesses km/h	130	145	135	160
Pilote couché		140	160	145	175
Avec side-car		100	—	110	—

Maximum permissible speeds in the individual gears

R 50 and R 60

Indicated mileage	Axle Drive Ratio for	Speed in m.p.h. in 1st	2nd	3rd	4th
0 to 600	solo operation	22	34	50	62
	sidecar operation	12.5	22	34	47
over 600	solo operation	31	47	69	—
	sidecar operation	19	31	50	—

R 50 S

Indicated mileage	Axle Drive Ratio for	Speed in m.p.h. in 1st	2nd	3rd	4th
0 to 600	solo operation	22	34	47	60
	sidecar operation	19	28	40	50
over 600	solo operation	34	53	78	—
	sidecar operation	25	44	62	—

R 69 S

Indicated mileage	Axle Drive Ratio for	Speed in m.p.h. in 1st	2nd	3rd	4th
0 to 600	solo operation	25	37	53	69
	sidecar operation	19	28	40	53
over 600	solo operation	37	60	85	—
	sidecar operation	25	44	62	—

Speeds

The speeds given below are maximum speeds of already run-in motorcycles. The speed is largely dependent on the air resistance caused by the rider's size, position, clothing, etc.

	R 50	R 50 S	R 60	R 69 S
Solo, normal sitting position	81 m.p.h.	90 m.p.h.	84 m.p.h.	100 m.p.h.
Solo, racing position	87 m.p.h.	100 m.p.h.	90 m.p.h.	109 m.p.h.
Sidecar attached	62 m.p.h.	—	69 m.p.h.	—

Velocidades admisibles en las diferentes marchas

R 50 y R 60

Km. rodados	Transmisión para	Velocidad (km./h.) en la 1a	2a	3a	4a marcha
0–1000	moto sola	35	55	80	100
	con sidecar	20	35	55	75
más de 1000	moto sola	50	75	110	—
	con sidecar	30	50	80	—

R 50 S

Km. rodados	Transmisión para	Velocidad (km./h.) en la 1a	2a	3a	4a marcha
0–1000	moto sola	35	55	75	95
	con sidecar	30	45	65	80
más de 1000	moto sola	55	85	125	—
	con sidecar	40	70	100	—

R 69 S

Km. rodados	Transmisión para	Velocidad (km./h.) en la 1a	2a	3a	4a marcha
0–1000	moto sola	40	60	85	110
	con sidecar	30	45	65	85
más de 1000	moto sola	60	95	135	—
	con sidecar	40	70	100	—

Velocidades

Velocidades máximas de las motocicletas después del período de rodaje. Estas velocidades dependen en gran escala de la resistencia del aire debida a la estatura, a la posición y a la indumentaria del motociclista.

	R 50	R 50 S	R 60	R 69 S
velocidad, sentado km./h.	130	145	135	160
velocidad, echado km./h.	140	160	145	175
velocidad con sidecar km./h.	100		110	

Beschleunigung	R 50	R 50 S	R 60*	R 69 S
von 0 auf 50 km/h in	3,2	3,2	4,5	2,6 Sek.
von 0 auf 60 km/h in	4,1	4,1	6,0	3,3 Sek.
von 0 auf 80 km/h in	6,8	6,1	10,3	5,3 Sek.
von 0 auf 100 km/h in	10,3	9,2	16,5	7,5 Sek.
von 0 auf 120 km/h in	14,3	12,9	—	11,1 Sek.
von 0 auf 140 km/h in	—	19,5	—	16,0 Sek.
1000 m mit stehendem Start in	33,6	31,0	39,9	30,1 Sek.

* mit Seitenwagen und 60 kg Ballast

Kraft- und Schmierstoffe

Kraftstoffe

R 50 und R 60	normales Markenbenzin
R 50 S und R 69 S	Marken-Superkraftstoff
Behälterinhalt	17 Liter, davon ca. 2 Liter Reserve

Schmierstoffe

Motor	Marken-HD-Öl SAE 10 W 30 für Ottomotoren, Sommer und Winter – Ölfüllmenge 2 Liter
Getriebe	Marken-HD-Öl SAE 10 W 30 für Ottomotoren, Sommer und Winter – Ölfüllmenge 0,8 Liter
Hinterradschwinge	Marken-Motorenöl SAE 40, Sommer und Winter – Ölfüllmenge 150 ccm
Hinterradantrieb	Marken-Motorenöl SAE 40, Sommer und Winter – Ölfüllmenge 150 ccm
Radnaben und andere Fettschmierstellen	Marken-Mehrzweck-Abschmierfett mit 180° Tropfpunkt
Unterbrecher-Schmierfilz	Bosch-Fett Ft 1 v 4
Fliehkraftversteller	Bosch-Fett Ft 1 v 30

Accélérations	R 50	R 50 S	R 60*	R 69 S
de 0 à 50 km/h en	3,2	3,2	4,5	2,6 sec
de 0 à 60 km/h en	4,1	4,1	6,0	3,3 sec
de 0 à 80 km/h en	6,8	6,1	10,3	5,3 sec
de 0 à 100 km/h en	10,3	9,2	16,5	7,5 sec
de 0 à 120 km/h en	14,3	12,9	—	11,1 sec
de 0 à 140 km/h en	—	19,5	—	16,0 sec
1000 m départ arrêté en	33,6	31,0	39,9	30,1 sec

* avec side-car et 60 kgs de lest

Carburants et lubrifiants

Carburants

R 50 et R 60	Benzine normale, de marque
R 50 S et R 69 S	Benzine super, de marque
Contenance du réservoir	17 litres, dont env. 2 litres de réserve

Lubrifiants

Moteur	Huile HD de marque, SAE 10 W 30, pour moteurs, été comme hiver. Contenance 2 litres.
Boîte de vitesses	Huile HD de marque, SAE 10 W 30, pour moteurs, été comme hiver. Contenance 0,8 litre
Bras oscillant arrière	Huile de marque, SAE 40, pour moteurs, été comme hiver. Contenance 150 cm³.
Couple arrière	Huile de marque, SAE 40, pour moteurs, été comme hiver. Contenance 150 cm³.
Moyeux de roues et autres points de graissage	Graisse consistante de marque, à emplois multiples, point de goutte 180°.
Feutre du rupteur	Graisse Bosch Ft 1 v 4
Régulateur d'avance	Graisse Bosch Ft 1 v 30

Acceleration	R 50	R 50 S	R 60*	R 69 S
0 to 31 m.p.h.	3.2	3.2	4.5	2.6 sec.
0 to 37 m.p.h.	4.1	4.1	6.0	3.3 sec.
0 to 50 m.p.h.	6.8	6.1	10.3	5.3 sec.
0 to 62 m.p.h.	10.3	9.2	16.5	7.5 sec.
0 to 75 m.p.h.	14.3	12.9	—	11.1 sec.
0 to 87 m.p.h.	—	19.5	—	16.0 sec.
1,000 m. (.62 miles) with standing start	33.6	31.0	39.9	30.1 sec.

* with sidecar and 132 lbs. of ballast

Fuels and Lubricants

Fuel

R 50 and R 60	Regular
R 50 S and R 69 S	Super
Fuel tank capacity	4.5 U.S.gals. = 3.75 Imp.gals. including a reserve of approx. ½ gal.

Lubricants

Engine	Brand-name SAE 10 W 30 HD engine oil for gasoline engines, summer and winter; quantity: .52 U.S.gal. = .44 Imp.gal.
Transmission	Brand-name SAE 10 W 30 HD engine oil for gasoline engines, summer and winter; quantity: .21 U.S.gal. = .18 Imp.gal.
Drive shaft housing	Brand-name SAE 40 engine oil, summer and winter; quantity: 5 fl.oz.
Bevel drive	Brand-name SAE 40 engine oil, summer and winter; quantity: 5 fl.oz.
Wheel hubs and other grease points	Brand-name multi-purpose grease (drip temperature 356 F = 180°C)
Contact breaker lubricating wiper	BOSCH Grease Ft 1 v 4
Advance unit (centrifugal governor)	BOSCH Grease Ft 1 v 30

Aceleración	R 50	R 50 S	R 60*	R 69 S
de 0 a 50 km./h. en	3,2	3,2	4,5	2,6 seg.
de 0 a 60 km./h. en	4,1	4,1	6,0	3,3 seg.
de 0 a 80 km./h. en	6,8	6,1	10,3	5,3 seg.
de 0 a 100 km./h. en	10,3	9,2	16,5	7,5 seg.
de 0 a 120 km./h. en	14,3	12,9	—	11,1 seg.
de 0 a 140 km./h. en	—	19,5	—	16,0 seg.
1000 m. con salida a 0 km./h.	33,6	31,0	39,9	30,1 seg.

* con sidecar y 60 kg. de carga

Combustibles y lubricantes

Combustibles

R 50 y R 60	gasolina normal de marca
R 50 S y R 69 S	gasolina super de marca
capacidad del tanque	17 litros, inclusive 2 l. aproximadamente de reserva

Lubricantes

Motor	aceite de marca HD SAE 10 W 30 para motores Otto, en verano e invierno – capacidad 2 litros
Caja de cambio	aceite de marca HD SAE 10 W 30 para motores Otto, en verano e invierno – capacidad 0,8 litros
Balancín de la rueda trasera	aceite de marca SAE 40 para motores, en verano e invierno – capacidad 150 cc.
Transmisión de la rueda trasera	aceite de marca SAE 40, en verano e invierno – capacidad 150 cc.
Cubos de las ruedas y otros puntos de engrase	grasa lubricante universal, de marca, con un punto de goteo de 180° C.
Fieltro de engrase del ruptor	grasa Bosch Ft 1 v 4
Avance automático centrífugo	grasa Bosch Ft 1 v 30

Maße und Passungen

Motor

Zylinderbohrung	R 50, R 50 S	R 60, R 69 S
Nennmaß	68,000 mm	72,000 mm
1. Nachschleifmaß	68,500 mm	72,500 mm
2. Nachschleifmaß	69,000 mm	73,000 mm

Schleifmaßabweichungen ± 0,01 mm unrund
Konizität maximal − 0,03 mm (auf Kopfseite kleiner)

Durchmesser-Fertigungsabweichung am Zylinderfuß einschlagen.

Kolbeneinbauspiel

	normal	für Behörden- oder Beiwagenbetrieb
R 50, R 60	0,05−0,06 mm	0,06−0,07 mm
R 50 S	0,08 mm	—
R 69 S	0,08−0,09 mm	0,09−0,10 mm

max. Gesamtverschleiß an Zylinder und Kolben 0,12 mm über Einbauspiel

Kolbenring-Einbauspiele:

Kolbenring-Stoßspiel 0,25−0,40 mm

Kolbenring-Flankenspiel in den Nuten:

	R 50	R 50 S, R 60, R 69 S
	(5 Kolbenringe)	(3 Kolbenringe)
Kolbenring 1 (auf Bodenseite)	0,06−0,08 mm	0,07−0,10 mm
Kolbenring 2	0,03−0,05 mm	
Kolbenring 3 bzw. 2 (Nasenring)	0,03−0,05 mm	0,07−0,10 mm
Ölabstreifring 4 und 5 bzw. 3	0,03−0,05 mm	0,03−0,05 mm

Kolbenbolzenpassung

im Kolben	0,002 mm fest bis 0,004 mm lose. Zusammengehörige Kolben und Kolbenbolzen sind mit schwarzen bzw. weißen Farbtupfen gekennzeichnet und dürfen nicht vertauscht werden
im Pleuelauge	0,007−0,026 mm lose

Kolbenbolzenanordnung im Kolben

R 50, R 50 S	1,5 mm desachsiert. Schmale Seite ist druckbelastet im Arbeitshub
R 60, R 69 S	auf Mitte

Cotes et tolérances

Moteur

Alésage	R 50, R 50 S	R 60, R 69 S
Cote nominale	68,000 mm	72,000 mm
1er réalésage	68,500 mm	72,500 mm
2e réalésage	69,000 mm	73,000 mm

Tolérances d'alésage ± 0,01 mm de faux-rond
Conicité max. − 0,03 mm (⌀ plus petit à la tête)

Ecart de fabrication en diamètre gravé sur le pied de cylindre.

Jeu de montage du piston

	normal	pour organes de police, etc. ou emploi avec side-car
R 50, R 60	0,05−0,06 mm	0,06−0,07 mm
R 50 S	0,08 mm	—
R 69 S	0,08−0,09 mm	0,09−0,10 mm

Usure max. totale du cylindre et du piston 0,12 mm en plus du jeu de montage

Jeu de montage des segments

Jeu à la coupe 0,25−0,40 mm

Jeu sur les flancs, dans les gorges:

	R 50	R 50 S, R 60, R 69 S
	(5 segments)	(3 segments)
Segment 1 (sommet)	0,06−0,08 mm	0,07−0,10 mm
Segment 2	0,03−0,05 mm	
Segment 3 (resp. 2) (râcleur)	0,03−0,05 mm	0,07−0,10 mm
Rejets d'huile 4 et 5 (resp. 3)	0,03−0,05 mm	0,03−0,05 mm

Ajustage de l'axe de piston

dans le piston	0,002 mm, gras, à 0,004 mm, libre. Les pistons et axes correspondants sont marqués d'une touche noire ou resp. blanche et ne doivent pas être interchangés.
dans l'œillet de bielle	0,007−0,026 mm, libre

Position de l'axe dans le piston :

R 50, R 50 S	désaxé de 1,5 mm. La partie étroite est appliquée contre le cylindre, dans la course motrice
R 60, R 69 S	dans l'axe

Tolerances and Fits

Engine

Cylinder Bore

	R 50, R 50 S	R 60, R 69 S
Standard size	68.000 mm.	72.000 mm.
1st oversize	68.500 mm.	72.500 mm.
2nd oversize	69.000 mm.	73.000 mm.

Machining divergences ±0.01 mm. = .0004" out of round
Taper, not over −0.03 mm. = .0012" (top diameter smaller)

Diameter divergence from correct size marked on cylinder foot

Piston Skirt Clearance

	normal	for authorities and sidecar operation
R 50, R 60	0.05–0.06 mm.	0.06–0.07 mm.
R 50 S	0.08 mm.	–
R 69 S	0.08–0.09 mm.	0.09–0.10 mm.

Max. total wear of cylinder and piston: 0.12 mm. over piston skirt assembly clearance

Clearances of Piston Rings

Piston ring gap clearance 0.25–0.40 mm.

Clearance between rings and sides of grooves in piston:

	R 50 (5 piston rings)	R 50 S, R 60, R 69 S (3 piston rings)
Piston ring 1 (top)	0.06–0.08 mm.	0.07–0.10 mm.
Piston ring 2	0.03–0.05 mm.	
Piston ring 3 (2) (angular ring)	0.03–0.05 mm.	0.07–0.10 mm.
Oil rings 4 and 5 (3)	0.03–0.05 mm.	0.03–0.05 mm.

Fit of Pin

in piston	0.002 mm. (.00008") tight to 0.004 mm. (.00016") loose. Mating pistons and piston pins are marked with black or white colour dots and must not be interchanged.
in connecting rod	0.007–0.026 mm. loose

Piston pin arrangement in the piston

R 50, R 50 S	1.5 mm. (.06") offset. Small side is pressure loaded on working stroke
R 60, R 69 S	central

Medidas y tolerancias

Motor

Diámetro interior del cilindro

	R 50, R 50 S	R 60, R 69 S
Medida nominal	68,000 mm.	72,000 mm.
1ª cota de rectificado	68,500 mm.	72,500 mm.
2ª cota de rectificado	69,000 mm.	73,000 mm.

Tolerancias de rectificado:
ovalado ± 0,01 mm.
Conicidad máxima − 0,03 mm. (en el lado frontal menor)

Grabar la diferencia de la medida del diámetro en la base del cilindro.

Holgura de montaje entre el cilindro y el pistón

	normal	motos para autoridades o para servicio con sidecar
R 50, R 60	0,05–0,06 mm.	0,06–0,07 mm.
R 50 S	0,08 mm.	–
R 69 S	0,08–0,09 mm.	0,09–0,10 mm.

Holgura máxima del desgaste admisible entre el cilindro y el pistón: 0,12 mm. por encima de la holgura de montaje

Holgura de montaje de los aros del pistón

Abertura del aro 0,25–0,40 mm.

Holgura lateral en las ranuras:

	R 50 (5 aros)	R 50 S, R 60, R 69 S (3 aros)
aro 1 (arriba)	0,06–0,08 mm.	0,07–0,10 mm.
aro 2	0,03–0,05 mm.	
aro 3, resp. 2 (de ángulo)	0,03–0,05 mm.	0,07–0,10 mm.
aro de escurrido de aceite 4 y 5, resp. 3	0,03–0,05 mm.	0,03–0,05 mm.

Tolerancia del perno del pistón

Holgura en el pistón	de 0,002 mm. prieto a 0,004 flojo. Los pistones y los pernos emparejados han sido marcados con una señal negra, resp. blanca y no deben ser confundidos entre sí.
Holgura en el ojo de la biela	0,007–0,026 mm., flojo

Disposición de los pernos en el pistón

R 50, R 50 S	1,5 mm. de desviación; en la carrera de trabajo, el lado estrecho se halla sometido a presión
R 60, R 69 S	disposición concéntrica

Pleuel

Pleuellagerung auf Hubzapfen	ohne Spiel aber leicht drehbar
Aufmaßrollen mm ⌀	4,994/4,996/4,998/5,000/ 5,002/5,004/5,006/5,008/ 5,010/5,012/5,020/5,030
Durchmesserspiel der Rollen im Käfig	0,05–0,15 mm
Axialspiel der Rollen im Käfig	0,10–0,20 mm
Axialspiel der Pleuel auf den Hubzapfen	0,07–0,10 mm

Kurbelwelle und Lagerung

Hubzapfen-Nennmaß ⌀ **R 50, R 50 S**	$32 \genfrac{}{}{0pt}{}{+0{,}000}{-0{,}018}$ mm
R 60, R 69 S	$36 \genfrac{}{}{0pt}{}{+0{,}000}{-0{,}020}$ mm
Preßdruck des Hubzapfens in den Kurbelwellenschenkel	4000–6000 kg
max. Schlag an den Wellenzapfen außen bei Stützung an den Hauptlagerstellen	0,02 mm
Hauptlager-Preßsitz auf Wellenzapfen	0,015 mm
Steuerungsantriebsrad auf Kurbelwelle	0,013–0,035 Preßsitz (Rad 180° C warm aufziehen)
Kugellager bzw. Tonnenlager auf Kurbelwelle	0,015–0,025 mm Preßsitz
Kugellagersitze in Motorgehäuse-Lagerbüchsen und im Räderkastendeckel	Leichter Preßsitz (Gehäuse und Deckel zum Lagereinziehen auf etwa 80° C anwärmen)
max. Seitenschlag am Schwungrad	0,10 mm
max. Radialschlag am Lichtmaschinenkollektor	0,04 mm

Steuerwelle und Antrieb

Kugellager-Preßsitz auf Steuerwelle	0,015 mm
Kugellager-Preßsitz in Motorgehäuse und Lagerbüchse, Lagerbüchse in Motorgehäuse	0,015 mm (Motorgehäuse zur Montage auf etwa 80° C anwärmen)

Bielles

Articulation sur le vilebrequin	libre, mais sans aucun jeu
Surdimensions des galets, mm ⌀	4,994/4,996/4,998/5,000/ 5,002/5,004/5,006/5,008/ 5,010/5,012/5,020/5,030
Jeu en diamètre des galets dans la cage	0,05–0,15 mm
Jeu axial des galets dans la cage	0,10–0,20 mm
Jeu axial de la bielle sur le vilebrequin	0,07–0,10 mm

Vilebrequin et roulements

Tourillons de bielles ⌀ **R 50, R 50 S**	$32 \genfrac{}{}{0pt}{}{+0{,}000}{-0{,}018}$ mm
R 60, R 69 S	$36 \genfrac{}{}{0pt}{}{+0{,}000}{-0{,}020}$ mm
Chassage du tourillon dans les joues du vilebrequin	4000–6000 kg
Faux-rond max. à l'extrémité extérieure du vilebrequin, soutenu aux endroits des roulements principaux	0,02 mm
Serrage du roulement principal sur le vilebrequin	0,015 mm
Pignon de distribution sur le vilebrequin	serrage 0,013–0,035 (extraire le pignon, chauffé à 180° C)
Roulement à tonneaux ou à billes sur le vilebrequin	serrage 0,015–0,025 mm
Siège des roulements dans le carter, la douille et le couvercle de distribution	Chassage léger (carter et couvercle chauffés à 80° C env. pour le montage)
Voilage max. du volant	0,10 mm
Faux-rond radial max. au collecteur de dynamo	0,04 mm

Arbre à cames et entraînement

Serrage des roulements sur l'arbre	0,015 mm
Serrage des roulements dans le carter et la douille et de la douille dans le carter	0,015 mm (pour montage, chauffer le carter à 80° C environ)

Connecting Rod

Fit of connecting rod bearing on crankpin	No clearance, but must turn freely
Oversize rollers	4.994/4.996/4.998/5.000 5.002/5.004/5.010/5.020 5.030 mm. in diameter
Diameteral clearance of bearing rollers in roller cage	0.05–0.15 mm. (.002″–.006″)
End play of rollers in cage	0.10–0.20 mm. (.004″–.008″)
End play of connecting rod on crankpin	0.07–0.10 mm. (.0028″–.004″)

Crankshaft and Bearings

Crankpin standard diameter	**R 50, R 50 S** $32 \,{}^{+0.000}_{-0.018}$ mm. **R 60, R 69 S** $36 \,{}^{+0.000}_{-0.020}$ mm.
Press power equired for fitting crankpin in crankweb	9,000–13,000 lbs.
Max. allowable out-of-round on crankshaft journal outer ends, with crankshaft supported on main bearing seats	0.02 mm. (.0008″)
Interference fit of main bearings on journals	0.015 mm. (.0006″)
Interference fit of crankshaft timing gear	0.013–0.035mm. (.00052″–.0014″) To install, heat gear up to 390°F.
Interference fit of ball bearings or spherical roller bearings on crankshaft	0.015–0.025 mm. (.0006″–.0010″)
Ball bearing fits in engine housing bearing bushes and in gear case cover	Slight interference fit. To install bearings, heat engine housing and cover casting up to approx. 176°F.
Flywheel clutch face runout (max.)	0.10 mm. (.004″)
Max. allowable out-of-round on generator commutator	0.04 mm. (.0016″)

Camshaft and Drive

Interference fit of ball bearings on camshaft	0.015 mm. (.0006″)
Interference fit of ball bearings in engine housing and bearing bushing, and of bearing bushing in engine housing	0.015 mm. (.0006″). To install bearings, heat engine housing to approx. 176°F.

Bielas

Colocación de los cojinetes en el muñón central	sin holgura, pero ligeramente girable
⌀ de los rodillos sobredimensionados en mm.	4,994/4,996/4,998/5,000 5,002/5,004/5,010/5,020 5,030
Holgura diametral de los rodillos en la jaula	0,05–0,15 mm.
Holgura axial de los rodillos en la jaula	0,10–0,20 mm.
Holgura axial entre la biela y el muñón central	0,07–0,10 mm.

Cigüeñal y apoyos

Diámetro nominal del muñón central	**R 50, R 50 S** $32 \,{}^{+0,000}_{-0,018}$ mm. **R 60, R 69 S** $36 \,{}^{+0,000}_{-0,020}$ mm.
Presión requerida para montar el muñón central en los brazos del cigüeñal	4000–6000 kg.
Excentricidad máxima de los extremos del cigüeñal, montado en los apoyos principales	0,02 mm.
Ajuste a presión del cojinete principal sobre los muñones del cigüeñal	0,015 mm.
Ajuste a presión de la rueda de distribución sobre el cigüeñal	0,035–0,013 mm. (montar la rueda después de haberla calentado a 180° C)
Cojinete de bolas, resp. de barriletes sobre el cigüeñal	0,015–0,025 mm., ajuste a presión
Colocación de los cojinetes en los casquillos de la caja del motor y de la tapa cubreengranajes	ajuste a presión ligero (calentar la caja y la tapa a unos 80° C para efectuar el montaje)
Excentricidad lateral máxima en el volante	0,10 mm.
Excentricidad radial máxima en el colector de la dinamo	0,04 mm.

Arbol de levas y su impulsión

Ajuste a presión de los cojinetes sobre el árbol de levas	0,015 mm.
Ajuste a presión de los cojinetes en la caja del motor y en el casquillo y del casquillo en la caja del motor	0,015 mm. (calentar la caja del motor a unos 80° C para efectuar el montaje)

maximaler Schlag am vorderen Steuerwellenende	0,02 mm		Faux-rond max. à l'extrêmité avant de l'arbre	0,02 mm	
Zahnrad auf Steuerwelle	Preßsitz (Rad zur Montage auf 80° C anwärmen)		Pignon sur l'arbre	serrage (pour montage, chauffer le pignon à 80° C environ)	

Stößel und Ventile / Poussoirs et soupapes

Laufspiel der Stößel in Büchsen	0,02–0,04 mm		Jeu des poussoirs dans leur douille	0,02–0,04 mm	
Laufspiel der Schwinghebelbuchsen auf Schwinghebelbolzen	0,01–0,045 mm		Jeu des douilles de culbuteurs sur leur axe	0,01–0,045 mm	
bei R 69 S Nadellagerung	spielfrei		Pour R 69 S, roulements à aiguilles	sans jeu	
Seitenspiel der Schwinghebel	0,01–0,02 mm		Jeu latéral des culbuteurs	0,01–0,02 mm	

Ventilschaft (hartverchromt)	Durchmesser (mm)	Laufspiel in der Führung (mm)	Queue de soupape (chromée dur)	Diamètre (mm)	Jeu dans le guide (mm)
R 50, R 60 Einlaß- und Auslaßventil	7 $^{-0,050}_{-0,065}$	0,040–0,070	R 50, R 60, admission et échappement	7 $^{-0,050}_{-0,065}$	0,040–0,070
R 50 S Einlaßventil	7 $^{-0,050}_{-0,065}$	0,040–0,070	R 50 S, admission	7 $^{-0,050}_{-0,065}$	0,040–0,070
R 50 S Auslaßventil	8 $^{-0,065}_{-0,080}$	0,065–0,095	R 50 S, échappement	8 $^{-0,065}_{-0,080}$	0,065–0,095
R 69 S Einlaß- und Auslaßventil	8 $^{-0,050}_{-0,065}$	0,050–0,065	R 69 S, admission et échappement	8 $^{-0,050}_{-0,065}$	0,050–0,065

Bohrung in der Ventilführung (eingepreßt, abgekühlt und auf Maß aufgerieben) / Alésage dans le guide de soupape (chassé, refroidi et alésé à la dimension)

R 50, R 60 Einlaß- und Auslaßführung	7 $^{+0,005}_{-0,010}$ mm (Reibahle 7K7)	R 50, R 60, admission et échappement	7 $^{+0,005}_{-0,010}$ mm (Alésoir 7K7)	
R 50 S Einlaßführung	7 $^{+0,005}_{-0,010}$ mm (Reibahle 7K7)	R 50 S, admission	7 $^{+0,005}_{-0,010}$ mm (Alésoir 7K7)	
R 50 S Auslaßführung	8 $^{+0,015}_{0}$ mm (Reibahle 8H7)	R 50 S, échappement	8 $^{+0,015}_{0}$ mm (Alésoir 8H7)	
R 69 S Einlaß- und Auslaßführung	8 $^{+0,015}_{0}$ mm (Reibahle 8H7)	R 69 S, admission et échappement	8 $^{+0,015}_{0}$ mm (Alésoir 8H7)	

Ventilteller-Durchmesser:	R 50, R 50 S, R 60	R 69 S	Diamètre des soupapes	R 50, R 50 S, R 60	R 69 S
Einlaßventil	34 mm	38 mm	admission	34 mm	38 mm
Auslaßventil	32 mm	34 mm	échappement	32 mm	34 mm

max. Schlag des Ventilsitzes am Ventilteller	0,03 mm		Décentrage max. de la portée sur la soupape	0,03 mm	
Ventilführung im Zylinderkopf	0,03–0,05 mm Preßsitz (z. Aus- und Einpressen nur der Führungen allein, Zylinderkopf auf 180–220° C anwärmen)		Guides dans la culasse	serrage 0,03–0,05 mm (pour chasser ou déchasser seulement les guides, chauffer la culasse à 180–220° C)	

Max. allowable out-of-round on camshaft front end	0.02 mm. (.0008")	Excentricidad máxima en el extremo anterior del árbol de levas	0,02 mm.	
Interference fit of gear on camshaft	To install gear, heat it up to 176°F.	Piñón sobre el árbol de levas	ajuste a presión (calentar el piñón a unos 80°C para efectuar el montaje)	

Tappets (Valve Lifters) and Valves / Taqués y válvulas

Diameteral clearance of tappets in bushings	0.02–0.04 mm. (.0008"–.0016")	Holgura de los taqués en los casquillos	0,02–0,04 mm.
Rocker arm bushing to rocker shaft clearance	0.01–0.045 mm. (.0004"–.0018")	Holgura entre los casquillos portabalancines y el perno	0,01–0,045 mm.
on R 69 S needle bearing	playless	en el modelo R 69, cojinete de agujas	exento de juego
Side play of rocker arms	0.01–0.02 mm. (.0004"–.0008")	Juego lateral de los balancines	0,01–0,02 mm.

Valve stem (hard chrome-plated)	Diameter (mm.)	Diameteral clearance in guide (mm.)	Vástago de la válvula (con cromado duro)	diámetro mm.	juego de desplazamiento en la guía (mm.)
R 50, R 60 intake and exhaust valves	7 $-{0.050 \atop 0.065}$	0.040–0.070	R 50, R 60, válvula de admisión y de escape	7 $-{0,050 \atop 0,065}$	0,040–0,070
R 50 S intake valve	7 $-{0.050 \atop 0.065}$	0.040–0.070	R 50 S, válvula de admisión	7 $-{0,050 \atop 0,065}$	0,040–0,070
R 50 S exhaust valve	8 $-{0.065 \atop 0.080}$	0.065–0.095	R 50 S, válvula de escape	8 $-{0,065 \atop 0,080}$	0,065–0,095
R 69 S intake and exhaust valves	8 $-{0.050 \atop 0.065}$	0.050–0.065	R 69 S, válvula de admisión y de escape	8 $-{0,050 \atop 0,065}$	0,050–0,065

I.D. of valve guide, after shrinking-in, recooling and reaming		Taladro en la guía de la válvula (encajado a presión, refrigerado y escariado a la medida).	
R 50, R 60 intake and exhaust guides	7 $^{+0.005}_{-0.010}$ mm. (reamer 7K7)	R 50, R 60, guía de admisión y de escape	7 $^{+0,005}_{-0,010}$ mm. (escariador 7K7)
R 50 S intake guide	7 $^{+0.005}_{-0.010}$ mm. (reamer 7K7)	R 50 S, guía de admisión	7 $^{+0,005}_{-0,010}$ mm. (escariador 7K7)
R 50 S exhaust guide	8 $^{+0.015}_{0}$ mm. (reamer 8H7)	R 50 S, guía de escape	8 $^{+0,015}_{0}$ mm. (escariador 8H7)
R 69 S intake and exhaust guides	8 $^{+0.015}_{0}$ mm. (reamer 8H7)	R 69 S, guía de admisión y de escape	8 $^{+0,015}_{0}$ mm. (escariador 8H7)

Valve head diameter	**R 50, R 50 S, R 60**	**R 69 S**	Diámetro del plato de la válvula:	**R 50, R 50 S, R 60**	**R 69 S**
Intake valve	34 mm.	38 mm.	válvula de admisión	34 mm.	38 mm.
Exhaust valve	32 mm.	34 mm.	válvula de escape	32 mm.	34 mm.

Maximum valve face runout (seat eccentricity)	0.03 mm. (.0012")	Excentricidad máxima del asiento de la válvula sobre el plato	0,03 mm.
Interference fit of valve guide in cylinder head	0.03–0.05 mm. (.0012"–.002") To press out and in the guides, heat cylinder head up to 390–490°F.	Guías de la válvula en la culata	0,03–0,05 mm., ajuste a presión (para efectuar el encaje y el desencaje de las guías sólo, se calienta la culata a 180–220°C)

Ventilsitzringe im Zylinderkopf		
Einlaß-Ventilsitzring	0,18–0,23 mm Schrumpfsitz	
Auslaß-Ventilsitzring (Werkstoff Dulenit)	0,13–0,18 mm Schrumpfsitz	
	zum Einsetzen neuer Ringe Zylinderkopf auf 220–250° C anwärmen	
Ventilsitzwinkel	45°	
Korrekturwinkel außen	15°	
Korrekturwinkel innen	75° (nur bei Bedarf)	
Ventilsitzbreite:	**R 50, R 60**	**R 50 S, R 69 S**
Einlaß	1,5 mm	1,5 mm
Auslaß	2 mm	1,5 mm

Ventilfedern:	innere		äußere	
	R 50 R 50 S R 60	R 69 S	R 50 R 50 S R 60	R 69 S
Drahtstärke mm	2,8	3,2	3,8	4,25
Außen ⌀ der Feder mm	23,8	28	33,3	38,5
Länge entspannt mm	37,5	42	42,3	43,25
Länge eingebaut mm	30,5	35	34	35
Federspannung bei Einbaulänge kg	7,5	10,8	18,5	19,2

Schraubenanzugsmomente

Anzugsmoment der Zylinderkopf-Befestigungsschrauben	3,5 mkg	
Anzugsmoment der Schwungrad-Befestigungsmutter	17 mkg	
	R 50, R 60	**R 50 S, R 69 S**
Kupplung, Tellerfederdruck im eingebauten Zustand	116–127 kg	155–165 kg
Anzugsmoment des Lichtmaschinenankers auf Kurbelwelle	2 mkg	
Anzugsmoment des Magnetzünderläufers auf Steuerwelle	2 mkg	
Ventilzeiten und Zündeinstellung	siehe Technische Daten Seite 10 und 12	

Sièges de soupapes dans la culasse		
admission	serrage 0,18–0,23 mm	
échappement (Dulenit)	serrage 0,13–0,18 mm	
	pour poser de nouveaux sièges, chauffer la culasse à 220–250° C.	
Angle des sièges	45°	
Angle de correction extérieur	15°	
Angle de correction intérieur	75° (seulement en cas de nécessité)	
Largeur des portées	**R 50, R 60**	**R 50 S, R 69 S**
admission	1,5 mm	1,5 mm
échappement	2,0 mm	1,5 mm

Ressorts de soupapes	intérieurs		extérieurs	
	R 50 R 50 S R 60	R 69 S	R 50 R 50 S R 60	R 69 S
⌀ du fil mm	2,8	3,2	3,8	4,25
⌀ extér. du ressort mm	23,8	28	33,3	38,5
Longueur, détendu mm	37,5	42	42,3	43,25
Longueur, monté mm	30,5	35	34	35
Tension, à la longueur de montage kgs	7,5	10,8	18,5	19,2

Moments de serrage

Vis de fixation des culasses	3,5 mkg	
Ecrou de fixation du volant	17 mkg	
	R 50, R 60	**R 50 S, R 69 S**
Pression de la membrane d'embrayage, montée	116–127 kgs	155–165 kgs
Serrage du rotor de dynamo sur le vilebrequin	2 mkg	
Serrage du rotor de magnéto sur l'arbre à cames	2 mkg	
Calage de la distribution et de l'allumage	Voir données techniques, pages 10 et 12	

Valve seat rings (inserts) in cylinder head

    Intake valve seat ring — 0.18–0.23 mm. shrink fit

    Exhaust valve seat ring (material Dulenit) — 0.13–0.18 mm. shrink fit

To install new rings, heat cylinder head up to 490–550° F.

Valve seat angle — 45°

Correction angle, outer — 15°

Correction angle, inner — 75° (only if required)

Valve seat width in head:

	R 50, R 60	R 50 S, R 69 S
Intake	1.5 mm.	1.5 mm.
Exhaust	2 mm.	1.5 mm.

Valve Springs:

	Inner		Outer	
	R 50 / R 50 S / R 60	R 69 S	R 50 / R 50 S / R 60	R 69 S
Wire diameter mm.	2.8	3.2	3.8	4.25
Coil outer diameter mm.	23.8	28	33.3	38.5
Valve spring free length mm.	37.5	42	42.3	43.25
Length, installed mm.	30.5	35	34	35
Valve spring load, installed (lbs.)	16.5	24	41	42.3

Torque Limits

Cylinder head bolts — 25 ft./lbs.

Flywheel retaining nut — 123 ft./lbs.

	R 50, R 60	R 50 S, R 69 S
Clutch cup spring load, installed	255–280 lbs.	341–363 lbs.

Generator armature (rotor) on crankshaft — 14.5 ft./lbs.

Ignition magneto rotor on camshaft — 14.5 ft./lbs.

Valve timing and ignition timing adjustment — See Technical Data page 10 and 12

Anillos de asiento de la válvula en la culata

    anillo de válvula de admisión — 0,18–0,23 mm. ajuste en caliente

    anillo de válvula de escape (material: Dulenit) — 0,13–0,18 mm. ajuste en caliente

para colocar anillos nuevos se calienta la culata a 220–250° C

Angulo del asiento de válvula — 45°

Angulo de correción externo — 15°

Angulo de correción interno — 75° (en caso de necesidad sólamente)

Ancho del asiento de válvula:

	R 50, R 60	R 50 S, R 69 S
admisión	1,5 mm.	1,5 mm.
escape	2 mm.	1,5 mm.

Resortes de las válvulas:

	interiores		exteriores	
	R 50 / R 50 S / R 60	R 69 S	R 50 / R 50 S / R 60	R 69 S
Diámetro del alambre en mm.	2,8	3,2	3,8	4,25
Diámetro exterior del resorte en mm.	23,8	28	33,3	38,5
Longitud sin carga, mm.	37,5	42	42,3	43,25
Longitud del resorte montado, en mm.	30,5	35	34	35
Fuerza de compresión con resorte montado, en kg.	7,5	10,8	18,5	19,2

Momentos de torsión de los tornillos

Momento de torsión de los tornillos de fijación de la culata — 3,5 mkg.

Momento de torsión de la tuerca de fijación del volante — 17 mkg.

	R 50, R 60	R 50 S, R 69 S
Presión del resorte de disco del embrague, montado	116–127 kg.	155–165 kg.

Momento de torsión del inducido de la dinamo sobre el cigüeñal — 2 mkg.

Momento de torsión del rotor de la magneto en el árbol de levas — 2 mkg.

Ajuste de las válvulas y del encendido — véase página 10 y 12, datos técnicos

Getriebe:

Kugellagersitze auf den Wellen	Preßsitz 0,007 bis 0,02 mm
Kugellagersitze im Gehäuse	leichter Preßsitz (Gehäuse zur Montage auf etwa 80° C anwärmen)
Gangräder auf Buchsen	
1. und 4. Gang	0,04–0,09 mm Laufspiel
2. und 3. Gang	0,02–0,06 mm Laufspiel
Buchsen auf Welle	
1. und 4. Gang	0,00–0,035 mm Preßsitz
2. und 3. Gang	Büchse mit Keilbahnen nur mit Welle austauschbar
Längsspiel der Nebenwelle	0,2–0,4 mm
Längsspiel der An- und Abtriebswellen im Gehäuse	0,2 mm durch Paßscheiben einstellen

Stoßdämpferfeder:

Einbaulänge	39 mm
Länge entspannt	44,5 mm
Feder außen ⌀	34,5 mm
Feder innen ⌀	24,7–25 mm
Federquerschnitt	5 x 7 mm rechteckig
Federdruck bei 39 mm Länge	107 kg

Hinterradantrieb:

Wälzlagersitz auf Ritzel	Preßsitz 0,015 mm
Wälzlager im Gehäuse	leichter Preßsitz (Gehäuse zur Montage auf etwa 80° C anwärmen)
Kugellagersitz auf Tellerradnabe	0,015 mm Preßsitz
Nadellagersitz auf Tellerradnabe	0,012 mm Preßsitz
Kugellagersitz im Deckel und Nadellagersitz im Gehäuse	leichter Preßsitz (Gehäuse zur Montage auf etwa 80° C anwärmen)
Zahnflankenspiel (Klingelnberg)	0,15–0,20 mm
Grundeinstellmaß (von Kugellagerschulter am Ritzel bis Mitte Tellerradachse)	74,5 ± 0,05 mm

Boîte de vitesses

Siège des roulements sur les arbres	serrage 0,007 à 0,02 mm
Siège des roulements dans le carter	chassage léger (chauffer le carter pour le montage à 80° C environ)
Pignons de vitesses sur leurs douilles	
1ère et 4ème vitesses	jeu de 0,04–0,09 mm
2ème et 3ème vitesses	jeu de 0,02–0,06 mm
Douilles sur l'arbre	
1ère et 4ème vitesses	serrage 0,00–0,035 mm
2ème et 3ème vitesses	douilles avec rainures, à remplacer seulement avec l'arbre
Jeu longitudinal de l'arbre intermédiare	0,2–0,4 mm
Jeu longitudinal des arbres primaire et secondaire dans le carter	0,2 mm réglable par rondelles

Ressorts d'amortisseur de couple

Longueur de montage	39 mm
Longueur détendu	44,5 mm
⌀ extérieur du ressort	34,5 mm
⌀ intérieur du ressort	24,7–25 mm
Section du fil	rectangulaire 5×7 mm
Pression du ressort, à 39 mm de longueur	107 kgs

Transmission arrière

Roulement à aiguilles sur le pignon	serrage 0,015 mm
Roulement à aiguilles dans le carter	serrage léger (chauffer le carter, pour le montage, à 80° C environ)
Roulement à billes sur le moyeu de couronne	serrage 0,015 mm
Roulement à aiguilles sur le moyeu de couronne	serrage 0,012 mm
Roulement à billes dans le couvercle et roulement à aiguilles dans le carter	Léger serrage (chauffeur le carter et le couvercle, pour montage, à 80° C environ)
Jeu entre les flancs des dents (Klingelnberg)	0,15–0,20 mm
Cote de base de réglage (de l'épaulement du roulement à billes au pignon, jusqu'au centre de l'axe de couronne)	74,5 ± 0,05 mm

Transmission:

Ball bearings on shafts	Interference fit 0.007 to 0.02 mm. (.00028"–.0008")
Ball bearings in housing	Slight interference fit (To install bearings, heat transmission housing to approx. 176° F.)
Diameteral clearance of speed gears on bushings	
1st and 3rd gear	0.04–0.09 mm. (.0016"–.0036")
2nd and 4th gear	0.02–0.06 mm. (.0008"–.0024")
Bushings on shaft	
1st and 4th gear	Interference fit 0.00–0.035 mm. (.000–.0014")
2nd and 3rd gear	Splined bushing only exchangeable together with the shaft
End play of intermediary shaft	0.2–0.4 mm. (.008"–.016")
End play of primary and output shafts	0.2 mm. (.008") to be adjusted by means of shims

Torsional Torque Damper Spring:

Length, installed	1.53"
Free length	1.75"
Coil diameter, outer	1.35"
Coil diameter, inner	.96"–.98"
Wire section	5 x 7 mm. rectangular
Spring load with 1.53" length	235 lbs.

Final Drive:

Bearing on pinion	Interference fit 0.015 mm. (.0006")
Pinion bearing in bevel drive housing	Slight interference fit (To install bearings, heat housing to approx. 176° F.)
Ball bearing on ring gear hub	Interference fit 0.015 mm. (.0006")
Needle bearing on ring gear hub	Interference fit 0.012 mm. (.00048")
Ball bearing in cover and needle bearing in housing	Slight interference fit (To install bearings, heat housing to approx. 176° F.
Backlash between pinion and ring gear (crown wheel) (Klingelnberg)	0.15–0.20 mm. (.006"–.008")
Ideal setting distance (from ball bearing shoulder on pinion to ring gear axis)	2.93" ± .002"

Caja de cambio

Asiento de los cojinetes sobre los ejes	ajuste a presión 0,007 a 0,02 mm.
Asiento de los cojinetes en la caja	ajuste a presión, ligero (para el montaje se calienta la caja a unos 80° C)
Juego de las ruedas dentadas sobre los casquillos	
1ª y 4ª velocidad	0,04–0,09 mm.
2ª y 3ª velocidad	0,02–0,06 mm.
Asiento de los casquillos sobre el eje	
1ª y 4ª velocidad	0,00–0,035 mm., ajuste a presión
2ª y 3ª velocidad	los casquillos ranurados han de cambiarse juntamente con el eje
Juego longitudinal del eje intermedio	0,2–0,4 mm.
Juego longitudinal del eje inductor y del eje inducido en la caja	0,2 mm. graduable mediante arandelas distanciadoras

Resorte del amortiguador

longitud montado	39 mm.
longitud sin carga	44,5 mm.
diámetro exterior del resorte	34,5 mm.
diámetro interior del resorte	24,7–25 mm.
sección del resorte	5 × 7 mm., rectangular
presión del resorte con 39 mm. long.	107 kg.

Mecanismo de accionamiento de la rueda trasera

Asiento del rodamiento sobre el piñón	ajuste a presión 0,015 mm.
Asiento del cojinete en la caja	ajuste a presión ligero (para el montaje se calienta la caja a unos 80° C)
Asiento del cojinete de bolas en el cubo de la corona	ajuste a presión 0,015 mm.
Asiento del cojinete de agujas en el cubo de la corona	0,012 mm., ajuste a presión
Asiento del cojinete de bolas en la tapa y del cojinete de agujas en la caja	ajuste a presión (calentar la caja a unos 80° C para efectuar el montaje)
Juego entre los flancos de los dientes (Klingelnberg)	0,15–0,20 mm.
Cota nominal de ajuste (desde la espaldilla del cojinete de bolas en el piñón hasta el centro del eje de la corona)	74,5±0,05 mm.

Radfederung:				Suspensions:		
Hinterrad Tragfeder	Solo	Seitenwagen		**Ressorts arrière**	Solo	Side-car
Drahtstärke/Feder Außen ⌀ mm	7/51	7,6/52,1		⌀ du fil/⌀ exter. du ressort mm	7/51	7,6/52,1
ungespannte Länge mm	272,5	271,5		Longueur détendu, mm	272,5	271,5
Einbau-Federdruck kg/Federweg mm	12,2/8	15/7		Pression, monté, kgs/course mm	12,2/8	15/7
Endfederdruck kg/Federweg mm	243/121	300/120		Pression à fond de course kgs/course tot. mm	243/121	300/120
Vorderradfeder:				**Ressorts avant**		
Drahtstärke/Feder Außen ⌀ mm	6/48	6,3/48,6		⌀ du fil/⌀ extér. du ressort mm	6/48	6,3/48,6
ungespannte Länge mm	284	273		Longueur détendu, mm	284	273
Einbau-Federwerk kg/Federweg mm	21/26	15/15		Pression, monté, kgs/course mm	21/26	15/15
Endfederdruck kg/Federweg mm	160/136	180/125		Pression à fond de course kgs/course tot. mm	160/136	180/125

Stoßdämpfer

Die Stoßdämpfer müssen in Einbaulage mehrmals über den ganzen Hub betätigt werden, damit sich die Luft im oberen Teil sammeln kann. Stoßdämpfer stehend lagern.
Bei Prüfung der Stoßdämpfer soll sowohl bei der größeren Zugkraft wie auch bei der geringeren Druckkraft jeweils auf die ganze Hublänge die Kraft bzw. die Bewegung gleichmäßig sein. Bei ruckartigen Bewegungen ist ein Verschleiß vorhanden, der eine Auswechslung des Stoßdämpfers erfordert.
In zusammengedrückter Stellung des Stoßdämpfers darf kein höherer Druck als 500 g ausgeübt werden, da sonst innere Schäden auftreten können.

Prüfdaten für Prüfmaschine

Amortisseurs

Il faut, avant montage, les faire fonctionner plusieurs fois sur toute leur course, afin que l'air se rassemble au sommet. Entreposer les amortisseurs debout.
A l'essai, l'amortisseur doit présenter une force constante et un fonctionnement sans à-coup sur toute sa course, aussi bien à la traction – force plus grande – qu'à la compression – force plus petite. S'il fonctionne avec des à-coups, c'est qu'il est usé et doit être remplacé.
Quand il est totalement comprimé, l'amortisseur ne doit pas être soumis à une pression de plus de 500 gr; il pourrait en résulter des dégâts à l'intérieur.

Données pour machine d'essais

Stoßdämpfer	vorn		hinten		Amortisseur	avant		arrière	
Prüfhub (mm)	25	75	25	75	Course d'essai (mm)	25	75	25	75
Drehzahl (U/min)	100	100	100	100	Régime (t/min)	100	100	100	100
Zugstufe (kg)	15	40	20	60	Effort de traction (kg)	15	40	20	60
Druckstufe (kg)	5	10	5	20	Effort de compression (kg)	5	10	5	20
Einbaulänge (mm)					Longueur monté (mm)				
max.		337		343	max.		337		343
min.		222		243	min.		222		243

Hydraulischer Lenkungsdämpfer, Zyl.-⌀ 21 mm bzw. (24) mm

			Frein hydraulique de direction, cylindre ⌀ 21 mm ou (24) mm		
Prüfhub der Prüfmaschine (mm)	25	50	Course de la machine d'essai (mm)	25	50
Drehzahl der Prüfmaschine (U/min)	100	100	Régime de la machine d'essai (t/min)	100	100
Zugkraft (kg)	30 (23)	33 (35)	Effort de traction (kg)	30 (23)	33 (35)
Druckkraft (kg)	30 (23)	33 (35)	Effort de compression (kg)	30 (23)	33 (35)
Größte Länge von Mitte Silentblockbohrung bis Ende Kolbenstange (mm)	230 (250)		Plus grande longueur de l'axe du trou de silentblock, au bout de la tige de piston (mm)	230 (250)	
Kleinste Länge (mm)	170 (190)		Plus petite longueur (mm)	170 (190)	

Suspension Springs:

Rear Wheel Suspension Spring:

	Solo	Sidecar
Wire diam./Coil outer diam. (mm.)	7/51	7.6/52.1
Free length mm.	272.5	271.5
Spring load, installed lbs./spring movement mm.	27/8	33/7
Spring rebound load lbs./spring movement mm.	525/121	661/120

Front wheel Suspension Spring:

	Solo	Sidecar
Wire diam./Coil outer diam. (mm.)	6/48	6.3/48.6
Free length mm.	284	273
Spring load, installed lbs./spring movement mm.	46/26	33/15
spring rebound load lbs./spring movement mm.	330/136	396/125

Shock Absorbers

Placed in mounting position the shock absorbers must be operated several times over the whole lift, so that the air may collect itself in the upper part. Shock absorbers should be stoked in an upright position.

On examination of the shock absorbers the higher tensile force as well as the lower pressure force should prove to be constant, i.e. motion speed should be invariable over the whole lift. If there are jerking motions this is an indication of worn condition requiring replacement of the shock absorber.

In compressed position no pressure over 1 lb. should be exercised on the shock absorber, as otherwise interior defects might result.

Test data for test machine

Shock absorber	Front		Rear	
Test stroke (mm.)	25 (.98")	75 (2.95")	25 (.98")	75 (2.95")
Rev. rate (r.p.m.)	100	100	100	100
Tensile force (lbs.)	33	88	44	132
Pressure force (lbs.)	11	22	11	44
Max. length, extended (mm.)	337 (13.26")		343 (13.65")	
Min. length, compressed (mm.)	222 (8.73")		243 (9.45")	

Hydraulic Steering Damper, cylinder ⌀ 1.22" or (.95")

Test stroke of test machine (mm.)	25 (.98")	50 (1.96")
Rev. rate of test machine (r.p.m.)	100	100
Tensile force (lbs.)	66 (50)	73 (77)
Pressure force (lbs.)	66 (50)	73 (77)
Max. length from center of silentblock mounting hole to piston rod end (mm.)	9" (9.8")	
Min. length (mm.)	6.7" (7.5")	

Suspensión de las ruedas

Resorte de suspensión trasera

	solo	sidecar
Diámetro del alambre/⌀ exterior del resorte en mm.	7/51	7,6/52,1
Longitud sin carga, mm.	272,5	271,5
Presión de montaje kg./recorrido en mm.	12,2/8	15/7
Presión final en kg./recorrido en mm.	243/121	300/120

Resorte de suspensión delantero

	solo	sidecar
Diámetro del alambre/⌀ exterior del resorte en mm.	6/48	6,3/48,6
Longitud sin carga, mm.	284	273
Presión de montaje kg/recorrido en mm.	21/26	15/15
Presión final en kg./recorrido en mm.	160/136	180/125

Amortiguadores

Es preciso hacer funcionar varias veces los amortiguadores en todo su recorrido y en su posición normal de funcionamiento, para que el aire pueda acumularse en la parte posterior. Los amortiguadores deben almacenarse en posición vertical.

Al efectuar la verificación de los amortiguadores, deberán ser uniformes a lo largo de todo el recorrido tanto la fuerza mayor del estirado como la fuerza menor de compresión y el movimiento preciso para esta comprobación. Si el movimiento se efectúa de forma irregular, el amortiguador presenta un desgaste y ha de ser sustituido.

Datos de la máquina de ensayo

Amortiguador	adelante		atrás	
Carrera de ensayo (mm.)	25	75	25	75
Nº de r.p.m.	100	100	100	100
Fuerza de estirado (kg.)	15	40	20	60
Fuerza de compresión (kg.)	5	10	5	20
Longitud de montaje (mm.) máxima	337		343	
mínima	222		243	

Amortiguador hidráulico de la dirección, cilindro ⌀ 31 mm. ó (24) mm.

Carrera de la máquina de ensayo (mm.)	25	50
Nº de r.p.m. de la máquina de ensayo	100	100
fuerza de tracción (kg.)	30 (23)	33 (35)
fuerza de compresión (kg.)	30 (23)	33 (35)
Longitud máxima desde el centro del taladro del silentblock hasta el extremo del vástago del pistón (mm.)	230 (250)	
Longitud mínima (mm.)	170 (190)	

Sonderwerkzeuge

A. Spezialwerkzeuge, die von der Firma MATRA-WERKE GMBH · Frankfurt/Main, Dieselstraße 30, zu beziehen sind

Die jeweils neueste Zusammenstellung sowie ein Überblick über die Anwendungsmöglichkeiten der genannten Werkzeuge bei den verschiedenen BMW-Baumustern sind in dem bebilderten BMW-Katalog: **„Spezialwerkzeuge"** nebst zugehöriger Preisliste enthalten.

Matra Bestell-Nummer	Benennung	\multicolumn{6}{c}{zu verwenden b. Gruppe}
		D	M	G	H	B	F
286	Zapfenschlüssel 45 mm ⌀ (Rundzapfen 5 mm ⌀) für Verschlußkappe auf hinterem Federbein						x
292	Haltevorrichtung für Schwungscheibenmontage	x					
297 1 u. 2	Montagebüchsen für Abdichtring der Getriebeantriebswelle			x			
299a	Abziehvorrichtung für Kupplungsglocke von Kardanwelle					x	
311	Abzieher für Schwungrad mit Schrauben 20 mm lang	x					
319	Montagevorrichtung für Federring auf Getriebeantriebswelle			x			
338/1	Zapfenschlüssel 49 mm ⌀ für Auspuffmutter R 50, R 60	x					
355a	Abziehvorrichtung für Steuerwelle	x					
357a	Abdrückschrauben für Deckel am Hinterradantrieb					x	
368	Ventilhalter 7 mm Schaft, zum Ventileinschleifen		x				
494/2a	Nutschlüssel zu Haltevorrichtung Matra 500			x			
494/3	Einsatz zum Drehmomentschlüssel 12–15 mkg für Getriebe-Flanschmutter			x			
499	Abziehvorrichtung für Zahnrad auf Kurbelwelle, Räderkastendeckel, Steuerungszahnrad und vorderen Lagerdeckel	x					
500	Haltevorrichtung zum Getriebe für Flanschmuttermontage			x			
501	Abziehvorrichtung für Mitnehmerflansch			x			

Outillage spécial

A. Outils spéciaux à commander à la maison MATRA-WERKE GMBH, Dieselstrasse 30, Frankfurt/Main

L'énumération la plus récente des outils mentionnés et la spécification des possibilités de leur application aux divers modèles BMW sont contenues dans le catalogue et prix-courant BMW « **Outils spéciaux** ».

No. de commande Matra	Désignation	\multicolumn{6}{c}{Emploi pour les groupes}
		D	M	G	H	B	F
286	Clef à ergot 45 mm ⌀ (ergot rond 5 mm ⌀) pour chapeau sur jambage arrière						x
292	Dispositif d'arrêt pour montage du volant	x					
297 1 & 2	Douilles de montage pour simmerring arbre primaire, boîte de vitesses			x			
299a	Extracteur pour cloche d'accouplement de l'arbre cardan					x	
311	Extracteur pour volant, avec vis de 20 mm de longueur	x					
319	Dispositif de montage pour bague d'arrêt sur arbre primaire de boîte			x			
338/1	Clef à ergot 49 mm ⌀, pour écrou d'échappement R 50, R 60	x					
355a	Extracteur pour arbre à cames	x					
357a	Vis de pression pour démonter le couvercle du carter couple arrière					x	
368	Clef pour rodage des soupapes 7 mm		x				
494/2a	Clef à crénaux pour dispositif d'arrêt Matra 500			x			
494/3	Tête pour clef dynamomètrique 12–15 mkg, pour écrou de joue de sortie de boîte			x			
499	Extracteur pour pignon de vilebrequin, couvercle de distribution, pignon de distribution et couvercle de palier avant	x					
500	Dispositif d'arrêt pour boîte de vitesses, pour montage de l'écrou de joue			x			
501	Extracteur pour joue de sortie de boîte			x			

Special Tools

**A. Special Tools obtainable from the firm
MATRA-WERKE GMBH., Frankfurt/Main, Dieselstrasse 30,
West Germany**

The most up-to-date enumeration of the mentioned tools and the specification of their applicability to the various BMW models are contained in the illustrated BMW catalogue & price list **"Special Tools."**

Matra Tool Number	Description	D	M	G	H	B	F
286	Pin wrench 45 mm. in dia. (round pin 5 mm. in dia.) for top cap of rear spring leg						x
292	Locking fixture for flywheel		x				
297 1 & 2	Installing bushings for oil seal of transmission primary shaft			x			
299a	Puller for internally-splined coupler gear on universal shaft				x		
311	Puller for flywheel, with 20 mm. screws		x				
319	Replacer for spring ring on transmission primary shaft			x			
338/1	Pin wrench 49 mm. in dia. for exhaust coupling nut R 50 and R 60	x					
355a	Puller for camshaft		x				
357a	Puller screws for cover of final drive housing					x	
368	Holder for grinding-in valves, with 7 mm. stem diameter		x				
494/2a	Grooved wrench for fixture Matra 500			x			
494/3	Insert socket for torque wrench (87–108 ft. lbs.) for flange retaining nut of transmission output shaft			x			
499	Puller for crankshaft gear, gearcase cover casting, camshaft gear and front-end bearing cover plate		x				
500	Fixture for installation of nut for coupling flange on transmission output shaft			x			
501	Puller for coupling flange on transmission output shaft			x			

Herramientas especiales

**A. Herramientas especiales suministradas por
MATRA-WERKE GMBH - Frankfurt/Main, Dieselstrasse 30**

La más reciente enumeración de las herramientas mencionadas y la especificación de las posibilidades de su aplicación a los varios modelo BMW están contenidas en el catálogo y lista de precios BMW «**Herramientas especiales**».

Pedido Matra No.	Designación	D	M	G	H	B	F
286	Llave de espiga, 45 mm. ⌀ (espiga cilíndrica 5 mm. ⌀) para la tapa de cierre sobre el brazo telescópico trasero						x
292	Sujetador para el montaje del disco del volante		x				
297 1 y 2	Casquillos de montaje para el retén de aceite del eje impulsor de la caja de cambio			x			
299a	Extractor para separar la campana de embrague del eje cardán				x		
311	Extractor del volante con tornillos de 20 mm. de longitud		x				
319	Dispositivo para montar la arandela elástica sobre el eje impulsor de la caja de cambio			x			
338/1	Llave de espiga, 49 mm. ⌀ para la tuerca del escape R 50, R 60	x					
355a	Extractor para el árbol de levas		x				
357a	Tornillos de presión para la tapa del mecanismo de accionamiento de la rueda trasera					x	
368	Esmerilador de válvulas, con vástago de 7 mm. ⌀		x				
494/2a	Llave ranurada para el sujetador Matra 500			x			
494/3	Suplemento para la llave dinamométrica 12–15 mkg., para la tuerca de la brida de la caja de cambio			x			
499	Extractor para sacar el piñón del cigüeñal, tapa cubreengranes, piñón de distribución y tapa anterior del cojinete		x				
500	Sujetador de la caja de cambio para el montaje de la tuerca de la brida			x			
501	Extractor para la brida de arrastre			x			

Matra Bestell-Nummer	Benennung	zu verwenden b. Gruppe					
		D	M	G	H	B	F
503	Schaltschlüssel SW 16 für Getriebeeinstellung			x			
504	Einstellvorrichtung für Getriebe (Führungsflansch)			x			
505	Montagehülse für Kardandeckel				x		
506a	Doppelnutschlüssel für Gewindedeckel und Gewindering				x		
507	Haltevorrichtung zum Festziehen der Kupplungsnabe				x		
508	Spezialschlüssel mit Gegenhalter zum Festziehen der Kardankupplungsnabe				x		
509	Montagebüchse für Abdichtring am Hinterradantrieb				x		
511	Montagedorn für Abdichtring im Hinterradgetriebe-Gehäusedeckel				x		
513	Zapfenschlüssel zum Einstellen der hinteren Schwingarmlager						x
517	Zapfenschlüssel für Verschlußdeckel zur Radnabe					x	
519	Montagedorn zum Einführen der Vorderrad-Schwingachse						x
529	Zentrierdorn für Motorkupplung		x				
530a	Dorn zum Nachsetzen der Schutzrohre für Stößelstangen		x				
534	Spannschrauben für Kupplungsmontage		x				
535	Knebelmutter		x				
540	Ventilhalter 8 mm Schaft, zum Ventileinschleifen		x				
3487 47-6	Drehmomentschlüssel 0 – 6 mkg		x				
19 D/ 14 mm	Steckschlüsseleinsatz für Zylinderkopfschraube		x				
7809 M	Innensechskantschlüssel SW 6 (Steckeinsatz für ½" Vierkantantrieb) für Befestigungsschrauben zum Zündläufer und LM-Anker		x				

No. de commande Matra	Désignation	Emploi pour les groupes					
		D	M	G	H	B	F
503	Clef de commande pour réglage de la boîte (OC 16)			x			
504	Joue de guidage pour réglage de la boîte			x			
505	Douille de montage pour couvercle de couple arrière				x		
506a	Clef à crénaux double, pour couvercle et bague filetés (carter de couple)				x		
507	Dispositif d'arrêt pour blocage du moyeu d'entrainement cardan				x		
508	Clef spéciale avec contre-clef pour blocage du moyeu d'entrainement cardan				x		
509	Douille de montage pour simmerring couple arrière				x		
511	Chassoir pour simmerring dans couvercle couple arrière				x		
513	Clef à ergots pour réglage de l'articulation de suspension arrière						x
517	Clef à ergots pour cache-poussière de moyeux					x	
519	Broche pour montage de l'axe de bras oscillant avant						x
529	Broche de centrage pour l'embrayage		x				
530a	Mandrin pour assurer dans le cylindre les tubes entourant les tiges de culbuteurs		x				
534	Vis de pression pour montage de l'embrayage		x				
535	Dispositif de chassage		x				
540	Clef pour rodage des soupapes 8 mm		x				
3487 47-6	Clef dynamométrique 0 – 6 mkg		x				
19 D/ 14 mm	Tête de clef pour vis de culasses		x				
7809 M	Tête de clef pour 6-pans intérieurs OC 6 : vis de fixation des rotors dynamo et magnéto (pour clef à carré de ½")		x				

Matra Tool Number	Description	|to be used for group| D | M | G | H | B | F
503	Shifting wrench SW 16 for transmission adjustment	| | | x | | |
504	Setting gauge for transmission (support for output shaft)	| | | x | | |
505	Installing bush for final drive cover	| | | | x | |
506a	Double grooved wrench for threaded cover and threaded ring (final drive)	| | | | x | |
507	Locking fixture for tightening drive shaft coupling hub	| | | | x | |
508	Special wrench with holder for tightening drive shaft coupling hub	| | | | x | |
509	Installing bush for oil seal in final drive	| | | | x | |
511	Installing arbour for oil seal in final drive cover	| | | | x | |
513	Pin wrench for adjusting of rear swinging arm bearings	| | | | | | x
517	Pin wrench for wheel hub cover	| | | | | x |
519	Guide arbour for pivot of front swinging arm	| | | | | | x
529	Centering arbour for clutch	| | x | | | |
530a	Installing arbour for pushrod tubes	| | x | | | |
534	Clamping screws for installation of clutch	| | x | | | |
535	Lever nut	| | x | | | |
540	Holder for grinding-in valves with 8 mm. stem diameter	| | x | | | |
3487 47-6	Torque wrench (0–43 ft./lbs.)	| | x | | | |
19 D/ 14 mm	Socket wrench supplement (insert) for cylinderhead screws	| | x | | | |
7809 M	Allen head wrench SW 6 (socket supplement for ½" square-headed male piece) for magneto rotor and generator armature	| | x | | | |

Pedido Matra No.	Designación	|Para utilizar en el grupo| D | M | G | H | B | F
503	Llave especial SW 16 para ajustar el cambio de velocidades	| | | x | | |
504	Dispositivo para el ajuste de la caja de cambio (brida de guía)	| | | x | | |
505	Casquillo de montaje para la tapa del cardán	| | | | x | |
506a	Llave de doble ranura para la tapa roscada y la arandela roscada	| | | | x | |
507	Sujetador para apretar el cubo del embrague	| | | | x | |
508	Llave especial con sujetador para epretar el cubo del acoplamiento del cardán	| | | | x | |
509	Casquillo de montaje para el retén de aceite del mecanismo de accionamiento trasero	| | | | x | |
511	Mandril para el montaje del retén de aceite en la tapa de la transmisión trasera	| | | | x | |
513	Llave de espiga para el ajuste de los cojinetes del brazo oscilante trasero	| | | | | | x
517	Llave de espiga para la tapa del cubo de la rueda	| | | | | x |
519	Mandril para el montaje del eje oscilante delantero	| | | | | | x
529	Mandril de centraje para el embrague del motor	| | x | | | |
530a	Mandril de reajuste de los tubos protectores para las barras de los taqués	| | x | | | |
534	Tornillos tensores para el montaje del embrague	| | x | | | |
535	Tuerca de muletilla	| | x | | | |
540	Esmerilador de válvulas, con vástago de 8 mm.	| | x | | | |
3487 47-6	Llave dinamométrica de 0 – 6 mkg.	| | x | | | |
19D/ 14 mm.	Inserto de llave tubular para las tuercas de la culata	| | x | | | |
7809 M	Llave hexagonal interior SW 6 (inserto de llave cuadrada de ½") para los tornillos de sujeción del inducido y el rotor de la dinamo.	| | x | | | |

B. Werkzeuge, die nach gelieferten Zeichnungen selbst anzufertigen oder von uns zu beziehen sind

Die jeweils neueste Zusammenstellung sowie ein Überblick über die Anwendungsmöglichkeiten der genannten Werkzeuge bei den verschiedenen BMW-Baumustern sind in dem bebilderten BMW-Katalog: **„Werkzeuge für Selbstanfertigung"** nebst zugehöriger Preisliste enthalten.

Zeichn. Nummer	Benennung	D	M	G	H	B	F
5003	Kolbenringmanschette		x				
5014 1 u. 2	Gabelbock für Motor- und Getriebemontage		x	x			
5017	Aufnahme für Getriebe			x			
5021	Sprengeisen zum Auswinkeln der Pleuel		x				
5030	Abdrückschraube für Lichtmaschinenanker und Magnetläufer		x				
5034	Ventilfeder Montagevorrichtung		x				
5035	Pleuelschutzholz		x				
5036	Prismen zum Auswinkeln der Pleuel		x				
5038/1	Druckbüchse zum Aufpressen des Lagerdeckels		x				
5039	Druckbüchse zum Aufpressen des Nockenwellenzahnrades		x				
5040	Montagebüchse für Zahnrad auf der Kurbelwelle		x				
5041	Treibdorn für Stößelbüchse		x				
5042	Zahnspiel-Meßvorrichtung für Hinterradantrieb					x	
5043	Montagetisch für Motorräder	x					
5047	Halteplatte zur Montage von Kugellagern			x	x		
5048	Repassierring für Kurbelwellen-Tonnenlager an R 50 S und R 69 S		x				
5050/3	Lehre zum Einspeichen der Laufräder (Stahlfelge 2,75 C x 18)						x
5050/5	Lehre zum Einspeichen der Laufräder (Felge 2,15 B x 18)						x

B. Outils qui peuvent être exécutés par l'agent sur dessins BMW ou achetés par l'intermédiaire de BMW

L'énumération la plus récente des outils mentionnés et la spécification des possibilités de leur application aux divers modèles BMW sont contenues dans le catalogue et prix-courant BMW « **Outillage à exécuter par l'agent** ».

Dessin No.	Désignation	D	M	G	H	B	F
5003	Manchon pour segments		x				
5014 1 et 2	Support basculant pour montage moteur		x	x			
5017	Fixation pour boîte de vitesses			x			
5021	Leviers pour équerrage des bielles		x				
5030	Vis pour extraire les rotors de dynamo et magnéto		x				
5034	Dispositif de montage pour ressorts de soupapes		x				
5035	Bois de protection pour bielles		x				
5036	Prismes pour équerrage des bielles		x				
5038/1	Douille pour chassage du couvercle de palier		x				
5039	Douille pour chassage du pignon d'arbre à cames		x				
5040	Douille de montage pour pignon sur vilebrequin		x				
5041	Broche pour chassage des guides de poussoirs		x				
5042	Dispositif pour mesurer le jeu entre les dents du couple arrière					x	
5043	Banc de montage pour motos	x					
5047	Plaque de montage pour roulements à billes			x	x		
5048	Bague pour passage du roulement à tonneaux R 50 S et R 69 S		x				
5050/3	Jauge de rayonnage des roues (jante acier 2,75 C×18)						x
5050/5	Jauge de rayonnage des roues (jante 2,15 B×18)						x

B. Tools which may be made by the dealer corresponding to supplied drawings or purchased through BMW

The most up-to-date enumeration of the mentioned tools and the specification of their applicability to the various BMW models are contained in the illustrated BMW catalogue & price list **"Tools to be made in the dealers' own workshops."**

Tool Number	Description	to be used for group					
		D	M	G	H	B	F
5003	Piston ring collar		x				
5014 1 & 2	Cradle stand for engine and transmission		x	x			
5017	Support plate for transmission				x		
5021	Straightening tools for connecting rods		x				
5030	Puller screw for generator armature and magneto rotor		x				
5034	Valve spring installing tool		x				
5035	Guard wood for connecting rods		x				
5036	Prisms for straightening of connecting rods		x				
5038/1	Pressure bushing for installation of bearing cover		x				
5039	Pressure bushing for installation of camshaft gear		x				
5040	Installing bushing for crankshaft gear		x				
5041	Drift for tappet bushing		x				
5042	Measuring tool for backlash in final drive				x		
5043	Mounting table for motorcycles	x					
5047	Support plate for installation of ball bearings		x	x			
5048	Removing and installing ring for spherical roller bearing on crankshaft R 50 S and R 69 S		x				
5050/3	Spoke fitting gauge (2.75 C×18 steel rim)						x
5050/5	Spoke fitting gauge (2.15 B×18 rim)						x

B. Herramientas que pueden ser elaboradas por el agente segun dibujos suministrados, o adquiridas por conducto de BMW

La más reciente enumeración de las herramientas mencionadas y la especificación de las posibilidades de su aplicación a los varios modelos BMW están contenidas en el catálogo y lista de precios BMW «Herramientas que han de elaborarse por los agentes».

Dibujo No.	Designación	Para utilizar en el grupo					
		D	M	G	H	B	F
5003	Abrazadera para los aros de pistón		x				
5014 1 y 2	Soporte basculante para el montaje del motor y de la caja de cambio		x	x			
5017	Soporte para la caja de cambio				x		
5021	Palanca para enderezar las bielas		x				
5030	Tornillo extractor para el rotor de la dinamo y el inducido del magneto		x				
5034	Dispositivo de montaje para los resortes de las válvulas		x				
5035	Tabla de protección para las bielas		x				
5036	Prismas para enderezar las bielas		x				
5038/1	Casquillo de presión para encajar la tapa del cojinete		x				
5039	Casquillo de presión para montar el piñón del árbol de levas		x				
5040	Casquillos de montaje para el piñón sobre el cigüeñal		x				
5041	Mandril de empuje para el casquillo de los taqués		x				
5042	Dispositivo de medición del juego de ruedas del mecanismo de accionamiento de la rueda trasera					x	
5043	Banco de montaje para motocicletas	x					
5047	Soporte para el montaje de cojinetes de bolas		x	x			
5048	Anillo para el rodamiento de barriletes del cigüeñal en los tipos R 50 S y R 69 S		x				
5050/3	Calibrador para enrayar las ruedas (llanta de acero 2,75 C×18)						x
5050/5	Calibrador para enrayar las ruedas (llanta de acero 2,15 B×18)						x

Zeichn. Nummer	Benennung	D	M	G	H	B	F
5061	Meßbüchse zum Messen des Axialspieles der Getriebe-Antriebswelle			x			
5065	Sprenggabel zum Einstellen der Schaltgabeln bei eingesetzten Getriebewellen			x			
5078	Schlagdorn für Demontage der Laufradlagerung					x	
5080	Montagebüchse für Laufradlagerung					x	
5094	Vorrichtung für Montage der Federbeine						x
5095	Schlagbüchse zum Einsetzen der Antriebswelle			x			
5097	Lehre zum Einstellen der Leerlaufkontaktfeder			x			
5104	Meßvorrichtung für Motor und Getriebe	x	x				
5106	Vorrichtung zum Auswuchten der Laufräder						x
5108	Schlagbüchse für Abdichtring (Schwungscheibenseite)		x				
5117	Auflageplatte zum Aufpressen des Kugellagers auf die Kurbelwelle		x				
5119	Montagegabel für Lagerdeckel der Kurbelwelle (für R 50 und R 60)		x				
5127	Treibdorn für Ventilführung 7 mm ⌀		x				
5128	Treibdorn für Ventilführung 8 mm ⌀		x				
5129	Treibdorn für Kolbenbolzen		x				
5145	Führungsbüchse zum Aufschieben des Zahnrades auf die Kurbelwelle		x				

Dessin No.	Désignation	D	M	G	H	B	F
5061	Douille de mesure pour contrôle du jeu axial, arbre primaire de boîte de vitesses			x			
5065	Fourche pour ajustage des fourchettes dans la boîte de vitesses, arbres montés			x			
5078	Chassoir pour démontage des roulements de roues					x	
5080	Douille de montage pour roulements de roues					x	
5094	Dispositif pour montage des jambages à ressort						x
5095	Chassoir pour montage de l'arbre primaire			x			
5097	Jauge pour réglage du contact de point-mort			x			
5104	Dispositif de mesure pour moteur et boîte de vitesses	x	x				
5106	Dispositif pour équilibrage des roues						x
5108	Chassoir pour simmerring côté volant		x				
5117	Plaque d'appui pour chasser le roulement sur le vilebrequin		x				
5119	Fourche de montage pour couvercle de roulement du vilebrequin (R 50 et R 60)		x				
5127	Chassoir pour guide de soupape ⌀ 7 mm		x				
5128	Chassoir pour guide de soupape ⌀ 8 mm		x				
5129	Chassoir pour axe de piston		x				
5145	Douille de guidage pour placer le pignon sur le vilebrequin		x				

Tool Number	Description	D	M	G	H	B	F
5061	Measuring bushing for axial play of transmission primary shaft		x				
5065	Adjusting tool for shifting forks with transmission shafts installed		x				
5078	Drift for road wheel bearings					x	
5080	Installing bushing for road wheel bearings					x	
5094	Tool for disassembly and reassembly of spring legs (suspension units)						x
5095	Drive bushing for installation of primary shaft		x				
5097	Gauge for adjusting contact spring of neutral indicator		x				
5104	Measuring tool for engine and transmission	x	x				
5106	Tool for balancing of road wheels					x	
5108	Drive bushing for oil seal (flywheel side)	x					
5117	Support plate for pressing ball bearing onto crankshaft	x					
5119	Installing fork for bearing cover of crankshaft (for R 50 and R 60)	x					
5127	Drift for valve guides 7 mm. in dia.	x					
5128	Drift or valve guides 8 mm. in dia.	x					
5129	Drift for piston pin (gudgeon or wrist pin)	x					
5145	Guiding bush for installation of gear on crankshaft		x				

Dibujo No.	Designación	D	M	G	H	B	F
5061	Casquillo para medir el juego axial del eje de impulsión de la caja de cambio		x				
5065	Palanca para ajustar las horquillas selectoras, con la caja de cambio montada		x				
5078	Mandril de percusión para desmontar los cojinetes de las ruedas					x	
5080	Casquillo de montaje para los cojinetes de las ruedas					x	
5094	Dispositivo de montaje de los brazos telescópicos						x
5095	Casquillo de percusión para el montaje del eje de impulsión		x				
5097	Calibre para ajustar el resorte indicador de ralentí		x				
5104	Dispositivo de medición para el motor y la caja de cambio	x	x				
5106	Dispositivo para equilibrar las ruedas						x
5108	Casquillo de percusión para el anillo de retención de aceite (en el lado del volante)	x					
5117	Soporte para encajar el cojinete de bolas sobre el cigüeñal	x					
5119	Horquilla para montar la tapa del rodamiento del cigüeñal (tipos R 50 y R 60)	x					
5127	Mandril de embutir, para la guía de la válvula 7 mm ⌀	x					
5128	Mandril de embutir, para la guía de la válvula 8 mm ⌀	x					
5129	Mandril para el bulón del pistón	x					
5145	Casquillo de guía para montar el piñón en el cigüeñal		x				

D = Demontage und Montage des Triebwerkes

Vor der Demontage des Triebwerkes ist es zweckmäßig, zur Beurteilung etwa später festgestellter Schäden folgende Prüfungen vorzunehmen:

1. Ventilspiel nachmessen (s. S. 82)
2. Unterbrecher-Kontaktabstand nachmessen und Zündungseinstellung prüfen (s. S. 84)
3. Vergasereinstellung prüfen (s. S. 88)

Bei einem instandgesetzten Motor sind nach etwa 500 km Fahrt die gleichen Prüfungen durchzuführen.

Werkzeuge:

Montagetisch 5043, Maulschlüssel SW 9, 10, 11, 14, 19, 24, Ringschlüssel 9, 10, 12, 14, 17, 19, 22, 27, 36, Steckschlüssel 10, 14, 19, Kombizange, 2 Schraubenzieher, Innensechskantschlüssel SW 5, Schieblehre, Fühlerlehre, Belzerithammer, Abdrückschraube 5030, Zapfenschlüssel Matra 513, Kardanwellenhaltevorrichtung Matra 508, Zapfenschlüssel Matra 338/1, Abziehvorrichtung Matra 299 a, Dorn aus Bordwerkzeug, Stroboskop. **Bild 1**

D 1 = Hinterrad aus- und einbauen

1. Motorrad auf den Montagetisch 5043 auf Mittelständer stellen. **Bild 2**

2. Halteschrauben (1) SW 14 der Schutzblechstreben am Rahmen sowie Verbindungsschrauben (2) SW 14 zum Schutzblechhinterteil lösen und Hinterteil hochklappen. **Bild 3**

3. Steckachsmutter SW 22 auf Antriebsseite mit Steckschlüssel lösen und mit Scheibe abnehmen. **Bild 4**

4. Steckachs-Klemmschraubenmutter (3) SW 17 am linken Schwingarm lösen. Steckachse mit Dorn (aus Bordwerkzeug) herausziehen und abnehmen. **Bild 5**

Achtung! Bei Montage Achse gut reinigen, leicht einfetten und drehend einschieben. Nach dem Festziehen der Achsmutter Motorrad durchfedern, dann erst Klemmschraube (3) festziehen.

5. Laufrad herausnehmen.

D = Dépose et pose de la transmission

Avant de commencer le démontage et afin de pouvoir juger des causes des dégâts qui pourraient éventuellement être constatés ensuite, il est utile de procéder aux contrôles suivants :

1. Vérifier jeu des culbuteurs (voir p. 82)
2. Vérifier l'ouverture du rupteur et le point d'allumage (voir p. 84)
3. Contrôler le réglage des carburateurs (voir p. 88) 500 km après révision du moteur, les mêmes contrôles sont de nouveau à effectuer.

Outillage:

Banc de montage 5043, clefs à fourche OC 9, 10, 11, 14, 19, 24, clefs fermées 9, 10, 12, 14, 17, 19, 22, 27, 36, clefs à tube 10, 14, 19, pince combinée, 2 tournevis, clef OC 5 pour 6-pans intérieurs, pied à coulisse, jauges, maillet, vis d'extraction 5030, clef à ergot Matra 513, dispositif d'arrêt de l'arbre cardan Matra 508, clef à ergot Matra 388/1, extracteur Matra 299a, broche de la trousse, stroboscope. **Fig. 1**

D 1 = Dépose et pose de la roue arrière

1. Placer la moto sur le banc de montage 5043, sur sa béquille centrale. **Fig. 2**

2. Enlever les vis de fixation (1) OC 14, de la tringle de garde-boue au cadre et les vis de liaison (2) OC 14 de la partie arrière du garde-boue et relever cette partie. **Fig. 3**

3. Enlever l'écrou de broche OC 22, côté entrainement, à l'aide d'une clef à tube. Retirer la rondelle. **Fig. 4**

4. Desserrer l'écrou du collier d'arrêt (3) de la broche (côté gauche du bras oscillant, OC 17). Retirer la broche au moyen de la tige prise dans la trousse et l'enlever. **Fig. 5**

Attention! Au montage, nettoyer soigneusement et graisser légèrement la broche. L'introduire en tournant. Après serrage de l'écrou de broche, faire jouer la suspension, puis, ensuite seulement, rebloquer l'écrou du collier d'arrêt (3).

5. Sortir la roue.

D = Removal and Installation of Power Train

Prior to removal of power train it is useful to perform the following checks for the diagnosis of faults that might be found later:

1. Check valve clearance (see page 82)
2. Check gap of breaker points and setting of spark timing (see page 84)
3. Check carburetor adjustment (see page 88)

On a reconditioned engine the same checks have to be carried out after 300 miles.

Special Tools:

Mounting table 5043, open ended wrenches SW 9, 10, 11, 14, 19, 24, ring spanners 9, 10, 12, 14, 17, 19, 22, 27, 36, socket wrenches 10, 14, 19, cut pliers, 2 screw drivers, hex. allen plug wrench SW 5, sliding caliper, feeler gauge, plastic mallet, puller screw 5030, pin wrench Matra 513, drive shaft holding tool Matra 508, pin wrench Matra 338/1, puller Matra 299a, toolkit driftpin, timing light. **Figure 1**

D 1 = Removing and Installing Rear Wheel

1. Place the motorcycle on its stand upon the mounting table 5043. **Figure 2**

2. Remove mudguard brace bolts (1) SW 14 on frame and mudguard connecting bolts (2) SW 14 and swing the end of the rear mudguard up. **Figure 3**

3. With the SW 22 socket wrench, loosen axle spindle nut on the drive side and remove it together with its washer. **Figure 4**

4. Loosen SW 17 nut (3) of clamping bolt on the left swinging arm, and, using driftpin (of toolkit), withdraw axle spindle. **Figure 5**

Caution! Before installing axle spindle, clean it well and grease lightly. Rotate it, while inserting, to prevent binding. After tightening of axle spindle nut, press the mudguard repeatedly down to actuate the springing. Then only, tighten the clamping bolt (3).

5. Remove wheel.

D = Desmontar y montar los órganos de accionamiento

Antes de desmontar los órganos de accionamiento, conviene efectuar las siguientes comprobaciones, a fin de poder juzgar las causas de los defectos que se constaten posteriormente:

1. Comprobar el juego de las válvulas (véase pág. 82)
2. Comprobar la separación de los platinos del ruptor y el ajuste del encendido (véase pág. 84)
3. Comprobar el ajuste del carburador (véase pág. 88)

Las mismas comprobaciones deberán ser repetidas en el motor reparado, después de unos 500 km. de recorrido.

Herramientas:

Banco de montaje 5043, llaves SW 9, 10, 11, 14, 19, 24, llaves anulares 9, 10, 12, 14, 17, 19, 22, 27, 36, llaves tubulares de 10, 14, 19, alicates universales, 2 desatornilladores, llave hexagonal SW 5, calibre de exteriores, galga de espesores, martillo plástico, tornillo extractor 5030, llave de espiga Matra 513, sujetador del eje cardán Matra 508, llave de espiga Matra 338/1, extractor Matra 299a, mandril de la propia dotación de herramientas de la moto, estraboscopio.

Fig. 1

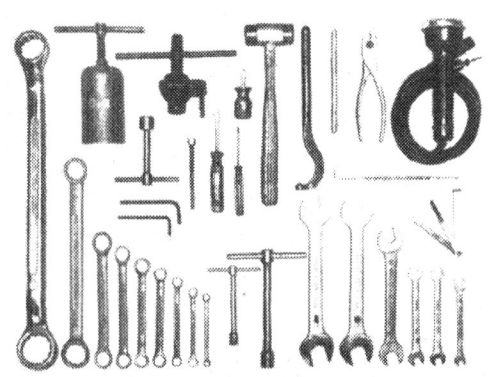

D 1 = Desmontar y montar la rueda trasera

1. Colocar la moto sobre el banco de montaje 5043, apoyada en el caballete central. **Fig. 2**

2. Aflojar los tornillos de sujeción (1) SW 14 de los tirantes del guardabarros y los tornillos de fijación (2) SW 14 de la parte trasera del guardabarros, echando hacia arriba la parte posterior de éste. **Fig. 3**

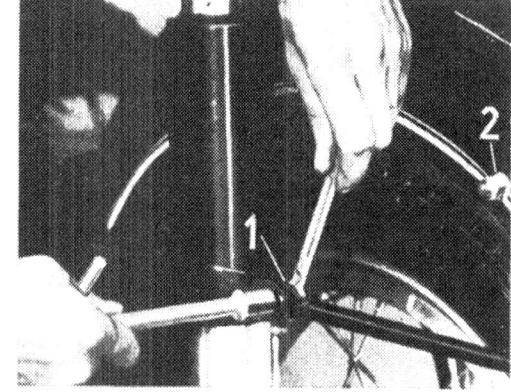

3. Aflojar con la llave tubular la tuerca SW 22 del eje de la rueda en la parte del cardán, quitándola con su arandela. **Fig. 4**

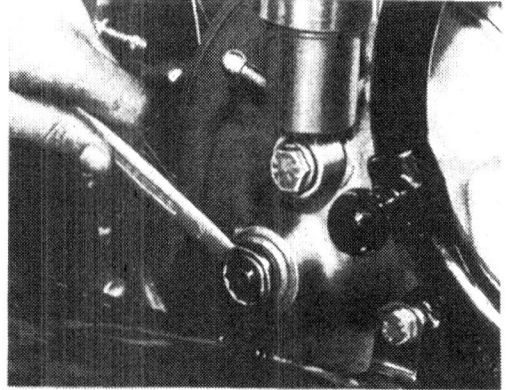

4. Aflojar la tuerca del tornillo aprisionador (3) SW 17 del eje de la rueda, en el brazo oscilante izquierdo. Extraer el eje de la rueda con el mandril de la dotación de herramientas. **Fig. 5**

¡**Atención!** Al efectuar el montaje, el eje deberá ser limpiado perfectamente, engrasado e introducido dándole vueltas. Después de haber apretado la tuerca del eje, se hace flexionar la motocicleta a fondo y a continuación se aprieta del tornillo (3).

5. Sacar la rueda.

D 2 a = **Hinterradgetriebe aus- und einbauen**	D 2 a = **Dépose et pose du couple arrière**	D 2 a = **Removing and Installing Final Drive**
(Laufrad ausgebaut)	(roue déposée)	(Road Wheel removed)

1. Federbein-Befestigungsschraube SW 19 rechts ausdrehen und mit Scheiben ablegen.   **Bild 6**

2. Ölfüllung aus rechtem Hinterradschwingarm ablassen nach Ausdrehen der Schraube SW 14 (a). Einfüllschraube SW 14 (b) ausdrehen für Belüftung zum besseren Ölabfluß.   **Bild 7**

   Achtung! Nach Wiedermontage 150 ccm Motorenöl SAE 40 einfüllen.

3. Flügelschraube von Bremsgestänge abschrauben, Bremsstange von Hebelbolzen abziehen, Hohlbolzen aus Hebel nehmen, auf Bremsstange stecken und mit Flügelmutter haltern.   **Bild 8**

4. 4 Muttern SW 14 von Befestigungsschrauben zum rechten Schwingarm abdrehen.   **Bild 9**

5. Hinterradgetriebe von Schwingarm abziehen und ablegen.

   Achtung! Beim Anbau des Hinterradgetriebes an den Schwingarm einen Getriebegang einschalten und an Kickstarter Kardanwelle so verdrehen, daß die Zahnkupplung in Eingriff kommen kann.   **Bild 10**

---

1. Dévisser la vis de fixation OC 19 du jambage à ressort droit et l'enlever avec sa rondelle.   **Fig. 6**

2. Dévisser le bouchon OC 14 (a) pour laisser écouler l'huile du bras oscillant droit. Pour un meilleur écoulement, enlever aussi le bouchon de remplissage OC 14 (b).   **Fig. 7**

   Attention! Après remontage, verser 150 cm³ d'huile pour moteur, SAE 40, dans le trou de remplissage (b).

3. Enlever l'écrou à ailettes de la tringle de frein, retirer la tringle du barillet, enlever le barillet du levier, le remettre sur la tringle et l'y arrêter par l'écrou à ailettes.   **Fig. 8**

4. Dévisser les 4 écrous OC 14 des vis de fixation au bras oscillant droit.   **Fig. 9**

5. Retirer le carter complet de couple arrière du bras oscillant.

   Attention! Au remontage du carter de couple complet sur le bras oscillant, il faut engager une vitesse et faire tourner l'arbre cardan, par le kick-starter, jusqu'à ce que les dentures de l'accouplement puissent s'engager.   **Fig. 10**

---

1. Loosen shock absorber mounting screw SW 19 at right, and remove it together with the washers.   **Figure 6**

2. Unscrew plug SW 14 (a) to drain oil of right swinging arm. To facilitate this, remove filler plug SW 14 (b).   **Figure 7**

   Caution! After reinstallation, fill-in 9 cu.in. of SAE 40 engine oil through filler hole (b).

3. Unscrew wing nut on brake linkage remove brake rod from lever pin, lift hollow pin out of lever, install it on the brake rod and fasten with the wing nut.   **Figure 8**

4. Remove SW 14 nuts from the four right-hand swing arm mounting studs.   **Figure 9**

5. Remove final drive from the right swinging arm.

   Caution! When connecting final drive to swinging arm, engage a transmission gear and with the kickstarter turn universal shaft until the gear coupling meshes.   **Figure 10**

D 2 a = Desmontar y montar la transmisión de la rueda trasera

(con la rueda desmontada)

1. Desatornillar con su arandela el tornillo de fijación SW 19 del brazo telescópico derecho. **Fig. 6**

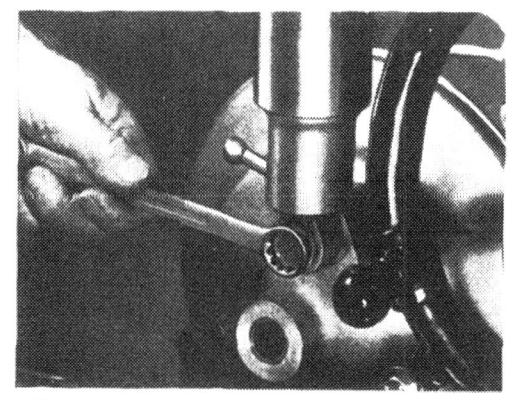

2. Dejar escurrir el aceite del brazo oscilante derecho junto a la rueda trasera, después de haber desatornillado el tornillo SW 14 (a). Quitar el tornillo de relleno SW 14 (b) para permitir, mediante la entrada de aire, una salida de aceite más rápida. **Fig. 7**

¡Atención! Después de haber vuelto a montar el conjunto, verter 150 cc. de aceite SAE 40, para motores, por el orificio de relleno (b).

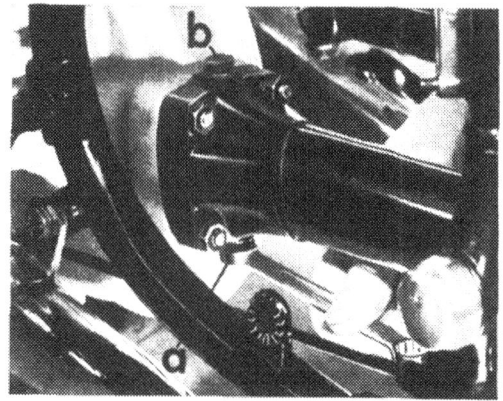

3. Quitar la tuerca de mariposa de la varilla de freno, sacar esta última del cilindro de la palanca trasera, retirar el cilindro de la palanca, meterlo en la varilla y asegurar todo con la tuerca de mariposa. **Fig. 8**

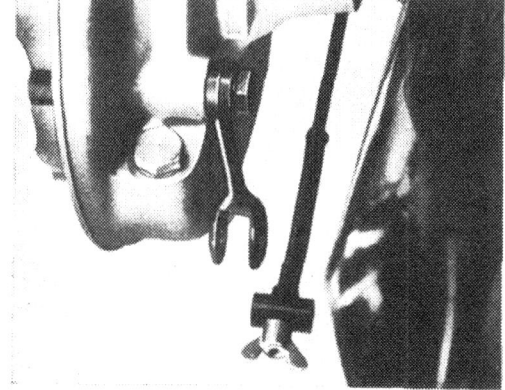

4. Desatornillar las cuatro tuercas SW 14 de los tornillos de fijación del brazo oscilante derecho. **Fig. 9**

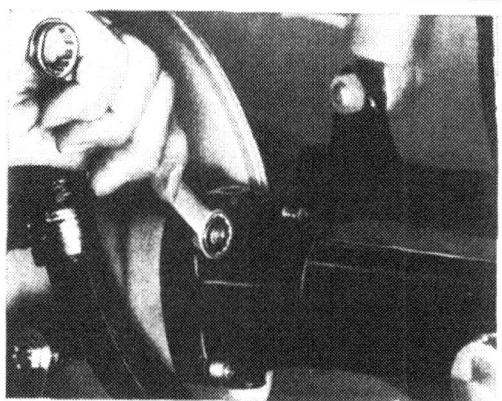

5. Sacar la transmisión completa del brazo oscilante y retirarla.

¡Atención! Al volver a montar la transmisión sobre el brazo oscilante, es preciso colocar una velocidad en la caja de cambio y hacer girar el eje cardán, con ayuda del arranque de pie, hasta que los dientes del acoplamiento engranen entre sí. **Fig. 10**

D 2 b = Hinterradschwinge aus- und einbauen

(Hinterradgetriebe ausgebaut)

1. Batteriespannband aushängen, Batteriedeckel abnehmen, Kabel abklemmen und Batterie mit Moosgummiunterlage abnehmen. **Bild 11**

2. An Klemmleiste der Batteriekonsole in Fahrtrichtung gesehen rechts rotes, Mitte weißes und links schwarzes Kabel abklemmen. **Bild 12**

3. Schutzblechbefestigungs-Schrauben unten SW 14, oben am Rahmenquerträger 2x SW 10 und beiderseits an den Federabstützungen je 2x SW 10 abschrauben. Schutzblech abnehmen.

4. Gummimanschette zwischen Getriebe und Schwinge auf Getriebeseite ablösen und möglichst weit zurückschieben. **Bild 13**

5. Am Kreuzgelenk 4 Verbindungsschrauben mittels gekröpften 6-mm-Innensechskantschlüssels ausdrehen. Dazu mit Matravorrichtung 508 Kardanwelle festhalten. **Bild 14**

6. Brems-Winkelhebel-Lagerung von rechtem Schwingarm lösen. Dazu Splint und Kronenmutter SW 14 abnehmen, Schraube ausziehen, Scheibe sowie Büchse aus Hebel abnehmen. **Bild 15**

D 2 b = Dépose et pose du bras oscillant arrière

(couple arrière déposé)

1. Décrocher la sangle de batterie, enlever le couvercle de batterie, déconnecter les câbles et retirer la batterie et la garniture inférieure caoutchouc mousse. **Fig. 11**

2. Sur la réglette de connections du support de batterie, vue dans le sens de la marche, déconnecter à droite un câble rouge, au milieu un blanc, à gauche un noir. **Fig. 12**

3. Enlever la vis de fixation inférieure OC 14 du garde-boue, les 2 vis OC 10 de l'entretoise supérieure de cadre et de chaque côté, aux appuis des jambages à ressort, 2 vis OC 10. Déposer le garde-boue.

4. Dégager, côté boîte de vitesses, le manchon caoutchouc entre boîte et bras oscillant et le retirer aussi loin que possible. **Fig. 13**

5. Dévisser les 4 vis de l'accouplement cardan, au moyen d'une clef coudée OC 6 pour 6-pans intérieur. Pendant cette opération, maintenir l'arbre au moyen du dispositif Matra 508. **Fig. 14**

6. Déposer le levier de renvoi de frein, du bras oscillant droit, en enlevant la goupille, l'écrou à crénaux OC 14, puis la vis. Enlever du levier la rondelle et la douille. **Fig. 15**

D 2 b = Removing and Installing Rear Swinging Arm

(Final Drive removed)

1. Unhook rubber strap of battery, remove battery cover, disconnect cables and remove battery together with moss rubber pad. **Figure 11**

2. From terminal block in center of battery carrying plate, disconnect red cable right, white cable central and black cable left (viewed in driving direction). **Figure 12**

3. Unscrew lower mudguard clamp screw SW 14, the two upper mudguard clamp screws SW 10 on frame fixture and the four screws SW 10 mm., two on each side, from the brackets welded to the spring holders. Remove mudguard.

4. Disconnect rubber sleeve between transmission and swinging arm on transmission side and push it back as far as possible. **Figure 13**

5. Using a 6 mm. cranked. Allen head wrench remove the four connecting screws from universal joint, holding drive shaft with Matra tool 508 for this purpose. **Figure 14**

6. Disconnect bearing of foot brake bellcrank lever from right swinging arm. For this end, remove cotter pin and castellated nut SW 14, remove bolt, take off washer and bushing out of lever. **Figure 15**

D 2 b = Desmontar y montar el balancín trasero

(con la transmisión trasera desmontada)

1. Quitar la cinta elástica de la batería, retirar la tapa, desconectar el cable y sacar la batería con su base de caucho esponjoso.   **Fig. 11**

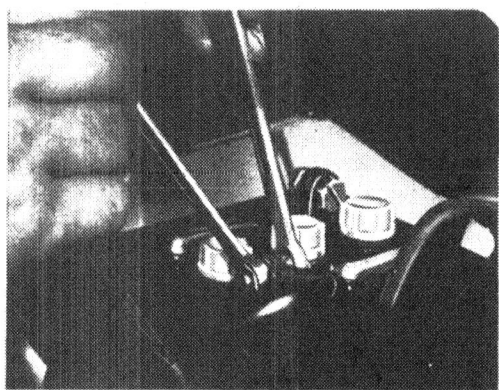

2. Desconectar en la regleta de bornes, dispuesta en la repisa de la batería, el cable rojo derecho, el central blanco y el negro izquierdo, vistos en la dirección de la marcha.   **Fig. 12**

3. Desatornillar los siguientes tornillos del guardabarros: uno SW 14 en la parte inferior, dos SW 10 en la parte superior del cuadro y dos SW 10 en cada apoyo de los brazos telescópicos. Retirar el guardabarros.

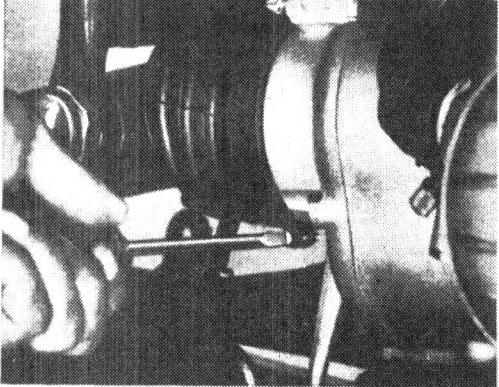

4. Soltar el cubrepolvos entre la caja de cambio y el balancín, en el lado de la caja de cambio, y echarlo lo más atrás posible.   **Fig. 13**

5. Desatornillar los 4 tornillos de la cruceta mediante una llave hexagonal interior acodada de 6 mm. Sujetar para ello el eje de cardán con el dispositivo Matra 508.   **Fig. 14**

6. Aflojar las articulaciones de la palanca de freno pequeña en el brazo oscilante del lado derecho. Quitar para ello le pasador y la tuerca de corona SW 14, sacar el tornillo y extraer la arandela con el casquillo de la palanca.   **Fig. 15**

7. Schwingenlager hinten links und rechts ausbauen:
Hutmuttern SW 36 abschrauben.
Bild 16

Lagerzapfen-Gegenmuttern SW 27 lockern und Lagerzapfen mit Zapfenschlüssel Matra 513 ausdrehen.
Bild 17

Achtung! Lagerzapfen so einschrauben, daß links und rechts gleicher Abstand (a) zwischen Schwingennabe und Rahmen besteht. Die Kardanwelle soll dabei auf Mitte im Schwingarmrohr stehen, damit sie bei voller Ein- und Ausfederung nicht anstoßen kann. Gegebenenfalls können die Abstände „a" geringfügig unterschiedlich eingestellt werden.
Bild 18

Dann auf einer Seite den auf Anschlag fest eingeschraubten Lagerzapfen zur erforderlichen Lagervorspannung etwa ⅛ Umdrehung nachziehen, beiderseits Lagerzapfenmutter kontern und Hutmutter festziehen.
Die Kegelrollenlager dürfen keinesfalls Spiel haben, die Vorspannung darf aber auch nicht zu groß sein.

8. Die linke Federbein-Befestigungsschraube nach Lösen der Mutter SW 19 mit Unterlegscheibe abnehmen.
Hinterradschwinge zur Abnahme frei.
Bild 19

9. Gummidichtringe mit Abstandbüchse sowie Kegelrollen-Lager-Innenring mit Rollenkäfig aus Schwinge herausnehmen. Rollenlager-Außenringe nur in Schadensfällen herausnehmen.
Bild 20

Achtung! Beim Zusammenbau die Kegelrollenlager reinigen und gut einfetten.

10. Kardanwelle aus Schwingenarm nur bei Bedarf ausbauen durch Ausdrehen der Mutter SW 22 mittels Vorrichtung Matra 508 in der Zahn-Kupplungsglocke und Abziehen derselben mittels Abziehvorrichtung Matra 299 a. (Siehe S. 102.)

---

7. Démonter les articulations gauche et droite du bras oscillant:
Dévisser l'écrou à chapeau OC 36.
Fig. 16

Débloquer les contre-écrous de tourillons OC 27 et dévisser les tourillons au moyen de la clef Matra 513, à ergots.
Fig. 17

Attention! Au montage, visser les tourillons de manière que l'espace (a) entre le cadre et le moyeu du bras oscillant soit égal à gauche et à droite. L'arbre cardan doit ainsi se trouver au milieu du bras oscillant, afin que, même dans la plus grande amplitude des mouvements de la suspension, dans les deux sens, il ne puisse toucher.
Au besoin, les distances (a) pourront être réglées un peu différemment.
Fig. 18

Puis, d'un côté, le tourillon étant vissé jusqu'à la butée, le serrer encore d' ¹⁄₈₆ de tour environ, pour obtenir la tension nécessaire. Bloquer des deux côtés les contre-écrous de tourillons et les chapeaux.
Les roulements coniques ne doivent en aucun cas avoir du jeu; la tension préalable ne doit cependant pas être exagérée non plus.

8. Retirer la vis de fixation du jambage gauche, avec sa rondelle, après avoir dévissé son écrou OC 19.
Le bras oscillant peut alors être retiré.
Fig. 19

9. Enlever de l'articulation, les bagues d'étanchéité caoutchouc avec les douilles d'espacement, ainsi que la bague intérieure et la cage des roulements coniques. La bague extérieure des roulements coniques ne doit être déposée que si elle est endommagée.
Fig. 20

Attention! Au remontage, nettoyer soigneusement et bien graisser les roulements coniques.

10. Ne démonter qu'au besoin l'arbre cardan du bras oscillant, en dévissant l'écrou OC 22, dans la cloche d'accouplement au moyen de l'outils Matra 508, puis en extrayant la cloche avec l'extracteur Matra 299a. Voir page 102.

---

7. Remove pivot bearings of rear swinging arm, left and right: Unscrew acorn nuts SW 36 mm.
Figure 16

Loosen locknuts SW 27 of bearing pins and unscrew bearing pins with pin wrench Matra 513. **Figure 17**

Caution! Install bearing pins in a way that on both sides the same distance (a) is obtained between swinging arm hub and frame. The universal shaft should then be centrally positioned in the swinging arm tube, so as to prevent it from striking on as the springing moves up and down. If necessary, the distances "a" may slightly differently be adjusted. **Figure 18**

Then still tighten ⅛ turn one bearing pin screwed into stop position in order to obtain the necessary bearing tension. Lock bearing pin on either side by counterscrewing and tighten the acorn nuts. The taper roller bearings must on no account have any play, the tension, however, should on the other hand not be excessive.

8. Remove spring leg mounting screw, left, together with its washer after loosening the retaining nut. The rear swinging fork is now ready for removal. **Figure 19**

9. Remove swinging arm rubber seal rings with spacer bushing and taper roller bearing inner race with roller cage on both sides. Do not remove roller bearing outer races except in case of damages. **Figure 20**

Caution! When assembling, clean and properly grease the taper roller bearings.

10. Remove universal shaft from swinging arm only if necessary. For this unscrew nut SW 22 by inserting the Matra tool 508 into the internally-splined coupler gear and removing this gear with puller Matra 299a. (See page 102.)

7. Desarmar el cojinete izquierdo y derecho del balancín trasero: desatornillar las tuercas de caperuza SW 36.
Fig. 16

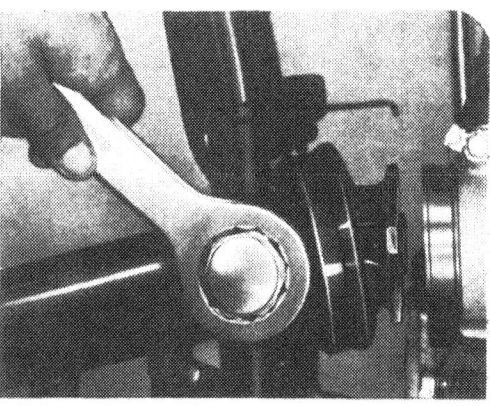

Aflojar las contratuercas SW 27 de los muñones y desatornillar los muñones con la llave de espiga Matra 513.
Fig. 17

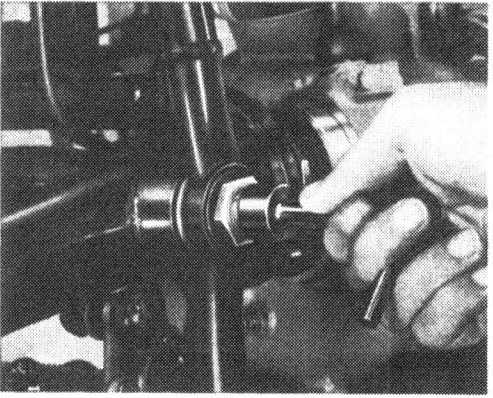

¡Atención! Atornillar los muñones de manera que la distancia (a) entre el buje del balancín y el cuadro sea la misma a ambos lados. El eje de cardán deberá hallarse dispuesto en el centro del tubo del balancín, a fin de que no llegue a chocar contra éste cuando se produzcan flexiones completas. Si resultase necesario, pueden ajustarse las distancias «a» de modo que diverjan ligeramente entre sí.
Fig. 18

Después de haber apretado los muñones a tope, se vuelve a apretar uno de ellos 1/8 de vuelta, con el fin de obtener la tensión necesaria de los cojinetes. Seguidamente se bloquean a ambos lados las tuercas de los muñones y se aprietan las tuercas de caperuza.
Los cojinetes de rodillos cónicos no deben presentar juego alguno, aunque la tensión tampoco ha de ser excesiva.

8. Quitar el tornillo de sujeción del brazo telescópico, a la izquierda, con la respectiva arandela, después de haber aflojado la tuerca SW 19.
Ahora, el brazo oscilante trasero puede ser desmontado.
Fig. 19

9. Sacar del balancín los anillos de goma con los casquillos distanciadores y el anillo interior de los cojinetes de rodillos cónicos con la jaula. Los anillos exteriores de los cojinetes sólo se sacarán en caso de que estén deteriorados.
Fig. 20

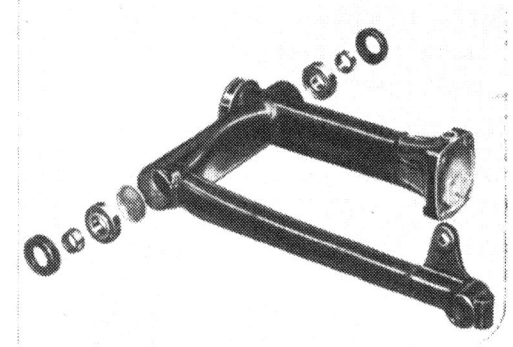

¡Atención! Antes de efectuar el montaje de los cojinetes de rodillos cónicos, deberán ser limpiados y engrasados perfectamente.

10. El eje de cardán sólo deberá ser extraído en casos de necesidad del brazo oscilante. Para ello se desatornilla la tuerca SW 22 en la campana dentada del acoplamiento con ayuda del dispositivo Matra 508 y se extrae la campana mediante el extractor Matra 299 a (véase pág. 102).

D 3 a = Getriebe aus- und einbauen

(Hinterradschwinge ausgebaut, Batterie abgeklemmt)

1. Kabel für Leerlaufanzeige (1) nach Abnahme des Gummi-Verschlußstopfens und Lösen des Gewindestiftes abziehen sowie Massekabel (2) links an unterer Deckelschraube SW 10 abnehmen.

2. Kupplungsseilzug aus Kupplungshebel (3) aushängen und Rückzugsdruckfeder zwischen Hebel und Gehäuse abnehmen. **Bild 21**

Abstützbüchse für Seilzug aus Getriebegehäuse rechts unten aushängen.

3. Tachometerantrieb nach Lösen der drahtgesicherten Halteschraube SW 9 herausziehen. **Bild 22**

4. Ansaugleitungen von Vergasern trennen (eventuell Vergaserbefestigungsschrauben lockern) und hernach von Getriebegehäuse abziehen. **Bild 23**

5. Luftfilter von Getriebegehäuse lösen und abnehmen. **Bild 24**

6. Vier Muttern SW 14 von Befestigungsschrauben zum Motor abschrauben und rechts untere Sechskantschraube SW 14 nach vorn ausdrücken. Getriebe nach hinten abziehen und nach links aus Rahmen heben. **Bild 25**

D 3 b = Getriebe aus- und einbauen bei eingebautem Hinterradantrieb

Ist die Hinterradschwinge nicht ausgebaut, so kann nach Lösen der Motorbefestigungen oben und unten der Motor mit Getriebe so weit nach vorn geschoben werden, daß das Getriebe, wie unter 1 bis 6 beschrieben, auszubauen ist.

D 3 a = Dépose et pose de la boîte de vitesses

(Bras oscillant arrière déposé, batterie déconnectée.)

1. Retirer le câble (1) de témoin de point-mort, après avoir enlevé le bouchon caoutchouc et dévissé la vis cylindrique ; déconnecter le câble de masse (2), sous la vis inférieure OC 10 du couvercle.

2. Décrocher le câble de débrayage (3) de son levier, enlever le ressort de rappel entre le levier et la boîte. **Fig. 21**

Dégager la butée de gaine du carter de boîte, à droite en bas.

3. Sortir la commande de compteur, après avoir enlevé le fil de fer d'arret et dévissé la vis OC 9. **Fig. 22**

4. Désaccoupler des carburateurs les pipes d'aspiration (éventuellement en desserrant les vis de fixation des carburateurs) et les dégager ensuite du carter. **Fig. 23**

5. Libérer le filtre d'air et le retirer du carter. **Fig. 24**

6. Dévisser les 4 écrous OC 14 de fixation de la boîte au moteur et, à droite en bas, sortir par l'avant la vis 6-pans OC 14. Retirer la boîte en arrière et la dégager du cadre par la gauche. **Fig. 25**

D 3 b = Dépose et pose de la boîte de vitesses, la transmission arrière étant posée

Si le bras oscillant n'est pas déposé, on peut, après avoir libéré le moteur de ses fixations en haut et en bas, pousser assez loin moteur et boîte, ensemble, pour pouvoir déposer la boîte comme indiqué sous 1 à 6 cidessus.

D 3 a = Removing and Installing Transmission

(Rear Swinging Arm removed, Battery disconnected)

1. After lifting rubber plug and loosening threaded pin, remove neutral indicator cable (1) and disconnect ground (earth) strap (2) from left-hand cover securing screw SW 10 mm. on bottom of transmission.

2. Detach control cable (3) from clutch lever and remove return spring between lever and housing. **Figure 21**

Lift out support bushing for control cable on right bottom end of transmission housing.

3. After loosening wire locked fastening screw SW 9 remove speedometer drive. **Figure 22**

4. Detach intake tubes first from the carburetors (eventually loosen carburetor mounting screws) and thereupon remove them from the transmission housing. **Figure 23**

5. Remove air filter from transmission housing and remove it. **Figure 24**

6. Unscrew the four stud nuts SW 14 fastening transmission to engine and remove lower hexagon-headed bolt SW 14 at right by pushing it out in forward direction. Pull transmission off engine to the rear and lift it to the left out of the frame. **Figure 25**

D 3 b = Removing and Installing Transmission with installed Final Drive

If the rear swinging fork has not been removed, the engine and transmission block may then, after detaching engine mounts on top and bottom, pushed ahead as far as to allow the transmission to be removed as described under 1 to 6.

D 3 a = Desmontar y montar la caja de cambio

(con el balancín trasero desmontado y la batería desconectada)

1. Sacar el cable para el control de marcha en vacío (1), después de haber quitado el tapón de goma y de haber aflojado el pitón roscado. Retirar el cable de puesta a tierra (2) aflojando el tornillo SW 10 en la tapa inferior izquierda.

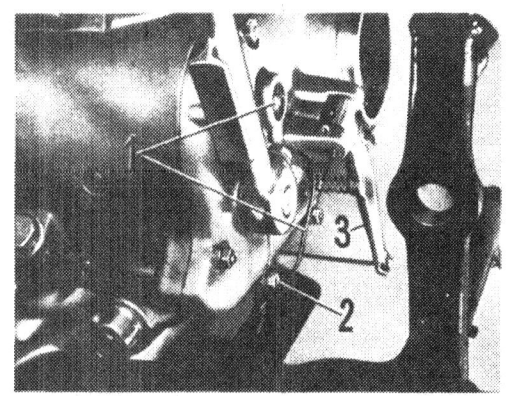

2. Descolgar de la palanca de embrague el cable (3) y quitar el muelle de retroceso entre la palanca y la caja.
Fig. 21

Retirar el casquillo de apoyo para el cable, sacándole de la parte inferior derecha de la caja de cambio.

3. Extraer el sistema impulsor del velocímetro, después de haber aflojado el tornillo fijador SW 9, asegurado con un alambre. **Fig. 22**

4. Separar de los carburadores los tubos de aspiración de aire (aflojar los tornillos de los carburadores si fuese necesario) y quitarles después de la caja de cambio.
Fig. 23

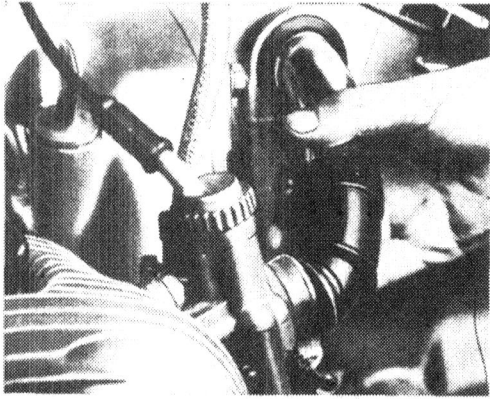

5. Aflojar y retirar el filtro de aire de la caja de cambio.
Fig. 24

6. Desatornillar las cuatro tuercas SW 14 de los espárragos que sujetan la caja de cambio al motor y sacar hacia adelante el tornillo hexagonal SW 14 de la parte inferior derecha.
Tirar de la caja de cambio hacia atrás y sacarla del cuadro levantándola hacia la izquierda. **Fig. 25**

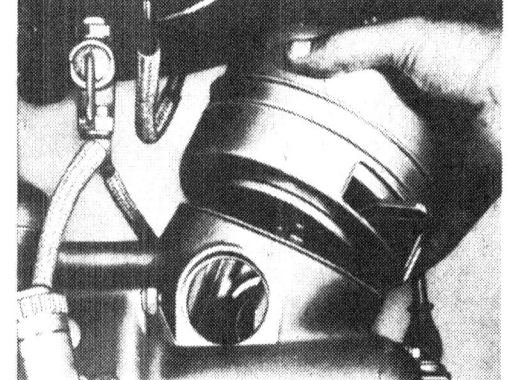

D 3 b = Desmontar y montar la caja de cambio con el mecanismo de accionamiento de la rueda trasera montado

Si el balancín de la rueda trasera no ha sido desmontado, se dispone de la posibilidad de desmontar la caja de cambio según ha quedado descrito en los párrafos 1. a 6., quitando los elementos de sujeción del motor en la parte superior e inferior y desplazando éste con la caja de cambio lo más adelante posible.

D 4 = Motor aus- und einbauen
(Getriebe ausgebaut)

1. Vergaserdeckel-Verschraubung lösen und mit Seilzug samt Gasschieber von Vergaser abziehen.
Bild 26

2. Auspuffrohr-Überwurfmuttern mit Matra Zapfenschlüssel 49 mm ⌀ Nr. 338/1 bzw. bei R 50 S und R 69 S 60 mm ⌀ (handelsüblich, mit Zapfen ca. 4,5 ⌀) an den Zylinderköpfen lösen.
Bild 27

An hinterer Motorbefestigungsschraube Muttern SW 19 abschrauben, Bolzen erst links, dann rechts einklopfen, Auspuffbefestigungsschellen und Fußrasten abnehmen, hintere Auspuffbefestigung lösen und Auspuffanlage vollständig abnehmen.

3. Kraftstoffhahn schließen und Schlauchleitungen am Hahn SW 24 abnehmen.
Bild 28

4. Schutzhaube von Räderkastendeckel nach Lösen der beiden Sechskantmuttern SW 14 abnehmen.

5. Von Lichtmaschine abklemmen: Kabel schwarz von Klemme 30, Kabel rot von Klemme 51, Kabel blau von Klemme 61 und Kabel braun von Masseklemme (a) sowie von Zündspule Klemme 2 das schwarzrote Kabel abklemmen.
Bild 29

Federn von Kohlebürsten abheben, Kohlen etwas herausziehen und mit Federn seitlich verklemmen.
Bild 30

6. Zwei Innensechskant-Befestigungsschrauben SW 5 ausdrehen und Lichtmaschinengehäuse abziehen, dabei auf evtl. vorhandenen Zentrierring zum Motorgehäuse achten. (Siehe Bild 31.)

Achtung! An einer Anzahl Räderkastendeckel sind für Sonderzwecke 3 Gewindebohrungen M 6 angebracht, von denen die in den Ent-

D 4 = Depose et pose du moteur
(Boîte de vitesses déposée)

1. Dévisser les chapeaux de carburateurs et les retirer, avec le boisseau et le câble.
Fig. 26

2. Dévisser les écrous des tubes d'échappement avec la clef Matra ⌀ 49 mm No. 338/1, ou s'il s'agit de R 50 S ou R 69 S, une clef ⌀ 60 mm, du type commerciel, avec ergot d'env. 4,5 mm ⌀.
Fig. 27

A la fixation arrière du moteur, dévisser les écrous OC 19, chasser la broche d'abord vers la gauche, puis vers la droite, afin de retirer les colliers de fixation de l'échappement et les repose-pieds ; libérer l'échappement de ses fixations arrière et le retirer, au complet.

3. Fermer le robinet d'essence et découpler la canalisation au raccord de robinet OC 24.
Fig. 28

4. Enlever le couvercle de protection avant après avoir dévissé ses deux écrous OC 14.

5. Découpler de la dynamo : câble noir de la borne 30, câble rouge de la borne 51, câble bleu de la borne 61 et câble brun de la borne de masse (a) ; de la bobine le câble rouge-noir, borne 2.
Fig. 29

Relever les ressorts de balais, sortir un peu les balais et les assurer latéralement par les ressorts.
Fig. 30

6. Dévisser les deux vis de fixation à 6-pans intérieur OC 5 et enlever le stator de dynamo en veillant à la bague de centrage sur le carter, éventuellement existante. (Voir Fig 31.)

Attention ! Un certain nombre de carters comportent, dans un but spécial, 3 trous filetés M 6, dont l'un, débouchant dans le canal de dé-

D 4 = Removing and Installing Engine
(Transmission removed)

1. Unscrew carburetor cover assembly and remove same with control cable and throttle slide from the carburetors.
Figure 26

2. Using 49 mm. dia. pin wrench Matra 338/1 and commercial-type 60 mm. dia. wrench with pin of approx. 4.5 mm. dia. respectively, for R 50 S and R 69 S, loosen exhaust pipe connecting nuts on the cylinder heads.
Figure 27

Unscrew SW 19 nuts on rear engine mounting rod, tap in rod first at the left, then at the right, detach exhaust pipe fastening clips and foot rests, loosen rear exhaust pipe mounting and remove the complete exhaust system.

3. Close fuel shut-off and disconnect fuel lines on SW 24 suel shut-off.
Figure 28

4. Remove front end cover from timing cover after loosening the two hexagon nuts SW 14.

5. From generator disconnect: Black cable from terminal 30, red cable from terminal 51 and brown cable from ground terminal (a) as well as the black-red cable from ignition coil terminal 2.
Figure 29

Lift brush springs off the brushes, pull these slightly out and jam them laterally with the springs.
Figure 30

6. Unscrew the two allen head SW 5 screws securing generator body and remove the latter, taking care not to lose centering washer to engine housing, if any fitted. (See Fig. 31.)

Caution! On some timing covers three M 6 threaded holes are provided for special purposes, of which the one running into the breather

D 4 = Desmontar y montar el motor

(con la caja de cambio desmontada)

1. Desatornillar la tapa roscada del carburador, separándola juntamente con el cable y la corredera de gas del carburador. **Fig. 26**

2. Desatornillar las tuercas de racor del tubo de escape en la culata del cilindro mediante la llave de espiga Matra nº 338/1, de 49 mm. Ø ó mediante una llave de 60 mm. Ø del tipo comercial con espiga de aprox. 4,5 mm. Ø en los tipos R 50 y R 69 S. **Fig. 27**

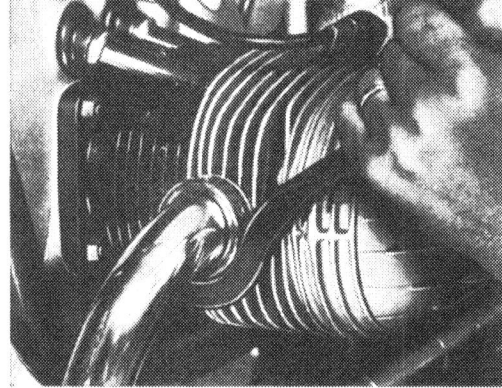

Quitar las tuercas SW 19 del perno roscado que sujeta el motor en la parte trasera. Golpear el perno primero del lado izquierdo y después del lado derecho, para poder quitar la abrazaderas de fijación del escape y los descansapies. Aflojar los tornillos del escape y desmontar todo el sistema de escape.

3. Cerrar la llave de paso de la gasolina y desconectar las mangueras de la tuerca SW 24. **Fig. 28**

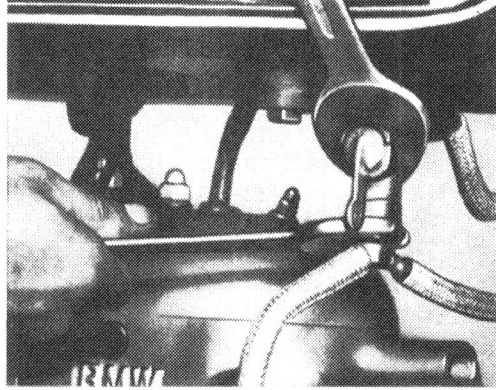

4. Quitar la tapa cubrepolvo de la distribución, después de haber aflojado las dos tuercas hegaxonales SW 14.

5. Desconectar de la dinamo:
el cable negro del borne 30, el cable rojo del borne 51, el cable azul del borne 61 y el cable marrón del borne de puesta a tierra (a) así como el cable rojinegro del borne 2 en la bobina de encendido. **Fig. 29**

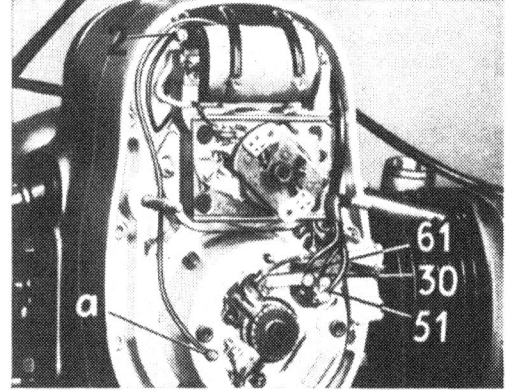

Levantar los muelles de las escobillas de carbón, extraer un poco los carbones y sujetarlos lateralmente con los mismos resortes. **Fig. 30**

6. Aflojar los dos tornillos hexagonales interiores de fijación SW 5 y extraer la caja de la dinamo, poniendo atención en el anillo de centraje que podría haber instalado. (Véase Fig. 31.)

¡Atención! En algunas de las tapas cubrepolvo de la distribución se encuentran 3 orificios roscados M 6 para fines especiales. De estos orificios, el que desemboca en el canal de ventilación siempre ha de quedar ce-

lüftungskanal mündende stets mit einer Schraube M 6×10 nebst Alu-Dichtscheibe verschlossen sein muß. **Bild 31**

7. Ankerbefestigungsschraube SW 6 Innensechskant ausdrehen und Anker durch Einschrauben der Abdrückschraube 5030 von Kurbelwelle abdrücken. **Bild 32**

Anker in Lichtmaschinengehäuse einstecken und beides in sauberes Papier eingewickelt sorgfältig ablegen.

8. Oberen Deckel von Motorgehäuse abschrauben und Kabelbaum aus Motorgehäuse herausziehen. **Bild 33**

9. Obere Motorbefestigung am Rahmen lösen. Motor an Wanne unterbauen, dann untere Motor-Befestigungsbolzen zuerst hinten, hernach vorn nach Abschrauben der Muttern SW 19 ausklopfen. Abstandshülsen links zwischen Rahmenaugen und Motorgehäuse abnehmen. **Bild 34**

10. Motor vorsichtig nach vorwärts kippen, mit Kupplungsseite nach oben hochheben und nach rechts aus dem Rahmen heben. Vorsicht, daß Fliehkraftversteller des Magnetzünders nicht am Rahmenrohr unten streift! **Bild 35**

Achtung! Nach dem Einbau des Motors durchzuführende Arbeiten:

1. Zündungs-Einstellung mit Stroboskop prüfen (s. S. 86).

2. Vergaser-Bowdenzüge bei geschlossenen Vergaserschiebern auf 0,5 mm Seilzugspiel einstellen (SW 9), Leerlauf prüfen und für beide Zylinder gleich einstellen (s. S. 88).

3. Kupplungsbowdenzug auf 4 bis 5 mm Spiel am Betätigungshandhebel mittels Rändelmutter einstellen.

4. Nach einer Probefahrt Ventilspiele nachprüfen, eventuell nachstellen (SW 11 und SW 12).

---

compression, doit toujours être fermé par une vis M 6×10 avec rondelle aluminium d'étanchéité. **Fig. 31**

7. Dévisser la vis de fixation à 6-pans intérieur OC 6 et extraire de l'arbre le rotor, en vissant la vis d'extraction 5030. **Fig. 32**

Remettre le rotor dans le stator et envelopper le tout dans un papier propre pour l'entreposer soigneusement.

8. Enlever el couvercle supérieur du carter et sortir le faisceau des conducteurs. **Fig. 33**

9. Libérer la fixation supérieure du moteur au cadre. Caler le moteur sous le fond de carter, puis chasser les broches de fixation du bas, d'abord l'arrière, puis l'avant, après avoir dévissé les écrous OC 19. Enlever les douilles de distance entre carter moteur et cadre, à gauche. **Fig. 34**

10. Incliner prudemment le moteur vers l'avant, soulever le côté embrayage et sortir le moteur du cadre, vers la droite. Attention à ne pas endommager le régulateur centrifuge d'avance contre le tube inférieur du cadre! **Fig. 35**

Attention! Après repose du moteur, il faut:

1. Contrôler le point d'allumage, au straboscope (v. page 86).

2. Régler avec 0,5 mm de jeu (OC 9) les commandes à câble des boisseaux, boisseaux fermés; contrôler le ralenti et le régler également pour les deux cylindres (v. page 88).

3. Régler à 4 ou 5 mm la course morte de la manette de débrayage, au moyen de l'écrou moleté.

4. Après un parcours d'essai, contrôler et au besoin régler le jeu des culbuteurs (OC 11 et OC 12).

---

passage must always be plugged with a M 6×10 screw and an aluminium seal washer. **Figure 31**

7. Remove SW 6 allen head armature mounting screw and press armature off crankshaft by screwing in puller screw 5030. **Figure 32**

Put armature into generator body and keep the whole, wrapped into clean paper, in a proper place.

8. Remove upper cover from engine housing and pull wiring harness out of engine housing. **Figure 33**

9. Detach upper engine mounting from frame. Place a box under engine oil sump, then tap out lower engine mounting rods, first the rear one and thereafter the front bolt upon removing SW 19 nuts. Remove spacer bushings at the left between frame eyes and engine housing. **Figure 34**

10. Tilt engine carefully rearward, raise it with its clutch side and moving it to the right lift it out of the frame. Take care to avoid automatic advance unit of ignition magneto touching the lower frame tube! **Figure 35**

Caution! Having installed the engine carry out the following operations:

1. Check ignition timing adjustment by means of timing light (see page 86).

2. Adjust carburetor control cables with closed throttle slides to .02" cable play (9 mm. wrench), check idling speed and synchronize both cylinders (see page 88).

3. Adjust clutch control cable to .16 to .20" play on handlebar clutch lever by means of the knurled nut.

4. Perform a trial ride and thereafter check valve clearance and, if necessary, adjust to specified values (with SW 11 and SW 12 wrenches).

rrado con un tornillo M 6×10 y la respectiva arandela de junta de aluminio. **Fig. 31**

7. Desatornillar el tornillo hexagonal SW 6 para la fijación del inducido y extraer el inducido del cigüeñal mediante el tornillo extractor 5030. **Fig. 32**

31

Colocar el inducido dentro de la caja de la dínamo, envolver ambas piezas en un papel limpio y guardarlas cuidadosamente.

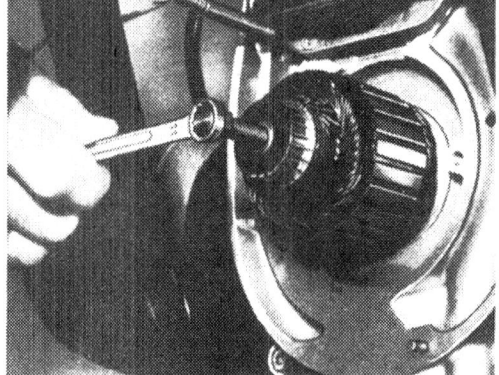

32

8. Desatornillar la tapa superior de la caja del motor y extraer el manojo de cables. **Fig. 33**

9. Soltar la sujeción superior que une el motor al cuadro. Colocar debajo del cárter del motor un elemento de apoyo y extraer seguidamente los pernos inferiores de sujeción del motor, primero los traseros, después los delanteros, habiendo desatornillado previamente las tuercas SW 19. Retirar los casquillos distanciadores en la parte izquierdo, entre los orificios del cuadro y la carcasa del motor. **Fig. 34**

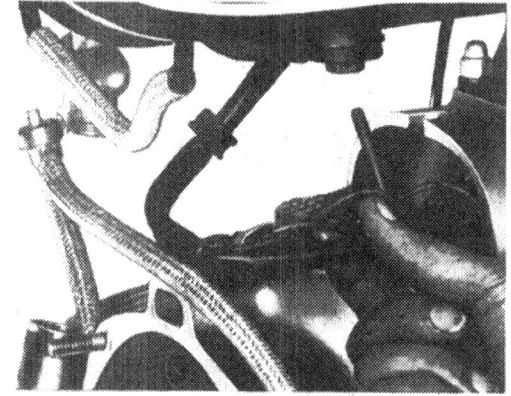

33

10. Inclinar ligeramente y con cuidado el motor hacia adelante, levantarle con la parte del embrague hacia arriba y sacarle del cuadro hacia la derecha. Téngase cuidado de que el regulador centrífugo de la magneto no roce en la parte inferior del cuadro. **Fig. 35**

¡Atención!
Después de haber vuelto a montar el motor, es preciso:

1. Comprobar el ajuste del encendido mediante el estraboscopio (véase pág. 86).

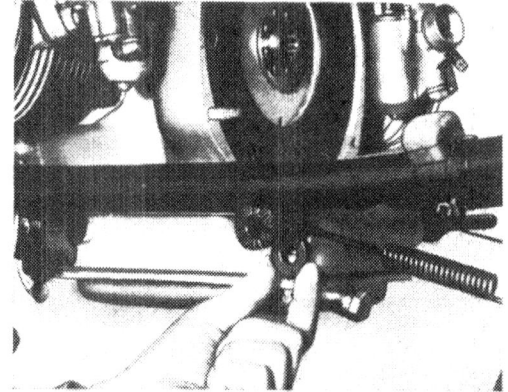

34

2. Ajustar los cables Bowden de los carburadores con 0,5 mm. de juego, con las correderas de gas cerradas (SW 9), comprobar la marcha en ralentí y ajustarla de forma que sea igual para ambos cilindros (véase pág. 88).

3. Ajustar el cable Bowden del embrague con 4 a 5 mm. de juego mediante la tuerca moleteada de la palanca de mano.

35

4. Efectuar un recorrido de prueba y comprobar después el juego de las válvulas, reajustándole si fuera necesario (SW 11 y SW 12).

M = Motor
Werkzeuge:

Spezialwerkzeuge Matra Nr. 292, 311, 355a, 368, 499, 529, 530a, 534, 535, 536, 540, 348747-6, 7809 M, 190 D/14 mm; siehe Seite 36 und 38.
Selbstanfertigungswerkzeuge Nr.: 5003, 5014, 5021, 5030, 5034, 5035, 5036, 5038/1, 5039, 5041, 5048, 5104, 5108, 5117, 5119, 5127, 5128, 5129, 5145; siehe Seite 40 und 42.
Zylindermeßuhr, Mikrometerschraube, Fühlerlehre, Meßuhr, Prüfgerät für Zündeinstellung und -verstellung, Innensechskantschlüssel 5 und 6 mm sowie weitere handelsübliche Werkzeuge.
Bild 36

M1 = Zylinderkopf abbauen, instandsetzen und wieder anbauen (Motor ausgebaut)

1. Zylinderköpfe ab- und anbauen.

Motor in Montagebock 5014 einsetzen und festschrauben. **Bild 37**

Befestigungsmuttern SW 14 der Spannbrücken mittels Steckschlüssel SW 14 und je 2 Muttern SW 10 zwischen zweiter und dritter Zylinderkopfrippe abschrauben. Spannbrücken mit Muttern sowie Zylinderkopfdeckel und Dichtungen abnehmen. Zylinderkopf-Befestigungsschrauben SW 14 an Schwinghebelböcken abschrauben. **Bild 38**

Schwinghebelböcke mit Schwinghebeln, Stößelstangen und Zylinderkopf abheben.

Achtung! Beim Wiedereinbau auf einwandfreie Dichtung zwischen Zylinder und Zylinderkopf achten und Befestigungsschrauben mittels Drehmomentschlüssels auf 3,5 mkg anziehen.
Beim Aufsetzen der Ventilschutzkappen Dichtungen trocken auflegen.

2. Ventile aus- und einbauen einschließlich Prüfungen.
Zylinderkopf auf Montagevorrichtung 5034 festspannen.
Mit Ventilheber der Vorrichtung Ventilfedern niederdrücken und geteilte Keilkegel mit Magnet- oder Reißnadel aus Federteller herausnehmen. Federteller, Ventilfedern und nach Abheben von Montagevorrichtung Ventile ausziehen. **Bild 39**

Prüfungen: Zylinderköpfe auf Risse und einwandfreie Dichtflächen, Festsitz von Ventilführungen und Ventilsitzen, Ventilverschleiß in Ventilführungen, Schwinghebel auf Laufflächen-Beschaffenheit und Rißbildung sowie Ventilfederlängen bzw. Federkraft (siehe Passungen S. 30). **Bild 40**

Achtung! Beim Zusammenbau Ventilfedern mit engerem Windungsabstand auf Zylinderkopfseite einsetzen.

M = Moteur
Outillage :

Outils spéciaux Matra Nos. 292, 311, 355a, 368, 499, 529, 530a, 534, 535, 536, 540, 348747-6, 7809 M, 190 D/14 mm, voir pages 36 et 38. Outils à exécuter par l'agent Nos. 5003, 5014, 5021, 5030, 5034, 5035, 5036, 5038/1, 5039, 5041, 5048, 5104, 5108, 5117, 5119, 5127, 5128, 5129, 5145; voir pages 40 et 42.
Micromètre de mesure de cylindre, pince Palmer, jauges, micromètre, appareil de contrôle de l'allumage et de l'avance, clefs pour 6-pans intérieurs 5 et 6 mm, outillage courant.
Fig. 36

M1 = Dépose, mise en état et repose des culasses
(Moteur déposé)

1. Dépose et pose des culasses

Fixer le moteur au support de montage 5014. **Fig. 37**

Dévisser les écrous OC 14 des brides de fixation des couvercles de culbuteurs (clef à tube OC 14) et à chaque cylindre les 2 écrous OC 10, entre la 2e et la 3e ailette de culasse. Enlever les brides, les écrous, les couvercles de culbuteurs et les joints. Dévisser les vis de fixation de culasses OC 14. **Fig. 38**

Retirer les supports de culbuteurs, avec les culbuteurs et les tiges de poussoirs et enlever les culasses.

Attention ! Au remontage, veiller au parfait état des joints entre cylindre et culasse ; serrer les vis de culasses à la clef dynamomètrique, à 3,5 mkg. Placer les couvercles de culbuteurs avec leurs joints secs.

2. Dépose et pose des soupapes, avec contrôles.
Fixer la culasse sur le dispositif 5034. Avec le levier de l'appareil, comprimer les ressorts et retirer, avec un aimant ou une pointe, les arrêts en forme de demi-cone des cuvettes de ressorts. Enlever les cuvettes, les ressorts et les soupapes.
Fig. 39

Contrôles : Culasses sans fissures, parfait état des surfaces jointives, fixation parfaite des guides et des sièges de soupapes, usure dans les guides des soupapes, culbuteurs sans fissures et avec surfaces portantes en bon état, longueur et force des ressorts (voir tolérances page 30). **Fig. 40**

Attention ! Au remontage, placer les ressorts, le côté où les spires sont plus serrées, contre la culasse.

M = Engine
Tools:

Matra special tools No. 292, 311, 355a, 368, 499, 529, 530a, 534, 535, 536, 540, 348747/6, 7809 M, 190D/14 mm.; see page 36 and 38.
Tools made on drawings: No. 5003, 5014, 5021, 5030, 5034, 5035, 5036, 5038/1, 5039, 5041, 5048, 5104, 5108, 5117, 5119, 5127, 5128, 5129, 5145; see page 40 and 42.
Cylinder measuring dial gauge, micrometer caliper, feeler gauge, dial gauge, test equipment for setting and readjusting ignition timing, allen head wrenches 5 and 6 mm. and tools from local jobbers. **Figure 36**

M1 = Removing Cylinder Head, Repairing and Reinstalling
(Engine removed)

1. Removing and Installing Cylinder Heads
Place engine upon support stand V 5014 and fasten by screws.
Figure 37

Remove SW 14 retaining nuts of cover brackets by means of SW 14 socket wrench and the two SW 10 nuts between second and third cylinder head fin on each head. Remove cover brackets and nuts together with the rocker covers and gaskets. **Figure 38**

Remove rocker shaft support brackets with rocker arms, push rods and cylinder head.

Caution! When refitting, insure that the gasket between cylinder and head is in good condition and tighten cylinderhead mounting screws with a torque wrench to 25 ft./lbs.
When installing rocker covers, make certain that the gaskets are completely dry.

2. Removing and Installing Valves, including Inspection.
Install cylinder head on fixture 5034. With the valve lifter making part of this fixture compress valve springs and remove valve locks, using magnetic needle or a scriber, from the spring sleeve. Remove spring sleeve, valve springs and retainer, and after lifting from the fixture, the valves.
Figure 39

Inspection: Check cylinder heads for cracks and proper sealing surfaces, tightness of valve guides and valve seats, valve wear in guides, rocker arms for proper running surfaces and freedom from cracks, and valve springs for specified length and pressure (see Tolerances and Fits page 30). **Figure 40**

Caution! When installing valve springs, make sure that the closed coils are toward the cylinder head.

M = Motor

Herramientas:

Herramientas especiales Matra n° 292, 311, 355 a, 368, 499, 529, 530a, 534, 535, 536, 540, 348747-6 7809 M, 190 D/14 mm.; véase páginas 36 y 38.
Herramientas de fabricación propia n°: 5003, 5014, 5021, 5030, 5034, 5035, 5036, 5038/1, 5039, 5041, 5048, 5104, 5108, 5117, 5119, 5127, 5128, 5129, 5145; véase páginas 40 y 42.
Reloj de medición de cilindros, tornillo micrométrico, calibre de espesores, reloj indicador, aparato comprobador del ajuste y del avance del encendido, llaves hexagonales interiores de 5 y 6 mm. así como las demás herramientas normales. **Fig. 36**

M1 = Desmontar la culata del cilindro, repararla y volverla a montar
(con el motor desmontado)

1. Desmontar y montar las culatas.

Colocar y atornillar el motor en el caballete 5014.
Fig. 37

Con ayuda de la llave tubular SW 14 se desatornillan las tuercas SW 14 de los puentes tensores y las dos tuercas SW 10 entre la segunda y la tercera aleta de la culata. Retirar los puentes tensores con sus tuercas, las tapas y las juntas de la culata. Desatornillar los tornillos SW 14 de fijación de la culata en los apoyos de los balancines. **Fig 38**

Retirar los apoyos de los balancines, los balancines, las varillas de los taqués y la culata.

¡Atención! Al efectuar el montaje se cuidará de que la junta entre el cilindro y la culata cierre herméticamente. Apretar a 3,5 mkg. mediante una llave dinamométrica los tornillos de sujeción.
Al colocar las cubiertas de protección de las válvulas, se cuidará de que las juntas respectivas estén secas.

2. Desmontar y montar las válvulas, incluyendo su comprobación.

Colocar la culata sobre el dispositivo de montaje 5034, sujetándola debidamente.
Con ayuda del levantaválvulas perteneciente a este dispositivo se comprimen los resortes de las válvulas, utilizando una aguja imantada o una aguja trazadora para sacar los conos cuneiformes partidos del platillo de resorte. Sacar el platillo de resorte, los resortes de las válvulas y, después de haber haber levantado la culata del dispositivo de montaje, las válvulas mismas. **Fig. 39**

Comprobaciones: culatas exentas de fisuras y superficies de contacto impecables, asiento firme de las guías y de los soportes de las válvulas, desgaste de las guías de las válvulas, balancines con superficies de rozamiento normales y sin formación de grietas, longitud y fuerza de los resortes (véase tolerancias, pág. 30). **Fig. 40**

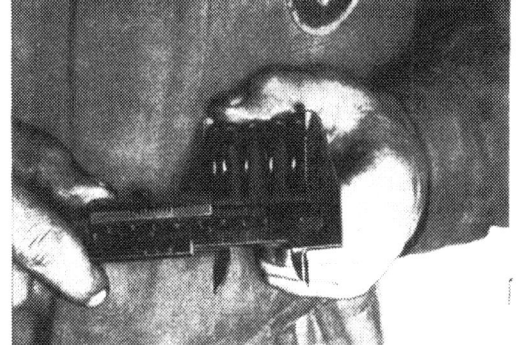

¡Atención! Al efectuar el montaje, los resortes de las válvulas se colocan de tal modo, que los de menor distancia entre las espiras queden en la parte de la culata.

3. Ventilführungen erneuern:

Alte Führungen oben absenken bis zum Sicherungsring. **Bild 41**

Sicherungsring abnehmen, Zylinderkopf auf 180–220° C erwärmen und Ventilführungen von außen nach innen mit Treibdorn 5127 bzw. 5128 ausklopfen. **Bild 42**

Neue Ventilführungen (Preßsitz 0,03–0,05 mm, evtl. Führungen mit 0,1 mm Aufmaß verwenden und nacharbeiten) mit Sicherungsring in warmen Zylinderkopf einpressen.
Erkaltete Führungen mit Ventilführungs-Reibahle 7K7 bzw. 8H7 ausreiben, siehe Maße und Passungen, S. 28 **Bild 43**

4. Ventilsitze erneuern:

Müssen nach mehrmaligem Bearbeiten der Ventilsitze die Ventilsitzringe ausgewechselt werden, so ist bei nicht entsprechender Einrichtung und Erfahrung der Werkstätte zu empfehlen, Austauschzylinderköpfe zu verwenden.

Im Fall einer eigenen Überholung Ventilsitzring mit Hunger-Ventilsitzdrehwerkzeug ausdrehen, ohne die Ausdrehung im Zylinderkopf zu beschädigen. Zylinderkopf auf 220 bis 260° C erwärmen und neuen Ventilsitzring einsetzen (siehe Maße und Passungen).

5. Ventilsitze nacharbeiten:

Nachdrehen der Ventilsitzringe im Zylinderkopf mit Hunger-Ventilsitzbearbeitungsgerät. Sitzwinkel 45°+30'. **Bild 44**

Sitzauflagebreite für Einlaßventil 1,5 mm, für Auslaßventil 2 mm, bei R 50 S und R 69 S je 1,5 mm in 45° Neigung gemessen. Abfasung zum Verbrennungsraum hin unter 15° Schräge. Abfasung zum Saug- bzw. Auspuffkanal hin – falls erforderlich – unter 75°. Der Dichtsitz soll nahe am großen Ventiltellerdurchmesser liegen.

Sitz am Ventil auf Schleifmaschine mit 45°–30' nachschleifen, höchst zulässiges Nachschleifen bis 1 mm Ventilteller-Randbreite. **Bild 45**
Geschliffene Ventilkegel und mit Hungergerät gedrehte Ventilsitze erfordern nach Einbau kein Zusammenschleifen mit Paste, jedoch ist eine Dichtprobe durch Eingießen von Benzin in die Ventilkammer vorzunehmen. Zum evtl. Einschleifen die Ventilhalter Matra 368 bzw. 540 verwenden.

3. Remplacement des guides de soupapes.

Fraiser les anciens guides, depuis le haut, jusqu'à la bague d'arrêt. **Fig. 41**

Enlever la bague d'arrêt, chauffer la culasse à 180–220° C et déchasser les guides de l'extérieur vers l'intérieur avec le chassoir 5127 ou 5128 selon ⌀. **Fig. 42**

Chasser dans la culasse chaude les nouveaux guides, avec leur bague d'arrêt (serrage 0,03–0,05 mm, éventuellement guides avec 0,1 mm de surdimension, retouchés). Après refroidissement, réalèser les guides au moyen de l'alèsoir 7 K 7 ou 8 H 7, selon ⌀. Voir cotes et tolérances p. 28. **Fig. 43**

4. Remplacement des sièges de soupapes.

Si, après plusieurs retouches de la portée, les sièges devaient être remplacés, il est recommandé de recourir à une culasse échange standard plutôt que d'entreprendre ce travail si l'atelier n'est pas installé et expérimenté en conséquence.

Si cette opération doit être effectuée, enlever le siège en le tournant avec l'appareil Hunger pour retouche des sièges, sans endommager l'alésage dans la culasse. Chauffer la culasse à 220–260° C et introduire les nouveaux sièges (voir cotes et tolérances).

5. Retouche des sièges de soupapes.

Retoucher la portée des sièges, dans la culasse, avec l'appareil Hunger pour tourner les sièges de soupapes. Angle du siège 45°+30'. **Fig. 44**

Largeur de la portée: pour la soupape d'admission 1,5 mm, pour l'échappement 2 mm; pour R 50 S et R 69 S, les deux portées sont de 1,5 mm. Mesure effectuée dans l'inclinaison de 45°. Correction, côté chambre de combustion: 15°. Correction côté canaux d'admission et d'échappement: 75° – seulement en cas de nécessité. La portée sur la soupape doit se situer à proximité de grand diamètre.

Le siège sur la soupape doit être retouché à la rectifieuse à 45°–30', mais seulement tant qu'il subsiste au moins une épaisseur de 1 mm au bord de la soupape. **Fig. 45**
Les sièges retouchés à l'appareil Hunger et les soupapes retifiées comme ci-dessus ne nécessitent pas de rodage à la pâte à roder, mais un essai d'étanchéité au moyen de benzine versée dans le logement des soupapes est nécessaire. Pour un rodage éventuel, utiliser l'outil Matra 368, ou 540 selon ⌀.

3. Replacing Valve Guides:

Grind off old guides top down to snap ring. **Figure 41**

Remove snap ring, heat cylinder to 356 to 428° F. and with drift punch 5127 or 5128 tap valve guides inwards. **Figure 42**

Press new valve guides equipped with snap ring into heated cylinder head (interference fit .0012"–.002", eventually use 0.1 mm. oversize guides and reface them to the specified size). Ream cooled down valve guides with valve guide reamer 7K7 and 8H7, respectively, see Tolerances and Fits, page 28. **Figure 43**

4. Replacing Valve Seats:

Valve seat rings which have become too small owing to repeated re-milling operations must be replaced. In case the necessary tools and the experience are not available it is recommendable to use replacement cylinder heads.

If the overhauling is done in your workshop, use the Hunger valve seat cutting tool to machine off the valve seat ring without damaging the stock of cylinder head round the bore. Heat cylinder head to 430 to 500° F., and insert the new valve seat ring (see Tolerances and Fits).

5. Refacing Valve Seats:

Reface the valve seat rings in cylinder head with the Hunger valve seat cutting tool. Reconditioning angle 45°+30'. **Figure 44**

Valve seat width 1.5 mm. (.06") for intake valve, 2 mm. (.08") for exhaust valve, on R 50 S and R 69 S 1.5 mm. for both intake and exhaust valves, the seat angle being 45°. Chamfering towards combustion chamber 15°. Chamfering toward intake and exhaust ports – if necessary – should be a 75° angle. The contact surface on the valve face should be adjacent to valve head max. diameter.

Reface the valves, if necessary, to a 45°–30' angle by using a valve refacing machine, the edge (margin) of the valve head should not exceed 1 mm. (.04"). **Figure 45**
Reground valve heads and valve seats reconditioned with the Hunger tool do not need any further grinding with fine grinding compound after assembling. It is however advisable to test tightness by filling gasoline into the valve chamber. To eventually grind the valves with a compound use valve holders Matra 368 and 540, respectively.

3. Renovar las guías de las válvulas:

Avellanar la parte superior de las guías viejas hasta el anillo de seguridad. **Fig. 41**

Quitar el anillo de seguridad. Calentar la culata a 180–220°C y utilizar el mandril 5127, respectivamente 5128, para empujar las guías de fuera a dentro. **Fig. 42**

Montar a presión las guías nuevas (ajuste a presión de 0,03–0,05 mm., emplear eventualmente guías con 0,1 mm. de sobremedida y rebajarlas), juntamente con el anillo de seguridad, en la culata caliente.
Después de que las guías se hayan enfriado, se escarian mediante el correspondiente escariador 7K7, resp. 8H7, véase «Medidas y Tolerancias», pág. 28. **Fig. 43**

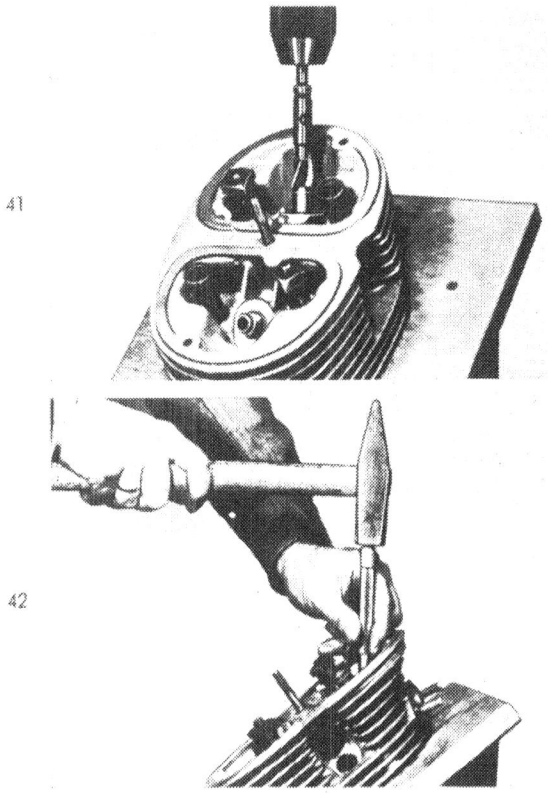

41

42

4. Renovar los asientos de las válvulas:

Si después de haber rectificado repetidamente los asientos de las válvulas resultase necesario sustituir éstos, se recomienda utilizar culatas de repuesto nuevas en caso de que el taller no disponga del equipo y de la experiencia necesarias.

Si esta operación se lleva a cabo en el propio taller, se recomienda tornear interiormente el anillo de asiento de la válvula con un torno de válvulas especial, sin dañar el taladro de la culata en el que se halla alojado el asiento. Después se calienta la culata desde 220 hasta 260°C y se coloca el asiento de válvula nuevo (véase el párrafo dedicado a medidas y tolerancias).

5. Retornear y rectificar los asientos de las válvulas.

Retornear los anillos de asiento de las válvulas en la culata con el aparato «Hunger» previsto para tal fin. Angulo de asiento 45° +30'. **Fig. 44**

43

Anchura de la superficie de asiento para la válvula de admisión 1,5 mm., para la válvula de escape 2 mm., en los tipos R 50 S y R 69 S ambas veces 1,5 mm. – efectuando la consiguiente medición en un ángulo de 45°. Extremo superior biselado a 15°. Biselamiento de 75° en dirección al canal de aspiración o de escape – si fuese necesario. El asiento de juntura deberá encontrarse en la proximidad del diámetro mayor del platillo de la válvula.

Rectificar el asiento de la válvula a 45° –30' en una máquina rectificadora; al rectificar se deberá conservar como mínimo un espesor de 1 mm. en el borde del platillo de la válvula. **Fig. 45**

44

Al trabajar los asientos de las válvulas con el aparato «Hunger» y los machos de las válvulas con una rectificadora, ya no es preciso someterles a un tratamiento final con pasta para esmerilar. Sin embargo, si se recomienda comprobar el cierre hermético de las válvulas echando gasolina en la cámara valvular. Para efectuar un esmerilado de adaptación se utilizan los sujetaválvulas Matra 368 o 540.

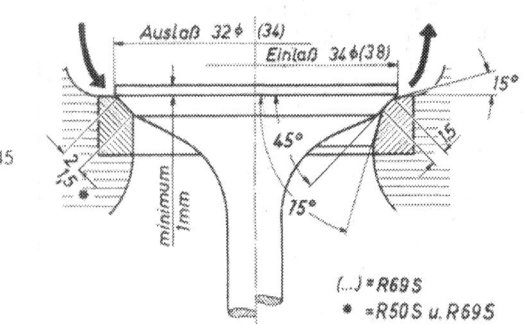

45

61

M 2 = Zylinder und Kolben aus- und einbauen, nachmessen und instandsetzen

Wenn nicht vor Demontage geschehen, ist es zweckmäßig, vor Abbau der Zylinder oder der Zündlichtmaschine die Zündzeitpunkteinstellung nachzuprüfen, um etwa vorher bestandene Mängel zu erkennen und sie bei der weiteren Prüfung zu berücksichtigen.
Hierzu mit unverändertem Unterbrecher-Kontaktabstand Zündzeitpunkt (wie auf Seite 84 unter 3a beschrieben) prüfen.

1. Zylinder und Kolben aus- und einbauen.

Je vier Befestigungsmuttern SW 14 lösen, Zylinder mit Kopf- und Fußdichtungen abnehmen und Pleuelschutzhölzer 5035 auf Motorgehäuse-Zylinderanschlußflansch aufschieben. Aus Kolben Bolzensicherungsring mit Reißnadel an Quernute herausnehmen. **Bild 46**

Kolbenbolzen mit handelsüblicher Ausdrückvorrichtung herausdrücken. Gegebenenfalls Kolben erwärmen und Bolzen mit Treibdorn 5129 ausklopfen. **Bild 47**

Achtung! Vor dem Aufsetzen der Kolben prüfen, ob die Kolbenbolzen parallel zu den Zylinderflansch-Anschlußflächen stehen. Hierzu Motor in der Montagevorrichtung um 90° schwenken. Kolbenbolzen in das Pleuelauge schieben, 2 Prismen 5036 gleicher Dicke auf die Gehäusefläche legen und Kurbelwelle drehen, bis Kolbenbolzen ganz leicht an den Prismen anliegt. **Bild 48**

Beide Kolbenbolzenenden müssen gleichmäßig aufliegen. Diese Prüfung soll bei möglichst senkrechtstehender Pleuelstange erfolgen. Bei schrägstehender Pleuelstange wird auch eine evtl. vorhandene Verdrehung der Pleuelstange mit angezeigt.

Pleuelstange gegebenenfalls mittels der Sprengeisen 5021 oder eines passenden, durch das Pleuelauge gesteckten Dornes vorsichtig ausrichten. **Bild 49**

Zum Kolbenbolzeneinbau Kolben anwärmen. Auf Markierung am Kolbenboden „vorn >" achten.
Sicherungsring mit einem Ende so in die Nut einsetzen, daß er den Aushebeschlitz gut überdeckt und mit einem geeigneten Holzstab am Ring entlang diesen voll in die Nut eindrücken. **Bild 50**

Zum Aufsetzen des Zylinders Kolben und Kolbenringe einölen, den Stoß der Kolbenringe gleichmäßig am Umfang versetzen und Kolben mittels Manschette 5003 in Zylinder einführen.

M 2 = Dépose et pose des cylindres et pistons, mesures et mise en état

S'il n'a pas été effectué avant le démontage, il est utile, avant de déposer les cylindres ou la magnéto, de procéder au contrôle du calage de l'allumage, pour en connaitre les défauts éventuels et en tenir compte dans les examens ultérieurs. Pour celà, procéder comme décrit page 84 sous 3a, sans modifier l'ouverture du rupteur.

1. Dépose et pose des cylindres et pistons.

Pour chacun, dévisser les 4 écrous OC 14 de fixation, retirer le cylindre avec le joint de culasse et le joint de base et placer une protection bois des bielles 5035 sur le carter. Dégager avec une pointe les bagues d'arrêt des axes de pistons. **Fig. 46**

Chasser chaque axe hors de son piston, au moyen d'une presse appropriée. Cas échéant, chauffer le piston et sortir l'axe au moyen du chassoir 5129. **Fig. 47**

Attention! Avant de remonter chaque piston vérifier que l'axe de piston est bien parallèle à la surface jointive du carter. Pour celà, basculer de 90° le moteur dans son support de montage, placer l'axe dans l'œillet de bielle et 2 prismes 5036 d'égale épaisseur sur la surface jointive du carter. Tourner le vilebrequin jusqu'à ce que l'axe repose très légèrement sur les prismes. **Fig. 48**

Les deux extrémités de l'axe doivent porter également sur les prismes ; c'est alors que la bielle est bien équerrée. Si la bielle est oblique, elle peut aussi révéler une certaine torsion.

Au besoin, redresser la bielle au moyen des leviers 5021 ou à l'aide d'une barre de dimensions appropriée, passée dans l'œillet de bielle ; agir avec précaution. **Fig. 49**

Pour monter l'axe de piston, chauffer le piston. Veiller à ce que la flèche sur le piston soit dirigée vers l'avant. Placer la bague d'arrêt de façon que son extrémité recouvre bien la rainure de dégagement, puis à l'aide d'une petite pièce de bois, la repousser bien à fond dans la gorge, sur tout son pourtour. **Fig. 50**

Pour placer le cylindre, huiler piston et segments, répartir la coupe de ces derniers également, sur le pourtour et s'aider du manchon 5003 pour introduire le piston en place.

M 2 = Removing and Installing Cylinders and Pistons, Checking and Reconditioning

It is recommendable to check the ignition timing before removing cylinders or the generator if this check has not been performed already at the beginning. This way possible already existing faults may be located and taken in account on the further tests. For this check spark timing adjustment without altering the breaker gap (proceeding as described on page 84 under point 3a).

1. Removing and Installing Cylinders and Pistons

Loosen four retaining nuts SW 14 on each cylinder, remove cylinders with upper and lower gaskets and install connecting rod protecting wood tools 5035 on engine housing cylinder flange. Remove piston pin snap ring (retainer) by inserting a drawing point through the transverse groove. **Figure 46**

Press pin out of piston by means of a commercial-type remover. If necessary heat piston and tap out pin with drift punch 5129. **Figure 47**

Caution! Before fitting pistons to connecting rods check whether the piston pins are parallel to cylinder flange seating surfaces on engine housing. For this turn engine 90° in support stand. Slide piston pin into connecting rod eye, place two prisms 5036 of equal thickness upon the housing surface, and rotate crankshaft until piston pin touches the prisms very slightly. **Figure 48**

The two piston pin ends must then evenly seat on the prisms. Whenever possible, this check should be made with the connecting rod in true vertical position. With the connecting rod in inclined position this check will also indicate an eventual twist of the connecting rod.

If necessary, straighten slightly bent connecting rod carefully by means of the Connecting Rod Aligner Tools 5021 or with a suitable arbour inserted through the connecting rod eye. **Figure 49**

To fit piston pins heat pistons. Install the piston with the mark "vorn" (front) so the arrow points forward.
Install snap ring with one end so into the groove that the wire runs over the whole removal slot and finish inserting the ring into the groove by using an appropriate wood stick. **Figure 50**

To install the cylinder oil piston and piston rings, space the ring gaps equally round the piston circumference and slip the well oiled piston into the cylinder, through use of Piston Ring Compressor 5003.

M2 = Desmontar y montar el cilindro y el pistón, medirlos y repararlos

Se el control de la regulación del encendido no ha sido efectuado antes del desmontaje inicial, se recomienda llevar a cabo este control antes de desmontar los cilindros o la dínamo, con el fin de poder reconocer así los defectos existes con anterioridad, teniéndoles en cuenta durante las ulteriores verificaciones.

Para ello se comprueba el encendido según ha quedado especificado en la pág. 85, párrafo 3 a, sin alterar la separación entre los platinos del ruptor.

46

1. Desmontar y montar el cilindro y el pistón.

Desatornillar para cada cilindro las cuatro tuercas de sujeción SW 14, sacar el cilindro con la junta superior e inferior y colocar los tacos de protección 5035 para las bielas sobre la superficie de contacto de la caja del motor. Emplear una aguja trazadora para sacar el anillo de seguridad del bulón. **Fig. 46**

47

Sacar el bulón del pistón utilizando un extractor adecuado. Si fuese necesario se calienta el pistón y se saca el bulón con ayuda del mandril extractor 5129. **Fig. 47**

¡Atención! Antes de efectuar el montaje del pistón, se debe comprobar si el bulón se halla en posición paralela con respecto a la superficie de contacto en la caja del motor. Para ello se inclina el motor 90°, se introduce el bulón en el correspondiente orificio de la biela y se colocan dos prismas 5036 de igual espesor sobre la superficie citada, haciendo girar el cigüeñal hasta que el bulón se apoye muy ligeramente sobre los prismas. **Fig. 48**

48

Los dos extremos del bulón deben apoyarse uniformemente sobre los prismas. A ser posible, esta verificación se efectuará con la biela en posición vertical. Si la biela está inclinada, también puede llegar a influir en esta verificación una posible torsión de la biela.

Si fuese necesario, se endereza cuidadosamente la biela mediante las palancas 5021 o mediante una espiga adecuada, que se hace pasar a través del orificio de la biela. **Fig. 49**

49

Para montar el bulón se calienta el pistón. Cuídese de que la señal «vorn>» grabada en la base del pistón señale hacia adelante.

Introducir un extremo del anillo de seguridad en la ranura de tal modo, que cubra perfectamente la rendija de extracción. A continuación se aprieta progresivamente una barra de madera adecuada contra el anillo hasta acabar de meterle completamente. **Fig. 50**

Para montar el cilindro se engrasan con aceite el pistón y los aros de éste, se disponen las aberturas de éstos a igual distancia periféricamente y se introduce el pistón en el cilindro, con ayuda de la abrazadera 5003.

50

2. Prüfungen und instandsetzen.

Zylinderbohrung 10 mm von oben, in der Mitte und unten in Kolbenbolzenrichtung und 90° dazu quer mittels Zylindermeßuhr bei 20° C ausmessen. Konizität der Zylinderbohrung siehe Maße und Passungen, Seite 24.

Bild 51

Kolbendurchmesser am Kolbenhemd unten quer zur Kolbenbolzenrichtung messen.

Bild 52

Das Fertigungsmaß im unteren Teil der Zylinderbohrung, etwa in Höhe des Zylinderflansches, dient zur Bestimmung des Kolbeneinbauspieles. Vorhandene Toleranzen sind in hundertstel mm am Zylinderflansch eingeschlagen, z. B. bei +0,03 mm die Zahl 3, bei Minustoleranz entsprechend –3.

Das Kolbenmaß ist auf dem Kolbenboden, z. B. 67,97, eingeschlagen.

Einbauspiele zwischen Zylinder und Kolben sowie Kolbenring-Stoß- und Flankenspiel und Kolbenbolzenpassungen siehe Maße und Passungen, Seite 24.   **Bild 53 und 54**

Die Zylinder können in zwei Stufen nachgeschliffen werden, bei R 50 und R 50 S auf 68,50 mm bzw. 69,00 mm und bei R 60 und R 69 S auf 72,50 mm bzw. 73,00 mm.

Nachschleifmaße in Zylinderfuß anstelle der alten Fertigungsabmaße einschlagen.

Achtung! Zum Aufsetzen der Zylinder die eingeölten Kolben und Kolbenringe mit Manschette 5003 in Zylinder einführen.

Waren Stoßstangenschutzrohre undicht, so können diese mittels des Nachsetzdornes Matra 530 a zur besseren Pressung der Gummidichtung tiefer eingeschlagen werden.

Bild 55

2. Contrôles et mise en état.

Mesurer l'alésage du cylindre à 10 mm du haut, à mi-hauteur et en bas, d'abord dans le sens de l'axe de piston, puis perpendiculairement à cet axe, au moyen du micromètre pour cylindres et à la température de 20° C. Conicité du cylindre, voir cotes et tolérances, page 24.

Fig. 51

Mesurer le piston en diamètre, au bas de la jupe et perpendiculairement à l'axe.

Fig. 52

La cote d'exécution à la partie inférieure du cylindre, environ à hauteur de la base, définit la cote du piston en tenant compte du jeu de montage. L'écart entre la cote d'exécution et la cote nominale est gravé, en centièmes de mm, sur la base du cylindre. Par ex. si l'écart est + 0,03 mm le chiffre 3 est gravé sur le cylindre et s'il est de – 0,03 le cylindre porte l'indication – 3.

La mesure du piston est gravée sur le sommet de ce dernier, par ex. 67,97.

Pour le jeu de montage entre cylindre et piston, de même que pour le jeu des segments dans la gorge et à la coupe et pour les tolérances de l'axe de piston, voir cotes et tolérances, page 24.

Fig. 53 et 54

Les cylindres peuvent être réalésés deux fois, soit : pour R 50 et R 50 S à 68,50 mm et à 69,00 mm ; pour R 60 et R 69 S à 72,50 et à 73,00 mm.

Graver la mesure du réalésage à la base du cylindre, à la place de la mesure de fabrication.

Attention! Pour remonter le piston dans le cylindre, huiler piston et segments et s'aider du manchon 5003.

Si les tubes de protection des tiges de poussoirs n'étaient pas parfaitement étanches, ils peuvent, au moyen du chassoir Matra 530a, être chassés plus profondément, pour obtenir un siège plus serré sur les bagues caoutchouc d'étanchéité.

Fig. 55

2. Checking and Reconditioning

Measure the diameter of each cylinder bore, taking the reading on three points: Approx. 0.4" below the top edge, at the middle and near the bottom edge with the cylinder measuring gauge placed parallel to piston pin and at a room temperature of approx. 70° F. Then repeat three measurements with the gauge placed at right angles to the piston pin. For the taper of cylinder bore refer to Tolerances and Fits, page 25.

Figure 51

Measure the piston diameter at the bottom end of the skirt crosswise to the piston pin axis.   **Figure 52**

The manufacture diameter achieved in the lower part of the cylinder bore, approx. at the height of the cylinder flange, serves to determine the clearance between piston and cylinder wall. Manufacturing differences from standard size are stamped in the side of the cylinder flange, in hundredths of a millimeter without the nominal specification. In the case of plus tolerances without + sign (the number 3 for instance stands for +0.03 mm.), and in case of minus tolerances, e.g. –3 (for –0.03 mm.), with the –sign.

The piston diameter is stamped in the piston head, e.g. 67.97. For piston to cylinder wall clearance, piston ring gap and side clearances and piston pin fits refer to Tolerances and Fits, page 25.   **Figure 53 and 54**

The cylinders may be reground to two oversize diameters:
R 50 and R 50 S: 68.50 mm. and 69.00 mm., R 60 and R 69 S: 72.50 mm. and 73.00 mm.

Mark reground specifications instead of the factory data on the cylinder foot.

Caution! To slip cylinders over pistons, insert oiled piston und piston rings with Piston Ring Compressor 5003.

Whenever the pushrod protecting tubes have evidenced a leakage, they may with the resetting tool Matra 530a be tapped further down in order to obtain the proper fit of the rubber seals.   **Figure 55**

2. Comprobaciones y reparaciones.

Medir el diámetro interior del cilindro con el reloj de medición y a 20° de temperatura en el orden siguiente: a 10 mm. del borde superior, en la mitad y abajo, en la dirección del bulón primero y después de nuevo perpendicularmente al eje del bulón. En cuanto a la conicidad del diámetro interior del cilindro, véase el capítulo de medidas y tolerancias, pág. 25. **Fig. 51**

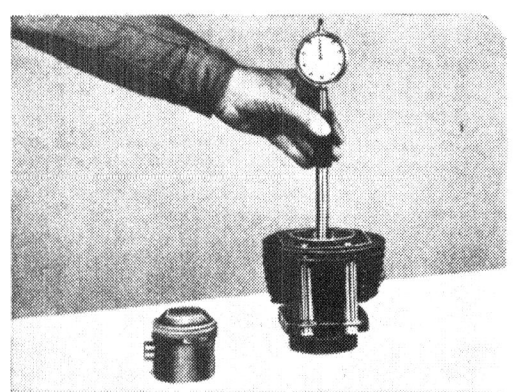

Medir el diámetro del pistón en la parte inferior de la camisa, transversalmente al eje del bulón. **Fig. 52**

El diámetro interior del cilindro medido en fábrica y grabado en la parte inferior del mismo, cerca de la superficie de acoplamiento, sirve para determinar el juego de montaje del pistón. Las tolerancias existentes se hallan grabadas en centésimas de milímetro en la superficie de acoplamiento del cilindro. La cifra 3 indica por ejemplo una tolerancia de + 0,03, la cifra −3 indica la correspondiente tolerancia negativa.

La correspondiente medida del pistón se halla grabada en la base de éste, por ejemplo, 67, 97.

En el capítulo dedicado a las medidas y tolerancias, pág. 25, se especifica el juego de montaje entre el cilindro y el pistón, el juego de las aberturas de los aros del pistón y de los flancos de éste, así como las tolerancias del bulón del pistón. **Fig. 53 y 54**

Los cilindros pueden ser rectificados posteriormente dos veces, en los tipos R 50 y R 50 S a 68,50 resp. 69,00 mm. y en los tipos R 60 y R 69 S a 72,50 resp. 73,00 mm.

Las cotas de rectificado deberán ser grabadas en el pie del cilindro, en lugar de las medidas primitivas.

¡Atención! Al efectuar el montaje de los cilindros se utiliza la abrazadera 5003 para introducir el pistón y los aros, debidamente lubricados, en el cilindro.

Si los tubos de protección de las varillas de empuje presentan fugas, pueden ser introducidos más profundamente en la carcasa, empleando el mandril Matra 530 a, para obtener una presión mayor de las juntas de goma. **Fig. 55**

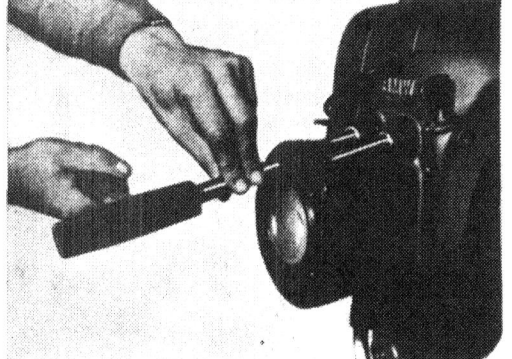

M 3 = Magnetzünder ab- und anbauen

1. Innensechskant-Befestigungsschraube (a) SW 6 für Fliehkraftregler und Magnetläufer ausdrehen, Fliehkraftregler vorsichtig an Unterbrechernocke fassen und abziehen.

2. Zwei Zündkabel von Zündspule an Klemmen (b) ablösen.
Zwei Befestigungsmuttern (c) SW 10 abschrauben und mit Unterlegscheiben ablegen. Magnetzünderkörper abnehmen. Wegen Magnetisierung mit Uhren nicht in die Nähe des Magnetläufers kommen. **Bild 56**

3. Magnetläufer mittels Abdrückschraube 5030 von Nockenwelle abdrücken. **Bild 57**

Magnetläufer in Zünderkörper einschieben und so beide zum Schutz in sauberen Lappen oder Papier einwickeln.

Achtung! Zum Wiederanbau

1. Schwungscheibenmarkierung für Spätzündung auf Markierung im Schauloch des Motorgehäuses einstellen, siehe **Bild 60, links**

2. Gereinigten Magnetläufer (einen Tropfen Öl auf Simmerring und Simmerringlauffläche, Konus sauber und trocken) mit Markierung nach oben auf Nockenwelle lose aufstecken.

3. Zünderkörper an Räderkastendeckel aufstecken und mit Befestigungsschrauben in Langlochmitte festziehen. **Bild 58**
Unterbrechernockenfilz mit Bosch-Fett Ft 1 v 4 einmassieren.

4. Gereinigten Fliehkraftversteller mit Bosch-Bett Ft 1 v 30 in Bohrung leicht einfetten, auf ebenso gefettete Läuferwelle mit Nase in Nut aufstecken und von Hand leicht mit Zentralbefestigungsschraube anziehen. **Bild 59**

5. Magnetläufer mit Fliehkraftregler bei festgehaltener Schwungscheibe drehen, bis Markierungen von Läufer (a) und Zünderkörper-Frontplatte (b) übereinstimmen. **Bild 60, rechts**

In dieser Stellung Zentralbefestigungsschraube mittels Drehmomentschlüssels auf 2 mkg festziehen.
Zündungs-Feineinstellung siehe Seite 84.

6. Prüfen, ob Fliehgewichte von Außenlage leicht zurückfedern,

M 3 = Dépose et pose de la magnéto

1. Dévisser la vis de fixation (a) à 6-pans intérieur OC 6 pour le régulateur centrifuge d'avance et le rotor, saisir prudemment le régulateur d'avance et le retirer.

2. Déconnecter de la borne (b) de la bobine les 2 câbles d'allumage.
Dévisser et enlever les 2 écrous de fixation (c) OC 10 et leurs rondelles. Retirer le corps de magnéto. En raison du champ magnétique, ne pas approcher une montre du rotor. **Fig. 56**

3. Extraire le rotor de l'arbre à cames, au moyen de la vis d'extraction 5030. **Fig. 57**

Remettre le rotor dans le corps et envelopper le tout d'un chiffon ou d'un papier propre, à titre de protection.

Attention! Au remontage:

1. Le volant porte un repère «S» (point d'allumage, avance minimum). Le faire coïncider avec le trait de repère tracé au bord du trou de carter.

2. Nettoyer soigneusement le rotor (une goutte d'huile sur le simmerring et ses portées, cône très propre et sec) et l'introduire, libre, sur l'arbre à cames, son repère en haut.

3. Monter le corps de magnéto sur le couvercle de distribution et le fixer par les vis, au milieu de leur trou allongé. **Fig. 58**
Frotter le feutre de la came de rupteur avec de la graisse Bosch Ft 1 v 4.

4. Graisser légèrement avec de la graisse Bosch Ft 1 v 30 l'alésage du régulateur d'avance, préalablement bien nettoyé et sa portée sur l'arbre, l'introduire sur ce dernier, avec l'ergot dans la rainure et serrer à la main la vis centrale de fixation. **Fig. 59**

5. En maintenant le volant, tourner le rotor ainsi que le régulateur d'avance, jusqu'à ce que le repère (a) du rotor coïncide avec le repère (b) de la plaque frontale de magnéto. **Fig. 60, droite**

Dans cette position, bloquer avec la clef dynamométrique la vis centrale de fixation, à 2 mkg.
Pour le réglage final précis de l'allumage, voir page 84.

6. Contrôler que les ressorts rappellent facilement les masselottes, si

M 3 = Removing and Installing Ignition Magneto

1. Remove allen head mounting screw (a) SW 6 for centrifugal advance unit and magneto rotor, grasp advance unit carefully on breaker cam and remove it.

2. Disconnect the two high-tension cables from ignition coil terminals (b). Unscrew the two retaining nuts (c) SW 10 and remove them with washers. Care to keep watches away from magneto rotor to avoid magnetization. **Figure 56**

3. Remove magneto rotor from camshaft by means of puller screw 5030. **Figure 57**

Slip magneto rotor into magneto body and wrap the whole into clean cloths or paper for protection.

Caution! For reinstallation

1. move flywheel until its "S" mark (symbol for "Spätzündung" = retarded ignition) is in line with the reference mark on engine housing (inspection hole), see figure 60, left.

2. Install cleaned magneto rotor (one drop of oil on oil seal and oil seal contact surface, cone clean and dry) with mark upward onto the camshaft without fastening it.

3. Install magneto body onto timing cover casting and fasten it with mounting screws in center of oblong holes. **Figure 58**
Knead breaker cam felt with Bosch grease Ft 1 v 4.

4. Lubricate the cleaned automatic advance unit with a trace of Bosch grease Ft v 30 into bore, Install the unit onto likewise greased rotor shaft with nose in groove and fasten slightly by hand with the central mounting screw. **Figure 59**

5. Rotate magneto rotor with automatic advance unit while holding flywheel until marks of rotor (a) and magneto body front plate (b) are lined up. **Figure 60, right**

In this position tighten central mounting screw with torque wrench to 14.5 ft./lbs.
For final ignition timing adjustment refer to page 84.

6. Check if advance springs readily return governor weights from

M3 = Desmontar y montar el magneto para el encendido

1. Desenroscar el tornillo hexagonal interior de sujeción SW 6 (a) para el regulador centrífugo y el rotor, coger cuidadosamente el regulador centrífugo por la leva de interrupción y sacarlo.

2. Desconectar del borne (b) los dos cables de la bobina de encendido.
Desenroscar las dos tuercas de sujeción (c) SW 10 y retirarlas con sus arandelas. Quitar seguidamente la carcasa del magneto. Debido al campo magnético existente, no deben aproximarse relojes al rotor. **Fig. 56**

56

3. Sacar el rotor magnético del árbol de levas mediante el tornillo extractor 5030. **Fig. 57**

Introducir el rotor en la carcasa del magneto y envolver ambas piezas en un trapo o papel limpio, para que queden protegidos.

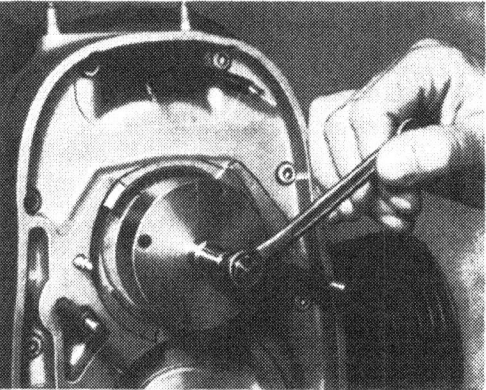

57

¡Atención! Para efectuar el montaje:

1. La marca «S» grabada en el volante, que indica encendido retardado, debe coincidir con la raya del agujero de inspección de la caja del motor, véase fig. 60, izquierda.

2. Introducir sobre el árbol de levas el rotor limpio (una gota de aceite en el retén de aceite y su superficie de fricción, el cono deberá estar limpio y seco), cuidando de que la marca se encuentre arriba.

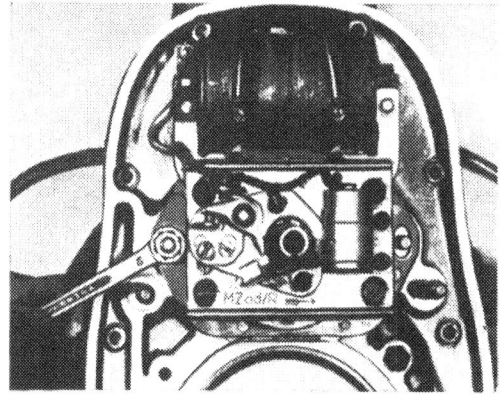

58

3. Colocar la carcasa sobre la tapa frontal cubreengranes y apretarla con los tornillos de fijación dispuestos en el centro de los agujeros alargados. **Fig. 58**
Engrasar con grasa Bosch Ft 1 v 4 el filtro que lubrica la leva de los platinos.

4. Después de haber limpiado el regulador centrífugo, se engrasa su buje ligeramente con grasa Bosch Ft 1 v 30 así como el eje del inducido. A continuación se monta el regulador de modo que su saliente encaje en la ranura del inducido. Apretar ligeramente el conjunto apretando a mano el tornillo de sujeción central.
Fig. 59

59

5. Sujetar el volante y hacer girar al mismo tiempo el rotor del magneto con el regulador centrífugo, hasta que coincida la marca del rotor (a) con la marca (b) en la placa frontal de la carcasa. **Fig. 60, derecha**

En esta posición se aprieta el tornillo central de fijación a 2 mkg., mediante una llave dinamométrica.
Para el ajuste exacto del encendido, véase pág. 84.

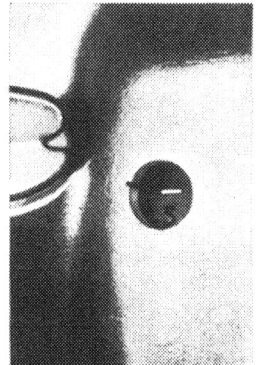 

60

6. Comprobar si los contrapesos regresan fácilmente a su posición de reposo, si la leva de los platinos tiene un

- Unterbrechernocken 0,2–0,6 mm Längsspiel hat und sich leicht drehen läßt.
- Magnetläuferzapfen max. Radialschlag 0,02 mm.
- Gegebenenfalls Konussitz von Läufer und Steuerwelle auf etwaige Druckstellen prüfen und diese durch Aufbimsen egalisieren, notfalls bei angebautem Läufer mit leichtem Belzerithammer auf Läuferzapfen vorsichtig einen leichten Richtschlag geben.

M 4 = Nockenwelle mit Antrieb aus- und einbauen

1. Aus Motorgehäuse Öl nach Ausdrehen der Ablaßschraube (bei R 50 S und R 69 S Ablaßschraube mit Magnet) ablassen.

2. An Räderkastendeckel 12 Innensechskantschrauben SW 5 ausdrehen. Matra Abziehvorrichtung 499 bzw. 536 mit den 2 dazugehörigen Bundschrauben über Kurbelwellenzapfen ansetzen, an Räderkastendeckel anschrauben und mit Vorrichtungsspindel von Kurbelwelle abziehen. **Bild 61**

3. Sprengring von Nockenwellenzahnrad abnehmen und Entlüfterscheibe samt Druckfeder abnehmen. **Bild 62**

Achtung! Beim Wiedereinbau Entlüfterscheibe auf achsiale Leichtgängigkeit prüfen und Gleitfläche gut einölen.

4. Vier Zylinderschrauben für Steuerwellenlagerbüchse durch Bohrungen im Steuerungszahnrad hindurch ausschrauben. **Bild 63**

5. Abziehvorrichtung Matra 355a am Motorgehäuse ansetzen, Spindel mit 8-mm-Gewinde in Nockenwelle eindrehen und mittels Mutter SW 22 die Nockenwelle samt Zahnrad und Lager herausziehen. **Bild 64**

Steuerwellenzahnrad nur bei erforderlichem Ersatz des Kugellagers oder des Zahnrades abpressen, dann Seegerring in Kugellagerbüchse ausbauen und Kugellager aus Büchse auspressen. **Bild 65**

Achtung! Zum Einbau der Nockenwelle Motorgehäuse anwärmen und auf Markierung des Zahneingriffes zum Rad auf der Kurbelwelle achten.

on les déplace vers l'extérieur, que la came de rupteur à 0,2–0,6 mm de jeu longitudinal et tourne librement.

Faux-rond radial au bout de l'axe : max. 0,02 mm. A défaut, contrôler que le siège du rotor sur l'arbre à cames n'est pas coincé latéralement ; au besoin, retoucher à la pierre à huile fine. Comme moyen de fortune, magnéto montée : un léger coup de maillet prudemment appliqué au bout de l'arbre.

M 4 = Dépose et pose de l'abre à cames et des pignons de distribution

1. Vidanger d'huile le carter moteur par le bouchon de vidange (magnétique sur R 50 S et R 69 S).

2. Dévisser les 12 vis 6-pans intérieur OC 5 du couvercle de distribution. Extraire le couvercle de distribution au moyen de l'extracteur Matra 499 (ou resp. 536) appliqué en bout de vilebrequin et ses deux vis vissées dans le couvercle. **Fig. 61**

3. Retirer l'arrêt à ressort du pignon d'arbre à cames et déposer le disque de décompresseur de carter et son ressort. **Fig. 62**

Attention ! Au remontage, s'assurer que le disque de décompresseur coulisse facilement, axialement et bien huiler sa surface portante.

4. Par les trous pratiqués dans le pignon, dévisser les 4 vis tête cylindrique fixant le palier d'arbre à cames. **Fig. 63**

5. Appliquer au carter l'extracteur Matra 355a, en visser la broche filetée de 8 mm dans l'arbre à cames et au moyen de l'écrou OC 22 de l'extracteur, retirer l'arbre à cames, avec son pignon et le palier. **Fig. 64**

Ne déchasser de l'arbre le pignon que s'il est nécessaire de remplacer le roulement ou le pignon. Dans ce cas, dégager la bague d'arrêt de la douille de palier et déchasser le roulement de sa douille, à la presse. **Fig. 65**

Attention ! Pour replacer l'arbre à cames, chauffer le carter et veiller à faire coïncider les repérages des dents du pignon d'arbre à cames et du pignon de vilebrequin.

their outer position, the breaker cam has a longitudinal play of .008"–.024" and is easy to rotate. Magneto rotor cone max. allowable out-of-round .0008".

Eventually check taper fit of rotor and camshaft for possible binding spots and eliminate them by polishing with pumice stone paste, and if necessary carefully apply a slight dressing blow, with plastic mallet on cone of installed rotor.

M 4 = Removing and Installing Camshaft and Timing Gears

1. Remove oil drain plug from engine housing (on R 50 S and R 69 S drain plug with magnet) and allow oil to drain off.

2. Remove the 12 allen head screws SW 5 securing timing cover casting to engine housing. Install puller tool Matra 499 or 536 with the two pertaining collar screws over crankshaft cone, screw it onto the timing cover and remove the latter from the crankshaft by turning the puller spindle. **Figure 61**

3. Remove snap ring from camshaft gear and remove breather valve plate with pressure spring. **Figure 62**

Caution! When refitting check the breather plate for axial smoothness and oil its sliding surface liberally.

4. Remove the four cylindrical screws fastening camshaft bearing bush, inserting the screw driver through timing gear holes. **Figure 63**

5. Install puller tool Matra 355a on engine housing, screw spindle with 8 mm. thread into camshaft end and remove camshaft with gear and bearing by means of SW 22 nut. **Figure 64**

Remove camshaft gear only when the ball bearing or the gear itself have to be replacement, then remove snap ring in ball bearing bushing and press ball bearing out of bushing. **Figure 65**

Caution! To install camshaft, heat engine housing and fit its gear so to crankshaft gear that the marks on both gears line up.

juego longitudinal de 0,2–0,6 mm. y si gira con facilidad. Juego radial máximo del muñón del rotor 0,02 mm.

Si fuese necesario se comprobará si el cono del rotor y del árbol de levas no presentan tensiones laterales, debiendo emparejar éstos en caso contrario frotándoles con piedra pómez y aplicando en último caso con un martillo de plástico un ligero golpe en el muñón del rotor. Para ello, el rotor deberá estar montado.

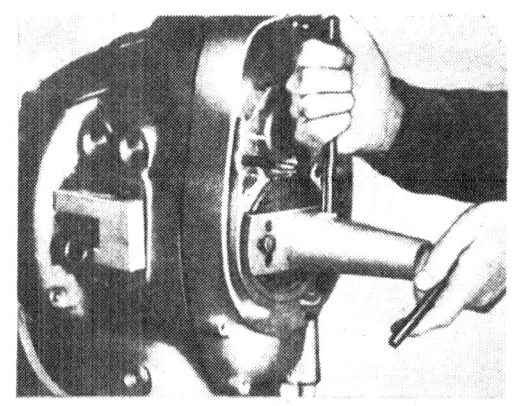
61

M 4 = Desmontar y montar el árbol de levas con su sistema de transmisión

1. Dejar escurrir el aceite del motor a través del orificio inferior, después de haber desenroscado el respectivo tornillo de salida (en los tipos R 50 S y R 69 S, este tornillo está magnetizado.

2. Desenroscar los 12 tornillos hexagonales interiores SW 5 de la tapa cubreengranes.
   Apoyar el extractor Matra 499, resp. 536 con sus dos tornillos sobre el muñón del cigüeñal, atornillarles en la tapa cubrecadenas y retirar la tapa con ayuda del husillo correspondiente. **Fig. 61**

62

3. Quitar el anillo de seguridad dispuesto en el piñón del árbol de levas y retirar el disco de ventilación junto con su resorte. **Fig. 62**

¡Atention! Al efectuar el montaje, comprobar que el disco de ventilación se deslice con facilidad axialmente y aceitar la superficie de contacto.

4. Desenroscar a través de los orificios de la rueda dentada del árbol de levas los 4 tornillos cilíndricos del casquillo portacojinetes. **Fig. 63**

63

5. Apoyar sobre la caja del motor el extractor Matra 355 a, introducir el husillo de 8 mm. en el árbol de levas y sacar el árbol de levas con el piñón y el cojinete mediante la tuerca SW 22. **Fig. 64**

64

El piñón del árbol de levas sólo se extrae cuando ha de ser sustituido o cuando ha de ser colocado un cojinete nuevo. Para ello se quita el anillo de seguridad del casquillo portacojinetes, sacándo a presión dicho cojinete. **Fig. 65**

¡Atención! Para llevar a cabo el montaje del árbol de levas, se calienta la carcasa del motor y se hace coincidir la marca del piñón del árbol de levas y la marca del piñón del cigüeñal.

65

6. Antriebsrad der Ölpumpe ab- und anbauen:

Sicherungsblech der Befestigungsmutter zurückbiegen und **Mutter SW 14 mit Linksgewinde** abschrauben.

Bild 66

Antriebszahnrad vom Konus der Pumpenwelle abnehmen, dazu vorsichtig einen Prellschlag mit leichtem Kunststoffhammer geben.

7. Zahnrad auf der Kurbelwelle ab- und anbauen:
Kugellager mittels 2 Schraubenzieher evtl. mit handelsüblichem Abzieher von Kurbelwelle abziehen.

Bild 67

| **Achtung!** Kugellager zum Anbau auf ca. 80° C anwärmen und schnell mit Druckbüchse 5039 aufdrücken, keinesfalls axial auf Kurbelwelle schlagen!

Zahnrad mittels Abziehklauen der Abziehvorrichtung Matra 499 fassen und von Kurbelwelle abziehen.

Bild 68

| **Achtung!** Bei etwaigem Auswechseln des Zahnradsatzes Kurbelwelle – Steuerwelle ist auf die Signierung am Motorgehäuse oben neben der Trennfläche (z. B. +2 oder –3) zu achten, da diese für die Wahl eines neuen Zahnradsatzes maßgebend ist.

| Zum Zusammenbau Kurbelwellenzahnrad auf 150° C anwärmen, Kurbelwellenzapfen mit Talg einfetten, Führungsbüchse 5040 auf Kurbelwellenzapfen aufstecken und angewärmtes Zahnrad mittels einer Manschette (a) und der Druckbüchse (b) 5038 auf Kurbelwelle schnell aufschieben. **Bild 69**

| Druckbüchse (b) 5038 an Zahnrad ansetzen, Spindel (d) der Vorrichtung Matra 355a in Kurbelwelle einschrauben und mit Knebelmutter (c) Matra 535 Zahnrad voll aufdrücken. **Bild 70**

---

6. Dépose et pose du pignon de commande de pompe à huile :

Redresser l'arrêt tôle de l'écrou de fixation et désserrer cet **écrou OC 14, avec filetage à gauche.**

Fig. 66

Enlever le pignon de commande après l'avoir décollé de l'arbre de pompe d'un léger coup d'un petit maillet.

7. Dépose et pose du pignon de vilebrequin :
Enlever le roulement avec 2 tournevis ou un extracteur normal.

Fig. 67

| **Attention !** Au remontage, chauffer le roulement à env. 80° C et l'introduire rapidement sur l'arbre à l'aide de la douille 5039. En aucun cas il ne faut frapper axialement sur le vilebrequin !

Extraire le pignon au moyen des crochets de l'extracteur 499 Matra.

Fig. 68

| **Attention !** Si l'on doit remplacer la paire de pignons vilebrequin-arbre à cames, il faut observer l'inscription faite sur le haut du carter moteur, près de la surface jointive (par ex. +2 ou –3) car elle est déterminante pour le choix de la nouvelle paire de pignons.

| Pour le remontage, chauffer le pignon d'arbre à cames à 150° C environ, enduire de suif le tourillon, placer la douille 5040 sur le bout de l'arbre et introduire rapidement le pignon chauffé, à l'aide du manchon (a) et de la douille de pression (b) 5038.
Fig. 69

| Appliquer la douille (b) 5038 au pignon, visser la broche (d) du dispositif Matra 355a dans le vilebrequin et au moyen de l'écrou à leviers (c) Matra 535, amener à fond le pignon.

Fig. 70

---

6. Removing and installing oil pump drive gear:

Bend locking plate of retaining nut back and remove **SW 14 nut with left-hand thread.** **Figure 66**

Remove drive gear from cone of pump gear shaft, giving the large gear for this a slight dab with a plastic mallet.

7. Remove ball bearing from crankshaft, using two screw drivers or a commercial-type puller. **Figure 67**

| **Caution!** To install the ball bearing, heat it to approx. 175° F. and press it quickly into place through use of pressure bush 5039, on no account apply axial blows against the crankshaft!

Seize the gear by means of the puller claws of remover tool Matra 499 and remove it from the crankshaft. **Figure 68**

| **Caution!** On eventual replacements of the timing gear set pay attention to the mark on top of engine housing beside the contact face (for instance +2 or –3) which is determinant for the choice of the size of the new timing gear set.

| To install the crankshaft gear, heat same to 300° F., grease crankshaft cone with tallow, install guiding bush 5040 on crankshaft cone and slip heated gear with sleeve (a) and pressure bush (b) 5038 quickly onto crankshaft. **Figure 69**

| Apply pressure bush (b) 5038 on gear, screw spindle (d) of tool Matra 355a into crankshaft and finish pressing into place by means of lever nut (c) Matra 535. **Figure 70**

6. Desmontar y montar el piñón de accionamiento de la bomba de aceite:

Levantar la chapa de seguridad de la tuerca de sujeción y desenroscar **esta tuerca SW 14 con rosca a la izquierda**.
Fig. 66

Retirar el piñón de accionamiento del cono perteneciente al eje de la bomba, aplicando un golpe ligero con un martillo de plástico.

7. Desmontar y montar el piñón del cigüeñal:
Extraer el cojinete de bolas del cigüeñal utilizando dos desatornilladores o un extractor de tipo comercial.
Fig. 67

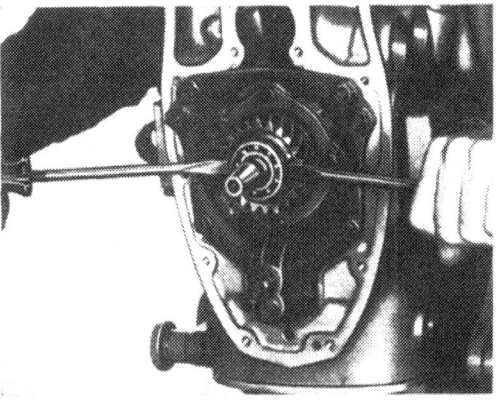

¡**Atención!** Para efectuar el montaje se calienta el cojinete de bolas a 80° C y se mete a presión rápidamente, con ayuda del casquillo 5039. De ningún modo se debe golpear axialmente sobre el cigüeñal.

Coger el piñón con las garras del extractor Matra 499 y sacarle del cigüeñal.
Fig. 68

¡**Atención!** Si fuese preciso sustituir el juego de engranajes (cigüeñal y árbol de levas), deberá ponerse atención en los números grabados arriba, en la caja del motor, junto a la superficie de separación (p.e. +2 o –3), ya que son decisivos para la elección del juego nuevo.

Para efectuar el montaje, se calienta el piñón del cigüeñal a 150° C, se engrasa el muñón con talco, se coloca el casquillo de guía 5040 sobre el muñón del cigüeñal, montando a continuación rápidamente el piñón calentado sobre el cigüeñal, valiéndose becambuito (a) y del casquillo de compresión (b) 5038.
Fig. 69

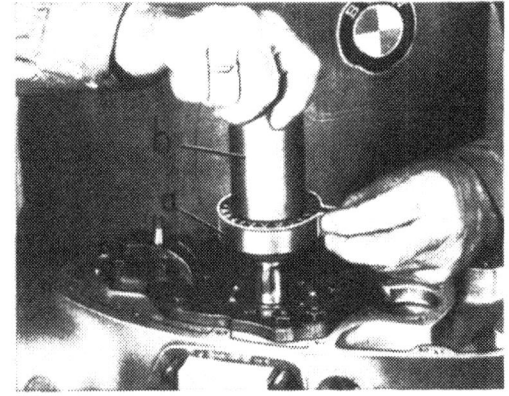

Apoyar el casquillo de compresión (b) 5038 en el piñón, atornillar en el cigüeñal el husillo (d) del dispositivo Matra 355 a y dejar perfectamente asentado el piñón mediante la tuerca de muletilla Matra 535 (c).
Fig. 70

M 5 = Kupplung aus- und anbauen

1. Jede zweite Befestigungsschraube am Druckring mittels Schraubenziehers ausdrehen und dafür drei Spannschrauben Matra 534 aufschrauben und deren Muttern auf Anschlag am Druckring bringen.
Bild 71

Übrige 3 Befestigungsschrauben ausdrehen und Muttern der Spannschrauben gleichmäßig zurückdrehen bis Feder voll entlastet ist.
Bild 72

Druckring, Kupplungsscheibe, Druckplatte mit Membranmitnehmerscheibe und Tellerfeder abnehmen.
Bild 73

| **Achtung!** Beim Zusammenbau Zentrierdorn Matra 529 für das Ausmitteln der Kupplungsscheibe verwenden.
Bild 74

2. **Prüfung und Instandsetzung:** Kupplungsscheibe auf Verschleiß und Verwindung sowie Tellerfeder auf Spannkraft in eingebautem Zustand prüfen; siehe Maße und Passungen. Seitenschlag der Mitnehmerscheibe prüfen, max. zul. Schlag 0,5 mm.
Bild 75

| **Achtung!** Etwaige neue Kupplungsscheibe mit Schiebesitz auf Keilbahnen der Getriebe-Antriebswelle aufpassen.

M 5 = Dépose et pose de l'embrayage

(Moteur déposé)

1. Dévisser du disque de pression 1 vis sur 2 et remplacer ces 3 vis par les 3 vis de pression Matra 534, dont on amène les écrous au contact du disque de pression.
Fig. 71

Retirer les 3 vis de fixation restantes et desserrer progressivement les écrous des vis de pression jusqu'à ce que le ressort soit totalement détendu.
Fig. 72

Enlever le disque de pression, le disque d'embrayage, le plateau de pression, le ressort membrane complet.
Fig. 73

| **Attention!** Au montage, utiliser la broche Matra 529 pour centrer les éléments de l'embrayage.
Fig. 74

2. **Contrôles et mise en état:** Usure ou déformation du disque d'embrayage; force du ressort membrane à l'état monté; voir cotes et tolérances. Battement latéral du disque d'entraînement: max. 0,5 mm.
Fig. 75

| **Attention!** En cas de montage d'un disque neuf, veiller qu'il s'adapte bien aux cannelures de l'arbre et y coulisse facilement.

M 5 = Removing and Installing Clutch Unit

1. Remove every second fastening screw on pressure ring with a screw driver, and in their place install three clamping screws Matra 534 and screw their nut fully down onto the pressure ring.
Figure 71

Remove other three fastening screws and evenly loosen the three clamping screw nuts until spring in completely released.
Figure 72

Remove pressure ring, pressure plate with diaphragm, clutch plate and disk spring.
Figure 73

| **Caution!** When installing clutch unit, use aligning tool Matra 529 for centering of clutch plate.
Figure 74

2. **Inspection and reconditioning:** Check clutch plate for wear and torsion and disk spring for tension in installed condition. For this, refer to Tolerances and Fits. Check lateral runout of clutch plate, max. allowable runout .02".
Figure 75

| **Caution!** Adjust eventual new clutch plate with a close sliding fit upon the splines of the transmission primary shaft.

M5 = Desmontar y montar el embrague

1. Desenroscar cada segundo tornillo de sujeción del anillo de presión utilizando un desatornillador y colocar en su lugar tres tornillos tensores Matra 534, atornillándoles de tal forma que sus tuercas se apoyen sobre el disco de presión. **Fig. 71**

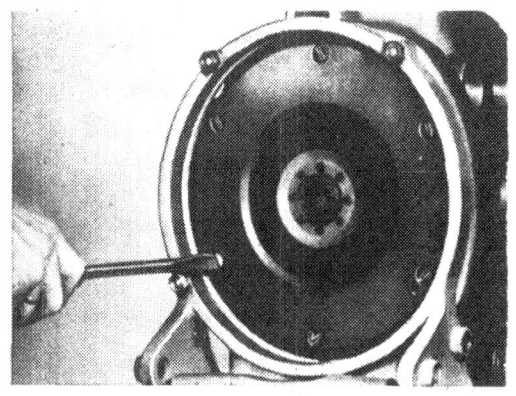

Sacar los tres tornillos de sujeción restantes y aflojar uniformemente las tuercas de los tornillos tensores hasta que sus resortes ya no estén sometidos a presión. **Fig. 72**

Retirar el anillo de presión, el disco de embrague, la placa de presión con el plato de arrastre y el resorte de disco. **Fig. 73**

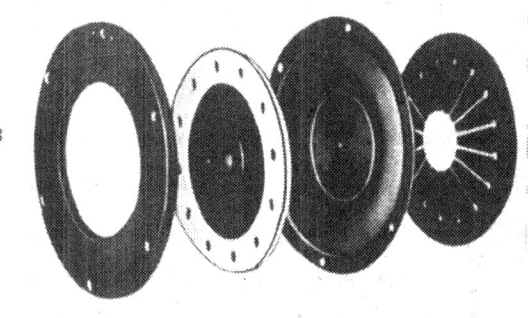

¡Atención! Al montar el embrague debe utilizarse el mandril de guía Matra 529 para centrar el disco de embrague. **Fig. 74**

2. **Comprobación y puesta a punto.**
Comprobar el desgaste y la posible ondulación del disco de embrague. Comprobar la presión del resorte de disco estando instalado; ver el capítulo de medidas y tolerancias. Examinar el juego lateral del plato de arrastre, juego máximo 0,5 mm. **Fig. 75**

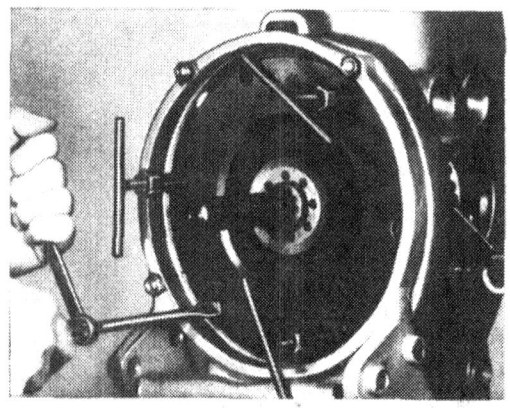

¡Atención! Si hay que montar un disco de embrague nuevo, es preciso cuidar de que se adapte bien a las ranuras cuneiformes del eje impulsor de la caja de cambio, para lo cual se le confiere una ligera presión manual.

M 6 = Schwungscheibe ab- und anbauen

1. Schwungscheiben - Haltevorrichtung Matra 292 auf Getriebeanschluß-schrauben aufstecken, dann mit 3 Sechskant-Schrauben M 8 x 1 x 28 mm lang Vorrichtung mit Schwungscheibe verbinden.

   Sicherungsblech der Schwungscheibenschraube lösen. Schwungscheibenschraube SW 36 ausdrehen und mit Sicherung ablegen.

2. Abzieher Matra 311 mit 2 Schrauben 20 mm lang auf Schwungscheibe aufschrauben und Schwungscheibe abziehen.
   Bild 76

   Gegebenenfalls einen leichten Prellschlag auf Abdrückschraube geben.

Achtung! Beim Wiederanbau Kopfspiel der Scheibenfeder zur Schwungscheibenkeilnut mit Fühlerlehre prüfen.
Bild 77

Schwungscheibenbefestigungsmutter mittels Drehmomentschlüssels mit 17 mkg anziehen.
Bild 78

Sicherungsblech vorher etwas anbiegen, damit es zum endgültigen Aufbiegen besser mit Zange unterfaßt werden kann.
Bild 79

Schwungscheibe mit Meßvorrichtung 5104 und Meßuhr auf Schlag prüfen. Max. Seitenschlag 0,1 mm.
Bild 80

M 6 = Dépose et pose du volant

1. Placer le dispositif d'arrêt du volant Matra 292 sur les goujons de liaison de la boîte au moteur, puis le fixer au volant par 3 vis 6-pans M 8×1×28 mm de long.

   Redresser la tôle d'arrêt de la vis centrale, dévisser cette vis OC 16 et l'enlever avec l'arrêt.

2. Visser par 2 vis de 20 mm de longueur, l'extracteur Matra 311 sur le volant et arracher le volant.
   Fig. 76

   Au besoin, décoller le volant par un léger coup de maillet sur la vis de l'extracteur, sous tension.

Attention! Au remontage, ne pas manquer de contrôler le jeu entre la clavette demi-ronde de l'axe et le fond de la rainure correspondante, dans le volant, au moyen d'une jauge.
Fig. 77

Serrer la vis de fixation du volant au moyen d'une clef dynamomètrique, à 17 mkg.
Fig. 78

Avant remontage, replier un peu la tôle de sécurité, afin qu'il soit facile de la replier totalement ensuite, au moyen d'une pince.
Fig. 79

Contrôler le battement axial du volant au moyen du dispositif 5104 équipé d'un micromètre ; le max. admissible est 0,1 mm.
Fig. 80

M 6 = Removing and Installing Flywheel

1. Install locking fixture for flywheel, Matra 292, on transmission connecting studs, then connect the fixture to flywheel by means of three M 8×1×28 mm. hex-head screws.

   Release tab washer of flywheel and remove flywheel mounting screw SW 36 together with the tab washer.

2. Install Matra 311 puller with 2 screws 20 mm. long on the flywheel and remove.
   Figure 76

   Eventually apply a slight dab on the puller screw.

Caution! When reinstalling, check clearance between top flat of woodruff key and key groove of flywheel with feeler gauge.
Figure 77

Tighten flywheel mounting screw by means of torque wrench to 123 ft./lbs.
Figure 78

Prior to this, bend lock washer slightly up so it may thereafter easily be seized for definite bending.
Figure 79

Check flywheel for runout with gauge 5104. Max. allowable runout .004".
Figure 80

M6 = Desmontar y montar el volante

1. Encajar el dispositivo de sujeción Matra 292 en los tornillos de fijación de la caja de cambio y unir el volante al dispositivo de sujeción mediante 3 tornillos hexagonales M 8×1×28 mm.

Retirar la chapa de seguridad del tornillo del volante. Desenroscar el tornillo SW 36 del volante y guardarle juntamente con la chapa.

76

2. Atornillar el extractor Matra 311 con 2 tornillos de 20 mm. de longitud sobre el volante y extraer el volante. **Fig. 76**

Si fuese preciso, se aplica un ligero golpe sobre el tornillo extractor.

77

¡**Atención!** Al efectuar el montaje, es indispensable controlar que el juego entre el resorte de disco y la ranura de chaveta del volante corresponda al calibre. **Fig. 77**

78

Apretar con la llave dinamométrica a 17 mkg. la tuerca de sujeción del volante. **Fig. 78**

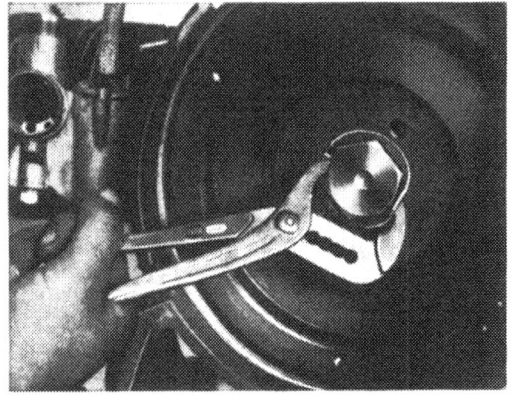
79

Doblar con anterioridad ligeramente la chapa de seguridad, a fin de que pueda ser agarrada más fácilmente con las tenazas cuando tenga que ser doblada definitivamente. **Fig. 79**

80

Comprobar la ausencia de excentricidad del volante mediante el dispositivo de medición 5104 y con el reloj minimétrico. Máximo juego lateral admisible 0,1 mm. **Fig. 80**

M 7 = Ölwanne und Ölsieb ab- und anbauen	M 7 = Dépose et pose du fond de carter et du treillis-filtre	M 7 = Removing and Installing Oil Sump and Oil Strainer
1. Motoröl aus Ölwanne ablassen, Befestigungsschrauben SW 10 samt Unterlegscheiben mittels Steckschlüssels ausdrehen. Ölwanne mit Dichtung abnehmen. **Bild 81**	1. Vidanger d'huile le carter, dévisser les vis de fixation OC 10 à l'aide d'une clef à tube, les retirer avec leur rondelle. Enlever le fond de carter et le joint. **Fig. 81**	1. Drain engine oil. Remove mounting screws SW 10 with flat washers by means of socket wrench. Remove oil pan with gasket. **Figure 81**
2. An Ölsieb-Befestigungsschrauben Sicherungsblech zurückbiegen, Befestigungsschrauben SW 10 ausdrehen und Ölsieb mit Dichtung abnehmen. **Bild 82**	2. Redresser les tôles d'arrêt des vis du filtre OC 10, les dévisser, enlever le filtre et son joint. **Fig. 82**	2. Bend back locking plate on oil strainer fastening screws, remove screws SW 10 with oil strainer and gasket. **Figure 82**
Achtung! Vor Wiederanbau Ölsieb gründlich in Benzin auswaschen.	**Attention!** Avant remontage, laver soigneusement le filtre à la benzine.	**Caution!** Before reinstalling oil strainer, wash it throughly in gasoline (solvent).
3. Ölpumpenräder-Ausbau siehe M 8. **Bild 83**	3. Dépose du pignon de commande de la pompe à huile, voir M 8. **Fig. 83**	3. For removal of oil pump gears refer to M 8. **Figure 83**
4. **Prüfungen:** Ölsieb vor Wiedereinbau gründlich in Benzin auswaschen und mit Siebseite nach unten anbauen und sichern. Zahnflankenspiel 0,03 bis 0,05 mm der Pumpenzahnräder mit Spion nachmessen. **Bild 84**	4. **Contrôles :** Remonter le filtre, bien lavé à la benzine, côté treillis vers le bas et l'assurer. Vérifier avec une jauge le jeu entre les flancs des dents de la pompe : 0,03 à 0,05 mm. **Fig. 84**	4. **Inspection:** Before reinstalling, wash oil strainer thoroughly in gasoline and install it with wire mesh side downward and secure with the locking plate. Measure backlash (.0012″ to .002″) between oil pump gears with feeler gauge. **Figure 84**
Seitenspiel der Zahnräder im Lagerdeckel 0,01 bis 0,04 mm mit Haarlineal prüfen. **Bild 85**	Vérifier le jeu latéral des pignons de pompe dans le carter : 0,01 à 0,04 mm, avec une réglette de précision. **Fig. 85**	Measure side play of gears in bearing cover plate (.0004″ to .0016″) with straight edge. **Figure 85**

M7 = Desmontar y montar la tapa del cárter y el filtro de aceite

81

1. Dejar escurrir el aceite del cárter, desenroscar los tornillos de sujeción SW 10 con sus arandelas mediante una llave tubular. Quitar la tapa del cárter con su junta.
Fig. 81

82

2. Apartar la chapa de seguridad de los tornillos de sujeción del filtro de aceite, desenroscar los tornillos de sujeción SW 10 y sacar el filtro con su junta. **Fig. 82**

83

¡Atención! Lavar a fondo con gasolina el filtro de aceite antes de volver a montarle.

3. Para desmontar los piñones de la bomba de aceite, véase M 8. **Fig. 83**

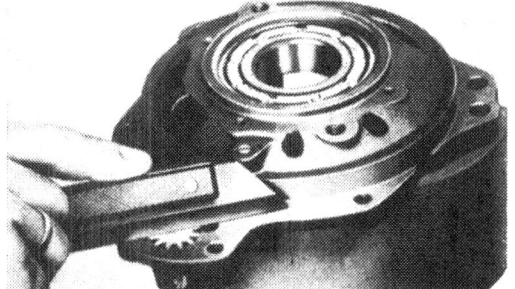
84

4. **Controles:**
Antes de efectuar el montaje es preciso lavar a fondo con gasolina el filtro de aceite, montándole con el lado filtrante hacia abajo y asegurándole adecuadamente.

Controlar con una galga el juego entre los flancos de los dientes de los piñones, que debe quedar comprendido entre 0,03 y 0,05 mm. **Fig. 84**

85

Controlar con una regla de canto agudo el juego lateral de los piñones en el cuerpo de la bomba (0,01 a 0,04 mm.) **Fig. 85**

M 8 = Kurbelwelle samt Pleuel aus- und einbauen

1. Vorderen Lagerdeckel abbauen. Dazu 8 Befestigungsschrauben SW 10 (4 längere Schrauben unten an Ölpumpenteil) samt Wellenscheiben herausdrehen, Matra-Abziehvorrichtung 499/1 mit 2 Schrauben Matra 499/5 (M 8 × 72) an die 2 Gewindebohrungen im Lagerdeckel anschrauben und Lagerdeckel samt Kugellager mittels Spindel abziehen.
Bild 86

Lagerdeckel ablegen und Ölpumpenzahnräder herausnehmen. Abstandsring von Kurbelwelle abnehmen.
Nur bei Bedarf Kugellager aus Lagerdeckel nach Abschrauben des Lagerflansches ausdrücken und neues Kugellager einpressen.
Bild 87

2. Kurbelwelle ausbauen:
Senkschraube für vorderen Ölschleuderring ausschrauben und Schleuderring abnehmen.
Motorgehäuse auf etwa 100° C anwärmen.
Bei R 50 S und R 69 S am hinteren Tonnenlager nach Herausnahme des Dichtringes, der Wellscheibe und der Abdeckscheibe den Repassierring 5048 mit Schwungradbefestigungsschraube festziehen.
Bild 88

Nun kann die Kurbelwelle aus dem hinteren Lagersitz herausgezogen werden.
Bei R 50 S und R 69 S nach freiem Tonnenlager Repassierung wieder abnehmen.
Kurbelwelle mit vorderem Gegengewicht nach oben an vorderem Wellenende fassen.
Bild 89

Wellenende scharf nach unten kippen und Kurbelwelle mit hinterem Ende durch die Aussparung unter der Steuerwellenlagerung aus Motorgehäuse herausheben.
Bild 90

3. Prüfungen:
Maximaler Schlag der Kurbelwelle 0,02 mm am Wellenende bei Stützung an den Hauptlagerstellen. Pleuellagerung auf den Hubzapfen ohne fühlbares Spiel. Bei Mängeln wird empfohlen, eine Austausch-Kurbelwelle mit Pleuel zu verwenden.
Bild 91

4. Kurbelwelle einbauen:
Motorgehäuse auf etwa 100° C anwärmen. Kurbelwelle mit Ölab-

M 8 = Dépose et pose du vilebrequin avec les bielles

1. Dépose du couvercle-palier avant : dévisser les 8 vis de fixation OC 10, avec rondelle (dont 4 vis plus longues en bas, au carter de pompe), visser, par ses 2 vis Matra 499/5 (M 8×72), l'extracteur Matra 499/1 au couvercle-palier, qui comporte deux trous filetés à cet effet et extraire le couvercle-palier, avec le roulement.
Fig. 86

Enlever le couvercle, sortir les pignons de pompe à huile. Retirer du vilebrequin la bague de distance.
Ne déchasser qu'au besoin le roulement du couvercle, après avoir dévissé la joue ; chasser à sa place le roulement neuf, à la presse.
Fig. 87

2. Dépose du vilebrequin :
Dévisser la vis tête noyée du disque de projection d'huile et enlever ce dernier.
Chauffer le carter à 100° C environ.
Pour R 50 S et R 69 S, au roulement à tonneaux arrière, retirer la bague d'étanchéité, la rondelle à ressort et la rondelle de fermeture, puis fixer, par la vis centrale du volant, la bague de passage 5048.
Fig. 88

Ensuite, on peut retirer le vilebrequin du palier arrière. Pour R 50 S et R 69 S, lorsque le roulement à tonneaux est libéré, enlever la bague de passage 5048.
Saisir le vilebrequin, son contre-poids avant dirigé en haut, par son extrémité avant.
Fig. 89

Incliner fortement le vilebrequin, l'avant en bas et le sortir en faisant passer son extrémité arrière par le dégagement prévu dans le carter, sous le logement de palier d'arbre à cames.
Fig. 90

3. Contrôles :
Faux-rond maximum à l'extrémité avant du vilebrequin, reposant sur les 2 portées de roulement principaux : 0,02 mm. Roulements de bielles sans jeu perceptible. En cas d'imperfection, il est recommandable d'employer un vilebrequin échange standard, avec bielles.
Fig. 91

4. Pose du vilebrequin :
Chauffer le carter à 100° C environ.
Placer le vilebrequin en position cor-

M 8 = Removing and Installing Crankshaft with Connecting Rods

1. Remove front bearing cover plate. For this, remove 8 fastening screws SW 10 (four longer screws below on oil pump portion) with spring washers, install puller Matra 499/1 with two screws Matra 499/5 (M 8×72) onto the two threaded holes in bearing cover and pull same off together with the ball bearing through use of spindle.
Figure 86

Put the bearing cover away and remove oil pump gears. Remove spacer ring from crankshaft. Only if necessary press ball bearing out of cover plate, after removal of bearing flange, and press the new ball bearing into the seat.
Figure 87

2. Removal of crankshaft:
Unscrew front oil slinger mounting screw and remove oil slinger.
Heat engine housing to approx. 180°F.
On R 50 S and R 69 S, after removing oil seal, spring washer and covering washer, fasten removing and installing ring 5048 with flywheel mounting screw onto rear journal spherical roller bearing.
Figure 88

The crankshaft may then be pulled out of the rear bearing seat.
On R 50 S and R 69 S remove the guide ring 5048 after spherical roller bearing has become free.
Grasp crankshaft, front crankweb up, on front journal end.
Figure 89

Tilt journal end throughly downward and lift crankshaft with its rear end through the recess below the camshaft bearing hole out of engine housing.
Figure 90

3. Checks:
Max. out-of-round of crankshaft (.0008″) on journal end, crankshaft being placed on "Vee" blocks at the front and rear main bearing journals. Connecting rod big end bearing without noticeable play. In case of faults it is recommended to use replacement crankshafts with connecting rods.
Figure 91

4. Installation of crankshaft:
Heat engine housing to approx. 180° F. Install crankshaft, oil retainer

M 8 = Desmontar y montar el cigüeñal con las bielas

1. Desmontar la cubierta del cojinete delantero. Para ello se desenroscan los 8 tornillos de sujeción SW 10 (4 tornillos mayores abajo, en la parte de la bomba de aceite) junto con sus arandelas onduladas. Atornillar los dos tornillos Matra 499/5 (M 8×72) del extractor Matra 499/1 en los dos orificios roscados de la cubierta del cojinete, extrayendo seguidamente esta cubierta junto con el cojinete de bolas, valiéndose del husillo. **Fig. 86**

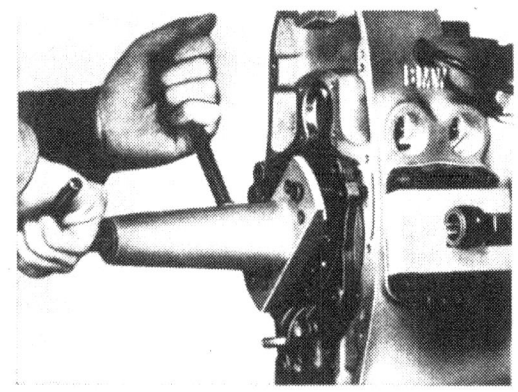
86

Retirar la cubierta y sacar los piñones de la bomba de aceite. Sacar el anillo distanciador del cigüeñal.
Sólo en caso de que resulte necesario se saca el cojinete de bolas de la cubierta en cuestión, después de haber desatornillado la brida del cojinete, montando seguidamente el cojinete nuevo. **Fig. 87**

87

2. Desmontar el cigüeñal:
Desenroscar el tornillo avellanado del disco proyector de aceite delantero y retirar este disco.
Calentar a unos 100° C la carcasa del motor.
En los tipos R 50 S y R 69 S es preciso sujetar mediante el tornillo de fijación del volante, el anillo de montaje 5048 al cojinete de barriletes posterior, después de haber desmontado el anillo de junta, la arandela ondulada y el platillo de cubierta. **Fig. 88**

88

Ahora, el cigüeñal puede ser extraído del asiento del cojinete trasero.
En los tipos R 50 S y R 69 S vuelve a quitarse el anillo de montaje del cojinete de barriletes libre.
Agarrar el cigüeñal del muñón delantero, cuidando de que el contrapeso anterior quede arriba. **Fig. 89**

89

Inclinar el muñón fuertemente hacia abajo y sacar el cigüeñal con su extremo trasero a través de la escotadura que existe debajo del cojinete del árbol de levas, en la carcasa del motor. **Fig. 90**

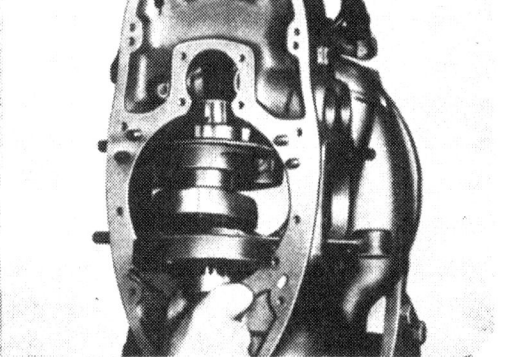
90

3. **Controles:**
Juego radial máximo del cigüeñal medido en los extremos (con el cigüeñal apoyado en los cojinetes principales) 0,02 mm. los cojinetes de las bielas montados sobre los muñones respectivos no deben presentar ningún juego apreciable. En caso de defectos, se recomienda utilizar un cigüeñal y bielas de repuesto. **Fig. 91**

4. Montar el cigüeñal:
Calentar la carcasa del motor a unos 100° C. Introducir el cigüeñal con el muñón posterior hacia arriba, en

spritzscheibe mit tellerförmiger Vertiefung an hinterem Kugellager aufgelegt und Pleuel für linken vorderen Zylinder bzw. für rechten hinteren Zylinder in richtiger Lage sowie mit hinterem Kurbelwellenende nach oben in umgekehrt gleicher Weise wie beim Ausbau einführen und in den hinteren Lagersitz voll einschieben.
Bei R 50 S und R 69 S nach Einführen der Kurbelwelle in das Motorgehäuse den Repassierring 5048 mit Schwungscheibenbefestigungsschraube fest an das Tonnenlager ohne Ölabspritzring anschrauben.
Ölschleuderring satt auf vorderen Kurbelwellenschenkel aufsetzen, mit Senkschraube festziehen und diese mit Kerbschlag sichern.
Bild 92

Abstandsring mit Fase zum Ölschleuderring auf Kurbelwellenzapfen aufstecken.
Bild 93

Vorderen Lagerdeckel bei noch warmem Motorgehäuse auf Kurbelwellenzapfen aufschieben (richtigen Sitz der Ölpumpenzahnräder beachten).
Spindel der Abziehvorrichtung Matra 355a (a) mit Knebelmutter Matra 535 (b) und Druckbüchse 5038/1 (c) an Kugellager im Lagerdeckel ansetzen. Spindel in das Kurbelwellengewinde einschrauben und mit Knebelmutter den Lagerdeckel auf die Kurbelwelle aufziehen, bis er am Motorgehäuse „anschnäbelt". Danach 4 lange Befestigungsschrauben unten am Ölpumpenteil, 2 kurze Schrauben darüber sowie 4 Muttern an den Stehbolzen (sämtlich mit Wellscheiben) einschrauben und Lagerdeckel damit gleichmäßig bis zur Anlage am Kurbelgehäuse drücken und festschrauben.
Erst jetzt Knebelmutter der Vorrichtung weiter anziehen und damit Kurbelwelle nach vorn bis zur Anlage am Kugellager-Innenring ziehen.
Achtung! Dieses letzte Vorziehen der Welle ist wichtig und muß bei S-Motoren (mit hinterem Tonnenlager) stets bei aufgeschraubtem Repassierring erfolgen.
Bild 94

Bei R 50 S und R 69 S kann dann der Repassierring abgeschraubt, die Ölspritzscheibe mit tellerförmiger Vertiefung an den hinteren Lagerinnenring sowie die Wellscheibe angesetzt u. d. Simmerring so eingepreßt werden, daß er am Umfang gleichmäßig 1 mm vorsteht (Schlagdorn 5108).
Bild 95

Schwungscheibe anbauen siehe M 6.

recte pour le remontage, rondelle et roulement arrière montés, la bielle pour le cylindre gauche en avant et la bielle pour le cylindre droit en arrière, la partie arrière du vilebrequin inclinée en haut pour passer par le dégagement du carter et procéder en sens inverse des opérations de dépose. Puis mettre à fond dans son logement le roulement arrière.
Pour R 50 S et R 69 S, après introduction du vilebrequin dans le carter, fixer au moyen de la vis centrale du volant la bague de passage 5048 sur le roulement à tonneaux, sans rondelle de fermeture.
Placer le disque de projection d'huile avant bien à fond sur la joue avant de vilebrequin, bloquer la vis tête noyée et l'assurer d'un coup de pointeau.
Fig. 92

Placer la bague de distance sur le disque de projection.
Fig. 93

Placer le couvercle-palier avant sur le carter encore chaud, en veillant à la position correcte des deux pignons de pompe.
Appliquer la broche de l'extracteur Matra 355a (a), munie de l'écrou Matra 535 (b) et de la douille 5038/1 (c), contre le roulement dans le couvercle. Visser la broche dans le vilebrequin et au moyen de l'écrou, chasser le couvercle sur le vilebrequin, jusqu'à ce qu'il porte presque sur le carter. Visser les 4 vis longues au bas du couvercle, côté pompe, les 2 courtes en haut en les 4 écrous aux goujons (avec leur rondelle à ressort), en serrant ainsi bien également le couvercle sur le carter, à fond.
Alors, seulement, serrer davantage l'écrou de l'appareil, afin de tirer vers l'avant le vilebrequin jusqu'à ce la bague intérieure du roulement porte.
Attention! Cette dernière opération est importante et doit être effectuée, sur les moteurs sport (avec roulement arrière à tonneaux), la bague de passage étant posée.
Fig. 94

Pour R 50 S et R 69 S, enlever la bague de passage, placer la rondelle de fermeture, sa partie profonde sur la bague intérieure de roulement et la rondelle à ressort, puis le simmerring, chassé de telle sorte qu'il dépasse, sur tout son pourtour, de 1 mm (Chassoir 5108).
Fig. 95

Pose du volant, voir M 6.

plate with cupped portion on rear ball bearing and connecting rods in correct position for left front and right rear cylinder, with rear crankshaft end upward, reversely to removal, completely into the rear bearing seat.
On R 50 S and R 69 S, after inserting crankshaft into the engine housing, fasten guide ring 5048 with flywheel mounting screw firmly to the spherical roller bearing (without oil retainer plate).
Install oil slinger plate snugly onto front crankweb, fasten with flat head screw and secure the latter with a notch impact applied by means of a screw driver.
Figure 92

Install spacer ring with chamfering towards oil slinger on crankshaft journal.
Figure 93

While engine housing is still warm, slip front bearing cover plate onto crankshaft journal, making sure that the oil pump gear with cone seats in the upper bearing hole.
Install spindle of puller Matra 355a (a) with lever nut Matra 535 (b) and pressure bushing 5038/1 (c) onto ball bearing in bearing cover. Screw the spindle into the crankshaft thread, and with lever nut pull bearing cover onto crankshaft until the cover plate nearly touches the engine housing. Thereafter install 4 long mounting screws below on oil pump portion, 2 short screws above them and 4 nuts on the mounting studs (all with spring washers) and press the cover evenly into contact against the crankcase by tightening screws and nuts.

Only then continue tightening the lever nut of the tool and this way pull the crankshaft forward onto contact on ball bearing inner race.
Caution! This final forward pulling of the crankshaft is important and must on the "S" engines (with rear journal spherical roller bearing) always be achieved with the guide ring 5048 screwed on.
Figure 94

On R 50 S and R 69 S the guide ring may then be removed, the oil retaining washer with the deep cup-shaped side installed toward inner race of rear bearing, and the oil seal pressed into place so as to permit approx. 1 mm. (.04") of seal to protrude from the casting surface (drift tool 5108).
Figure 95

For installation of flywheel refer to M 6.

orden inverso al que ha quedado descrito para el montaje, cuidando de que el disco proyector de aceite tenga apoyada su cavidad platiforme en el cojinete de bolas posterior y que tanto la biela del cilindro izquierdo anterior como del cilindro derecho posterior se encuentren en su posición correcta. Seguidamente se mete el muñón a tope en el asiento del cojinete posterior.

En los tipos R 50 S y R 69 S se atornilla fuertemente el anillo de montaje 5048 sin anillo proyector de aceite al cojinete de barriletes valiéndose del tornillo de sujeción del volante, después de haber introducido el cigüeñal en la carcasa del motor.

El anillo proyector de aceite se monta sobre el muñón delantero del cigüeñal, se atornilla con el tornillo avellanado y este tornillo se asegura con una muesca de cincel. **Fig. 92**

91

92

Colocar el anillo distanciador sobre el muñón del cigüeñal, de modo que la parte biselada quede en el lado del anillo proyector de aceite. **Fig. 93**

93

Mientras la carcasa del motor esté aún caliente, se coloca sobre el muñón del cigüeñal la cubierta anterior del cojinete (cuidar de que los piñones de la bomba de aceite queden en posición correcta).

Colocar el husillo del extractor Matra 355 a (a) con la tuerca de muletilla Matra 535 (b) y el casquillo de compresión 5038/1 (c) sobre el cojinete de bolas en la cubierta del cojinete. A continuación se introduce el husillo en la rosca del cigüeñal y se encaja la cubierta sobre el cigüeñal con ayuda de la tuerca de muletilla, hasta que la cubierta quede asentada en la carcasa del motor. Seguidamente se atornillan los 4 tornillos de sujeción largos abajo, en la parte de la bomba de aceite, encima los dos tornillos cortos, así como las 4 tuercas de los espárragos (todas con arandelas onduladas), hasta que la cubierta del cojinete quede firme y uniformemente apoyada en el cárter del cigüeñal.

Ahora ya se puede apretar la tuerca de muletilla del dispositivo Matra, haciendo correr al cigüeñal hacia adelante, hasta que llega a tocar el anillo interior del cojinete de bolas.

¡Atención! Este último empuje del cigüeñal es importante; cuando se trate de motores «S», en los que el cojinete posterior es de barriletes, esta operación sólo se debe realizar con el anillo de montaje instalado. **Fig. 94**

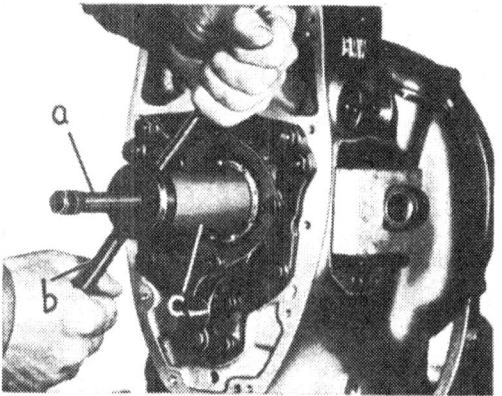
94

En los tipos R 50 S y R 69 S puede desenroscarse entonces el anillo de montaje, colocando en el anillo interior posterior del cojinete el disco proyector de aceite, de modo que la cavidad platiforme de éste quede en el lado del anillo, y montando el disco ondulado. El retén de aceite ha de ser montado a presión de tal forma, que sobresalga uniformemente 1 mm. a lo largo de toda su periferia (mandril de empuje 5108). **Fig. 95**

95

El montaje del volante se describe en el párrafo M 6.

M9 = Einstellen der Ventile

1. An beiden Ventilschutzkappen Zentralbefestigungsmutter SW 14 mit Wellscheibe abnehmen.
Bild 96

Zwischen der zweiten und vierten Zylinderkopfrippe je 2 gegenüberliegende Muttern SW 10 mit Wellscheiben abschrauben.
Bild 97

Ventilschutzkappen abnehmen, dazu kleine Ölwanne zum Auffangen des Öles aus der Schwinghebelkammer unterstellen.

2. Kerzenstecker abnehmen, Zündkerzen herausdrehen.

3. Kurbelwelle auf Verdichtungs-Totpunkt für den einzustellenden Zylinder bringen, dabei deckt sich Schwungscheibenmarkierung „OT" mit Marke im Schauloch. Beide Ventile sind geschlossen, am gegenüberliegenden Zylinder stehen die Ventile auf Überschneidung.

4. Ventilspiel für Einlaß 0,15 mm, für Auslaß 0,20 mm prüfen und, wenn erforderlich, nachstellen. Zum Einstellen Gegenmutter SW 12 lockern und Einstellschraube SW 11 so verdrehen, daß die Fühlerlehre sich zwischen Ventilschaftende und Kipphebelnocken mit geringem Widerstand durchziehen läßt. Gegenmutter festschrauben und Ventilspiel nachprüfen.
Bild 98

Kurbelwelle 360° verdrehen und an gegenüberliegendem Zylinder Ventilspiele in gleicher Weise einstellen. Vor dem Aufsetzen der Ventilschutzkappen die Kipphebelwellen mit Öl füllen, Dichtung überprüfen, Dichtflächen trocknen.
Bild 99

Achtung! An einem überholten Motor sind nach den ersten 500 km Fahrleistung bei kaltem Motor

1. die Zylinderkopfbefestigungsschrauben SW 14 mit Drehmomentschlüssel auf 3,5 mkg nachzuziehen und anschließend
Bild 100

2. die Ventilspiele nachprüfen bzw. nachstellen.

M 9 = Réglage des culbuteurs

1. Enlever à chaque sommet de cylindre, l'écrou de bride OC 14 et sa rondelle à ressort.
Fig. 96

Entre la 2e et la 3e ailette de chaque culasse, dévisser 2 écrous OC 10, diamètralement opposés, avec rondelles à ressort.
Fig. 97

Enlever les couvercles, après avoir disposé un récipient pour recevoir l'huile.

2. Retirer les prises de bougies, enlever les bougies.

3. Placer le vilebrequin au point mort haut de compression, pour le cylindre à régler; le repère «OT» du volant coïncide alors avec le repère tracé sur le bord du trou de carter. Les deux soupapes sont fermées; au cylindre opposé, les soupapes sont en balancement.

4. Contrôler le jeu des culbuteurs : à l'admission 0,15 mm, à l'échappement 0,20 mm. Au besoin, régler, en desserant le contre-écrou OC 12 et en manœuvrant la vis OC 11, sur le culbuteur, de façon qu'une jauge appropriée, glissée entre la queue de soupape et la vis, coulisse avec une légère résistance. Rebloquer le contre-écrou et contrôler à nouveau le jeu.
Fig. 98

Tourner le vilebrequin de 360° et procéder de même pour le cylindre opposé. Avant remontage des couvercle, huiler les axes de culbuteurs, contrôler les joints, nettoyer et sécher les surfaces jointives.
Fig. 99

Attention! Lorsque 500 km ont été parcourus après la révision du moteur, il faut :

1. Resserrer les vis de culasses OC 14 avec une clef dynamomètrique, à 3,5 mkg.
Fig. 100

2. et ensuite, contrôler le jeu des culbuteurs et au besoin le régler.

M 9 = Adjusting Valve Clearance

1. On the two rocker covers remove the central retaining nut SW 14 together with the corrugated washer.
Figure 96

On each cylinder head remove the two opposite nuts SW 10 and corrugated washers between the second and the fourth cylinder head fin.
Figure 97

Remove rocker covers after having placed a tin box under each cylinder head to collect the oil dropping from rocker chamber.

2. Remove spark plug adapters, unscrew spark plugs.

3. Rotate the engine until the piston of the cylinder to be adjusted is at the top dead center on the compression stroke, when the flywheel "OT" mark lines up with the references line in the inspection hole:
Both valves are then closed, and the valves of the opposite cylinder head are in overlapping position.

4. Measure valve clearance for intake .006", for exhaust .008" and adjust as necessary. For this loosen SW 12 locknut and turn the SW 11 adjusting screw until the correct play is felt when the feeler gauge is inserted between rocker arm and valve stem. Tighten the locknut and check the clearance once again.
Figure 98

Rotate crankshaft 360° and adjust valve clearances on opposite cylinder in the same way. Before installing the rocker covers fill rocker shafts with oil, check gasket and wipe dry the sealing surfaces.
Figure 99

Caution! On overhauled engines, after the first 300 miles and with engine cold,

1. tighten cylinder head mounting screws SW 14 with torque wrench to 25 ft./lbs. and thereafter.
Figure 100

2. check and adjust valve clearances.

M9 — Ajustar el juego de válvulas

1. Quitar de las dos cubiertas de protección la tuerca de sujeción central SW 14 con la arandela ondulada.
Fig. 96

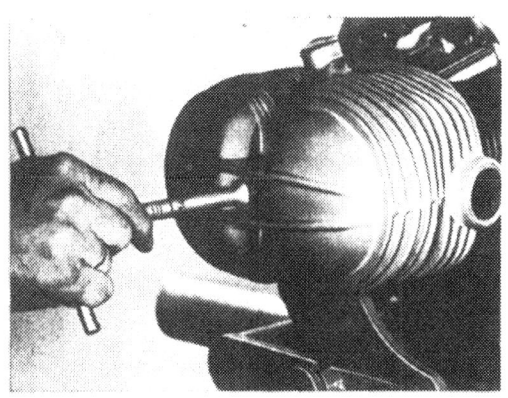

Desenroscar las dos tuercas SW 10 con sus arandelas onduladas. Estas tuercas se hallan dispuestas la una frente a la otra, entre la segunda y la cuarta aleta de la culata.
Fig. 97

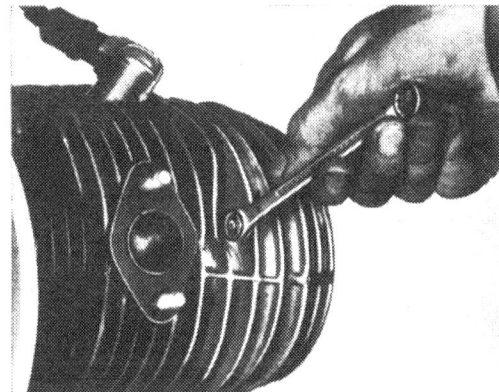

Desmontar las cubiertas de protección de las válvulas, colocando debajo una pequeña bandeja, para recoger el aceite que sale de la cámara de balancines.

2. Levantar los capuchones de las bujías y desatornillar éstas.

3. Hacer girar el cigüeñal y poner en su punto muerto superior de compresión el cilindro, cuyas válvulas se pretenda ajustar. En esta posición, la marca «OT» del volante coincide con la correspondiente marca del agujero de inspección. Ambas válvulas se encontrarán cerradas, mientras que las del cilindro opuesto se cruzan.

4. Comprobar y reajustar si fuese necesario el juego de válvulas: admisión 0,15 mm. — escape 0,20. Para efectuar el ajuste se afloja la contratuerca SW 12 y se hace girar el tornillo de ajuste SW 11 de tal modo, que el calibre pueda deslizarse suavemente entre el extremo del vástago de la válvula y el balancín. Después se aprieta la contratuerca y se vuelve a comprobar el juego.
Fig. 98

Hacer girar el cigüeñal en un ángulo de 360° y ajustar de forma análoga el juego de válvulas del cilindro opuesto. Antes de volver a montar las cubiertas protectoras, deben aceitarse los ejes de los balancines, comprobando a la vez las condiciones de las juntas y secando las superficies de junta.
Fig. 99

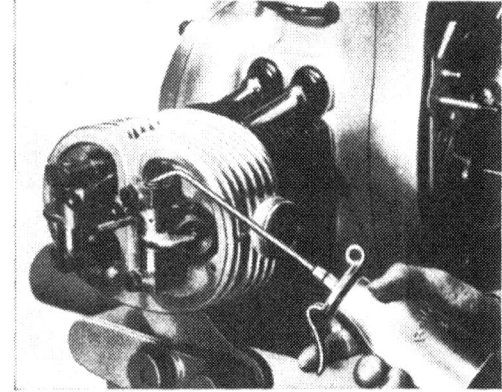

¡Atención! En todo motor revisado deberán efectuarse las siguientes operaciones después de 500 km. de recorrido, estando el motor frío:

1. Reajustar con una llave dinamométrica a 3,5 mkg. los tornillos de sujeción de la culata SW 14. **Fig. 100**

2. Verificar o reajustar seguidamente el juego de válvulas.

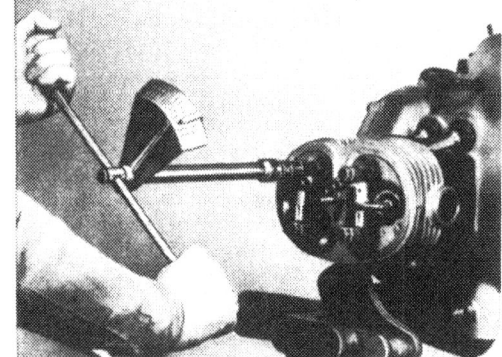

M 10 = Zündung einstellen	**M 10 = Calage de l'allumage**	**M 10 = Adjusting Ignition Timing**
1. Zündkerzen Elektrodenabstand 0,6 mm prüfen, evtl. nachstellen. **Bild 101**	1. Contrôler et éventuellement régler l'écartement des électrodes de bougies (0,6 mm). **Fig. 101**	1. Check spark plug electrode gap and, if necessary, adjust to .024". **Figure 101**
2. Unterbrecherkontakte am Magnetzünder auf Verschleiß prüfen, evtl. mit Kontaktfeile nachputzen oder Kontakte auswechseln. Kontaktabstand mittels Fühlerlehre messen, bei Bedarf auf 0,4 mm einstellen. **Bild 102**	2. Contrôler l'état des contacts de rupteurs de magnéto, au besoin les retoucher à la lime spéciale ou les remplacer. Mesurer leur ouverture, à la jauge. Au besoin, régler à 0,4 mm. **Fig. 102**	2. Inspect breaker contact points on magneto for wear and, if necessary, dress them with a fine-cut contact file or replace points. Adjust the point opening with feeler gauge to a clearance of .016". **Figure 102**
Hierzu Zylinderschraube (a) an der Unterbrecherplatte lockern, **Bild 103**	Pour celà, débloquer la vis tête cylindrique (a) sur le support de rupteur, **Fig. 103**	For this loosen lock screw (a) on stationary point plate, **Figure 103**
dann Exzenterschraube (b) verdrehen, bis der gewünschte Kontaktabstand von 0,4 mm vorhanden ist. **Bild 104**	et tourner la vis excentrique (b) jusqu'à ce que l'ouverture des contacts soit de 0,4 mm. **Fig. 104**	and turn eccentric screw (b) until the specified gap (.016") is obtained. **Figure 104**
Abschließend Zylinderschraube (a) wieder festziehen.	Ensuite, rebloquer la vis (a).	Retighten contact support lock screw (a).
3. a) **Zündungseinstellung bei stehendem Motor mit Prüflampe oder Summergerät.** An Klemme (c) Kabel (d) zur Zündspule abklemmen zum Schutz des Magnetzünders vor Fremdstromeinwirkung. **Bild 105**	3. a) **Calage de l'allumage, moteur arrêté, avec une lampe ou un appareil acoustique de contrôle.** A la borne (c) déconnecter le câble (d) pour la bobine, pour protéger l'aimant des effets de courants extérieurs. **Fig. 105**	3. a) **Ignition timing adjustment on stopped engine with test lamp or with vibrator device.** Disconnect cable (d) to ignition coil from terminal (c) in order to protect ignition magneto from external currents. **Figure 105**
Von Prüfgerät bzw. in Prüflampenstromkreis ein Kabel an Masse, das andere Kabel an Klemme (c) anschließen. **Bild 106**	Coupler un câble de l'appareil de contrôle à la masse et l'autre à la borne (c). **Fig. 106**	Connect one cable of light tester to ground and other cable to terminal (c). **Figure 106**
Wenn Markierungsstrich „S" der Schwungscheibe an der Markierung im Schauloch des Motorgehäuses steht, das ist Spätzündung 9° vor OT, dann muß bei ganz kleinen Verdrehungen der Schwungscheibe nach vor und zurück die Prüflampe aufleuchten bzw. verlöschen oder das Summergerät ansprechen. Andernfalls Zündzeitpunkt nachstellen durch Lösen der beiden Befestigungsmuttern SW 10 des Magnetzünders und Verdrehen des Magnetzünders in den Längsschlitzen für die Stehbolzen.	Quand le repère « S » du volant coïncide au repère sur le bord du trou du carter, le moteur est au point d'allumage avec l'avance minimum, c.à.d. 9° avant PMH. En tournant de très petites quantités le vilebrequin, en avant et en arrière, autor de ce piont, la lampe de contrôle doit s'allumer et s'éteindre, ou l'appareil acoustique commencer et cesser de se faire entendre. Sinon, régler le point d'allumage en desserrant les deux écrous de fixation OC 10 de la magnéto et en faisant pivoter de très peu cette dernière, par ses trous allongés, sur les goujons.	When the mark "S" on the flywheel is directly in line with the reference line in the inspection hole of engine housing, that is when initial timing at 9° before T.D.C. takes place, the test lamp should then by very slightly moving flywheel for and aft light up and go out, respectively, or the vibrator respond. If not, readjust ignition timing by loosening the two SW 10 magneto retaining nuts and rotating the magneto body within the oblong holes for the mounting studs.

M 10 = Ajustar el encendido

1. Comprobar y reajustar si fuese necesario la separación entre los electrodos de la bujía (0,6 mm). **Fig. 101**

101

2. Revisar los contactos del ruptor del magneto con respecto al desgaste, limándoles o recambiándoles si fuese preciso. Medir con un calibre la separación de los contactos, ajustándola a 0,4 mm. si fuese presico. **Fig. 102**

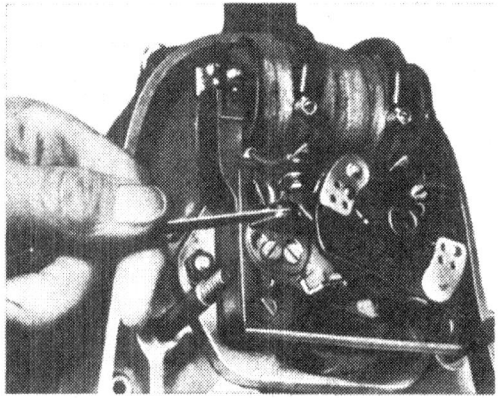
102

Para ello se afloja el tornillo cilíndrico (a) de la placa del interruptor, **Fig. 103**

haciendo girar seguidamente el tornillo excéntrico (b), hasta que quede ajustada la distancia de 0,4 mm. deseada. **Fig. 104**

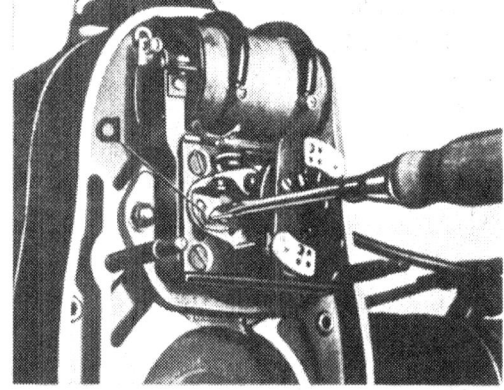
103

Por último, se vuelve a tensar el tornillo cilíndrico (a).

3. a) **Puesta a punto del encendido con el motor parado, mediante una lámpara de control o un aparato acústico.**

   Desconectar del borne (c) el cable (d) de la bobina de encendido, para evitar que el magneto pueda quedar sometido a la influencia de corrientes extrañas. **Fig. 105**

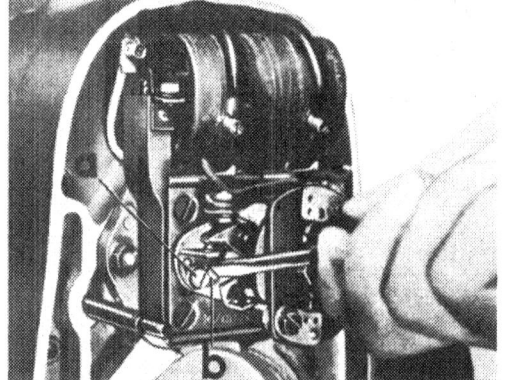
104

Conectar uno de los cables del aparato acústico o de la lámpara de control a tierra, el otro al borne (c). **Fig. 106**

Cuando la raya «S» del volante coincida con la marca del orificio de inspección en la carcasa del motor, ello significa un encendido retardado de 9° a.p.m.s. En este caso deberá encenderse o apagarse la lámpara de control o funcionar el aparato acústico haciendo girar muy ligeramente el volante hacia atrás o hacia adelante.
De no producirse estos efectos, vuelve a ajustarse el momento de encendido del motor, aflojando las dos tuercas de fijación SW 10 del magneto y haciendo girar el magneto a lo largo de las ranuras longitudinales para los espárragos.

105

Ein Verdrehen nach rechts auf den Magnetzünder gesehen ergibt mehr, entgegengesetzt weniger Spätzündung.
Bild 107

b) Die Zündzeitpunkteinstellung soll möglichst bei laufendem Motor mittels Stroboskop nachgeprüft werden.
Hierzu zwischen Zündkerze (a) und Zündkerzenkabel (b) das Stroboskop (c) mit seinen beiden Kabeln (d) und (e) (je nach Anweisung des betreffenden Herstellers) zwischenschalten. Stroboskop vor Schauloch (f) im Motorgehäuse rechtwinkelig zur Motorachse halten.
Bild 108

Bei Leerlaufdrehzahl des Motors mit etwa 500–750 U/min muß die Schwungradmarkierung „S" für Spätzündung 9° vor OT gegenüber der Gehäusemarkierung am Schauloch „f" als heller Strich erscheinen (R).
Ist der helle Strich weiter oben zu sehen, so ist die Zündung zu früh (F), und wenn unter der Mitte, zu spät (S) eingestellt.
Bild 109

Bei steigender Drehzahl verschwindet die Strichmarke „S" nach oben (Verstellbeginn etwa bei 1200 U/min), bis bei weiterer kurzzeitiger Drehzahlsteigerung auf ca. 5800 U/min die Schwungradmarkierung „F" (39° v. OT) von unten her im Schauloch erscheint und bis an die Gehäusemarkierung wandert (Ende der Fliehkraftverstellung).
Bei richtiger Funktion der Zündzeitpunktverstellung müssen mit Drehzahländerung die hellen Striche entsprechend wandern, andernfalls automatischen Verstellmechanismus sofort berichtigen. Seitenspiel und Laufspiel des Nockenkörpers auf Läuferzapfen sowie Leichtgängigkeit der Fliehgewichte prüfen, sonst Versteller auswechseln.
Bei Messung des linken und rechten Zylinders darf die Abweichung der Zündzeitpunkteinstellung nicht mehr als ± 2° betragen. Andernfalls Sitz des Fliehkraftverstellers auf seinen konischen Sitz prüfen, evtl. Druckpunkte mit Ölstein glätten. (Siehe auch M 3/6.)

4. Sicherheits-Funkenstrecke (g) mit 10 bis 11 mm zwischen Zündkabelklemmen an der Zündspule und den Blechspitzen von der Masse prüfen und gegebenenfalls berichtigen.
Bild 110

En tournant la magnéto vers la droite (vu de face) on donne davantage d'avance, en sens inverse, moins.
Fig. 107

b) Autant que possible, le point d'allumage doit être contrôlé, moteur en marche, au moyen d'un stroboscope. Connecter les deux câbles (d) et (e) (selon instructions du fabricant) du stroboscope (c), entre la bougie (a) et son câble (b). Présenter le stroboscope devant le trou (f) du carter, bien dans l'axe du trou.
Fig. 108

Le moteur tournant au ralenti (env. 500 à 750 t/min) le repère « S » pour l'avance minimum, 9° avant PMH, du volant, doit apparaître en face du repère sur le trou de carter (f) sous forme d'un trait brillant (R).
S'il est vu plus haut (F), il y a trop d'avance, ou plus bas (S), pas assez d'avance.
Fig. 109

Lorsqu'on augmente le régime, la marque « S » doit se déplacer vers le haut (depuis 1200 t/min environ) et, si l'on accélère encore pour un très court instant jusque vers 5800 t/min le repère « F » sur le volant (avance max. = 39° avant PMH) doit apparaître au bas du trou et venir jusqu'à la hauteur du repère sur le carter (fin de la course de l'avance automatique).
Si le régulateur fonctionne normalement, chaque modification du régime doit entraîner un déplacement correspondant du trait brillant. Sinon, il faut immédiatement réparer le régulateur ou le remplacer, si les jeux, latéral et de fonctionnement, de la came sont corrects et que les ressorts rappellent normalement les masselottes.
En contrôlant de point d'allumage des deux cylindres, on ne doit pas trouver un écart plus grand que 2° en plus ou en moins. Sinon, contrôler le siège du régulateur d'avance sur sa portée conique et retoucher les points de coincement à la pierre à huile. (Voir aussi M 3/6.)

4. L'éclateur de sécurité (g) doit comporter une ouverture entre pointes de 10 à 11 mm. Contrôler et au besoin corriger les 2 pointes tôle, vérifier qu'elles sont bien à la masse.
Fig. 110

Moving the magneto body clockwise (magneto viewed from the operator) advances the ignition, moving it counterclockwise retards the spark.
Figure 107

b) The ignition timing adjustment should, whenever possible, be rechecked by means of a timing light. To do this, connect the timing light (c) with its two cables (d) and (e) between spark plug (a) and high-tension cable (b), in accordance with the manufacturer's instruction. Hold timing light in front of inspection hole (f) in engine housing in a rectangular position to the engine axis. **Figure 108**

When engine idles at a speed of about 500 to 750 r.p.m., the flywheel mark "S" for initial timing at 9° before T.D.C. should apposite the housing reference line (f) in inspection hole appear as a shining line (R).
If this shining line appears more upward, the ignition is too advanced (F), and when it appears below the middle the spark timing is too retarded (S).
Figure 109

As the engine speed increases, the shining line disappears upward (beginning of advance shift at approx. 1200 r.p.m.) and as the engine speed is further increased to approx. 5800 r.p.m., the flywheel mark "F" (max. advance at 39° before T.D.C. appears from below in the inspection hole and travels onto the housing reference line (fully advanced position).
When the ignition timing functions properly, the shining line must shift up and down as the engine speed is increased or lowered, otherwise the automatic advance unit must immediately be corrected. Check side play and running clearance of cam body on rotor shaft as well as free movement of governor weights and if not correct replace advance unit.
When measuring the left and right cylinder, the difference in the firing spark setting must not be more than ± 2 degrees. If this is not the case, check the cone seat of automatic advance unit for correct condition, smoothen out eventual binding spots by means of pumice stone paste. (Also see M 3/6.)

4. Check safety spark gap (g) 10 to 11 mm. between high-tension cable terminals on ignition coil and the sheet metal tips on ground, and adjust if necessary.
Figure 110

Mirando en dirección al magneto y girándole hacia la derecha se consigue un encendido retardado mayor, girando a la izquierda, menor. **Fig. 107**

106

b) El ajuste del momento de encendido se comprueba posteriormente mediante un estraboscopio, a ser posible con el motor en marcha.
Para ello se conecta el estraboscopio entre la bujía (a) y el cable de la bujía (b) utilizando sus dos cables (d) y (e) (ateniéndose a las indicaciones del respectivo fabricante). Colocar el estraboscopio delante del orificio de inspección (f) en la carcasa del motor, en ángulo recto al eje del motor. **Fig. 108**

107

Con el motor funcionando en ralentí, a un régimen de 500–750 r.p.m. aproximadamente, la señal «S» del encendido retardado de 9° a.p.m.s. del volante deberá aparecer como raya luminosa (R) enfrente de la marca «f» de la carcasa, junto al orificio de inspección.
Si la raya luminosa aparece más arriba, el encendido es prematuro (F), si aparece debajo del centro, el encendido se efectúa con demasiado retraso (S). **Fig. 109**

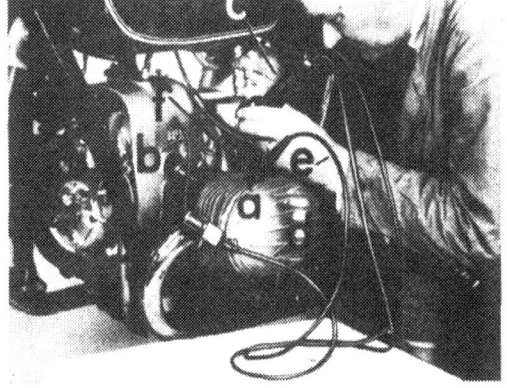
108

Al aumentar el número de revoluciones, la marca «S» desaparece hacia arriba (este fenómeno comienza a unas 1.200 r.p.m.). Si el n° de revoluciones sigue aumentando rápidamente a 5.800 r.p.m., comienza a aparecer por la parte de abajo en el orificio de inspección la marca «F» del volante (39° a.p.m.s.), avanzando hasta la señal de la carcasa (fin de la regulación centrífuga).

Si la puesta a punto del encendido es correcta, deberán desplazarse las rayas luminosas de acuerdo con la alteración del número de revoluciones; en caso contrario se debe corregir inmediatamente el mecanismo de avance automático. Comprobar el juego lateral y el juego de rotación del cuerpo de la leva sobre el muñón del rotor así como la facilidad de movimiento de los contrapesos centrífugos, sustituyendo el regulador se fuese preciso.
Al controlar el momento de encendido del cilindro derecho y del izquierdo, la diferencia del ajuste no deberá ser mayor de ±2°. Si la diferencia fuese mayor, se controlará si el asiento del regulador centrífugo sigue siendo cónico, eliminando las posibles irregularidades con una piedra al aceite (véase también M 3/6).

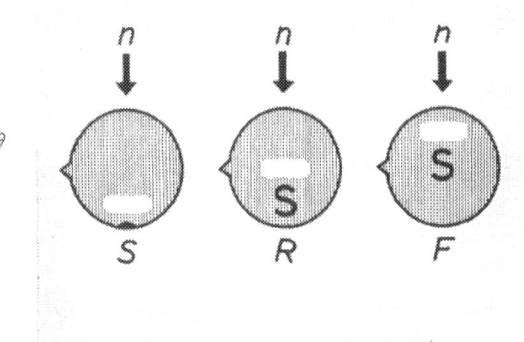
109

4. Comprobar la distancia (g) del seguro de la bobina entre las conexiones de los cables des las bujías y las puntas que van conectadas a tierra, la cual deberá medir de 10 a 11 mm. En caso necesario corregirlas. **Fig. 110**

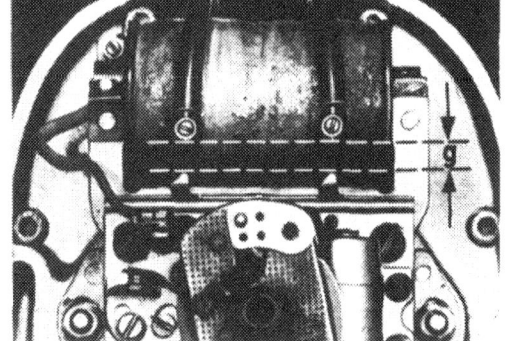
110

M 11 = Vergaser und Ansaugluftfilter reinigen – Leerlauf einstellen

1. Kraftstoffhahn mit Maulschlüssel SW 24 haltern und Leitungsanschluß durch Linksdrehen der Verschraubung SW 24 abtrennen. (Verschraubung hat oben Rechtsgewinde und unten Linksgewinde.) Kraftstoffsieb vom Leitungsanschluß abnehmen und reinigen. Auf Dichtringe achten!
Bild 111

2. Ansaugluftfilter vom Getriebegehäuse trennen und Filter abnehmen. Filtereinsatz (a) je nach Zustand durch vorsichtiges Abklopfen von Staub reinigen bzw. mindestens nach 12 000 km erneuern.

Achtung! Beim Luftfilteranbau auf Fixierstift und guten Sitz achten.
Nach Abnahme des oberen Motorgehäusedeckels Filtersieb (b) herausnehmen, in Benzin reinigen und mit Öl benetzen.
Bild 112

3. Zum Ausbau und zur Reinigung des Vergasers die Deckelverschraubung oben abschrauben und Gasschieber nach oben herausziehen; Ausbau des Schwimmers und der Düsen siehe Abbildung:
1. Ansaugkanal, 2. Leerlaufgemischaustritt, 3. Leerlaufdüse, 4. Verschlußschraube, 5. Bowdenzug mit Rückholfeder, 6. Düsennadelhalterung, 7. Gasschieber, 8. Lufteintrittsstutzen, 9. Ausgleichlufteintritt, 10. Düsennadel, 11. Nadeldüse, 12. Hauptdüse, 13. Verschlußschraube, 14. Tupfer, 15. Schwimmergehäuse, 16. Schwimmer, 17. Dämpfungsring, 18. Schlauchanschluß, 19. Luftregulierschraube, 20. Gasschieberanschlagschraube.
Bild 113

4. Alle Bohrungen an Vergasern und Düsen mit Preßluft ausblasen und hernach alle Teile, sauber gereinigt mit einwandfreien Dichtungen, wieder zusammenbauen.
Luftregulierschraube voll einschrauben und für Grundeinstellung wieder 1,5 Umdrehungen zurückdrehen.

5. Zum Einstellen des Leerlaufes Gasdrehgriff auf Leerlaufanschlag drehen und Vergaserzüge an beiden Vergasern auf 0,5 mm Spiel einstellen.
Bild 114

Motor anlassen, dann an rechtem Zylinder Zündkerzenstecker von Kerze abnehmen und linken Vergaser einstellen:
Luftregulierschraube (a) rechts eindrehen ergibt kraftstoffreicheres, Linksdrehen ärmeres Gemisch.
Gleichzeitig mit Gasschieber-Anschlagschraube (b) günstigste Leerlaufdrehzahl einstellen, wobei Rechtsdrehen die Drehzahl erhöht und Linksdrehen diese vermindert.
Bild 115

Anschließend am linken Zylinder Zündkerzenstecker abnehmen und rechten Vergaser in gleicher Weise einstellen.
Gleichmäßigen Übergang auf erhöhte Leerlaufdrehzahl prüfen durch Kerzensteckerwechsel und Nachstellung der Seilzugverstellschraube auf nachhinkender Seite. Muttern kontern!

M 11 = Nettoyage des carburateurs et du filtre d'air – réglage du ralenti

1. Maintenir le robinet avec une clef à fourche OC 24 et découpler la conduite en tournant à gauche le raccord OC 24. (Le raccord a en haut un filetage à droite et en bas un filetage à gauche.) Sortir le filtre d'essence du raccord de tuyauterie et le nettoyer. Attention aux joints !
Fig. 111

2. Sortir du carter le filtre d'air. Examiner sa cartouche (a) et selon son état la débarrasser de la poussière en la frappant délicatement, ou la remplacer (au moins tous les 12 000 km).

Attention ! Au remontage du filtre, veiller à ce qu'il porte bien ; prendre garde à l'ergot d'arrêt.
Enlever le couvercle supérieur du carter moteur, sortir le filtre (b) en treillis, le laver à l'essence et l'enduire d'huile.
Fig. 112

3. Pour démonter et nettoyer les carburateurs, dévisser, pour chacun, le chapeau et le retirer avec le boisseau ; pour démontage du flotteur et des jets, voir figure :
1. Canal d'aspiration, 2. Sortie du mélange de ralenti, 3. Gicleur de ralenti, 4. Vis de fermeture, 5. Commande Bowden avec ressort de rappel, 6. Support d'aiguille, 7. Boisseau, 8. Support du jet d'air, 9. Jet d'air de correction, 10. Aiguille, 11. Gicleur d'aiguille, 12. Gicleur principal, 13. Vis de fermeture, 14. Poussoir de flotteur, 15. Cuve, 16. Flotteur, 17. Bague amortisseur, 18. Raccord de tuyauterie, 19. Vis de réglage d'air de ralenti, 20. Vis de butée du boisseau.
Fig. 113

4. Nettoyer à l'air sous pression tous les canaux et tous les jets du carburateur, puis remonter les pièces, soigneusement nettoyées, en n'utilisant que des joints en parfait état.
Visser à fond la vis de réglage d'air de ralenti puis, pour le réglage de base, la dévisser de 1,5 tour.

5. Pour le réglage du ralenti, fermer la poignée de gaz jusqu'à sa butée de ralenti et régler les câbles des 2 carburateurs à 0,5 mm de jeu.
Fig. 114

Mettre en marche le moteur, retirer la prise de bougie du cylindre droit et régler le carburateur gauche :
La vis de réglage d'air (a), tournée à droite, donne un mélange plus riche, tournée à gauche, un mélange plus pauvre.
En même temps, rechercher avec la vis de butée de boisseau (b) le ralenti le plus favorable : en la vissant on obtient un régime plus élevé, en la dévissant, un régime plus bas.
Fig. 115

Retirer ensuite la prise de bougie du cylindre gauche et régler de même façon le carburateur droit.
Contrôler, en retirant alternativement les prises de bougies, que le passage à des régimes plus élevés s'effectue aussi semblablement pour les deux cylindres et régler au besoin, en retendant le câble du cylindre plus lent. Rebloquer les contre-écrous.

M 11 = Cleaning Carburetors and Intake Air Filter, Adjusting of Idling Speed

1. Hold fuel shut-off with SW 24 open-ended wrench and unscrew SW 24 pipe union by rotating it counter-clockwise. (The pipe union has a right-hand thread on the shut-off side and a left-hand thread on bottom side.) Remove filter screen from the hose fitting and clean. Take care that packing ring is not lost!
Figure 111

2. Disconnect intake air filter from transmission housing and remove the filter. Clean the filter element (a), when necessary by tapping out the dust, and replace it at least every 8,000 miles.
Caution! When installing the air filter, remember the locating pin and care for a correct fit.
Upon removal of upper engine housing cover, lift out the filter screen (b), clean it in gasoline and wet with oil.
Figure 112

3. For removal and cleaning of the carburetor unscrew the knurled ring on top and pull throttle slide upward out. For removal of the float and jets see illustration:
1. Intake port, 2. Feed for idling mixture, 3. Idling jet, 4. Plug, 5. Control cable with return spring, 6. Jet needle holder, 7. Throttle slide, 8. Air intake pipe, 9. Compensating air feed, 10. Jet needle, 11. Needle jet, 12. Main jet, 13. Plug, 14. Priming button, 15. Float bowl, 16. Float, 17. Damper ring, 18. Hose fitting, 19. Idling mixture adjusting screw, 20. Throttle valve stop screw.
Figure 113

4. Air-blast all passages and jets and reassemble parts properly cleaned and provided with new gaskets.
For preliminary adjustment screw the idling mixture adjusting screw fully in and then screw it out one and a half turns.

5. To adjust the idling speed turn twist grip to idling stop position and adjust throttle cables on both carburetors for a play of .02".
Figure 114

Start engine, then remove spark plug adapter from right-hand cylinder and adjust left-hand carburetor:
Turning idling mixture adjusting screw (a) to the right enriches the mixture, and screwing to the left weakens it. At the same time adjust on throttle slide limit screw (b) for the best idling speed. Clockwise rotation increases idling speed, and counterclockwise turning decreases it.
Figure 115

Thereafter remove spark plug adapter from left-hand cylinder and adjust right-hand carburetor in the same manner.
Check even change-over to fast idling speed by alternately removing spark plug adapters from right and left cylinder and resetting cable adjuster on the slower side. Do not forget to tighten locknuts!

M 11 = Limpiar el carburador y el filtro de aire – Ajustar la marcha en vacío (ralentí)

1. Sujetar la llave d paso de la gasolina con una llave SW 24 y separar la conexión de la tubería flexible girando hacia la izquierda la atornilladura SW 24. (La atornilladura tiene una rosca a la derecha arriba y otra a la izquierda abajo).
Extraer el filtro de combustible de la conexión de las mangueras y limpiarle. ¡Cuidado con los anillos de junta!
Fig. 111

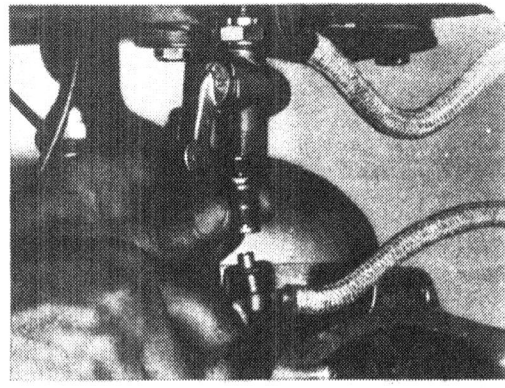

2. Separar el filtro de aspiración de aire de la caja de cambio.
Sacar el cartucho (a) y limpiarle de polvo sacudiéndole con cuidado. El cartucho deberá ser sustituído cada 12.000 km. como mínimo.
¡Atención! Al montar el filtro de aire es preciso poner cuidado en el perno centrador, a fin de lograr un ajuste correcto.
Después de haber desmontado la tapa superior de la caja del motor, se saca el filtro (b), para limpiarle con gasolina y rociarle con aceite. **Fig. 112**

3. Para desmontar y limpiar el carburador, se desatornilla la cubierta superior roscada y se extrae por la parte de arriba la válvula corredera de gas; para el desmontaje del flotador y de las toberas, véase la reproducción:
1. canal de aspiración, 2. salida de la mezcla para marcha en vacío (ralentí), 3. tobera de marcha en vacío, 4. tornillo de obturación, 5. cable Bowden con muelle de retroceso, 6. sujeción de la aguja de la tobera, 7. corredera de gas, 8. pitón de entrada de aire, 9. entrada de aire de compensación, 10. aguja de la tobera, 11. tabera de aguja, 12. tobera principal, 13. tornillo de obturación, 14. pulsador, 15. caja del flotador, 16. flotador, 17. anillo de amortiguación, 18. empalme de manguera, 19. tornillo regulador de aire, 20. tornillo de tope para la corredera de gas.
Fig. 113

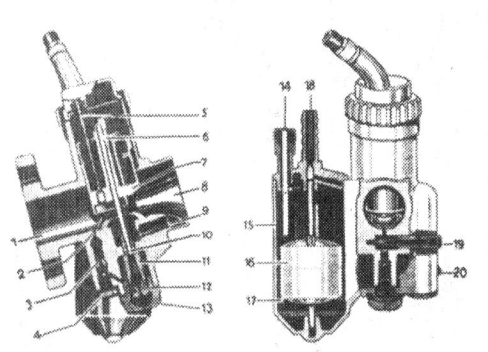

4. Limpiar con aire comprimido todas las perforaciones de los carburadores y de las toberas, volviendo a montar seguidamente todas las piezas, completamente, limpias, con las respectivas juntas en perfecto estado.
Atornillar a fondo el tornillo regulador de aire y sacarle seguidamente 1½ vueltas, para la regulación básica.

5. Para la regulación de los carburadores en ralentí, es preciso girar el puño del acelerador hasta el tope de marcha en vacío, ajustando en estas condiciones los cables de los reguladores de modo que presenten ½ mm. de juego.
Fig. 114

Poner en marcha el motor, quitar seguidamente el capuchón de la bujía del cilindro derecho y ajustar el carburador izquierdo:
Haciendo girar el tornillo regulador de aire (a) hacia la derecha, se obtiene una mezcla rica en combustible, haciéndole girar hacia la izquierda, el contenido en combustible de la mezcla decrece.
Al mismo tiempo se ajusta el número de revoluciones de ralentí más ventajoso, mediante el tornillo de tope de la corredera de gas (b). Girando este tornillo hacia la izquierda disminuye el número de revoluciones, girándole hacia la derecha aumenta. **Fig. 115**

Seguidamente se quita el capuchón de la bujía del cilindro izquierdo y se ajusta el carburador derecho de forma análoga.
Comprobar la transición uniforme y pareja de ambos cilindros a un régimen de revoluciones más elevado, retirando alternativamente un capuchón de la bujía después del otro y reajustando el lado que trabaje más despacio mediante el tornillo de regulación de la tensión del cable.
Apretar las tuercas en la posición correcta.

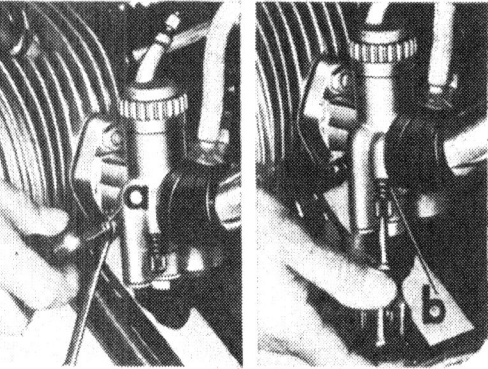

G = Getriebe zerlegen, instandsetzen und zusammenbauen

(Getriebe ausgebaut)

Werkzeuge: Spezialwerkzeuge Matra Nr. 297/1a und /2a, 319/1 und /2 und /3, 492/2a und /3, 500, 501, 503, 504; siehe Seite 36 und 38.
Selbstanfertigungswerkzeuge Nr. 5014 bzw. 5017, 5061, 5065, 5095, 5097; siehe Seite 40 und 42.
Drehmomentschlüssel, Kunststoffhammer, Prüfspiegel, Außenseegerringzange gerade, Außenseegerringzange abgewinkelt, Tiefenmaß, Durchschlag, 2 Schraubenzieher, Ringschlüssel SW 8/9, 14/15, 17/19, Steckschlüssel SW 10, Innensechskantschlüssel SW 6.

Bild 116

G 1 = Mitnehmerflansch zum Kardanwellenantrieb ab- und anbauen

1. Getriebe in den Montagebock 5014 oder in die im Schraubstock eingespannte Getriebeaufnahme 5017 einsetzen und festschrauben.
   Bild 117
2. Getriebeöl ablassen.
3. Klemmschelle für Gummimanschette lösen, Schelle und Manschette abnehmen.
4. Splint aus Kupplungshebellager entfernen, Hebelbolzen ausziehen und Kupplungshebel abnehmen.
5. Haltevorrichtung Matra 500 auf Mitnehmerflansch aufstecken und mit Steckschlüssel Matra 494/2a die Nutmutter abschrauben.
   Bild 118

Achtung! Beim Zusammenbau Nutmutter mittels Steckschlüsseleinsatzes Matra 494/3 für Drehmomentschlüssel sowie Haltevorrichtung Matra 500 mit 12–15 mkg anziehen.
   Bild 119

6. Am Mitnehmerflansch Abziehvorrichtung Matra 501 mittels 4 dazugehöriger Schrauben befestigen und Mitnehmerflansch abdrücken. Gegebenenfalls auf Knebelschraube einen leichten Prellschlag geben.
   Bild 120
7. Büchse für Tachometerschraubenrad nur bei Bedarf nach Entfernen der Halteschraube SW 9 mittels 2 am Büchsenbund gegenüber angesetzter Schraubenzieher herauskippen und Schraubenrad herausnehmen.
8. Etwa schadhaften Abdichtring für Abtriebswelle herausnehmen und neuen Dichtring mittels geeigneten Schlagdornes mit Dichtlippe nach hinten in Gehäusedeckel so einsetzen, daß er gleichmäßig etwa 1 mm vorsteht.

G = Démontage, mise en état et remontage de la boîte de vitesses

Outillage : Outils spéciaux Matra Nos. 297/1a et /2a, 319/1 et /2 et /3, 494/2a et /3, 500, 501, 503, 504 ; voir pages 36 et 38.
Outils à exécuter par l'agent Nos. 5014 ou 5017, 5061, 5065, 5095, 5097 ; voir pages 40 et 42.
Clef dynamométrique, maillet, miroir de contrôle, pince à bagues d'arrêt extérieures droite, pince à bagues d'arrêt extérieures coudée, calibre de profondeur, chassair, 2 tournevis, clefs fermées OC 8/9, 14/15, 17/19, clef à tube OC 10, clef pour 6-pans intérieurs OC 6.

Fig. 116

G 1 = Dépose et pose de la joue d'entraînement de l'arbre

1. Fixer la boîte sur le support de montage 5014 ou sur la plaque 5017, serrée à l'étau.
   Fig. 117
2. Vidanger l'huile.
3. Détacher le collier du manchon caoutchouc ; enlever ces deux pièces.
4. Dégoupiller le tourillon du levier de débrayage, retirer le tourillon, enlever le levier.
5. Placer le dispositif d'arrêt Matra 500 sur la joue d'entraînement et dévisser l'écrou à crénaux avec la clef à tube Matra 494/2a.
   Fig. 118

Attention ! Au remontage, à l'aide du dispositif Matra 500 est de la tête Matra 494/3 pour clef dynamométrique, serrer l'écrou à crénaux à 12–15 mkg.
   Fig. 119

6. Fixer sur la joue d'entraînement l'extracteur Matra 501, par ses 4 vis et extraire la joue. Au besoin, la décoller par un léger coup de maillet sur la broche.
   Fig. 120
7. Seulement si c'est nécessaire, extraire la douille pour le pignon de compteur, après avoir dévissé la vis d'arrêt OC 9, en appliquant face à face 2 tournevis faisant leviers, Sortir le pignon de commande de compteur.
8. Si la bague d'étanchéité de l'arbre de sortie est endommagée, l'extraire et monter une nouvelle bague d'étanchéité, en utilisant le chassoir approprié pour la chasser dans le couvercle de carter, la lèvre d'étanchéité vers l'arrière et la face extérieure débordant de 1 mm environ.

G = Disassembling, Reconditioning and Assembling Transmission

Tools:
Special tools Matra No. 297/1a and /2a, 319/1 and /2 and /3, 494/2a and /3, 500, 501, 503, 504; refer to page 37 and 39.
Tools on drawing No. 5014 or 5017, 5061, 5065, 5095, 5097; see page 41 and 43.
Torque wrench, plastic mallet, check mirror, straight pliers for outward eared snap rings, angled pliers for outward eared snap rings, depth gauge, punch, 2 screw drivers, ring wrenches SW 8/9, 14/15, 17/19, socket wrench SW 10, allen head wrench SW 6.

Figure 116

G 1 = Removing and Installing Coupling Flange of output shaft

1. Install the transmission into repair stand 5014 or into transmission support 5017 clamped into a vise.
   Figure 117
2. Drain transmission oil.
3. Loosen fastening clip of rubber boot on transmission rear end, remove clip and rubber boot.
4. Remove cotter pin and retaining pin of clutch lever and the lever itself.
5. Install Matra 500 fixture on coupling flange and unscrew the grooved nut by means of Matra 494/2a socket wrench.
   Figure 118

Caution! When assembling tigthen grooved nut with socket wrench supplement Matra 494/3 for torque wrench and Matra 500 fixture from 85 to 110 ft./lbs. torque.
   Figure 119

6. Fasten Matra 501 puller tool with four pertaining screws on the coupling flange and press off the latter. If necessary direct a slight dab against the puller spindle head.
   Figure 120
7. Remove bushing for speedometer worm gear only if there is need: Unscrew SW 9 fastening screw, pry out the bushing with the levering effect of two screw drivers set against the bushing flange edge, at left and right, and remove worm gear.
8. Remove oil seal for output shaft, when found in worn condition, and with a suitable driver install the new one with sealing lip rearward into the housing cover, permitting approx. 1 mm. of seal to protrude from the cover surface.

G = Desarmar la caja de cambio, repararla y armarla

(con la caja de cambio desmontada)

Herramientas: herramientas especiales Matra n° 297/1a y 2a, 319/1, 2 y 3, 494/2a y 3, 500, 501, 503, 504; véase pág. 37 y 39.
Herramientas de ejecución propia n° 5014 resp. 5017, 5061, 5065, 5095, 5097; véase pág. 41 y 43.
Llave dinamométrica, martillo de plástico, espejo de control, pinza recta parta el anillo de seguridad, pinza angular para el anillo de seguridad, calibrador de profundidad, sacabocados, 2 desatornilladores, llaves anulares SW 8/9, 14/15, 17/19, llave de vaso SW 10, llave hexagonal interior SW 6. **Fig. 116**

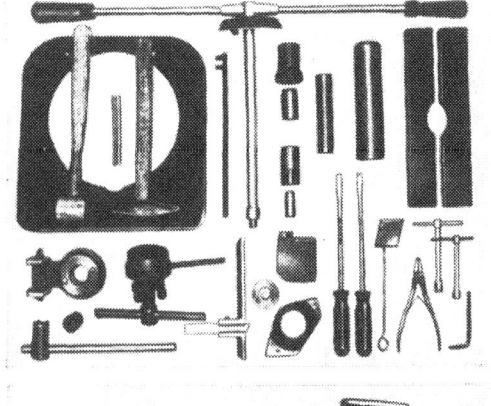
116

G 1 = Desmontar y montar la brida de arrastre que acciona el eje de cardán

117

1. Colocar y sujetar la caja de cambio en el caballete de montaje 5014 o en el soporte 5017 sujetado mediante el tornillo de banco. **Fig. 117**

2. Sacar el aceite de la caja de cambio.
3. Aflojar la abrazadera de la guarnición de goma y retirar tanto la guarnición como la abrazadera.
4. Sacar el pasador del soporte de la palanca de embrague, extraer el perno de la palanca y sacar la palanca de embrague.
5. Montar el dispositivo de sujeción Matra 500 sobre la brida de arrastre y desatornillar la tuerca ranurada con la llave de vaso Matra 494/2a. **Fig. 118**

118

¡Atención! Al efectuar el montaje debe apretarse la tuerca ranurada a 12–15 kgm., mediante el accesorio Matra 494/3 para la llave dinamométrica y con ayuda del dispositivo de sujeción Matra 500. **Fig. 119**

6. Montar sobre la brida de arrastre el dispositivo de extracción Matra 501, con ayuda de los 4 tornillos correspondientes, y extraer la brida de arrastre. Si fuese preciso, se aplica un golpe ligero sobre el tornillo de muletilla. **Fig. 120**

119

7. Sólo en caso de necesidad se aparta el casquillo del engranaje impulsor del velocímetro. Para ello se desenrosca el tornillo de sujeción de 9 mm., aplicando seguidamente dos desatornilladores colocados uno frente a otro en el borde del casquillo. A continuación se saca el piñón.
8. Si el retén de aceite del eje impulsado estuviese deteriorado, se quita y se coloca uno nuevo, mediante un mandril de impacto adecuado, de manera que el labio de junta señale hacia atrás en la tapa de la carcasa, sobresaliendo uniformemente 1 mm. del borde.

120

G 2 = Getriebewellen aus- und einbauen

1. An Kupplungsdruckgestänge Druckstück mit Dichtring, Kugelkäfig, Druckscheibe und Druckstange mit Filzring abnehmen.

2. Sieben Befestigungsmuttern SW 10 vom Getriebedeckel samt Unterlegscheiben abnehmen.
   Bild 121

3. Getriebe auf etwa 80° C anwärmen, Kickstarterhebel etwas herunterdrücken und Getriebedeckel an den vorgesehenen Schlagnasen mit Hartholzklotz und Hammer abklopfen. Dabei Antriebswellen-Kugellager mittels Schlagrohres zurückklopfen, um ein Verbiegen der Schaltgabeln zu vermeiden.
   Bild 122

   Paßscheiben für Wellen-Seitenspiel aus Deckel nehmen.

4. 2 Zylinderschrauben für Schaltgabellagerung mittels Innensechskantschlüssels 6 mm ausdrehen und mit Scheiben ablegen.
   Bild 123

   Schaltgabeln und Büchsen zusammenzeichnen, Büchsen und Halteblech abnehmen.

5. Alle 3 Wellen aus noch warmem Gehäuse mit Schaltgabeln herausnehmen. Gegebenenfalls durch leichte Belzerithammerschläge auf Gehäuse aus Lagerung prellen. Achten, daß Schaltgabeln nicht hängen. Vom Grund der Kugellagerbohrung der Antriebswelle im Gehäuse das Ölfangblech herausnehmen.
   Bild 124

> **Achtung!** Zum Einbau der Getriebewellen Gehäuse auf 80–100° C erwärmen.
> Wurden Abtriebswelle, Schiebeklauen, Schaltgabeln, Schaltgabelbüchsen oder Kurvenschaltscheibe erneuert, so ist eine Neueinstellung der Schaltgabeln erforderlich. Hierzu Abtriebswelle in das Gehäuse voll einklopfen und mit aufgeschraubter Einstellvorrichtung Matra 504 oben führen. Fußschaltung ist eingebaut, und an Zweikant SW 16 des Schaltsegmentes wird Schaltschlüssel Matra 503 angesetzt. Erst untere, dann auch obere Schaltgabel einsetzen und jede für sich prüfen.
> Zunächst mittels Spiegels (a) prüfen, ob die Schaltgabel in ihren Ruhestellungen (Leerlauf sowie untere Gabel im 3. und 4. Gang und obere Gabel im 1. und 2. Gang) die Schieberklaue zu den Klauen der Gangräder beiderseits im gleichen Abstand hält.
> **Bild 125**

Andernfalls ausgebaute Gabel an beiden Armen nachrichten.
Ferner jede Schaltgabel prüfen, ob sie leicht schaltet bzw. ihre beiden Schaltarme gleichzeitig an der Schieberklaue angreifen und diese dadurch nicht auf der Abtriebswelle verklemmen.

G 2 = Dépose et pose des arbres de boîte

1. Enlever de la tringle de débrayage la pièce d'appui avec son joint, la butée à billes, la rondelle de butée et retirer la tige avec son joint feutre.

2. Enlever les 7 écrous de fixation OC 10, du couvercle de la boîte, avec leur rondelle.
   Fig. 121

3. Chauffer la boîte à 80° C environ, abaisser un peu la pédale de kickstarter et dégager le couvercle en frappant sur le bossage prévu à cet effet, avec interposition d'un morceau de bois dur. En même temps, pour éviter de fausser les fourchettes, déchasser du couvercle, au moyen d'un chassoir tubulaire, le roulement de sortie.
   Fig. 122

   Retirer du couvercle les rondelles d'ajustage pour le jeu axial des arbres.

4. Dévisser à l'aide d'une clef OC 6 mm pour 6-pans intérieurs les 2 vis de fixation des fourchettes et les enlever, avec leur rondelle.
   Fig. 123

   Repérer les fourchettes et douilles correspondantes, déposer les douilles et la tôle de fixation.

5. Retirer de la boîte encore chaude, les 3 arbres ensemble, avec les fourchettes, en frappant légèrement sur le carter, au maillet, s'il le faut pour les dégager des roulements. Attention à ne pas coincer les fourchettes. Enlever le collecteur d'huile, en tôle, à la base du logement de roulement de l'arbre primaire.
   Fig. 124

> **Attention!** Pour replacer les arbres, chauffer de carter de boîte à 80–100° C.
> Si l'arbre de sortie, les clabots, les fourchettes, les douilles de fourchettes ou le disque-cames de commande ont été remplacés, un nouveau réglage des fourchettes est nécessaire. Pour cela, introduire et chasser bien à fond dans le carter l'arbre de sortie et le guider par le dispositif Matra 504, vissé en place du couvercle. Le sélecteur étant posé ; appliquer, aux deux pans OC 16 du segment de commande, la clef Matra 503. Placer enfin la fourchette inférieure, puis la fourchette supérieure et les contrôler individuellement. D'abord, au moyen du miroir (a) contrôler que le balladeur est maintenu à égale distance des clabots des pignons, de chaque côté (au point-mort et pour la fourchette inférieure en 3ème et 4ème vitesse, pour la fourchette en position de repos).
> **Fig. 125**

A défaut, déposer la fourchette et la corriger (à chaque bras).
Ensuite, contrôler que chaque fourchette coulisse librement, que ses deux bras portant également dans la gorge du balladeur, ne tendent pas à la faire coincer sur l'arbre.

G 2 = Removing and Installing Transmission Shafts

1. From clutch throw-out rod, remove thrust piece with seal ring, ball cage, thrust plate and thrust rod with felt ring.

2. Remove seven transmission cover retaining nuts SW 10 together with their washers.
   Figure 121

3. Heat transmission to approx. 180° F., press kickstart crank slightly down and tap off the transmission cover with a hard wood stick applied against the overhanging noses provided for this end. Simultaneously, tap back ball bearing of primary shaft by means of a driver tool in forks.
   Figure 122

   Remove shims for adjusting end play of shafts from the cover.

4. Remove the two allenhead screws for shifting fork retaining plate, together with their washers.
   Fig. 123

   Mark mating shifting forks and bushings, remove bushings and retaining plate.

5. Remove the three transmission shafts together with the shifting forks from still warm housing. If necessary give plastic mallet dabs against the housing to release the shafts from their bearing seats. Exercise care to get out the shifting forks away from any obstructions. Remove oil retainer plate from bottom of primary shaft ball bearing seat in housing.
   Figure 124

> **Caution!** To install the transmission shafts, heat housing to 180–210° F. Whenever output shaft and/or speed gear coupling disks, shifting forks, cam plate have been replaced, the position of the shifting forks must be adjusted again. To do this, tap output shaft fully into housing and support free end by means of Matra 504 setting fixture screwed to housing. Foot shift mechanism must be in the housing to allow the Matra 503 shifting wrench to be installed onto the double-edged boss SW 16 of the shifting sector. First install the lower shifting fork and then the upper one, and check each shifting fork individually.
> With the inspection mirror (a) examine whether the shifting fork in the various rest positions (neutral as well as lower fork in third and fourth, and upper fork in 1st and 2nd) keeps the coupling disk equidistant from the dogs of the neighboring speed gears, at right and left.
> **Figure 125**

If not, remove the fork in question and bend both ends into the required position.
Moreover check each shifting fork for ease of function and wether its two operating ends simultaneously actuate on the coupling disk without causing same to bind on the output shaft.

G 2 = Desmontar y montar los ejes de la caja de cambio

1. Del varillaje de gobierno del embrague se retira la pieza de compresión con el anillo de junta, la jaula de bolas, el anillo de empuje y la varilla de compresión con el anillo de fieltro.
2. Quitar junto con sus arandelas las siete tuercas SW 10 que sujetan la tapa de la caja de cambio. **Fig. 121**

3. Calentar la caja de cambio a unos 80° C., bajar un poco el pedal de arranque y sacar la tapa de la caja de cambio, golpeando con un martillo sobre un trozo de madera apoyado en los salientes de la misma. Al mismo tiempo se empuja hacia adentro el cojinete del eje de accionamiento mediante un tubo de percusión, para evitar deformaciones de las horquillas selectoras. **Fig. 122**

Retirar de la tapa las arandelas distanciadoras del juego longitudinal de los ejes.

4. Desatornillar con una llave hexagonal interior de 6 mm. los 2 tornillos cilíndricos de la articulación de las horquillas, retirando estos tornillos con sus arandelas. **Fig. 123**

Marcar conjuntamente cada juego de horquillas y casquillos, retirar los casquillos y la placa de sujeción.

5. Extraer de la caja de cambio aún caliente los tres ejes con las horquillas selectoras, golpeando ligeramente la caja con un martillo de plástico, si fuese preciso, para hacerlos salir de sus cojinetes. Cuidar de que las horquillas no se atasquen. Sacar la chapa colectora de aceite del fondo del taladro previsto para el cojinete de bolas del eje de accionamiento, en la caja. **Fig. 124**

¡Atención! Para volver a montar los ejes, se calienta la caja de cambio a 80–100° C.
Si se ha sustituido el eje inducido, las garras corredizas, las horquillas selectoras, los casquillos de éstas o la leva selectora, será indispensable proceder a un reajuste de las horquillas. Para ello se introduce completamente el eje inducido en la caja, atornillando el dispositivo de ajuste Matra 504 como guía superior. Instalar el cambio de pedal y montar la llave Matra 503 en el eje de dos canos SW 16 del segmento de mando. Colocar primero la horquilla de selección inferior, después la superior, controlando cada una por separado.
En primer lugar se comprueba mediante el espejo (a), si en la posición de reposo (punto muerto, así como la 3ª y la 4ª velocidad para la horquilla inferior, respectivamente la 1ª y la 2ª velocidad para la horquilla superior) existe la misma distancia a ambos lados entre la garra corrediza y las garras de los piñones. **Fig. 125**

En caso contrario, sacar la horquilla selectora y corregir sus brazos.
Comprobar además si cada horquilla selectora cambia con facilidad y si sus dos brazos se apoyan simultáneamente sobre la garra corrediza, de forma que ésta no se atasque en el eje inducido.

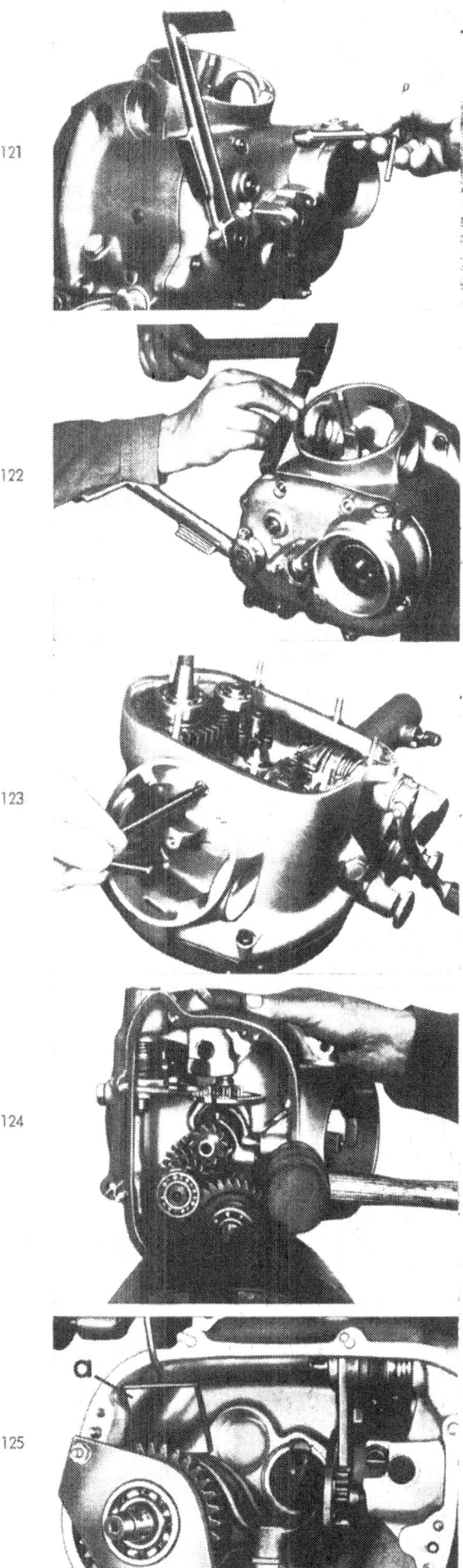

121

122

123

124

125

Andernfalls Schaltgabelbüchse um 180° *verdreht festziehen* oder zugänglichen Schaltgabelarm mit Sprenggabel 5065 nachrichten.
Hierzu Schaltgabelarm einmal unter Druck und einmal unter Zug setzen und jeweils mit dem Schaltschlüssel durchschalten. Das Nachrichten erfolgt dann in der Kraftrichtung, bei der das Schalten leichter ging.
Zum endgültigen Welleneinbau zuerst die Antriebswelle mit Montagebüchse Matra 297/1a zum Dichtringschutz in das Gehäuse einsetzen und mittels Schlagbüchse 5095 auf **Kugellageraußenring** aufgesetzt voll einklopfen.

Bild 126

Keinesfalls beim Einbau der Antriebswelle auf oberes Wellenende schlagen, sonst kein einwandfreier Sitz der Welle im Gehäuse gewährleistet.
Dann Ölfangblech in die Kugellagerbohrung der Abtriebswelle legen, Nebenwelle und Abtriebswelle mit Schaltgabeln in das Gehäuse stellen und in Zahneingriff bringen.

Bild 127

Beide Wellen gemeinsam mit passenden, an Kugellagerinnenringen aufgesetzten Schlagrohren in Lagersitze einklopfen. Vorsicht, daß Schaltgabeln nicht klemmen.

Bild 128

Zum Ausmessen der Seitenspiele der Getriebewelle neue Dichtung auf Getriebegehäuse auflegen.
Abtriebswelle mit Matra Vorrichtung 504 fixieren und mittels Tiefenmaßes Abstand vom Kugellager zur Gehäusetrennfläche messen. Dann von Gehäusedeckel-Trennfläche zum Grund des Kugellagersitzes im Dekkel messen und die Differenz mit entsprechenden Paßscheiben auf 0,2 mm Spiel ausgleichen. Zweckmäßig klebt man die Scheiben mit etwas Fett in den Lagergrund des Getriebedeckels.

Bild 129

Das Ausmessen der Nebenwelle erfolgt in gleicher Weise. Das Längsspiel darf 0,2–0,4 mm betragen.
Um den Meßvorgang an der Antriebswelle zu erleichtern, wird auf die verstemmte Scheibe am Wellenende die genau 20 mm hohe Meßbüchse 5061 aufgesetzt und auf 0,2 mm Spiel ausgemessen. Die ermittelte tellerförmige Paßscheibe wird auf das bereits in den Getriebedeckel montierte Kugellager mit Fett, und zwar auf den Kugellager-Innenring, aufgeklebt.

Bild 130

Getriebegehäusedeckel zum Aufsetzen auf 80–100° erwärmen. Kickstarterhebel etwas anspannen und Zahnsegment mit Kickstarterantriebsrad in Eingriff bringen.

A défaut, tourner de 180° la douille de fourchette ou corriger le bras en cause, à l'aide de la fourche 5065.
Pour celà soumettre le bras de fourchette alternativement à traction et à pression tout en manœuvrant la clef de commande Matra 503. On pourra ainsi définir dans quel sens il faut redresser : c'est celui qui permet le plus libre passage de la vitesse.
Pour terminer le montage des arbres, introduire premièrement l'arbre primaire, avec la douille Matra 297/1 pour protéger la bague d'étanchéité, dans le carter et au moyen du chassoir 5095 appliqué à la **bague extérieure** de roulement, le chasser à fond.

Fig. 126

En aucun cas il ne faut frapper, au montage, sur l'extrêmité de l'arbre primaire ; on ne peut assurer ainsi une portée correcte dans le carter.
Placer le collecteur d'huile dans le logement de roulement de l'arbre de sortie, placer l'arbre de sortie et l'arbre intermédiaire dans la boîte, avec les fourchettes et mettre les pignons en prise.

Fig. 127

Chasser les deux arbres ensemble au moyen de chassoirs appropriés appliqués aux bagues intérieures de roulements, à fond dans leurs sièges. Attention à ne pas fausser les fourchettes.

Fig. 128

Pour mesurer le jeu longitudinal des arbres, placer un joint neuf sur le carter.
Guider l'arbre de sortie au moyen de l'appareil Matra 504 et au moyen d'un pied à coulisse de profondeur, mesurer la distance entre le roulement à billes et la face jointive du carter. Puis mesurer la distance entre cette surface jointive et l'appui du roulement dans le couvercle et ramener la différence à 0,2 mm (jeu nécessaire) au moyen de rondelles d'ajustage. Il est indiqué de coller ces rondelles, avec un peu de graisse, dans le logement du roulement, dans le couvercle.

Fig. 129

On mesure de la même manière le jeu de l'arbre intermédiaire : il doit être de 0,2–0,4 mm.
Pour faciliter la mesure de l'arbre primaire, on placera sur la rondelle emboutie du bout de l'arbre la douille de mesure 5061, exactement de 20 mm de hauteur et on tiendra compte de 0,2 mm de jeu axial. La rondelle emboutie d'ajustage de l'épaisseur en résultant sera collée avec de la graisse sur la bague intérieure du roulement, déjà monté dans le couvercle de boîte.

Fig. 130

Pour replacer le couvercle, le chauffer à 80–100°. Abaisser un peu la pédale de kick-starter et mettre en prise le segment denté avec le pignon d'entraînement du kick-starter.

If not, rotate shifting fork bushing 180° and tighten in this position, or redress accessible shifting fork end with adjusting tool 5065.
For this give shifting fork end first a pressure load and then a pull load, while each time shifting through with the shifting wrench, and then bend the fork ends into that direction which allowed the easier shifting.
To definitely install the shafts, first install primary shaft with replacer sleeve Matra 297/1a for oil seal protection, into the housing and with driver bushing 5095 applied against **ball bearing outer race** finish tapping into place.

Figure 126

On no account tap against the upper shaft end when installing the primary shaft, otherwise the proper fit of the Then install oil retainer plate into shaft in the housing is not insured. ball bearing bore of output shaft, range intermediary shaft and output shaft with shifting forks into the housing and mesh the gears.

Figure 127

Tap both shafts together into the bearing seats, applying installing drifts against ball bearing inner races. Use care to avoid bending of shifting forks.

Figure 128

To measure the end play of the transmission shafts, install new gasket on transmission housing.
Support output shaft with Matra 504 fixture and, using a depth gauge, measure distance from ball bearing to mating surface of housing. Then measure distance from housing cover mating surface to bottom of ball bearing seat in cover and compensate difference with shims of appropriate thickness until an end play of .008" (0.2 mm.) is obtained. It will be convenient to stick the shims with some grease to the bottom of bearing seat in the transmission cover.

Figure 129

The measuring for the intermediary shaft is to be done in exactly the same way. This end play should be .008" to .016" (0.2–0.4 mm.).
In order to facilitate the measuring on the primary shaft, install the exactly 20 mm. high gauge bushing 5061 onto tightened washer on shaft end and measure for an end play of .008" (0.2 mm.). Stick the determined cup-shaped shim with grease onto the inner race of the ball bearing, which is already installed into the transmission cover.

Figure 130

Heat transmission housing cover for installation to 180–210° F. Press kickstarter crank slightly down and mesh segment gear with kickstarter gear on primary shaft.

Si fuese preciso, se hace girar el casquillo de la horquilla en 180°, apretándole seguidamente, o se corrige el brazo deficiente de la horquilla mediante la herramienta de ajuste 5065.
Para ello se somete el brazo de la horquilla selectora alternativamente a presión y a tracción, cambiando de velocidades con la llave Matra correspondiente. El reajuste se efectúa en la dirección, en la que resulta más fácil meter la velocidad.
Para el montaje definitivo de los ejes, se introduce primero el eje de accionamiento en la caja, mediante el casquillo de montaje Matra 297/1a, para proteger el retén de aceite, encajándole a continuación del todo, golpeando el tubo de percusión 5095 apoyado sobre el **anillo externo del cojinete de bolas.** **Fig. 126**

Al efectuar el montaje del eje de accionamiento, no se deberá golpear de ningún modo el extremo superior del eje, ya que de otro modo no queda asegurado un asiento perfecto del eje en la caja.
Seguidamente se coloca en el orificio del cojinete de bolas para el eje inducido la chapa colectora de aceite, montando a continuación el eje intermedio y el eje inducido con las respectivas horquillas selectoras dentro de la caja de cambio, cuidando de que los dientes engranen correctamente. **Fig. 127**

Encajar ambos ejes conjuntamente en los asientos de los respectivos cojinetes, golpeando los tubos de percusión apropiados, apoyados en los anillos interiores de los cojinetes de bolas. Cuidar de que las horquillas selectoras no se atasquen. **Fig. 128**

Para medir los juegos axiales de los ejes, es preciso colocar una junta nueva sobre la carcasa de la caja de cambio.
Fijar el eje inducido con el dispositivo Matra 504 y medir con el calibrador de profundidad la distancia entre el cojinete de bolas y la superficie de separación de la caja. Seguidamente se mide la distancia entre la superficie de separación de la caja y el fondo del asiento del cojinete en la tapa, compensando la diferencia mediante las correspondientes arandelas distanciadoras hasta lograr un juego axial de 0,2 mm. Conviene pegar estas arandelas con un poco de grasa en el asiento del cojinete dispuesto en la tapa. **Fig. 129**

La medición del árbol intermedio se efectúa del mismo modo. El juego axial debe quedar comprendido entre 0,2 y 0,4 mm.
Para facilitar el proceso de medición del árbol de accionamiento, se coloca sobre la arandela embutida en el extremo del eje el casquillo de medición 5061, que tiene exactamente 20 mm. de altura, ajustando con él el juego axial de 0,2 mm. La arandela apropiada para el ajuste de este juego se pega con un poco de grasa sobre el anillo interior del cojinete de bolas que ya ha sido montado en la tapa de la caja de cambio. **Fig. 130**

Para instalar la tapa de la caja de cambio, se calienta a 80–100° C. Tensar ligeramente el pedal de arranque y hacer engranar el segmento dentado con el piñón de accionamiento del arranque.

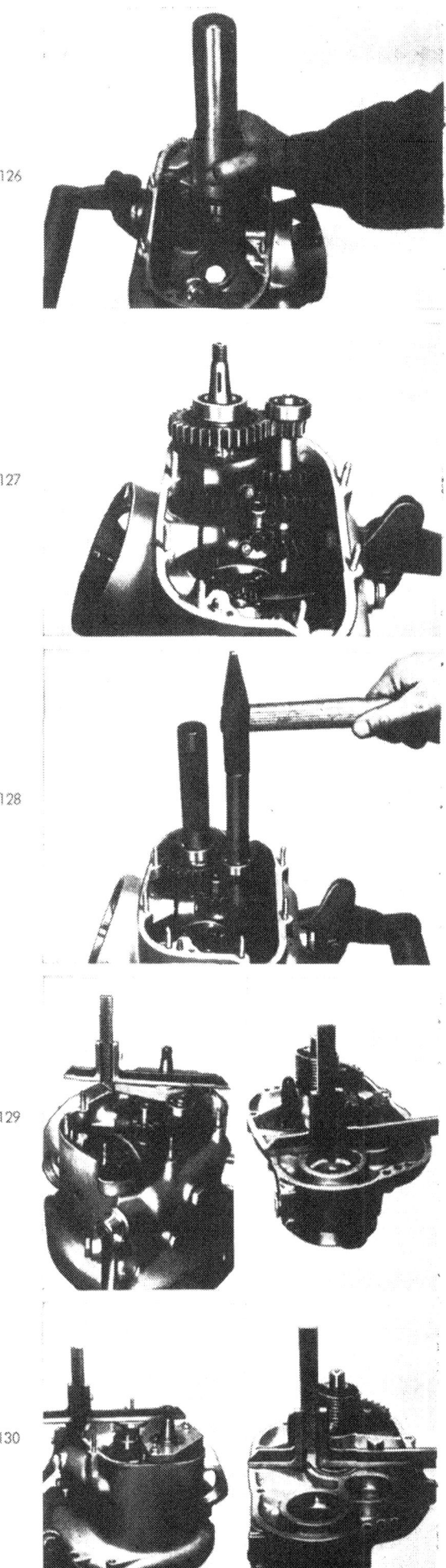

G 3 = Fußschaltung aus- und einbauen

1. Sicherungsring vor Kurvenscheibe entfernen und diese abnehmen. Feder zur Sperrklinke wird zur Abnahme frei.
2. Sicherungsringe vor Zahnsegment und vor Sperrklinke ausheben und diese abnehmen. **Bild 131**
3. Keilschraube am Fußschalthebel nach Abschrauben der Mutter ausklopfen und Hebel abziehen sowie Abstandscheibe zwischen Fußschalthebel und Gehäuse abnehmen.
4. Ankerhebel mit Abstandbüchse, Rastenhalter mit Federring, Abstandscheibe und Rückholfeder nach innen abnehmen.

Achtung! Beim Zusammenbau auf Ankerhebel aufstecken: Die Abstandbüchse, darauf den Federring mit den zwei so eingesetzten Rastenhaltern, daß die gekröpften Enden zum Ankerhebel stehend die zwei Anschlagzapfen des Ankers parallel einklemmen, dann die Abstandscheibe und anschließend die Rückholfeder mit gebogenen Enden zum Ankerhebel weisend. **Bild 132**

Das Ganze in das Gehäuse so einsetzen, daß die Rückholfederenden überkreuzt den Haltebolzen im Gehäuse einklemmen.
Fußschalthebel mit passender Abstandscheibe zum Gehäuse (0,1 mm Spiel) anbauen.
Zahnsegment mit Raste auf Ankerhebelachse aufschieben. Die beiden Ankerzahnspitzen links und rechts müssen gleichen Abstand zum Zahnsegment-Außendurchmesser haben, evtl. durch Nachbiegen der Rückholfederenden berichtigen. **Bild 133**

Sperrklinke auf Zahnsegment stecken, mit Sicherungsring sichern und Zahnsegment auf Ankerhebelachse sichern.
Druckfeder für Sperrklinke auf Zapfen im Gehäuse stecken, Sperrklinke daraufdrücken und Kurvenscheibe so auf Lagerbolzen schieben, daß der zweite Zahn des Segmentes (von offenem Gehäuse gesehen) in die markierte Zahnlücke des Zahnrades an der Kurvenscheibe trifft. **Bild 134**

Das Überschaltspiel (a) zwischen Sperrklinke und Rasten auf der Kurvenscheibe, das durch Anschlag des Ankerhebels an den beiden Anschlagschrauben bestimmt wird, soll in beiden Schaltrichtungen im 1. bis 4. Gang etwa 2 mm betragen. Gegebenenfalls Anschlagschrauben durch Einlegen von entsprechenden Unterlegscheiben nachstellen. **Bild 135**

G 3 = Dépose et pose du sélecteur

1. Enlever la bague d'arrêt du disque-came et retirer cette pièce. Le ressort du cliquet de verrouillage peut être enlevé.
2. Retirer les bagues d'arrêt du segment denté et du cliquet de verrouillage, puis ces pièces **Fig. 131**
3. Dévisser l'écrou de la clavette de la pédale de kick-starter, déchasser la clavette, enlever la pédale et la rondelle entre pédale et carter.
4. Enlever vers l'intérieur le levier porte-cliquet et sa douille de distance, les rondelles à doigt avec la douille à ressort, la rondelle de distance et le ressort de rappel.

Attention! Au remontage, placer sur le levier porte-cliquet : la douille de distance, puis la douille à ressort avec les deux rondelles à doigt disposées de façon que les extrémités recourbées des doigts reposent sur le porte-cliquet et maintiennent parallèlement les deux ergots de celui-ci ; ensuite la douille de distance et enfin le ressort de rappel, ses extrémités recourbées dirigées vers le porte cliquet. **Fig. 132**

Introduire l'ensemble dans le carter de manière que les deux extrémités du ressort re rappel, croisées, enserrent l'ergot d'arrêt solidaire du carter.
Monter la manivelle de kick-starter avec une rondelle d'espacement ménageant un jeu de 0,1 mm sur le carter. Placer le segment denté et son rochet sur l'axe de sélecteur. Les deux pointes, droite et gauche, du cliquet doivent être à la même distance de la denture du rochet ; rectifier au besoin en courbant le ressort de rappel. **Fig. 133**

Placer le cliquet de verrouillage sur le segment denté, l'assurer par son arrêt à ressort et assurer de même le segment denté sur l'axe.
Introduire le ressort du cliquet de verrouillage sur l'ergot du carter, relever le cliquet et placer le disque-came sur son axe de façon que la 2e dent du segment (vue de l'ouverture du carter) s'engage dans l'espace entre dents marqué d'une flèche, du pignon du disque-came. **Fig. 134**

L'excédent de course (a), entre le cliquet de verrouillage et l'encoche du guide, est déterminé par la butée du levier porte-cliquet sur deux vis. Il doit, pour chaque sens du passage et pour chaque vitesse, de la 1re à la 4e, être de 2 mm environ. Sinon, régler la position des vis par l'adjonction de rondelles d'épaisseur voulue. **Fig. 135**

G 3 = Removing and Installing Foot Gear Shifting Mechanism

1. Remove cam plate retaining snap ring and cam plate itself. Ratchet plate return spring is now free for removal.
2. Lift out snap rings retaining sector gear and ratchet plate, respectively, and remove these parts. **Figure 131**
3. Tap cotter screw out of foot shift lever upon unscrewing the retaining nut, and remove lever and spacer between lever and housing.
4. Remove interlocking lever with spacer bushing, interlock holder with steel spring ring, spacer washer and return spring inward.

Caution! When assembling, install parts on interlocking lever in the following order: Spacer bushing, upon it the steel spring ring with the two interlock holders so inserted that the cranked ends pointing to the interlocking lever jam the two stop pins of interlock pawl in parallel position, thereafter the spacer washer and finally interlock lever return spring with curved ends toward interlocking lever. **Figure 132**

Install the whole into housing, so that return spring ends jam pilot pin in housing crosswise.
Install foot shift lever with appropriate spacer washer onto housing (.004" of play).
Slip sector gear with interlock gear onto interlocking lever shaft. The two points of the interlock pawl, left and right, must then be equidistant to gear sector outer diameter. If necessary, adjust by rebending the ends of return spring. **Figure 133**

Install ratchet plate onto sector gear, secure with snap ring and fit snap ring to secure sector gear on interlocking lever shaft.
Install ratchet plate return spring on pin in housing, press ratchet plate upon it and slip cam plate so on axle that the second tooth of the sector gear (viewed from open housing) is exactly in line with the mark on cam plate gear. **Figure 134**

The backlash (a) between ratchet plate and detent notches on cam plate, which is determined by the two stop screws limiting the rotation of the interlocking lever, should in the two shifting directions be approx. 2 mm. (.08") for each gear from 1st to 4th. If necessary, adjust stop screws by inserting washers of appropriate thickness. **Figure 135**

G 3 = Desmontar y montar el mecanismo selector del cambio de velocidades

1. Quitar el anillo de seguridad del disco de leva y retirar este disco. De este modo, el resorte del trinquete queda libre.

2. Retirar los anillos de seguridad del segmento dentado y del trinquete, para poder extraer estas dos piezas.
Fig. 131

131

3. Golpear hacia afuera el tornillo cuneiforme del pedal, después de haber desatornillado la tuerca, y extraer el pedal así como la arandela distanciadora entre éste y la caja.

4. Retirar hacia el interior la placa-áncora con el casquillo distanciador, el resorte de sujeción anular con la arandela de muelle, la arandela separadora y resorte de retorno.

¡**Atención!** Al volver a montar de nuevo este conjunto, se colocan las siguientes piezas sobre la placa-áncora: el casquillo distanciador y sobre éste la arandela de muelle con sus salientes colocados de tal manera, que los extremos acodados reposen sobre la placa-áncora y abracen paralelamente los dos pernos de ésta. A continuación se coloca la arandela distanciadora y, por último, el resorte de retorno con sus extremos doblados señalando hacia la placa-áncora. **Fig. 132**

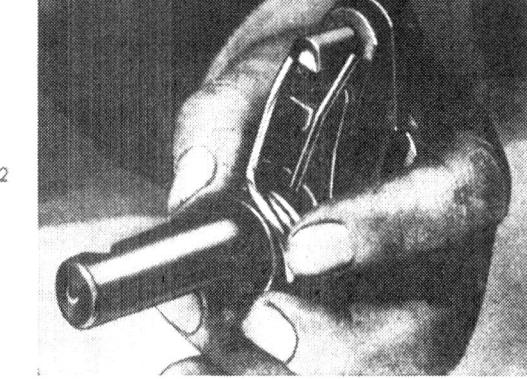
132

El conjunto se introduce en la caja de tal modo, que los extremos cruzados del resorte de retorno abracen el perno de sujeción en la caja.
Montar el pedal con una arandela distanciadora que asegura un juego de 0,1 mm. entre el pedal y la caja. Colocar el segmento dentado con la muesca sobre el eje de la placa-áncora. Las dos puntas de los dientes de la áncora, a la derecha y a la izquierda, deben presentar la misma distancia con respecto al diámetro exterior del segmento dentado; si resulta preciso, se efectúa el ajuste necesario doblando los extremos del resorte de retorno. **Fig. 133**

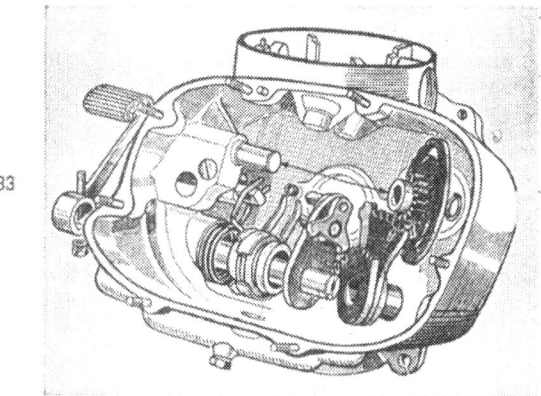
133

Colocar el trinquete sobre el segmento dentado, fijarle con un anillo de seguridad. Asegurar asimismo el segmento dentado sobre el eje de la placa-áncora.
Colocar el resorte del trinquete en el respectivo vástago de la caja, encajar el trinquete sobre el resorte y colocar el disco de leva de tal forma sobre el pivote respectivo, que el segundo diente del segmento (visto desde la caja abierta) coincida con el hueco señalado con una marca entre los dientes del piñón. **Fig. 134**

134

El excedente del recorrido (a) entre el trinquete y las muescas del disco de leva, que se determinará por el contacto de la placa-áncora con los dos tornillos de tope, debe ser de unos 2 mm. por cada velocidad, en ambas direcciones. Sie fuese preciso, se procede a un reajuste de los tornillos de tope colocando las arandelas apropiadas. **Fig. 135**

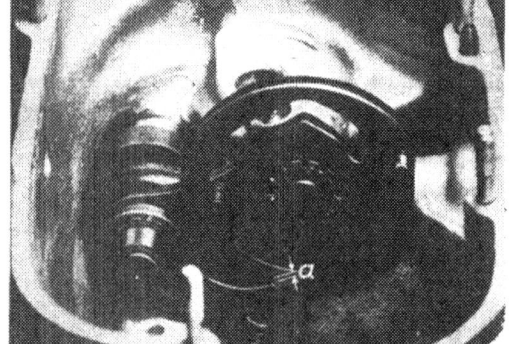
135

G 4 = Antriebswelle zerlegen *und* zusammenbauen

1. Verstemmte Scheibe (a) am hinteren Wellenende mit Zahnrad für Kickstarter abdrücken. Scheibe, Druckfeder und Zahnrad abnehmen.
   Bild 136

2. Stoßdämpferfeder (f) mit Montagevorrichtung Matra 319/2 unter Presse zusammendrücken und Sicherungsring (s) aus Nut ausheben. Mitnehmer für Kickstarter, Druckfeder für Stoßdämpfer, Druckstück und Antriebszahnrad abziehen.
   Bild 137

3. Im Bedarfsfall Kugellager mit Abdicht-Laufbüchse und Abdeckscheibe abpressen.

   Achtung! Beim Zusammenbau des Stoßdämpfers Zahnrad (z), Druckstück (d), Stoßdämpferfeder (f), Mitnehmer (m) und Kegelhülse Matra 319/3 mit zylindrischer Seite voraus aufschieben.
   Auf Kegel den Sicherungsring (s) stecken und mit Hülse Matra 319/2 im Schraubstock oder unter Presse den Stoßdämpfer zusammendrücken, bis der Sicherungsring in seine Nut einspringt.
   Bild 138

G 4 = Démontage et remontage de l'arbre primaire

1. Sortir la rondelle emboutie (a), avec le pignon pour kick-starter et son ressort, de l'extrémité arrière de l'arbre.
   Fig. 136

2. Placer sous la presse le ressort d'amortisseur (f), avec le dispositif Matra 319/2. En le comprimant, retirer la bague d'arrêt (s) de sa gorge. Retirer le rochet pour kick-starter, le ressort d'amortisseur, la pièce de poussée et le pignon d'entrainement.
   Fig. 137

3. Au besoin, déchasser le roulement, avec la douille d'étanchéité et la rondelle de fermeture, à la presse.

   Attention! Au remontage de l'amortisseur, placer le pignon (z), la pièce de poussée (d), le ressort (f), le rochet (m) et la douille conique Matra 319/3, sa partie cylindrique en avant. Enfiler sur le cône la bague d'arrêt (s) et comprimer l'ensemble à l'étau ou sous la presse, avec la douille Matra 319/2, jusqu'à ce que la bague d'arrêt tombe dans sa gorge.
   Fig. 138

G 4 = Disassembling and Assembling Primary Shaft

1. Press off tightened washer (a) on rear end of shaft and kickstarter gear. Remove washer, pressure spring and kickstarter gear.
   Figure 136

2. Compress torsion damper spring (f) by means of Matra 319/2 tool and a press and list snap ring (s) out of its groove. Remove kickstarter ratchet, torsion damper spring, coupling and drive gear.
   Figure 137

3. If necessary, press off ball bearing with sealing bushing and flat washer.

   Caution! When assembling the torsion damper, slip on drive gear (z), coupling (d), torsion damper spring (f), ratchet (m) and tapered sleeve Matra 319/3 with cylindrical end ahead.
   Install snap ring (s) on cone and with Matra 319/2 tool in vise or under a press, compress the torsion damper until the snap ring snaps into its groove.
   Figure 138

G 5 = Abtriebswelle zerlegen und zusammenbauen

1. Scheibenfeder für Kupplungsflansch aus Welle nehmen.
   Bild 139

   Unter erstes Gangrad (33 Zähne) eine geteilte Platte (p) einlegen, auf einen Preßzylinder (c) setzen und unter Presse Gangrad samt Anlaufscheibe und Kugellager abpressen.
   Bild 140

   Büchse für 1. Gangrad, Anlaufscheibe und Schiebeklaue 1./2. Gang abnehmen.

2. Sicherungsring für 2. Gangrad mit Anlaufscheibe sowie 2. und 3. Gangrad abnehmen.
   Bild 141

3. Sicherungsring für Kugellager 6303 an vorderem Wellenende ausheben, dann durch Auspressen der Welle mittels eines passenden Dornes Schiebeklaue für 3. und 4. Gang zusammen mit Anlaufscheibe, Laufbüchse, 4. Gangrad, Abstandscheibe und Kugellager freilegen.

G 5 = Démontage et remontage de l'arbre de sortie

1. Retirer de l'arbre la clavette pour la joue de sortie. **Fig. 139**

   Sous le premier pignon (33 dents), placer la plaque divisée (p), mettre le tout sur un cylindre pour presse (c) et, sous la presse, déchasser le pignon, sa rondelle de portée et le roulement à billes. **Fig. 140**

   Retirer la douille pour le pignon 1re vitesse, la rondelle intermédiaire et le balladeur 1re/2e vitesses.

2. Enlever la bague d'arrêt pour le pignon de 2e vitesse avec la rondelle de portée, puis les pignons de 2e et 3e vitesses. **Fig. 141**

3. Dégager la bague d'arrêt pour le roulement 6303 à l'extrémité avant de l'arbre, puis, sous la presse et au moyen d'une broche appropriée, déchasser ensemble le balladeur pour 3e et 4e vitesses, avec la rondelle de portée, la douille, le pignon de 4e vitesse, la rondelle de distance et le roulement à billes.

G 5 = Disassembling and Assembling Output Shaft

1. Remove woodruff key for coupling flange from shaft.
   Figure 139

   Under first speed gear (33 teeth), insert two-piece plate (p), place same upon cylinder (c) and press off speed gear with thrust washer and ball bearing by means of a suitable press.
   Figure 140

   Remove bushing for 1st speed gear, thrust washer and 1st to 2nd clutch sleeve.

2. Remove snap ring for 2nd speed gear with thrust washer and 2nd and 3rd speed gears.
   Figure 141

3. Lift snap ring for ball bearing 6303 out of front shaft end, and with a suitable arbour press out the shaft so third to fourth clutch sleeve with thrust washer, bushing, 4th speed gear spacer washer and ball bearing will become free.

G 4 = Desarmar y armar el eje impulsor

1. Extraer a presión la arandela embutida (a) con el piñón del pedal de arranque, en el extremo posterior del eje. Retirar la arandela, el resorte compresor y el piñón. **Fig. 136**

2. Comprimir el resorte amortiguador (f) mediante el dispositivo de montaje Matra 319/2, utilizando una prensa, y extraer el anillo de seguridad (s) de la ranura.
Extraer el pitón de arrastre para el arranque de pedal, el resorte compresor para el amortiguador, la pieza de compresión y el piñón de accionamiento. **Fig. 137**

3. Si fuese preciso se desmonta a presión el cojinete de bolas junto al casquillo de hermeticidad y el disco de cierre.

   > ¡Atención! Al montar el amortiguador, deberá colocarse el piñón (z), la pieza de compresión (d), el resorte amortiguador (f), el pitón de arrastre (m) y el casquillo cónico Matra 319/3 con la parte cilíndrica señalando hacia adelante.
   > Introducir sobre el cono el anillo de seguridad (s) y comprimir el amortiguador con el casquillo Matra 319/2, en un tornillo de banco o en una prensa, hasta que el anillo de seguridad quede enclavado en su ranura. **Fig. 138**

G 5 = Desarmar y armar el eje inducido

1. Retirar del eje el resorte de disco para la brida de acoplamiento. **Fig. 139**

   Introducir debajo del piñón de la primera marcha (33 dientes) una placa dividida (p), colocarla sobre un cilindro de compresión (c) y utilizar una prensa para sacar a presión el piñón, su arandela de apoyo y el cojinete de bolas. **Fig. 140**

   Retirar el casquillo del piñón de la primera velocidad, la arandela intermedia y la garra corrediza para la 1ª/2ª marcha.

2. Retirar el anillo de seguridad para el piñón de la 2ª marcha con el respectivo anillo de apoyo, así como el piñón de la 2ª y 3ª marcha. **Fig. 141**

3. Sacar el anillo de seguridad para el cojinete de bolas 6303 en el extremo anterior del eje, extrayendo seguidamente a presión el eje, mediante un mandril apropiado, con lo que habrán quedado libres la garra corrediza para la tercera y la cuarta marcha, junto a la arandela de apoyo, el casquillo, el piñón de la cuarta marcha, el anillo separador y el cojinete de bolas.

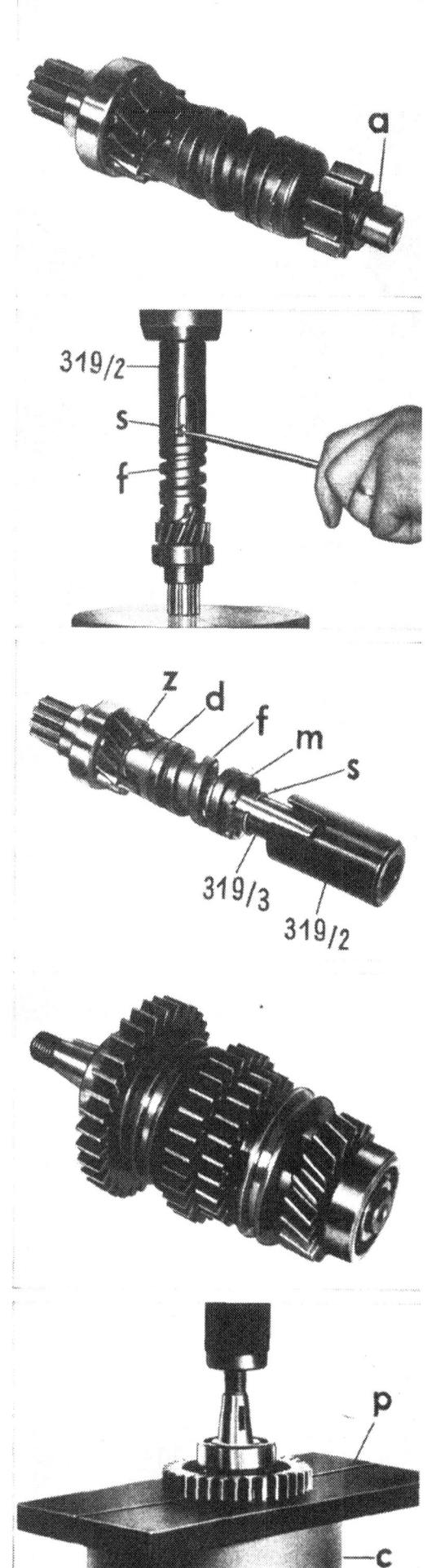

G 6 = Kickstarter ab- und anbauen

Mutter der Keilschraube und Scheibe am Kickstarterhebel abnehmen. Keilschraube ausklopfen und Hebel abziehen, Zahnsegment mit Feder aus Deckel drücken.
Zwischenrad nach Entfernen des Sicherungsringes abziehen.

Achtung! Wurde die Feder vom Zahnsegment abgenommen, so ist sie beim Wiederanbau mit dem abstehenden Federende am Zahnsegment abzustützen und am nach innen gebogenen Federende mittels Schraubenziehers anzuspannen, bis dieses mittels Flachzange in die Aufnahmebohrung in der Segmentnabe einzuführen ist.
Bild 142

Beim Wiedereinsetzen des Zahnsegmentes in den Getriebedeckel das abstehende Federende mittels Flachzange in die vorgesehene Aufnahmebohrung im Deckel einführen.
Bild 143

G 7 = Tachometerantrieb ab- und anbauen

Fixierschraube SW 9 ausdrehen, Büchse mittels 2 gegenüber angesetzter Schraubenzieher ausheben und Schraubenrad herausziehen.
Bild 144

G 8 = Leerlaufkontakt ab- und anbauen

Sechskantmutter SW 10 von Kontaktfederbolzen abdrehen, Zahnscheibe, Unterlegscheibe und Feder sowie bei Bedarf die Isolierscheibe abnehmen. Der Kontaktbolzen und die Isolierbüchse sind mit Dichtmasse eingesetzt und dürfen deshalb nur wieder in gleicher Weise erneuert werden. Stellung des Federkontaktes mittels Lehre 5097 prüfen bzw. nachstellen.
Bild 145

Nach Aufsetzen des Deckels in Leerlaufstellung prüfen, ob bei einem an Leerlaufklemme und Masse angeschlossenen Stromkreis eine zwischengeschaltete Lampe brennt und beim Weiterschalten verlischt. Gegebenenfalls Kontaktfeder nachrichten.

G 6 = Dépose et pose du kick-starter

Enlever l'écrou de la clavette de pédale, avec sa rondelle. Déchasser la clavette, enlever la pédale, sortir du couvercle le segment denté et le ressort.
Dégager la bague d'arrêt du pignon intermédiaire et retirer ce dernier.

Attention! Si le ressort doit être séparé du segment denté, il faut au remontage, appuyer au secteur denté le bout du ressort replié axialement, puis tendre l'autre extrêmité, coudée contre l'intérieur, au moyen d'un tournevis jusqu'à ce qu'on puisse l'introduire, en s'aidant d'une pince plate, dans le trou du moyeu. **Fig. 142**

En replaçant le segment denté dans le couvercle de boîte, introduire la partie repliée axialement du ressort dans le trou prévu dans le couvercle, à l'aide d'une pince plate. **Fig. 143**

G 7 = Dépose et pose de l'entraînement de compteur

Dévisser la vis d'arrêt OC 9, extraire la douille au moyen de deux tournevis appliqués face à face et retirer le pignon. **Fig. 144**

G 8 = Dépose et pose du contact de point-mort

Dévisser l'écrou OC 10 du porte-ressort de contact, enlever la rondelle dentée, la rondelle d'appui et le ressort, ainsi, selon nécessité, que la rondelle isolante. Le porte-ressort et la douille isolante sont montés avec un mastic d'étanchéité et doivent, si on les remplace, être remontés de la même manière. Vérifier et au besoin rectifier la position du ressort de contact, avec la jauge 5097. **Fig. 145**

Après remontage du couvercle, contrôler, en position de point-mort, qu'une lampe intercalée dans un circuit de courant couplé à la masse d'une part et à la borne de point mort, d'autre part, s'allume et qu'elle s'éteint si l'on engage une vitesse. Au besoin, corriger la position du ressort.

G 6 = Removing and Installing Kickstarter

Remove retaining nut of cotter screw and washer and washer from kickstarter crank. Tap out the cotter screw and pull off crank, press segment gear and spring out of cover.
Remove idler gear retaining snap ring and idler gear itself.

Caution! Whenever the spring has been removed from the segment gear, it should, when being installed, with the offstanding end be supported upon the segment gear, and tightened on the inward bent end by means of a screw driver until it may with flat pliers be inserted into the mounting hole in segment gear hub.
Figure 142

When refitting the segment gear into the transmission cover, use flat pliers to insert offstanding spring end into the mounting hole provided in the cover.
Figure 143

G 7 = Removing and Installing Speedometer Drive Take-Off

Remove SW 9 locking screw, lift out bushing with the levering effect of two screw drivers, and pull out worm gear.
Figure 144

G 8 = Removing and Installing Neutral Indicator Contact

Remove contact shaft SW 10 retaining nut, star washer, flat washer, spring and, if necessary, the insulating washer. Since the contact shaft and the insulating bushing are always fitted with a sealing compound, replacement parts should be installed in the same manner. Check and if necessary adjust the position of the contact spring with the 5097 gauge.
Figure 145

After installing cover, check with the gears in neutral position whether a light tester interpolated into circuit connected to neutral indicator terminal and to ground lights, and goes out when transmission is shifted into a gear. If necessary, redress contact spring.

G 6 = Desmontar y montar el pedal de arranque

Desenroscar la tuerca del tornillo con cuña y retirarla del pedal de arranque junto con la respectiva arandela. Golpear hacia afuera el tornillo con cuña y extraer el pedal. Sacar a presión de la tapa el segmento dentado con el resorte.
Quitar el anillo de seguridad y sacar la rueda intermedia.

¡Atención! Si se ha separado el resorte del segmento dentado, se tendrá que apoyar durante el montaje el extremo del resorte, que se halla doblado axialmente, en el segmento dentado, mientras que el otro extremo, doblado hacia dentro, se tensa con un desatornillador, hasta que pueda ser introducido en el orificio de alojamiento del buje del segmento, con ayuda de unas pinzas planas. **Fig. 142**

Al volver a montar el segmento dentado en la tapa, se introduce el otro extremo del resorte en el alojamiento que ha sido previsto en la tapa de la caja de cambio, valiéndose de unas pinzas planas. **Fig. 143**

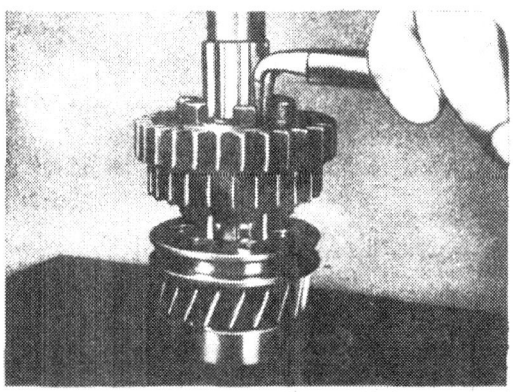
141

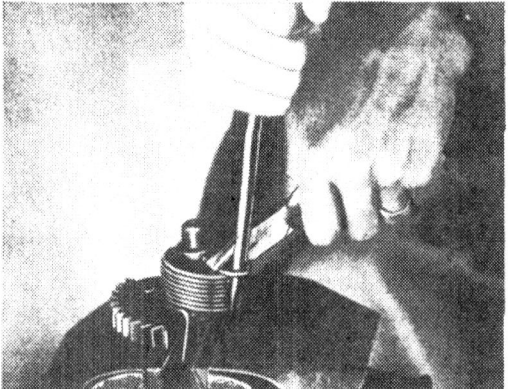
142

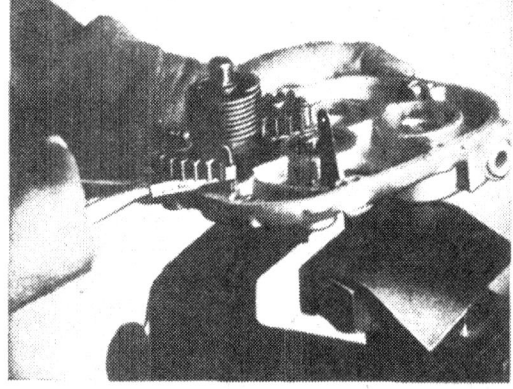
143

G 7 = Desmontar y montar el conjunto impulsor de velocímetro

Desenroscar el tornillo de fijación SW 9 y extraer el casquillo mediante dos desatornilladores dispuestos uno frente a otro. Sacar seguidamente la rueda helicoidal. **Fig. 144**

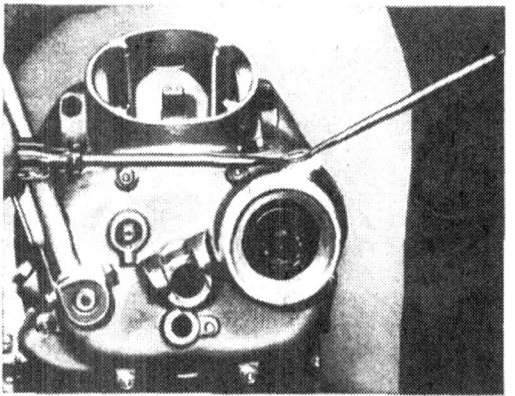
144

G 8 = Desmontar y montar el contacto de marcha en vacío

Desatornillar la tuerca hexagonal SW 10 del perno que sujeta el resorte de contacto. Quitar la arandela dentada, el disco de apoyo, el resorte y, si fuese preciso, la arandela aisladora. El perno de contacto y el casquillo aislador se hallan alojados en una masa tapajuntas especial, por lo que deberán volver a ser colocados de forma análoga. Controlar y reajustar si fuese preciso la posición del resorte de contacto con el calibre 5097. **Fig. 145**

Después de haber vuelto a montar la tapa, controlar si en la posición de marcha en vacío se enciende una lámpara, intercalada en un circuito conectado al borne de marcha en vacío y a masa, apagándose en las posiciones siguientes. Reajustar en caso necesario el muelle de contacto.

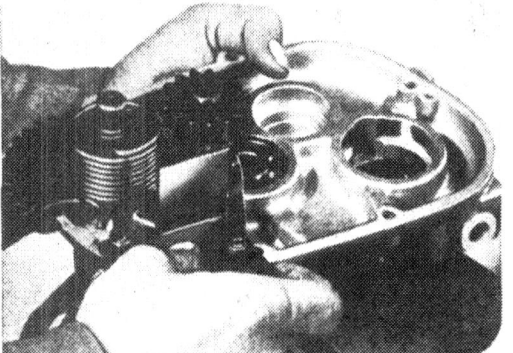
145

H = Hinterradantrieb zerlegen, instandsetzen und zusammenbauen

(Hinterradgetriebe und Schwinge ausgebaut, Öl abgelassen)

Werkzeuge:
Abziehvorrichtung Matra 299a, 2 Spannschrauben Matra 357a, Montagehülse Matra 505, Doppelnutschlüssel Matra 506a, Haltevorrichtung Matra 507, Dornschlüssel mit Haltevorrichtung Matra 508, Montagebüchse Matra 509, Montagedorn Matra 511, Meßuhr mit Meßvorrichtung 5042, Drehmomentschlüssel, Ratschenschlüssel mit Einsatz-Steckschlüssel SW 22, Kunststoffhammer, 2 Schraubenzieher, 1 Ringschlüssel SW 17, Steckschlüssel SW 14, Tiefenmaß, 2 Meßprismen.
Bild 146

H 1 = Kardanwelle aus Schwingen aus- und einbauen

1. Hinterradschwinge in Schraubstock mit Schutzbacken einspannen. Haltevorrichtung Matra 508 mit Verzahnung in Innenverzahnung der Kardanglocke einführen und mittels zugehörigen Dornschlüssels Mutter von Kardanwelle abschrauben, Mutter und Scheibe abnehmen.
Bild 147

2. Mit Abziehvorrichtung Matra 299a Kardanglocke fassen, zwischen Druckspindel und Kardanwelle passenden Verlängerungsdorn einsetzen und so Kardanglocke abdrücken. Kardanglocke und Kardanwelle abnehmen.
Bild 148

> **Achtung!** Beim Wiederzusammenbau beachten, ob Kardanwelle **mit** Keilnut und Keil oder **ohne** diese ist. Kardanglocken mit Keilnut dürfen **nur** auf Kardanwellen mit Keilnut und Keil aufgebaut werden und sind mit 13–15 mkg Drehmoment an der Mutter festzuziehen.
> Kardanglocken ohne Keilnut können auf Kardanwellen mit und ohne Keilnut aufgebaut werden. Das Drehmoment beträgt in diesem Fall 15 bis 17 mkg.
> **Bild 149**

Bei einer Erneuerung von Kardanwelle oder Kardanglocke müssen in jedem Fall die Konusse mit feinem Schmirgel zusammengeschliffen werden. In jedem Fall vor dem Aufbringen der Kardanglocken Innen- und Außenkonus mit Tri reinigen (kein Benzin verwenden). **Bild 150**

H = Démontage, mise en état et remontage de la transmission arrière

(couple arrière et bras oscillant déposées et vidangés)

Outillage :
Outils spéciaux Matra : extracteur 299 a, 2 vis de tension 357a, douille démontage 505, clef à crénaux double 506 a, dispositif 507, clef avec contre-clef 508, douille de montage 509, chassoir 511.
Micromètre avec dispositif 5042, clef dynamomètrique, clef à cliquets avec tête tubulaire OC 22, maillet, 2 tournevis, clef fermée OC 17, clef à tube OC 14, pied à coulisse de profondeur, 2 réglettes.
Fig. 146

H 1 = Démontage et remontage de l'arbre cardan dans le bras oscillant

1. Placer le bras oscillant à l'étau, avec des mâchoires de protection. Introduire le dispositif d'arrêt Matra 508 dans la denture de la cloche de cardan et avec la contre-clef correspondante dévisser l'écrou de l'arbre cardan et le retirer avec sa rondelle.
Fig. 147

2. Saisir avec l'extracteur Matra 299a la cloche de cardan, placer entre la broche et l'arbre cardan une prolongation appropriée et extraire ainsi la cloche. Enlever la cloche et l'arbre cardan.
Fig. 148

> **Attention !** Au réassemblage, remarquer si l'arbre cardan **comporte** une rainure et une clavette ou s'il **n'en comporte pas :**
> Une cloche de cardan avec rainure de clavette doit être montée **exclusivement** sur un arbre avec clavette et l'écrou doit être serré à 13–15 mkg.
> Une cloche de cardan sans rainure de clavette peut être montée sur un arbre avec ou sans rainure de clavette, indifféremment. Le couple de serrage est alors de 15 à 17 mkg.
> **Fig. 149**

Si l'on remplace l'arbre cardan ou la cloche, il faut absolument roder ensemble, avec une pâte à roder très fine, les deux cônes. Avant chaque montage, nettoyer soigneusement les deux cônes au moyen de trichloréthylène (ne jamais employer de benzine). **Fig. 150**

H = Disassembling, Reconditioning and Assembling Final Drive

(Final Drive and Swinging Arm removed, oil drained)

Tools:
Puller tool Matra 299a, two clamping screws Matra 357a, installing sleeve Matra 505, double-grooved wrench Matra 506a, fixture Matra 507, T-handle wrench with fixture Matra 508, installing sleeve Matra 509, installing drift Matra 511, dial gauge with measuring tool 5042, torque wrench, ratchet wrench with socket coupling SW 22, plastic mallet, 2 screw driver, 1 ring wrench SW 17, socket wrench SW 14, depth gauge, two measuring prisms.
Figure 146

H 1 = Removing Drive Shaft from Swinging Arm and Installing

1. Clamp rear swinging arm into vise equipped with soft metal jaws. Insert Matra 508 fixture with toothing into internal splining of cup on drive shaft end and with the pertaining T-handle wrench unscrew the nut off the shaft, and remove nut and washer.
Figure 147

2. With Matra 299a puller seize drive shaft cup, insert suitable extension drift between thrust spindle and drive shaft and press off drive shaft cup in this way. Remove drive shaft cup and drive shaft itself.
Figure 148

> **Caution!** When reassembling, check whether the drive shaft is of the type **with** key groove and key or of the type **without** key groove and key. Universal shaft cups with key groove must **only** be installed on drive shafts with key groove and key and must be tightened with a torque of from 94 to 108 ft./lbs. on the nut.
> Universal drive cups without key groove may be fitted on drive shafts with or without key groove. The retaining nut should then be tightened from 108 to 123 ft./lbs. torque.
> **Figure 149**

Whenever the drive shaft or the drive shaft cup is replaced, the cones must in any case be lapped in with a fine grade of grinding compound. Under all circumstances clean inner and outer cone with trichlor-ethylene (do not use gasoline) before installing the drive shaft cup.
Figure 150

H = Desarmar, reparar y volver a armar el mecanismo de accionamiento trasero

(con la transmisión y el balancín desmontados, aceite vaciado)

Herramientas: extractor Matra 299a, 2 tornillos tensores Matra 357a, casquillo de montaje Matra 505, llave de doble ranura Matra 506a, llave de púa con sujetador Matra 508, casquillo de montaje Matra 509, sujetador Matra 507, mandril de montaje Matra 511, reloj indicador con dispositivo de medición 5042, llave dinamométrica, llave de carraca con llave tubular suplementaria SW 22, martillo de plástico, 2 desatornilladores, 1 llave anular SW 17, llave de vaso SW 14, calibre de profundidad, 2 prismas de medición. **Fig. 146**

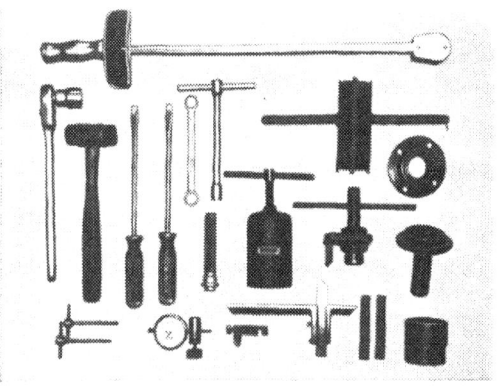

H 1 = Desmontar y montar el eje de cardán en el balancín

1. Colocar el balancín trasero en el tornillo de banco, provisto de mordazas protectoras. Introducir el sujetador dentado Matra 508 en el engranaje interior de la campana del cardán y desenroscar la tuerca del eje de cardán mediante la correspondiente llave de púa. Retirar la tuerca y la arandela. **Fig. 147**

2. Sujetar la campana de cardán con el dispositivo de extracción Matra 299a, colocar entre el husillo de este extractor y el eje cardán una pieza de prolongación adecuada y extraer de este modo la campana. Retirar la campana y el eje de cardán. **Fig. 148**

¡**Atención!** Comprobar antes del montaje, si el eje cardán **tiene** una ranura de chaveta y chaveta o si **carece** de éstas. Las campanas con ranura de chaveta **sólo** deben ser montadas con ejes de cardán provistos de ranura y chaveta. Sus tuercas deben ser apretadas a 13–15 kgm. con una llave dinamométrica. Las campanas sin ranura pueden ser montadas indistintamente sobre ejes con o sin ranura. En este caso la tuerca se aprieta a 15–17 kgm. **Fig. 149**

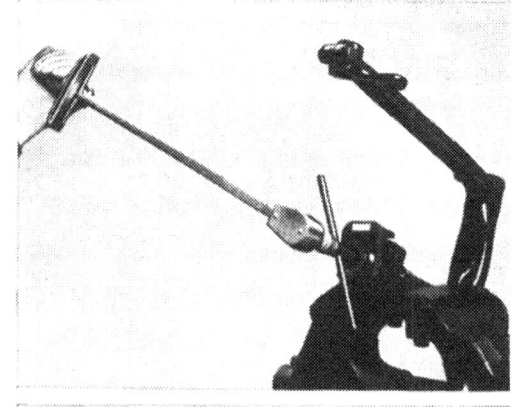

Después de haber montado una campana o un eje de cardán nuevos, es imprescindible adaptar los conos esmerilándoles con papel de lija fino. El cono exterior y el interior deben ser limpiados siempre con tricloroetileno, antes de efectuar el montaje de las campanas. (No usar nunca gasolina.) **Fig. 150**

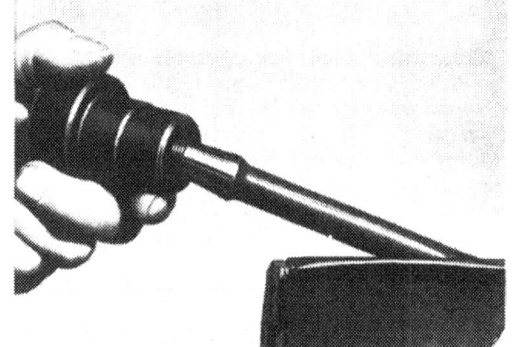

H 2 = Hinterradgetriebe instandsetzen und zusammenbauen

1. Hinterradbremsbacken zum Gehäuse zusammenzeichnen. Zuerst Bremsbacken, der an abgeflachter Bundscheibe des Bremsschlüssels anliegt, mit Schraubenzieher vom Gehäuse abkippen und beide Bremsbacken abnehmen. **Bild 151**

2. Mutter SW 17 vor Bremshebel abschrauben und mit Zahnscheibe ablegen. Bremsschlüssel ausklopfen. **Bild 152**

3. Getriebedeckel abnehmen. Dazu 6 Muttern SW 14 mit Wellscheiben abdrehen. **Bild 153**

Zum Schutz des Dichtringes die Montagehülse Matra 505 (1) über die Kupplungsverzahnung für das Hinterrad voll aufschieben, dann zwei Spannschrauben Matra 357a (2) in die zwei gegenüberliegenden Gewinde M 6 im Getriebedeckel einschrauben und damit den Deckel abdrücken. Deckel und Tellerrad mit Nadellager-Innenring und Paßscheibe abnehmen. **Bild 154**

Wenn Kugellager im Getriebedeckel verblieb, Deckel anwärmen und Lager ausprellen sowie darunterliegende Paßscheibe abnehmen.
Wenn Nadellager in Antriebsgehäuse ausgewechselt werden soll, Gehäuse auf 100° C erwärmen und Außenring abnehmen sowie Innenring von Tellerradnabe abziehen. Bei etwaigem Auswechseln der Dichtringe Lage der Dichtlippe beachten und zum Einpressen Montagebüchse Matra 509 für Dichtring im Gehäuse bzw. Montagedorn Matra 511 für Dichtung im Deckel verwenden.

Achtung! Zum Anbau den Getriebedeckel auf etwa 100° C anwärmen.

4. Sicherungsscheibe von Mutter auf Antriebsritzel zurückbiegen. Haltevorrichtung Matra 507 auf Kupplungsnabe bzw. Stiftschrauben für Schwingenanschluß stecken, dann mit Steckschlüssel SW 22 die Mutter von Antriebsritzel abschrauben. Mutter, Sicherungsscheibe und Kupplungsnabe abnehmen. **Bild 155**

H 2 = Démontage, mise au point et remontage du couple arrière

1. Repérer les mâchoires de frein arrière par rapport au carter. Dégager d'abord, avec un tournevis, la mâchoire reposant sur la came de frein du côté où la rondelle de butée comporte un méplat, puis sortir les deux mâchoires. **Fig. 151**

2. Dévisser l'écrou OC 17 du levier de frein, l'enlever avec sa rondelle. Déchasser la clef de frein. **Fig. 152**

3. Dévisser les 6 écrous OC 14, avec ronne dentée avec la bague intérieure delle d'ajustage. **Fig. 153**

Pour protéger la bague d'étanchéité, enfiler à fond sur la cannelure d'entrainement de roue la douille de montage Matra 505 (1), puis visser deux vis de pression Matra 357a (2) dans les deux trous filetés M 6 du couvercle et, par ce moyen, enlever le couvercle ; retirer ensuite la couronne dentée avec la bague intérieure du roulement à aiguilles et la rondelle d'ajustage. **Fig. 154**

Si le roulement à billes reste dans le couvercle, chauffer ce dernier pour le déchasser, enlever la rondelle d'ajustage sous le roulement.
Si le roulement à aiguilles, dans le carter, doit être remplacé, chauffer le carter à 100° C. et enlever la bague extérieure, puis retirer la bague intérieure du moyeu de couronne.
En cas de remplacement des bagues d'étanchéité, veiller à la position de la lèvre d'étanchéité et utiliser pour le montage le chassoir Matra 509 pour celle du carter et le chassoir Matra 511 pour celle du couvercle.

Attention! Pour le remontage du couvercle, le chauffer à environ 100° C.

4. Redresser l'arrêt tôle de l'écrou du pignon. Appliquer le dispositif d'arrêt Matra 507 au moyeu d'accouplement et aux goujons de fixation du bras oscillant, puis, avec la clef à tube OC 22, dévisser l'écrou du pignon. Enlever l'écrou, la tôle d'arrêt et le moyeu d'accouplement. **Fig. 155**

H 2 = Disassembling, Reconditioning and Assembling Final Drive

1. Mark rear wheel brake shoes with housing. First pry the brake shoe which rests on the flattened collar washer of the brake cam, off the housing by means of a screw driver, and remove the two brake shoes. **Figure 151**

2. Unscrew brake lever retaining nut SW 17 and remove together with the star washer. Tap out brake cam. **Figure 152**

3. Remove final drive housing cover. For this unscrew 6 SW 14 retaining nuts with their corrugated washers. **Figure 153**

To protect the oil seal, slide Matra 505 installing sleeve (1) completely over the splining on ring gear hub, then install the two Matra 357a clamping screws (2) into the two diametrically opposed M 6 threads in housing cover, and press off the cover by means of these screws. Remove cover and ring gear with needle bearing inner race and shim. **Figure 154**

When the ball bearing remains in the housing, heat the cover and tap it against a wood block to throw out the bearing, and remove the shim behind the bearing. Whenever the needle bearing in final drive housing needs replacement, heat housing to 180° F., remove outer race and pull inner race off ring gear hub. When replacing seal rings, remind fitting position of the sealing lip and use Matra 509 installing sleeve for installing oil seal into housing and Matra 511 driver tool to fit seal into cover.

Caution! To install the housing cover, heat same to approx. 180° F.

4. Release locking washer of drive pinion retaining nut. Install Matra 507 fixture on coupler gear and mounting studs for swinging arm, and unscrew nut off drive pinion by means of SW 22 socket wrench. Remove nut, locking washer and coupler gear. **Figure 155**

H 2 = Desarmar, reparar y armar la transmisión de la rueda trasera

1. Marcar el lugar que corresponde a cada zapata de freno en la caja de la transmisión. Separar seguidamente la zapata que reposa sobre la arandela rebajada de la llave de freno, haciendo palanca con un desatornillador, sacando después ambas zapatas. **Fig. 151**

2. Desatornillar la tuerca SW 17 de la palanca de freno y retirarla con su arandela dentada. Golpear la llave de freno hacia afuera. **Fig. 152**

3. Quitar la tapa de la transmisión. Desatornillar para ello las 6 tuercas SW 14 con sus arandelas onduladas. **Fig. 153**

Para proteger el retén de aceite, es indispensable introducir totalmente el casquillo de montaje Matra 505 (1), corriéndole a lo largo del engranaje del acoplamiento de la rueda trasera. Seguidamente se atornillan los dos tornillos tensores Matra 357a (2) en los dos agujeros de rosca M 6, dispuestos uno frente al otro en la caja de la transmisión, extrayendo de este modo la tapa. Retirar la tapa y la corona con el anillo interior del cojinete de agujas así como el anillo de ajuste. **Fig. 154**

Si el cojinete de bolas ha quedado en la tapa, será preciso calentar la tapa, sacando el cojinete con golpes suaves, así como el disco de ajuste dispuesto debajo.
Si se desea sustituir el cojinete de agujas alojado en la caja de accionamiento, se calienta la caja a 100° C., extrayendo el anillo exterior y sacando el anillo interior del cubo de la corona. Si se desea sustituir los retenes de aceite, es preciso fijarse en la posición de los labios. Al encajar los retenes, se utiliza el casquillo de montaje Matra 509 para el retén de la caja y el mandril de montaje Matra 511 para el retén de la tapa.

¡Atención! Para montar la tapa de la transmisión, deberá ser calentada a 100° C. approximadamente.

4. Doblar hacia atrás el disco de seguridad de la tuerca dispuesta sobre el piñón de accionamiento. Colocar el dispositivo de sujeción Matra 507 sobre el cubo del acoplamiento, respectivamente sobre los tornillos prisioneros para la conexión del balancín, desatornillando seguidamente la tuerca del piñón mediante la llave tubular SW 22. Quitar la tuerca, el disco de seguridad y el buje de acoplamiento. **Fig. 155**

5. Gewindering mit Dichtung mittels Doppelnutschlüssels Matra 506a ausdrehen und Gewindering sowie Abstandscheibe an Kugellager-Innenring abnehmen.

Bild 156

Hinterradantriebsgehäuse auf etwa 100° C anwärmen, dann Ritzel mit Kugellager, Paßscheiben hinter Kugellager-Außenring sowie Lagernadeln aus im Gehäuse verbleibendem Außenring abnehmen.

Achtung! Bei etwaigem Auswechseln des Kugellagers auf dem Ritzel die Kugeleinfüllseite nach vorn, in Fahrtrichtung gesehen, einbauen. Bei etwaigem Auswechseln des Kugellagers auf dem Tellerrad kann das Lager durch die dafür vorgesehenen Bohrungen im Tellerrad mittels eines Weichmetalldornes gleichmäßig herausgeklopft werden.

Bild 157

6. **Ritzel und Tellerradauswechslung**

Ritzel und Tellerrad sind stets zusammengehörig. Bei Bezeichnung am Tellerrad, z. B. 314 – 10, gibt die erste Zahl die Zusammengehörigkeit und die zweite Zahl, + oder – 10, die Abweichung des Grundmaßes in einhundertstel Millimeter für den Ritzeleinbau-Abstand an.

Bild 158

Das Grundmaß beträgt 74,5 ± 0,05 mm, gemessen von Kugellagerschulter am Ritzel bis Mitte Tellerradachse.

War z. B. ein Radsatz + 10 eingebaut und das neue Ritzel hat + 30, so ist zunächst eine zusätzliche Paßscheibe (a) von 30 – 10 = 0,20 mm zwischen Kugellager-Außenring und Sitzgrund im Gehäuse einzusetzen.

Bild 159

Zum Einstellen des Zahnspieles ist ein Bronze-Paßring (b) zwischen Nadellagerinnenring und Nadellageraußenring auf dem Tellerrad in entsprechender Stärke zu wählen.

Bild 160

5. Dévisser, au moyen de la clef double Matra 506a, la douille filetée, avec le joint, la retirer ainsi que la rondelle d'espacement sur la bague intérieure du roulement.

Fig. 156

Chauffer le carter de couple à 100° C. environ, puis enlever le pignon avec son roulement, les rondelles d'ajustage derrière la bague extérieure du roulement et les aiguilles du roulement à aiguilles dont la bague extérieure reste dans le carter.

Attention ! Si l'on remplace le roulement à billes, sur le pignon, bien replacer l'ouverture de remplissage de billes dirigée vers l'avant, dans le sens de la marche. Si l'on doit remplacer le roulement à billes de la couronne, on peut le déchasser au moyen d'un chassoir bronze passé par les ouvertures prévues à cet effet dans la couronne.

Fig. 157

6. **Remplacement du pignon et de la couronne**

Pignon et couronne sont toujours apariés. L'inscription figurant sur la couronne, par ex. 314 – 10 représente, pour le premier groupe de chiffres (314) le No. d'apariage et pour le second (– 10 ou + 10) l'écart de fabrication, en centièmes de mm, sur la cote de base pour le montage du pignon.

Fig. 158

La cote de base est 74,5 ± 0,05 mm, mesurée depuis l'appui du roulement à billes au pignon jusqu'au centre de l'axe de couronne.

Si, par exemple, un couple + 10 primitivement monté est remplacé par un couple neuf + 30, il faut donc ajouter une rondelle d'ajustage (a) de 30 – 10 = 20 centièmes de mm = 0,20 mm entre la bague extérieure du roulement à billes et sa portée dans le carter.

Fig. 159

Pour régler le jeu entre les flancs des dents, une rondelle d'ajustage (B), en bronze, est prévue entre la bague intérieure et la bague extérieure du roulement à aiguilles et son appui sur la couronne. Son épaisseur doit être choisie en conséquence.

Fig. 160

5. Unscrew threaded ring with oil seal with Matra 506a double-grooved wrench and remove threaded ring and spacer washer on ball bearing inner race.

Figure 156

Heat final drive housing to approx. 180° F., then remove drive pinion with ball bearing, shims behind ball bearing outer race and bearing needles from outer race remaining in housing.

Caution! Whenever the ball bearing upon the pinion needs replacement, install the bearing with opening for balls ahead, viewed in driving direction. To replace the ball bearing upon the ring gear, when necessary, tap the bearing evenly out with a shoft-metal drift by inserting same through the ring gear holes provided ad hoc.

Figure 157

6. **Replacement of pinion and ring gear**

Drive pinions and ring gears are machined in pairs and cannot be replaced separately. The specification on the ring gear, for instance 314–10, means with the first number the identification of the gear set, with the second number + or – 10 the deviation from the pinion standard position measurement in hundreths of a millimeter.

Figure 158

The standard position measurement is 74.5 ± .05 mm., measured from ball bearing shoulder on pinion to ring gear axis.

If for instance a + 10 gear set was installed and the new pinion is a + 30 item, first an additional shim (a) with a thickness of 30 – 10 = .20 mm. is to be inserted between ball bearing outer race and bearing seat in the housing.

Figure 159

For backlash adjustment, a bronze shim of appropriate thickness (b) should be inserted between needle bearing inner and outer race upon the ring gear hub.

Figure 160

5. Desenroscar el anillo roscado con la llave de doble ranura Matra 506a y retirarlo con su junta. Quitar igualmente la arandela distanciadora del anillo interior del cojinete de bolas. **Fig. 156**

Calentar la caja de la transmisión trasera a 100° C. aproximadamente, sacando seguidamente el piñón con el cojinete de bolas, los discos de ajuste detrás del anillo exterior del cojinete así como las agujas que se encuentran aún en el anillo exterior del cojinete, alojado en la caja.

> ¡Atención! Si fuese preciso sustituir el cojinete de bolas, será preciso montar el cojinete nuevo del piñón con su orificio de relleno señalando hacia adelante, en la dirección de la marcha. Si se tuviese que cambiar el cojinete de bolas de la corona, podrá golpearse hacia afuera el cojinete, con ayuda de los orificios previstos para tal fin en la corona, valiéndose de un punzón de metal dulce. **Fig. 157**

6. **Sustitución del piñón y de la corona**
El piñón y la corona siempre forman una pareja. La numeración de la corona, por ejemplo 314–10, determina mediante la primera cifra el juego correspondiente y mediante la segunda, + 0–10, la tolerancia en relación con la medida base en centésimas de milímetro, para la distancia de montaje del piñón. **Fig. 158**

La medida base se eleva a 74,5 ± 0,05 mm., midiendo desde la espaldilla del cojinete de bolas del piñón hasta el centro del eje de la corona.
Si había instalado por ejemplo un juego de ruedas con una tolerancia de + 10 y el piñón nuevo tiene una tolerancia de + 30, deberá colocarse en primer lugar una arandela de ajuste (a) de 30–10 = 0,20 mm., entre el anillo exterior del cojinete de bolas y su base de asiento en la caja. **Fig. 159**

Para ajustar el juego de los dientes, deberá escogerse la arandela de bronce (6) de espesor adecuado, que se coloca entre el anillo interior y el exterior del cojinete de agujas que se encuentra en la corona. **Fig. 160**

7. **Prüfung des Zahneingriffes** auf Zahnflankenspiel 0,15–0,20 mm am Tellerradaußendurchmesser mittels Meßuhr und Vorrichtung 5042
Bild 161

sowie auf **Tragbild am Zahnritzel** auf der Vorwärtsflanke nach Einfärben mit Pariserblau für Klingelnbergverzahnung. Richtiges Tragbild der Ritzelvorwärtsflanke liegt in Zahnlängenmitte etwas näher zum starken Zahnende.
Bild 162

Liegt das Tragbild an der Vorwärtsflanke des Ritzels am starken Zahnende, dann Abstand des Ritzels von Tellerradmitte durch stärkere Paßscheiben vergrößern und Zahnspiel durch eine dünnere Bronze-Paßscheibe zwischen Nadellagerinnenring und Nadellageraußenring am Tellerrad berichtigen.
Bild 163 a

Wenn das Tragbild am schwachen Zahnende liegt, dann Ritzelabstand zur Tellerradmitte durch dünnere Paßscheibe am Kugellageraußenring verkleinern und Zahnspiel durch eine dickere Bronze-Paßscheibe am Nadellager berichtigen.
Bild 163 b

Abschließend Zahn-Tragbild nochmals nachprüfen.
Wegen der Lagerpressung das Herausnehmen und Einsetzen des Ritzels nur bei angewärmtem Gehäuse vornehmen.

8. **Seitenspiel des Tellerrades einstellen.** Mit Tiefenmaß und etwa erforderlichem Meßzwischenstück den Abstand (a) von Kugellagersitzgrund bis Deckeltrennfläche messen.
Bild 164

Am Antriebsgehäuse mit Dichtung auf Trennfläche den Abstand (b) von Kugellager auf Tellerrad bis Dichtung auf Trennfläche messen.
Bild 165

Das erforderliche Seitenspiel von 0,05 mm wird durch Einsetzen entsprechender Paßscheiben zwischen Kugellager und Sitzgrund im Deckel erreicht. Die erforderliche Paßscheibendicke ergibt die Differenz von Maß (a) abzüglich Maß (b) abzüglich 0,05 mm Spiel. Durch Pressung der Dichtung wird das Spiel noch etwas verringert, es darf aber das Tellerrad nicht unter Druck stehen.

7. **Essai de l'engrènement** : au print de vue du **jeu entre les flancs des dents** qui doit être de 0,15 à 0,20 mm mesuré au diamètre extérieur de la couronne, à l'aide d'un micromètre et du dispositif 5042,
Fig. 161

ainsi qu'au point de vue de l'image de la **portée sur les dents du pignon**, établie, pour denture Klingelnberg, sur les flancs avant des dents du pignon, enduits légèrement de bleu d'ajusteur. L'image correcte se situe, sur le flanc avant des dents du pignon, vers le milieu de leur longueur, mais un peu plus près de l'extrêmité forte de la dent.
Fig. 162

Si cette image, toujours sur le flanc avant, se place à l'extrêmité forte des dents, la distance entre le pignon et l'axe de la couronne doit être augmentée, par des rondelles d'ajustage plus fortes, puis le jeu entre les flancs des dents doit être corrigé par l'adoption d'une rondelle bronze plus mince entres les bagues extérieures et intérieure du roulement à aiguilles et la couronne.
Fig. 163a

Si l'image de la portée se situe à l'extrêmité faible de la dent du pignon, il faut diminuer la distance entre le pignon et le centre de la couronne par une rondelle d'ajustage plus mince sur la bague extérieure du roulement du pignon et corriger le jeu entre les dents par une rondelle bronze plus épaisse sur le moyeu de couronne.
Fig. 163b

Finalement, contrôler encore l'image de la portée des dents. En raison du serrage des portées, ne démonter ou monter le pignon qu'après avoir chauffé le carter.

8. **Réglage du jeu axial de la couronne.** Mesurer, au moyen d'un pied à coulisse de profondeur et des pièces intermédiaires nécessaires, la distance (a) entre la portée du roulement à billes et la surface jointive du couvercle.
Fig. 164

Sur le carter, le joint posé sur la surface jointive, mesurer la distance (b), du roulement à billes de la couronne jusqu'au joint posé sur la surface jointive.
Fig. 165

Le jeu axial nécessaire de 0,05 mm sera obtenu par l'insertion de rondelles d'épaisseurs appropriées entre le roulement à billes et sa portée dans le couvercle. L'épaisseur de rondelles est obtenue par la soustraction « mesure » (a) moins mesure (b), moins jeu 0,05 mm. Par le serrage du joint, le jeu sera encore un peu diminué, mais la couronne ne doit jamais subir une pression axiale.

7. **Measure the backlash between the gears** on ring outer diameter with measuring tool 5042. Backlash should be from .15 to .20 mm. (.006–.008 in.).
Figure 161

Gear tooth contact pattern check. For this, check drive pattern with Paris blue for Klingelnberg toothing. Correct tooth contact pattern is well centered on the drive flank of the pinion, but may be slightly toward the heel.
Figure 162

If tooth contact pattern on pinion drive flank is at the heel, then increase pinion to ring gear axis distance by inserting thicker shims and correct backlash by inserting a thinner bronze shim between needle bearing inner and outer race on ring gear.
Figure 163a

If tooth contact pattern is at the toe, reduce pinion to ring gear axis distance by thinner shim on ball bearing outer race and correct backlash by inserting a thicker bronze shim into the needle bearing.
Figure 163b

Finally check tooth contact pattern again. Because of the interference fit of the bearing always heat the housing for removal and installation of the pinion.

8. **Adjusting side play of ring gear.** With depth gauge and an eventually required intermediate piece measure the distance (a) from ball bearing seat to cover mating surface.
Figure 164

On final drive housing, with gasket on mating surface, measure the distance (b) from ball bearing on ring gear to gasket on mating surface.
Figure 165

The required side play of .05 mm. (.002″) is obtained by inserting shims of appropriate thickness between ball bearing und bearing seat in cover. The required shim thickness then equals the difference of distance (a) less distance (b) less .05 mm. (.002″) side play. This play is slightly reduced by the compression of the gasket, care should be taken, however, that ring gear is not under pressure.

7. **Controlar el engrane verificando el juego entre los flancos de los dientes,** que deberá oscilar entre 0,15–0,20 mm., efectuando la medición en el diámetro exterior de la corona, con ayuda de un reloj micrométrico y el dispositivo 5042, **Fig. 161**

y verificando asimismo la **superficie de contacto en los dientes del piñón,** en el flanco de empuje, cubriendo los dientes con tintura azul Paris para engranajes tipo Klingelnberg. Si el engrane es correcto, la tintura se reproduce hacia la mitad de la longitud del diente, desplazada ligeramente hacia el extremo mayor del diente. **Fig. 162**

Si la superficie de contacto reproducida en el flanco de empuje del piñón se halla corrida hacia el extremo grueso de eje, deberá aumentarse la distancia entre el piñón y el centro de la corona, colocando arandelas distanciadoras más gruesas. Al mismo tiempo se corrige el juego entre flancos colocando una arandela distanciadora de bronce más delgada entre el anillo interior del cojinete de agujas y el anillo exterior del mismo montado en la corona. **Fig. 163 a**

En caso de que la superficie de contacto muestre un desplazamiento hacia el extremo delgado, deberá reducirse la distancia desde el piñón al centro de la corona mediante una arandela más delgada, colocada en el anillo exterior del cojinete de bolas. Deberá corregirse a la vez el juego entre los flancos mediante una arandela distanciadora de bronce más gruesa, colocada en el cojinete de agujas. **Fig. 163 b**

Finalmente, se vuelve a verificar la superficie de contacto de los dientes.
Como los cojinetes se hallan encajados a presión, sólo debe extraerse y meterse el piñón con la caja caliente.

8. **Ajustar el juego lateral de la corona.** Medir con un calibre de profundidad y, si fuese preciso, con una pieza intermedia, la distancia (a) entre la base de asiento del cojinete de bolas y la superficie de contacto de la tapa. **Fig. 164**

Colocar la junta sobre la caja y medir la distancia (b) desde el rodamiento a bolas en la corona hasta la junta sobre la superficie de contacto de la caja. **Fig. 165**

El juego lateral preciso de 0,05 mm. se obtiene mediante arandelas de ajuste de espesor adecuado, que se colocan entre el cojinete de bolas y la base de asiento en la tapa. El espesor de estas arandelas se determina restando de la medida (a) la medida (b) y el juego de 0,05 mm. Comprimiendo la junta, puede reducirse aún más el juego, aunque será preciso observar que la corona no se halle sometida a presión alguna.

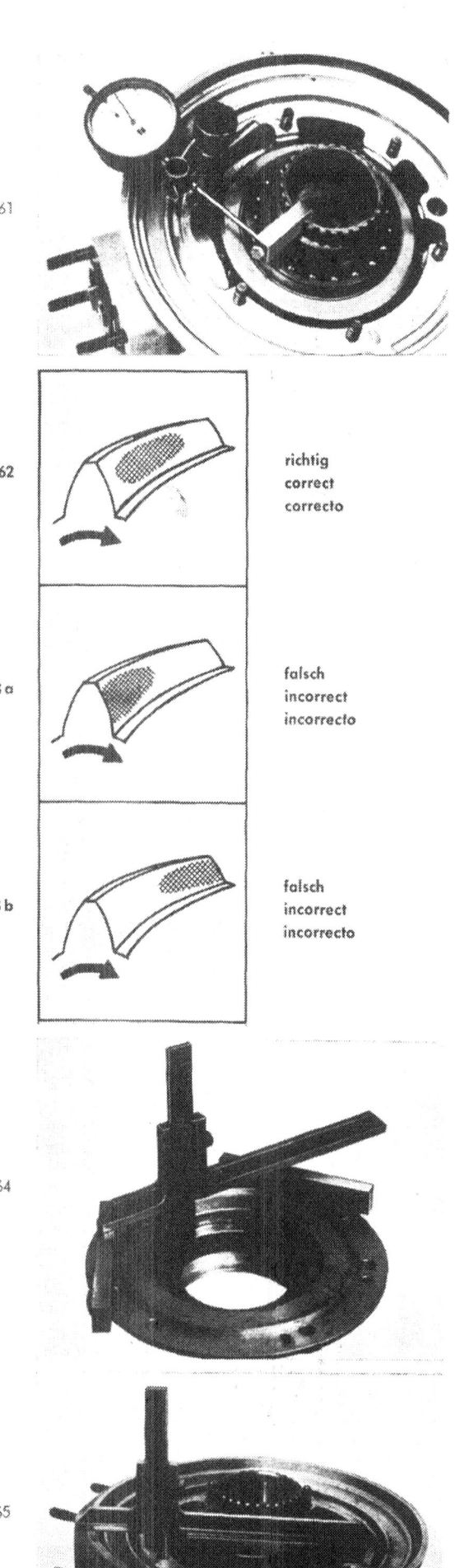

161

162 richtig / correct / correcto

163 a falsch / incorrect / incorrecto

163 b falsch / incorrect / incorrecto

164

165

B = Bremsen und Laufräder
(Räder ausgebaut)

Werkzeuge:
Zapfenschlüssel Matra 517, Einspeichlehre 5050/3 bzw. /5, Dorn 5078, Montagebüchse 5080, Auswuchtvorrichtung 5106, Speichenspanner, Zentrierbock, Abstandbüchse, 120 mm lang, zur Laufradlagerprüfung auf Steckachse, 1 Stück Kreide. **Bild 166**

B 1 = Laufradlager aus- und einbauen, neu fetten

1. Zapfenschlüssel Matra 517 in Schraubstock einspannen. Laufrad so auf Zapfenschlüssel aufstecken, daß der Verschlußdeckel in die Zapfen des Schlüssels eingreift. Durch Drehen des Laufrades Verschlußdeckel ausschrauben. **Bild 167**

   Lagerverschlußdeckel mit eingesetzter Filzringkapsel sowie Abstandbüchse mit zusätzlichem Filzring, Radkappe und Wellring abnehmen. Aus Nabe Kegelrollenlager-Innenring mit Käfig sowie Paßring und innere Abstandbüchse herausnehmen.

2. Schlagdorn 5078 auf Bremsseite an Abstandbüchse ansetzen und linken Kegelrollenlager-Außenring, äußere Abstandbüchse, Kegelrollenlager von Bremsseite und rechte Abstandbüchse aus Nabe klopfen. **Bild 168**

Achtung! Vor Wiedereinbau der Lager in die Nabe Spielfreiheit der Lager prüfen. Hierzu Hinterradsteckachse mit Spannbacken in Schraubstock einspannen und kompletten Lagersatz, bestehend aus linkem Kegelrollenlager, Paßring, innerer Abstandbüchse, äußerer Abstandbüchse und rechten Kegelrollenlager, aufstecken. **Bild 169**

Darauf ein Druckrohr von etwa 30 mm ⌀, 20,1 mm Bohrung und 120 mm Länge mit Unterlegscheibe und Mutter aufbringen. Lagersitz durch Festziehen der Mutter zusammenspannen. Richtige Lagereinstellung ist gegeben, wenn sich die äußere Abstandhülse zwischen den beiden Kegelrollenlager-Außenringen ohne jedes Seitenspiel mit mäßigem Druck im Rahmen des Durchmesserspieles verschieben läßt. Andernfalls Paßring nacharbeiten oder neuen Paßring einsetzen. **Bild 170**

Zum Einbauen der Kegelrollenlager-Außenringe in die Nabe dazupassende Montagebüchse 5080 verwenden. Alle Laufradlagerungen sind gleich, nur ist für das Vorderrad eine Zwischenbüchse für die schwächere Achse vorgesehen, was bei Radauswechslung zu beachten ist. Gereinigte Lagerung mit etwa 20 g Shell Retinax A füllen.

B = Freins et roues
(roues déposées)

Outillage: Clef à ergots Matra 517, jauge de rayonnage 5050/3 ou /5, broche 5078, douille de montage 5080, dispositif d'équilibrage 5106, tendeur pour rayons, support de centrage, douille de distance 120 mm de longueur, pour essai de roulements sur la broche, craie. **Fig. 166**

B 1 = Dépose et pose des roulements de roues; graissage

1. Mettre à l'étau la clef à ergots Matra 517 et poser au-dessus la roue, en engageant les ergots dans les trous du cache-poussière. En tournant la roue, dévisser le cache-poussière. **Fig. 167**

   Enlever le cache-poussière avec sa cartouche feutre, la douille d'espacement avec la bague feutre, la joue de couverture du moyeu et la rondelle à ressort. Sortir du moyeu la bague intérieure du roulement et la cage, la rondelle d'ajustage et la douille intérieure d'espacement.

2. Du côté du frein, introduire le chassoir 5078, l'appliquer à la douille d'espacement et chasser hors du moyeu la bague extérieure du roulemeit gauche, la douille extérieure d'espacement, le roulement côté frein et la douille d'espacement droite. **Fig. 168**

Attention! Avant de remonter l'ensemble des roulements dans le moyeu, s'assurer de l'absence de jeu. Pour celà, mettre à l'étau, entre protections, la broche du moyeu arrière et y remonter l'ensemble intérieur du moyeu, soit: roulement gauche, rondelle d'ajustage, douille intérieure d'espacement, douille extérieure d'espacement et roulement drait. **Fig. 169**

Introduire au-dessus un tube de serrage de 30 mm env. de ⌀, 20,1 mm d'alésage et 120 mm de longueur, la rondelle et l'écrou de broche. Serrer l'ensemble par l'écrou. Le réglage est correct quand la douille d'espacement extérieure n'a aucun jeu entre les deux bagues extérieures des roulements, mais qu'on peut le déplacer radialement, avec un effort modéré, dans les limites de son jeu en diamètre. Sinon, retoucher ou remplacer la rondelle d'ajustage. **Fig. 170**

Pour replacer les bagues extérieures des roulements dans le moyeu, utiliser la douille de montage 5080. Les roulements de moyeux sont semblables à l'exeption d'une entretoise qui ne figure que sur l'axe avant. Il faut y penser quand on interchange les roues. Remplir les roulements de graisse Shell Retinax A (20 g environ).

B = Brakes and Road Wheels
(Wheels removed)

Tools:
Pin wrench Matra 517, spoke fitting gauge 5050/3 or /5, drift 5078, installing sleeve 5080, wheel balancing stand 5106, spoke tightener, centering stand, spacer bushing 120 mm. long for checking wheel bearings on axle spindle, piece of chalk. **Figure 166**

B 1 = Removing Wheel Bearings, Re-Packing with Grease and Installing

1. Clamp Matra 517 pin wrench into vise. Install wheel so on pin wrench that the sealing cover fits onto the pins of the wrench. Screw out the sealing cover by rotating the wheel. **Figure 167**

   Remove bearing sealing cover with inserted felt ring retainer and spacer bushing with additional felt ring, wheel hub plate and corrugated washer. From the hub, remove taper roller bearing inner race (cone) with cage, spacer washer and inner spacer bushing.

2. Apply 5078 drift on brake side upon spacer bushing and tap left taper roller bearing outer race, outer spacer bushing, taper roller bearing from brake side and right-hand spacer bushing out of hub. **Figure 168**

Caution! Before reinstalling bearings into the hub, check them for freedom from play. To do this, clamp rear wheel axle spindle with soft-metal jaws into vise and install the complete bearing set consisting of left taper roller bearing, spacer washer, inner spacer bushing, outer spacer bushing and right taper roller bearing upon the axle spindle. **Figure 169**

Thereupon install y drift tube of about 30 mm. O. D., 20.1 mm. I. D. and 120 mm. length with washer and nut. Compress bearing assembly by tightening the nut. The bearing is properly adjusted when the outer spacer bushing between the two taper roller bearing outer races may, without any side play, with moderate pressure be displaced within the diametral play. Ohterwise retouch the spacing washer or install a new one. **Figure 170**

To install taper roller bearing outer races into the hub, use special installing sleeve 5080. All road wheel bearings are equal with the exception that an intermediate bushing is provided for the thinner front wheel axle spindle. This should be held in mind when interchanging wheels. Pack cleaned bearing with about .70 ounces of Shell Retinax A grease.

B = Frenos y ruedas
(ruedas desmontadas)

Herramientas:

Llave de vástago Matra 517, calibre 5050/3 resp. /5 para enrayar ruedas, mandril 5078, casquillo de montaje 5080, dispositivo equilibrador 5106, tensor de radios, caballete de centraje, casquillo distanciador de 120 mm. de longitud, para el control de los cojinetes de la rueda, 1 trozo de tiza.
Fig. 166

B 1 = Desmontar, engrasar y montar los cojinetes de las ruedas

1. Sujetar la llave de vástago Matra 517 en el tornillo de banca. Colocar la rueda sobre la llave de tal modo, que los vástagos de la llave encajen en los agujeros de la tapa roscada. Girar la rueda para desatornillar la tapa.
Fig. 167

Retirar la tapa cubrecojinetes con la cápsula para el anillo de filtro, el casquillo distanciador con el anillo de junta adicional, el tapacubos y el anillo ondulado. Sacar del cubo de la rueda el anillo interior del cojinete de rodillos cónicos con su jaula así como el anillo de ajuste y el casquillo distanciador interior.

2. Apoyar el mandril de impacto 5078 sobre el casquillo distanciador del lado de freno y sacar a golpes del cubo de la rueda el anillo exterior del cojinete de rodillos cónicos izquierdo, el casquillo distanciador exterior, el cojinete de rodillos cónicos del lado de freno y el casquillo distanciador derecho.
Fig. 168

¡**Atención!** Antes de montar los cojinetes en el cubo de la rueda, se comprueba la ausencia de juego de éstos. Para ello se coloca el eje de la rueda trasera en el tornillo de banco, provisto de mordazas protectoras apropiadas, y se introduce la serie completa de cojinetes, compuesta del cojinete de rodillos cónicos izquierdo, del anillo de ajuste, del casquillo distanciador interno, del casquillo distanciador externo y del cojinete de rodillos cónicos derecho.
Fig. 169

Colocar seguidamente un tubo compresor de 30 mm. $\emptyset$, 20,1 mm. de $\emptyset$ interior y 120 mm. de longitud aproximadamente, con su arandela y tuerca. Comprimir el conjunto apretando la tuerca. El ajuste es correcto, cuando se puede desplazar con un esfuerzo moderado el casquillo distanciador exterior entre los dos anillos exteriores de los cojinetes, en sentido radial, pero sin ningún juego longitudinal. En caso contrario deberá rectificarse o sustituirse el anillo de ajuste.
Fig. 170

Para montar en el cubo de la rueda los anillos exteriores de los cojinetes de rodillos cónicos, ha de utilizarse el casquillo de montaje 5080 apropiado. Los rodamientos de ambas ruedas son idénticos, con la sola diferencia de que para la rueda delantera se ha previsto un casquillo intermedio destinado a compensar el diámetro menor del eje, lo que se deberá tener en cuenta al cambiar las ruedas. Llenar con unos 20 g. de Shell Retinax A los rodamientos limpios.

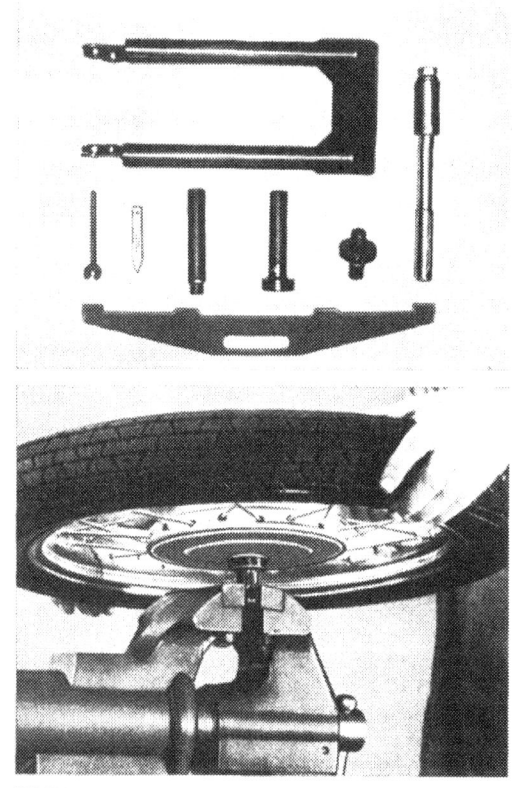

166

167

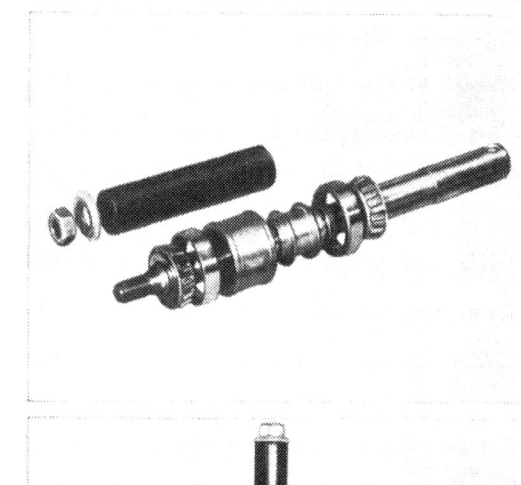

168

169

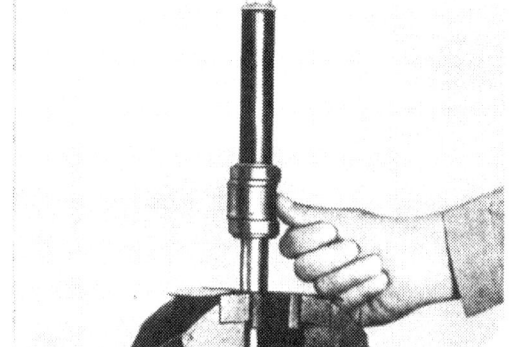

170

B 2 = Bremsbelag erneuern

Sind die Bremsbackenbeläge so abgenützt, daß in Kürze die Kupfernieten zum Tragen kommen, dann neue Beläge aufnieten. Sind die Bremstrommeln riefig, rauh oder durch Neueinspeichung oder starkes Speichennachziehen unrund geworden, dann Bremstrommeln vorsichtig nachdrehen.
Der Bremshebel muß in Ruhestellung nach rückwärts stehen, so daß er in maximaler Bremsstellung rechtwinklig zum Bremszug steht. **Bild 171**

B 3 = Laufräder einspeichen

Die Motorräder R 50, R 50 S, R 60 und R 69 S besitzen als Solomaschinen serienmäßig Leichtmetallfelgen 2,15 B x 18, die zum Einspeichen die Einspeichlehre 5050/5 benötigen.
Werden die Motorräder als Seitenwagenmaschinen geliefert, so erhalten sie serienmäßig Vorderrad, Seitenwagenrad und Reserverad mit Stahlfelgen 2,15 B x 18, für die ebenfalls die Einspeichlehre 5050/5 zu verwenden ist. Die Hinterräder der Seitenwagenmaschinen haben Stahlfelgen 2,75 C x 18, die mit Einspeichlehre 5050/3 einzuspeichen sind.

1. Radnabe samt Lagerung mit Bremstrommelseite auf Werkbank legen. Ein an der Nabe sich kreuzendes Speichenpaar mit Unterlegplättchen durch die Nabe schieben, wobei zu beachten ist, daß die Speichenlöcher in der Nabe nicht auf gleicher Höhe stehen! **Bild 172**
Felge so auflegen, daß die eingepreßten Nippelaufnahmelöcher genau in die Richtung der in die Nabe eingeführten Speichen zeigen. Dabei muß die höher liegende Speiche in ein höher liegendes Aufnahmeloch der Felge treffen und die tiefer liegende Speiche in ein entsprechend tiefer liegendes Aufnahmeloch der Felge kommen, andernfalls Felge wenden. In gleicher Weise werden die übrigen Speichen eingezogen und mit Nippel versehen. **Bild 173**
2. Nippel gleichmäßig anspannen und dabei mit der an der Bremstrommelseite angesetzten Radeinspeichlehre 5050/5 bzw. 5050/3 (Selbstanfertigung) den Seitenabstand der Felge zur Nabe einstellen. **Bild 174**
Maximaler Durchmesserschlag 1 mm, seitlicher Schlag max. 0,2 mm am Felgenhorn gemessen. **Bild 175**

Achtung! Etwa vorstehende Speichenenden abschleifen, um Beschädigungen des Luftschlauches zu vermeiden. Räder nach den ersten 2000 km nachspannen. Bei allen Laufrädern der Maschinen R 50 S und R 69 S ist es nach erfolgter Reifenmontage erforderlich, die Räder auszuwuchten (Vorrichtung 5106). (Max. Laufrad-Unwucht 9 g am inneren Felgen-Durchmesser.)
Bei R 50 und R 60 ist ein Auswuchten der Laufräder zu empfehlen.

B 2 = Remplacement des garnitures de freins

Si les garnitures sont assez usées pour que les têtes de rivets soient sur le point de porter dans le tambour, il faut les remplacer. Si la surface du tambour est rayée, rugueuse ou si, par suite d'un nouveau rayonnage ou d'une tension très forte des rayons, le tambour est ovalisé, il faut le retoucher prudemment au tour.
Le levier de frein doit, en position de repos, être assez en arrière pour qu'il soit perpendiculaire au câble ou à la tringle dans la position de freinage maximum. **Fig. 171**

B 3 = Rayonnage des roues

Les motos R 50, R 50 S, R 60, et R 69 S sont équipées en série comme motos solo, de jantes métal léger 2,15 B x 18, qui nécessitent, pour le rayonnage, la jauge 5050/5.
Si ces motos sont livrées pour usage avec side-car, elles sont pourvues, en série, pour la roue avant, la roue de side-car et la roue de réserve, de jantes acier 2,15 B x 18, pour lesquelles la jauge de rayonnage 5050/5 est aussi utilisable. Mais la roue arrière de la moto pour side-car est montée avec une jante acier 2,75 C x 18, qui nécessite la jauge de rayonnage 5050/3.

1. Placer le moyeu, roulements montés, sur l'établi, avec le tambour de frein en bas. Enfiler dans le moyeu une paire de rayons, se croisant, avec les plaquettes, en observant que les trous dans le moyeu ne sont pas à la même hauteur. **Fig. 172**

Placer la jante de façon que les logements de nipples, emboutis dans la jante aient leur trou dirigé exactement comme les rayons enfilés dans le moyeu. Ainsi, le rayon aboutissant le plus haut doit atteindre un trou de la jante situé le plus haut et le rayon le plus bas doit correspondre à un trou placé plus bas. Sinon, tourner la jante sur l'autre face. Monter de la même manière les autres rayons et placer les nipples. **Fig. 173**

2. Tendre uniformément les rayons, tout en réglant la distance entre moyeu et jante à l'aide de la jauge de rayonnage 5050/5 ou 5050/3, qu'on applique du côté du frein. **Fig. 174**

Faux-rond maximum en Ø : 1 mm, voilage latéral max. 0,2 mm, mesurés au bord extérieur de la jante. **Fig. 175**

Attention! Pour ne pas endommager la chambre à air, il faut meuler les bouts de rayons dépassant éventuellement des nipples. Retendre les rayons après les premiers 2000 km. Pour toutes les roues des motos R 50 S et R 69 S, il est nécessaire, après montage du pneu, de les rééquilibrer (appareil 5106). (Balourd max. au diamètre intérieur de la jante, 9 g.)
Pour R 50 et R 60, un équilibrage des roues est également recommandable.

B 2 = Brake Shoe Relining

When brake linings are so badly worn that the copper rivets will bear shortly, new linings must be riveted on. Brake drums found to be scored, rough or untrue owing to fitting of new spokes or excessive tightening of the spoke retaining nipples, must be carefully remachined on a drum lathe.
In its rest position, the brake lever must point rearward so when shifted into full braking position it stands a right angles to the brake cable. **Figure 171**

B 3 = Fitting Wheel Spokes

The motorcycles R 50, R 50 S, R 60 and R 69 S provided for "solo" use are equipped with 2.15 B × 18 light metal rims which require the spoke fitting gauge 5050/5.
On motorcycles supplied as sidecar machines, front wheel, sidecar wheel and spare wheel are equipped with 2.15 B × 18 steel rims, which also require the 5050/3 spoke fitting gauge. The rear wheels of the sidecar machines possess 2.75 C × 18 steel rims which should be installed with the spoke fitting gauge 5050/3.

1. Place wheel hub with bearing, drum side down upon a bench. Slip one pair of spokes crossing at the hub and provided with washers through the hub spoke holes, which however are not situated at the same height! **Figure 172**

Place the rim so into position that the pressed in nipple holding holes point exactly into the direction of the spokes inserted into the hub. The higher situated spoke must then meet the higher nipple hole on the rim, and the lower situated spoke the corresponding lower nipple hole of rim, otherwise the rim should be turned over. The other spoke pairs are fitted in exactly the same manner and fastened with nipples. **Figure 173**

2. Tighten nipples evenly, setting rim to hub distance with spoke fitting gauge 5050/5 or 5050/3 applied on brake drum side. **Figure 174**

Max. allowable diameteral runout 1 mm. (.04"), max. lateral runout .2 mm. (.008"), measured on rim bead. **Figure 175**

Caution! Grind down protruding spoke ends in order to prevent a puncture of the inner tube. Retighten the wheels after the first 1,200 miles All road wheels of the models R 50 S and R 69 S must be rebalanced after tire installation (fixture 5106). (Max. unbalance 9 grams on inner rim diameter.)
In the case of the R 50 and R 60 models the rebalancing of the road wheels is strongly recommended.

B 2 = Renovar los forros de los frenos

Si los forros se han gastado de tal modo, que falte poco para que los remaches de los forros entren en contacto con el tambor, es indispensable proceder a su renovación. Si los tambores presentan un aspecto aspero o rayado, si se han deformado por haber colocado radios nuevos o por haberlos tensado demasiado, deberán rectificarse con cuidado en un torno los tambores.
En la posición de reposo, la palanca de freno deberá quedar echada hacia atrás, de modo que al apretar al máximo el freno, quede en ángulo recto con el cable de freno. **Fig. 171**

171

B 3 = Enrayar las ruedas

Los modelos R 50, R 50 S, R 60 y R 69 S tienen como equipo de serie llantas de metal ligero de 2,15 B × 18. Para enrayar estas llantas se precisa el calibre 5050/5. Este equipo se entiende para los modelos citados destinados al empleo sin sidecar.
Si los modelos se suministran para servicio con sidecar, su equipo incluye la rueda delantera, la del sidecar y la de repuesto con llantas de acero 2,15 B × 18, para las que también se necesita el calibre 5050/5. Las ruedas traseras de los modelos para sidecar tienen llantas de acero 2,75 C × 18, cuyo enrayado se efectúa con el calibre 5050/3.

1. Colocar el cubo de la rueda con su rodamiento sobre el banco de trabajo, de modo que el tambor de freno señale hacia abajo. Introducir en los agujeros del cubo una pareja de radios que se cruce, provista de sus respectivas placas de apoyo, sin olvidar que los agujeros en el cubo no están a la misma altura. **Fig. 172**

172

Colocar la llanta de tal modo, que los agujeros para las boquillas roscadas, embutidos en la llanta, queden exactamente en la dirección de los radios colocados en el cubo. Para ello, el radio de posición superior deberá encontrar el respectivo agujero superior de la llanta, igual que el radio inferior deberá coincidir con su agujero inferior de la llanta.
De no ser así, se deberá dar la vuelta a la llanta. Montar de forma análoga los demás radios y proveerles de las respectivas boquillas roscadas. **Fig. 173**

173

2. Tensar uniformemente las boquillas roscadas y ajustar simultáneamente la distancia entre el cubo y la llanta, apoyando en el lado del tambor de freno los calibres de enrayado 5050/5, respectivamente 5050/3 (construcción propia). **Fig. 174**

174

Excentricidad diametral máxima 1 mm., máximo juego lateral 0,2 mm., efectuando la medición en el borde exterior de la llanta. **Fig. 175**

¡**Atención!** Limar los extremos de los radios que pudieran sobresalir de las boquillas roscadas, para evitar que se dañe la cámara. Volver a tensar los radios después de los primeros 2.000 km de recorrido. Las ruedas de los modelos R 50 S y R 69 S han de ser equilibradas dinámicamente cada vez que se cambien los neumáticos, utilizando el dispositivo 5106. (Masa centrifuga máxima de las ruedas en el diámetro interior de la llanta 9 g.)
Se recomienda equilibrar dinámicamente también las ruedas de los modelos R 50 y R 60.

175

L = Lenkung und Federbeine
(Laufrad ausgebaut)

Werkzeuge:
Zapfenschlüssel Matra 286, Montagedorn Matra 519, Spannvorrichtung 5094, Maulschlüssel SW 24, SW 19, SW 17, SW 14, SW 10, SW 9, Kombizange, Ringschlüssel SW 24, 17, 14, 10, Bordwerkzeugschlüssel SW 36/41, Dowidatklemmschlüssel 31 mm. **Bild 176**

L 1 = Federbeine aus- und einbauen

1. Motorrad auf Kippständer stellen und Motor unter Ölwanne aufbocken.

2. Muttern SW 17 der Befestigungsschrauben an Gabel und an Schwinge abschrauben, Schrauben ausdrücken und mit Unterlegscheiben ablegen, vorderes Federbein abnehmen. **Bild 177**

Auf Federverkleidung des Federbeines Zugteller der Federmontagevorrichtung 5094 (Selbstanfertigung) stülpen. Oberes Federbein-Befestigungsauge in Schraubstock einspannen, durch Hebel der Vorrichtung und unteres Federbeinauge Bolzen durchstecken.
Hebel schwenken, bis er von selbst bei zusammengedrücktem Federbein stehenbleibt. Mit Maulschlüssel SW 9 am Zweikant der Stoßdämpferstange diese aus oberem Federbeinauge ausschrauben. **Bild 178**

Abbau der hinteren Federbeine: Federspannknebel auf „Solofahrt" stellen und bei herunterhängendem Schwingarm Federbeinbefestigung oben (Zapfenschlüssel Matra 286 und Ringschlüssel SW 17 mit Schraubenzieher) und unten lösen und Federbeine nach unten abnehmen. **Bild 179**

3. Zum Ausbau des Stoßdämpfers unteres Federbeinauge in Schraubstock mit Einspannbacken einspannen. Obere Stoßdämpfer-Schutzkappe abziehen und Stoßdämpfer mit Dowidat-Spannschlüssel Nr. 31-10, oben angesetzt, ausschrauben. **Bild 180**

Stoßdämpfer nicht legen. In senkrechter Stellung lagern.

4. Metallgummilager in Federbeinaugen nur bei Bedarf auspressen.

Achtung! Vor Wiedereinbau Federlänge bzw. Federdruck der Tragfedern (s. Seite 34) prüfen.
Stoßdämpfer muß auf Zug schwerer und auf Druck leichter gehen, aber in beiden Fällen jeweils gleichförmig.

Vorsicht! Stoßdämpfer darf in zusammengedrückter Endstellung höch-

L = Direction et jambages à ressort
(roue déposée)

Outillage :
Clef à ergots Matra 286, chassoir Matra 519, dispositif 5094, clefs à fourche OC 24, OC 19, OC 17, OC 14 OC 10, OC 9, pince combinée, clefs fermées OC 24, 17, 14, 10, clef de la trousse OC 36/41, clef à collier 31 mm. **Fig. 176**

L 1 = Dépose et pose des jambages à ressort

1. Mettre la moto sur la béquille et la caler sous le moteur.

2. Dévisser les écrous OC 17 de fixation à la fourche et au bras oscillant, déchasser les vis, les retirer avec leur rondelle et enlever les jambages à ressort avant. **Fig. 177**

Sur la protection du jambage, placer la coupelle du dispositif de tension 5094 (à exécuter par l'agent). Serrer à l'étau l'œillet supérieur de fixation du jambage. Passer l'axe par le levier du dispositiv et l'œillet inférieur du jambage. Replier le levier jusqu'à ce qu'il se maintienne par la pression du jambage comprimé. Avec une clef à fourche OC 9 appliquée aux deux pans de la tige d'amortisseur, dévisser celle-ci de l'œillet supérieur de fixation. **Fig. 178**

Dépose des jambages à ressort arrière : placer le levier de réglage de tension sur la position « Solo » et, le bras oscillant pendant vers le bas, libérer les fixations supérieure (clef à ergots Matra 286 et clef fermée OC 17) et inférieure et enlever le jambage vers le bas. **Fig. 179**

3. Pour démonter l'amortisseur, serrer à l'étau, avec protections, l'œillet inférieur du jambage. Retirer la protection supérieure et dévisser l'amortisseur avec la clef à tubes No. 31–10, appliquée en haut. **Fig. 180**

Ne pas déposer l'amortisseur couché. Il faut toujours stocker les amortisseurs debout.

4. N'extraire le silentbloc de l'œillet du jambage que si c'est une nécessité.

Attention ! Avant remontage, contrôler la longueur et respectivement la force des ressorts de suspension (voir page 34).
L'amortisseur doit demander davantage de force pour son extension que pour sa compression, mais les deux courses doivent s'effectuer sans à-coup.

Important : L'amortisseur complètement comprimé ne doit en aucun cas

L = Steering and Spring Legs
(Road Wheel removed)

Tools:
Pin wrench Matra 286, installing drift Matra 519, fixture 5094, open-ended wrench SW 24, SW 19, SW 17, SW 14, SW 10, SW 9, cut pliers, ring spanner SW 24, 17, 14, 10, toolkit wrench SW 36/41, Dowidat clamping wrench 31 mm. **Figure 176**

L1 = Removing and Installing Spring Legs

1. Set the motorcycle on its stand and block it up at the frame under the engine.

2. Remove SW 17 nuts from mounting bolts on fork and swinging arm, push bolts out and remove them with their washers; remove front spring leg. **Figure 177**

Upon the spring tube of the suspension unit, install pull plate of spring fitting fixture 5094 (made on drawing). Clamp upper spring leg connecting into vise, insert pin through fixture lever and lower spring leg eye. Turn over lever until it is stopped as the spring leg is compressed. With SW 9 open-ended wrench applied on flat of damper rod unscrew this out of upper spring leg eye. **Figure 178**

Removal of rear spring legs: Place spring adjusting lever into "solo" driving position and with swinging arm down loosen spring leg mounts on top (Matra 286 pin wrench and SW 17 ring spanner with screw driver) and bottom, and remove spring legs downward. **Figure 179**

3. To remove damper, clamp lower spring leg eye into vise.
Remove upper damper protecting cap and unscrew shock absorber with Dowidat No. 31–10 clamping wrench, applied on top. **Figure 180**

Never reserve the shock absorber in a horizontal position, but stock it in an upright position.

4. Press rubber bushings off spring leg eyes only when required.

Caution! Before refitting check spring length and tension (see page 35). Pulling the shock absorber must require much more force than compressing it, but the rod should evenly slide into both directions.

Caution! Fully compressed shock absorbers must not be given a higher

L = Dirección y brazos telescópicos
(con la rueda desmontada)

Herramientas:
Llave de vástago Matra 286, mandril de montaje Matra 519, dispositivo tensor 5094, llaves de boca SW 24, SW 19, SW 17, SW 14, SW 10, SW 9, alicates, llaves de anilla SW 24, 17, 14, 10, llave SW 36/41 incluida en el conjunto de herramientas de la moto, llave especial Dowidat de 31 mm.
Fig. 176

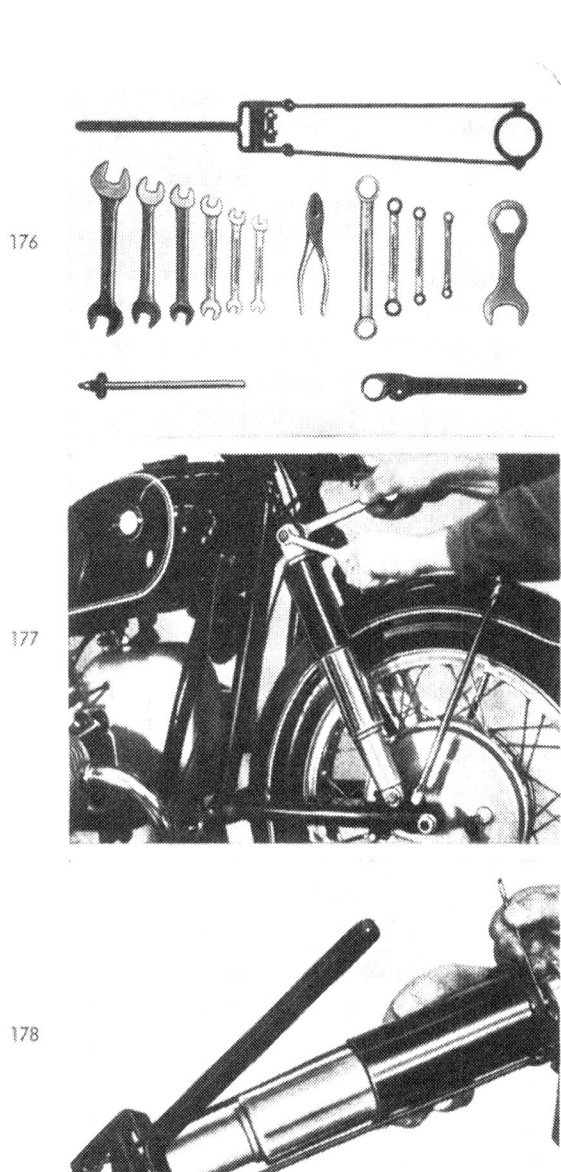

176

L1 = Desmontar y montar los brazos telescópicos de la rueda delantera

1. Colocar la moto sobre un caballete abatible y apuntalar el motor por debajo del cárter.

2. Desatornillar las tuercas SW 17 de los tornillos de sujeción en la horquilla y en el balancín, extraer los tornillos con sus arandelas y retirar el brazo telescópico delantero.
Fig. 177

177

Sobre la cubierta del brazo telescópico se coloca el platillo tensor del dispositivo de montaje 5094 (construcción propia). Sujetar con el tornillo de banco la unión superior del brazo telescópico, haciendo pasar un solo perno a través de la palanca del dispositivo de montaje y el orificio de la unión inferior del brazo telescópico.
Bajar la palanca, hasta que se detenga, al quedar totalmente comprimido el resorte. Desatornillar con una llave de boca SW 9 la varilla del amortiguador, de la unión superior del brazo telescópico, aplicando la llave en la rosca de dos cantos de la varilla.
Fig. 178

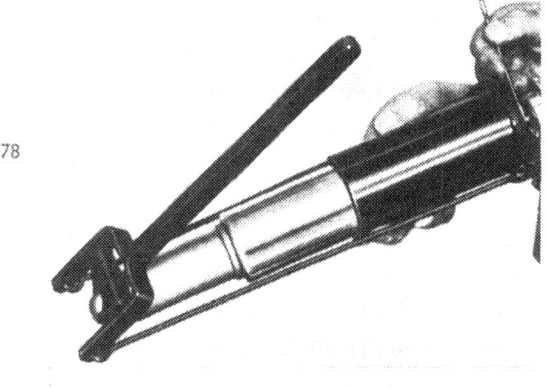

178

Desmontaje de los brazos telescópicos traseros: conmutar la muletilla tensora del resorte a la posición de marcha sin sidecar. Con el brazo oscilante colgando hacia abajo, se afloja arriba y abajo la sujeción del brazo telescópico (llave de vástago Matra 286 y llave anular SW 17 con desatornillador). Sacar hacia abajo los brazos telescópicos.
Fig. 179

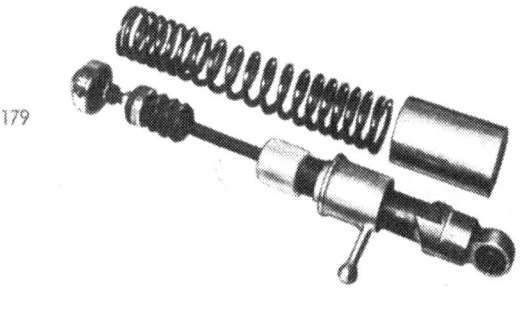

179

3. Para desmontar el amortiguador, se fija en el tornillo de banco provisto de mordazas protectoras la unión inferior del brazo telescópico.
Retirar la cubierta protectora superior del amortiguador y desatornillar el amortiguador con la llave especial Dowidat 31-10, aplicada en la parte de arriba. **Fig. 180**

Los amortiguadores no se almacenarán de ningún modo en posición horizontal, sino en posición vertical.

4. Los anillos amortiguadores en los orificios de unión de los brazos telescópicos se sacan a presión, pero sólo en caso de fundada necesidad.

¡Atención! Comprobar, antes del montaje, la longitud respectivamente la fuerza de compresión de los resortes (véase pág. 35). El amortiguador debe mostrar mayor resistencia a la tracción que a la compresión, aunque en ambos casos su desplazamiento debe ser uniforme.

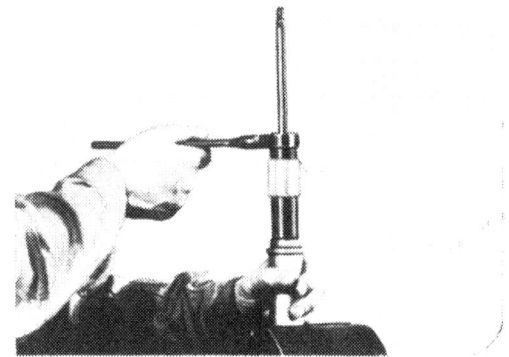

180

¡Cuidado! En la posición final de compresión, el amortiguador no debe ser sometido a una presión mayor de

stens mit 500 g Druck belastet werden, sonst könnten innere Schäden auftreten.

Erfordert Zug und Druck gleich geringe Kraft oder zeigt sich ruckweise Bewegung, so liegen Undichtheiten vor, die ein Auswechseln der Stoßdämpfer erfordern. Beim Einbau die Federbeine für Solomaschine in obere und für Seitenwagenmaschine in untere Gabelanschlußbohrungen einsetzen.

L 2 = Vorderradschwinge aus- und einbauen

(Laufrad und Stoßdämpfer ausgebaut)

1. Vorderradschutzblech abschrauben.
2. Hutmutter SW 24 auf linker Radseite abdrehen, in Schwingenbolzen Führungsdorn Matra 519 eindrehen und zusammen ausziehen bzw. ausklopfen. **Bild 181**

Schwinge abnehmen, dabei auf freiwerdende Paßscheiben links und rechts achten.

3. Lagerdichtung, Druckbüchse und Kegelrollenlager-Innenlaufring mit Rollenkäfig links und rechts mit Finger herausnehmen. Kegelrollenlager-Außenlaufring nur im Schadensfall mittels handelsüblichem Innenauszieher ausziehen und wenn nicht vorhanden, mittels Dornes von Gegenseite ausklopfen. In letzterem Fall ist auch die Grund-Abdeckscheibe wegen der beim Lagerausbau erlittenen Beschädigungen auszuwechseln. Kegelrollenlager-Laufringe und Rollen untereinander nicht verwechseln. **Bild 182**

Achtung! Kegelrollenlager beim Zusammenbau mit Shell-Retinax-A-Fett füllen. Zum Einführen des Schwingenbolzens Montagedorn Matra 519 in das Innengewinde des Bolzens und die Rändelmutter des Montagedornes in das Gewinde der Gabel einschrauben. Paßscheiben zwischen Gabel und Schwinge einsetzen. Die Schwingenlagerung soll in der Gabel nur 0,1 mm Seitenspiel haben, andernfalls dickere Paßscheiben einsetzen. **Bild 183**

Schwingenbolzen in Gabel einschrauben und Rändelmutter nach Eingreifen des Schwingenbolzengewindes aus Gabel ausschrauben. **Bild 184**

Schwingenbolzen und Hutmutter so fest anziehen, daß die Schwinge ohne Rad aus der waagrechten Lage durch Eigengewicht langsam um etwa 50° herunterschwenkt. **Bild 185**

supporter une pression de plus de 500 g ; il en serait endommagé intérieurement.

Si son extension et sa compression exigent la même force réduite ou que ces courses s'effectuent irrégulièrement, on peut conclure à un défaut d'étanchéité qui nécessite le remplacement de l'amortisseur. Au montage le jambage avant doit être fixé, en haut, à l'œillet inférieur de la fourche, pour emploi avec side-car et à l'œillet supérieur pour emploi en solo.

L 2 = Dépose et pose du bras oscillant avant

(roue et amortisseurs déposés)

1. Déposer le garde-boue avant.
2. Dévisser le chapeau OC 24, du côté gauche de l'articulation, appliquer à l'axe le chassoir Matra 519 et les déchasser ensemble. **Fig. 181**

Enlever le bras oscillant en prenant garde aux rondelles d'ajustage droite et gauche, libérées.

3. Retirer avec le doigt les bagues d'étanchéité, les douilles de pression et les bagues intérieures de roulements, avec les cages, à droite et à gauche. Les bagues extérieures des roulements restent en place. Seulement si elles doivent être remplacées, les extraire au moyen d'un extracteur à prise interne ou, à défaut, les déchasser au moyen d'un chassoir, depuis l'autre côté. Dans ce dernier cas, il faudra remplacer la rondelle de couverture, endommagée par le démontage. Ne pas interchanger les pièces des deux roulements, bagues ou galets. **Fig. 182**

Attention ! Au remontage, remplir les roulements coniques de graisse Shell-Retinax-A. Pour introduire l'axe de l'articulation, visser la broche Matra 519 dans le filetage intérieur de l'axe et l'écrou à collet de la broche dans le filetage de la fourche. Placer les rondelles d'ajustage entre le moyeu et la fourche ; le jeu longitudinal ne doit pas excéder 0,1 mm ; à défaut, utiliser des rondelles d'ajustage plus fortes. **Fig. 183**

Visser l'axe dans la fourche et dévisser l'écrou à collet dès que le filetage de l'axe sera engagé. **Fig. 184**

Serrer l'axe et l'écrou à chapeau de telle sorte que le bras oscillant, sans roue, placé en position horizontale, s'abaisse lentement, sous son seul poids, jusqu'à 50 d'inclinaison environ. **Fig. 185**

load than 500 grams, as otherwise inner damages would result.

If pulling and compression require the same low force or if there are jerking motions the shock absorber is leaky and requires replacement. When installing, fit spring legs for solo vehicles into upper locations, and sidecar motorcycle spring legs into the lower locations on the fork.

L2 = Removing and Installing Front Swinging Arm

(Road Wheel and Shock Absorbers removed)

1. Remove front fender (mudguard).
2. Unscrew SW 24 acorn nut on the left side, screw Matra 519 pilot pin into swinging arm pivot bolt, and pull out or tap out altogether. **Figure 181**

Remove swinging arm, taking care not to lose any of the shims inserted at left and right.

3. With finger remove bearing seal ring, thrust bushing and taper roller bearing inner race with roller cage, left and right. Remove taper roller bearing outer race only when damaged by means of a commercial type internal puller and when such a tool is not available tap race out with a drift applied on the opposite side. In the latter case the bottom covering washer must also be replaced because of the damages experienced on removal of the bearing. Do not mix up any taper roller bearing races and/or rollers against others. **Figure 182**

Caution! When assembling, pack taper roller bearings with Shell Retinax A grease. To insert the swinging arm pivot bolt, screw pilot pin Matra 519 into the inner thread of the bolt and knurled nut of pilot pin into the thread of the fork. When being installed, the swinging arm bearing should only have a 0.1 mm. (.004") side play, otherwise insert thicker shims. **Figure 183**

Screw swinging arm pivot bolt into the fork and unscrew knurled nut off fork as swinging arm bolt thread turns into position. **Figure 184**

Tighten swinging arm pivot bolt and acorn nut so far that, with the front wheel removed, the pivoted fork sinks about 50° slowly down under its own weight. **Figure 185**

500 kg., ya que de otro modo podrían originarse daños internos.
Si se requiere igual fuerza para la tracción que para la compresión, o si el desplazamiento no es uniforme, existen fugas que exigen la sustitución de los amortiguadores. Al montar los brazos telescópicos, se utilizan los orificios superiores de la horquilla para el servicio sin sidecar y los inferiores para el servicio con sidecar.

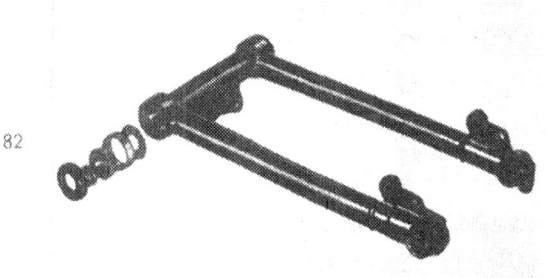

181

L2 = Desmontar y montar el balancín delantero

(con la rueda y los amortiguadores desmontadas)

1. Desatornillar el guardabarros de la rueda delantera.
2. Desatornillar la tuerca de caperuza SW 24 en la parte izquierda de la rueda, atornillando seguidamente el mandril de guía Matra 519 en el eje del balancín, extrayéndoles o golpeándoles conjuntamente hacia afuera. **Fig. 181**

Retirar el balancín, poniendo atención en las arandelas distanciadoras de ambos lados.

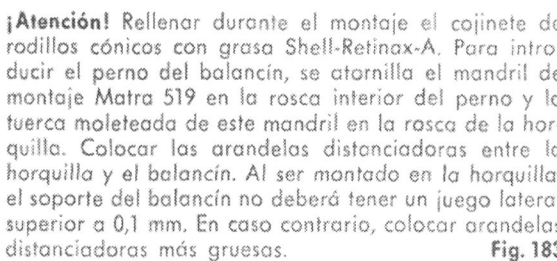

182

3. Sacar con el dedo la junta del cojinete, el casquillo de presión y el anillo de rodamiento interior del cojinete de rodillos cónicos con la jaula respectiva, tanto a la derecha como a la izquierda. El anillo de rodamiento exterior del cojinete de rodillos cónicos sólo se extrae en caso de que se halle defectuoso, utilizando un extractor interior normal o golpeando con un mandril desde el lado opuesto. En este último caso también deberá reemplazarse el disco de cubrimiento, debido a los daños sufridos durante el desmontaje. No deberán confundirse entre sí los anillos de rodamiento y los rodillos de cada cojinete de rodillos cónicos. **Fig. 182**

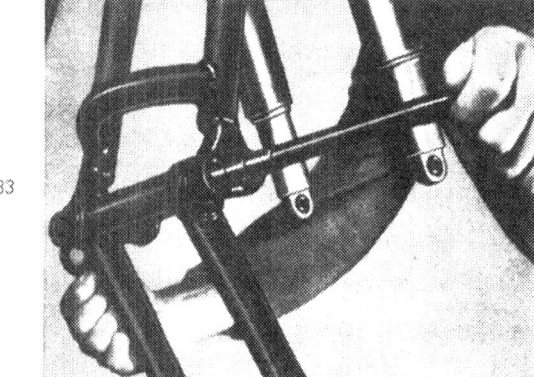

183

¡Atención! Rellenar durante el montaje el cojinete de rodillos cónicos con grasa Shell-Retinax-A. Para introducir el perno del balancín, se atornilla el mandril de montaje Matra 519 en la rosca interior del perno y la tuerca moleteada de este mandril en la rosca de la horquilla. Colocar las arandelas distanciadoras entre la horquilla y el balancín. Al ser montado en la horquilla, el soporte del balancín no deberá tener un juego lateral superior a 0,1 mm. En caso contrario, colocar arandelas distanciadoras más gruesas. **Fig. 183**

184

Atornillar el perno del balancín en la horquilla y retirar la tuerca moleteada de la horquilla, cuando la rosca del perno de la horquilla haya engranado. **Fig. 184**

Apretar el perno del balancín y la tuerca de caperuza, hasta que el balancín baje lentamente, debido a su propio peso, de la posición horizontal, alcanzando una inclinación de 50° aproximadamente, todo ello con la rueda desmontada. **Fig. 185**

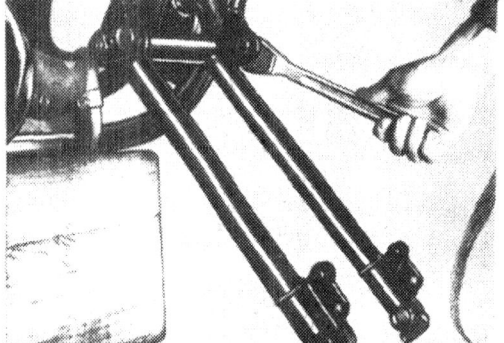

185

L 3 = Vorderradgabel aus- und einbauen

1. **Lenkungsdämpfer aus- und einbauen:**
   a) Bei R 50 und R 60 Reibungslenkungsdämpfer abbauen. Dazu Splint aus Lenkungsdämpferschraube unten entfernen. Dämpferschraube am Sterngriff oben ausschrauben und unten Druckplatte sowie oben Sicherungskappe und Sicherungsscheibe abnehmen. **Bild 186**

   Mutter SW 14 von Halteschraube SW 19 abdrehen und Dämpfungsscheibe samt Federscheibe, Unterlegscheiben sowie Gummiringen abnehmen. **Bild 187**

   b) Bei R 50 S und R 69 S Sterngriff und vollständigen Gelenkhebel zum hydraulischen Lenkungsdämpfer von der Gabel und von der Kolbenstange abbauen; siehe L 4.

2. **Scheinwerfer abheben und wiederanbauen:**
   Abblendschalter am linken und Blinkerschalter am rechten Lenkergriff an unterer Befestigungsschraube mittels Schraubenziehers von Lenkstange lösen. **Bild 188**

   Kabelbaum etwas aus Scheinwerfer herausziehen. Scheinwerfer-Befestigungsschrauben SW 14 ausdrehen, dabei auf Gummilagerungen achten. Scheinwerfer vorsichtig nach unten hängen lassen.

3. **Lenker samt oberer Gabelführung abheben:**
   Obere Mutter SW 36 von Gabelführungsrohr und 2 Gabelbefestigungsschrauben SW 19 an oberer Gabelführung abschrauben. Auf Kraftstoffbehälter einen sauberen Lappen legen, Lenker abheben und auf Kraftstoffbehälter legen.

4. **Gabel aus Rahmen ausbauen:**
   Paßscheibe über unterer Mutter abheben und untere Mutter SW 41 abschrauben. Auf Lagerkugeln von unterem Lager achten. Gabel aus Rahmen nehmen und oben Schutzkappe sowie äußeren Kugellager-Laufring mit Kugeln abnehmen. **Bild 189**

   Achtung! Zum Einbau je Lager 23 Kugeln mit Fett in Laufring einkleben. **Bild 190**

   Nach Gabeleinbau Lagerpassung durch Anziehen der unteren Mutter SW 41 und oberen Mutter SW 36 so einstellen, daß die Gabel nach beiden Seiten leicht beweglich ist, jedoch kein fühlbares Spiel in der Lagerung hat. Der Scheinwerfer ist später neu einzustellen (siehe Elektro-Anhang).

L 3 = Dépose et pose de la fourche avant

1. **Dépose et pose du frein de direction:**
   a) pour R 50 et R 69: démonter le frein à friction. Pour cela, dégoupiller, au bas, la vis centrale, dévisser celle-ci par son volant du haut et retirer en bas le disque de pression et en haut le chapeau et la rondelle d'arrêt. **Fig. 186**

   Dévisser l'écrou OC 14 de la vis d'arrêt OC 19 et enlever le disque de frein, avec la rondelle à ressort, les rondelles intermédiaires et les bagues caoutchouc. **Fig. 187**

   b) Pour R 50 S et R 69 S, déposer de la fourche et de la tige de piston le volant de commande et le système de leviers du frein hydraulique de direction; voir L 4.

2. **Dépose et pose du phare:**
   Déposer du guidon, à gauche le commutateur phare-code, à droite la commande de clignotants. **Fig. 188**

   Tirer un peu le faisceau de câbles hors du phare. Dévisser les vis de fixation du phare OC 14, en veillant aux rondelles caoutchouc. Avec précautions, laisser le phare pendre vers le bas.

3. **Dépose du guidon avec l'entretoise supérieure de fourche:**
   Dévisser l'écrou OC 36 du tube de direction et les deux vis OC 19 de fixation des montants à l'entretoise. Recouvrir le réservoir d'un chiffon propre, soulever le guidon avec l'entretoise et le déposer sur le réservoir.

4. **Déposer du cadre la fourche:**
   Enlever la rondelle d'ajustage sur l'écrou OC 41 et dévisser ce dernier. Attention aux billes du roulement inférieur! Sortir la fourche du cadre et enlever le chapeau de protection du haut et les cuvettes extérieures des roulements, avec les billes. **Fig. 189**

   Attention! Au montage, coller dans chaque roulement, à la graisse, 23 billes. **Fig. 190**

   Après montage de la fourche, régler les roulements, par l'écrou inférieur OC 41 et l'écrou supérieur OC 36, de telle sorte que la fourche puisse être librement tournée dans les deux sens, sans que les roulements présentent de jeu perceptible. Le phare sera ultérieurement l'objet d'un nouveau réglage (voir «Équipement électrique»).

L 3 = Removing and Installing Front Fork

1. **Removing and Refitting Steering Damper:**
   a) On R 50 and R 60 remove friction steering damper. For this, remove the cotter pin from bottom end of steering damper rod. Unscrew damper rod on lock knob above and remove pressure plate below as well as lock cap and lock washer on top. **Figure 186**

   Unscrew SW 14 nut from SW 19 clamping screw, and remove steering damper friction and anchor plate with spring washer, flat washers and rubber rings. **Figure 187**

   b) On R 50 S and R 69 S remove lock knob and disconnect coupling lever assembly from fork and piston rod. Refer to L 4.

2. **Removing and Refitting Headlamp:**
   Disconnect dimmer switch at left, and blinker switch at right handlebar grip from handlebar tube by removing lower fastening screw with a screw driver. **Figure 188**

   Pull wiring harness somewhat out of headlamp shell. Remove SW 14 headlamp mounting screws, taking care not to lose any of the rubber washers. Leave headlamp attached on the wiring harness. Proceed carefully to avoid damaging the headlamp.

3. **Lifting off Handlebars with Upper Fork Guide:**
   Remove steering column locking nut SW 36 and the two SW 19 fork holding nuts on top plate. Cocer fuel tank with a clean cloth, lift off handlebars and place same upon the fuel tank.

4. **Removing Front Fork from Frame:**
   Remove spacing shim over lower nut and unscrew lower nut SW 41, using care not to lose any of the bearing balls in lower race. Remove fork from frame and remove upper dust cover and outer ball bearing race with balls. **Figure 189**

   Caution! When reassembling, stick with grease 23 balls into each ball-race. **Figure 190**

   Having installed the fork, adjust steering head by tightening head race adjuster nut SW 41 below and steering column locknut SW 36 above until all play is removed, but the fork is still free to rotate on the head races. The headlamp must be readjusted thereafter (see "Electrical Equipment").

L 3 = Desmontar y montar la horquilla delantera

1. **Desmontar y montar el amortiguador de la dirección**
   a) Desmontar el amortiguador de fricción de la dirección en los modelos R 50 y R 60. Para ello se saca el pasador en la parte inferior del tornillo para el amortiguador de la dirección. Desenroscar el tornillo amortiguador cogiéndole por su extremo estrellado superior. Quitar abajo la placa de presión y arriba la chapa protectora así como la arandela de seguridad. **Fig. 186**

   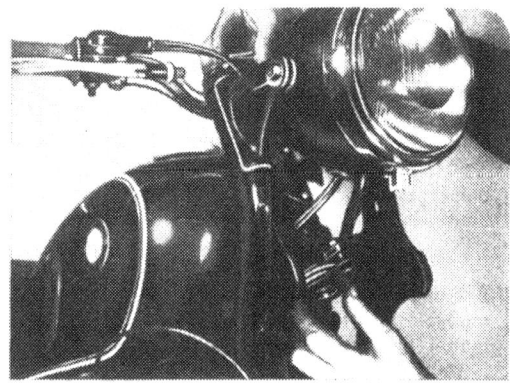
   186

   Quitar del tornillo de sujeción SW 19 la tuerca SW 14, retirando la placa amortiguadora, el disco de resorte, las arandelas y los anillos de goma. **Fig. 187**

   187

   b) En los modelos R 50 S y R 69 S se desmontan de la horquilla y de la biela el mango estrellado y la palanca articulada completa, pertenecientes al amortiguador hidráulico de la dirección. Véase párrafo L 4.

2. **Retirar y volver a instalar el faro:**
   Separar del manillar el conmutador de las luces de cruce y de carretera así como el interruptor de intermitentes, el primero en el mango izquierdo, el segundo en el derecho, desenroscando el tornillo de sujeción inferior con un desatornillador. **Fig. 188**

   Extraer e conjunto de cables un poco del faro.
   Desenroscar los tornillos de sujeción SW 14 del faro, teniendo cuidado con los soportes de goma. Dejar colgar precaución el faro hacia abajo.

   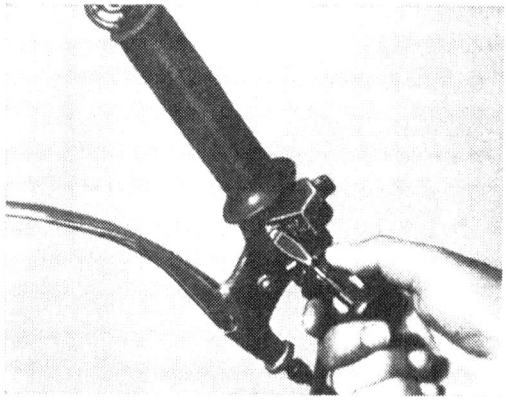
   188

3. **Sacar el manillar junto con la placa triangular de la horquilla:**
   Desatornillar del tubo de dirección del manillar la tuerca superior SW 16 así como los dos tornillos SW 19 para la sujeción del manillar, dispuestos en la placa triangular. Colocar un trapo limpio encima del depósito de combustible, alzar el manillar y dejarla colocado encima del depósito.

4. **Desmontar la horquilla del cuadro:**
   Retirar la arandela de ajuste dispuesta encima de la tuerca inferior y desatornillar la tuerca inferior SW 41. Tener cuidado con las bolas del cojinete inferior. Sacar la horquilla del cuadro y quitar de la parte de arriba la chapa de protección así como el anillo exterior del cojinete de bolas con sus bolas. **Fig. 189**

   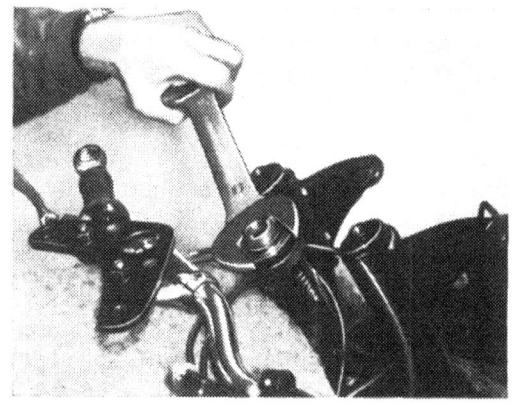
   189

   ¡Atención! Al efectuar el montaje, se fijan con grasa 23 bolas en el anillo de rodadura de cada cojinete. **Fig. 190**

   Después de haber montado la horquilla, se ajustan los cojinetes mediante la tuerca inferior SW 41 y la tuerca superior SW 36 de tal modo, que la horquilla pueda moverse ligeramente hacia ambos lados, pero sin que pueda apreciarse juego alguno en los cojinetes. Posteriormente deberá ajustarse de nuevo el faro (véase el capítulo dedicado a la instalación eléctrica).

   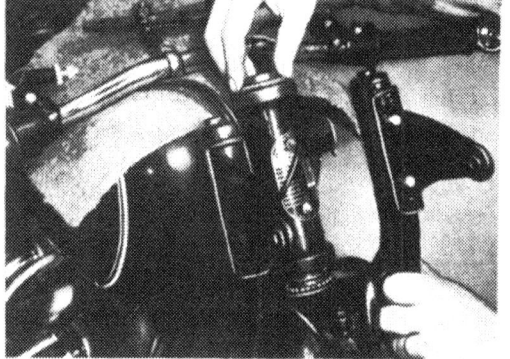
   190

L 4 = Hydraulischen Lenkungsdämpfer aus- und einbauen	L 4 = Dépose et pose du frein hydraulique de direction	L 4 = Removing and Installing Hydraulic Steering Damper
1. Komplettes Kniegelenk abbauen: Mit dünnwandigem Steckschlüssel die Mutter SW 12 nebst Federring unten am Lenkungskopf abschrauben und Sterngriff nach oben herausziehen. **Bild 191**	1. Déposer les leviers de renvoi complets: Avec une clef mince OC 12, dévisser l'écrou avec rondelle à ressort, en bas et retirer par le haut le volant de commande. **Fig. 191**	1. Removing complete toggle lever coupling: With thin-walled socket wrench unscrew SW 12 nut with lockwasher from bottom of steering head and pull lock knob upward out. **Figure 191**
Achtung! Auf der Sterngriffachse muß die Mutter SW 14 mit Gegenmutter beim Zusammenbau so eingestellt sein, daß die Wellscheibe unter dem Lenkungskopf so weit zusammengedrückt wird, daß sich der Sterngriff noch genügend leicht drehen läßt, nachdem unten die Mutter SW 12 mit Federring festgezogen worden ist. Neue Sterngriffachse nach Anbau des Kniegelenkes augenscheinlich auf Länge prüfen, daß sie nicht am Gelenkhebel anstößt. Die Anschlagschraube (A) für die Einschaltstellung des Kniehebels muß so eingestellt sein, daß der Hebel erst nach Überwinden eines deutlich spürbaren Druckpunktes zum Anschlag kommt. Eine Spannhülse (a) ist außerdem als Anschlagsicherung im Gabeljoch. **Bild 192**	**Attention!** Au remontage, l'écrou OC 14 avec contre-écrou sur la tige centrale doit être réglé de façon que la rondelle à ressort sous la tête de direction soit comprimée de ce qu'il faut pour laisser le volant de commande tourner assez librement après que l'écrou OC 12, du bas, ait été bloqué. Si l'on monte une nouvelle tige centrale, s'assurer après montage des leviers de renvoi qu'elle est de longueur convenable et ne peut buter contre eux. La vis de butée (A) pour la position du renvoi doit être réglée de telle sorte que le levier ne vienne y buter qu'après avoir franchi un point dur nettement perceptible. Une douille fendue (a) est chassée d'autre part dans l'entretoise de fourche à titre de butée de sécurité. **Fig. 192**	**Caution!** The SW 14 nut on the lock knob rod must on assembling be so adjusted with the counter nut that the corrugated washer beneath the steering head is as much compressed as to still allow easy rotation of the lock knob after having tightened the SW 12 nut below with lock washer. Having installed the toggle lever coupling visually inspect new lock knob rod for length so as to avoid touching the coupling lever. The limit screw (A), which governs the point at which the toggle lever engages, must be so adjusted that the lever arm makes contact just after the detent is clearly felt. Moreover a tension sleeve (a) is provided in the fork yoke to secure damper engagement. **Figure 192**
In Ausschaltstellung wird der Sterngriff durch zwei federbelastete Arretierkugeln in der Lochplatte oben am Lenkungskopf arretiert, außerdem durch eine Spannhülse im Gabeljoch. Der rote Punkt am Sterngriff muß dabei nach hinten zeigen. **Bild 193**	Dans la position «hors service», le volant de commande est arrêté par deux billes de verrouillage, à la tête de direction, en plus d'une douille fendue chassée dans l'entretoise de fourche. Dans cette position, le point rouge sur le volant doit regarder vers l'arrière. **Fig. 193**	In the disengaged position the lock knob is retained by two spring-loaded detent balls in the perforated plate on top of steering head and additionally by a tension sleeve in the fork yoke. The red dot on the knob must then point to the rear. **Figure 193**
2. Sicherungsring vom Bolzen am Gabeljoch abnehmen. Elastik-Stop-Mutter SW 14 (neuerdings Kronenmutter mit Splint) mit Scheibe der Kolbenstange am Winkelhebel abschrauben, dabei mit Schraubenzieher am Schlitz der Kolbenstange gegenhalten. Beim Abnehmen des Kniegelenkes auf zweite Scheibe hinter dem Winkelhebel achten sowie auf die Wellscheibe unter dem Lenkungskopf.	2. Enlever l'arrêt à ressort du tourillon dans l'entretoise inférieure de fourche. Dévisser l'écrou auto-bloquant OC 14 (récemment écrou crénelé avec goupille) avec rondelle, de la tige de piston au levier coudé, tout en maintenant la tige de piston par un tournevis appliqué à sa fente. En enlevant le levier coudé, veiller à la deuxième rondelle derrière ce levier et à la rondelle à ressort sous la tête de direction.	2. Remove lock washer from pin of fork yoke. Unscrew self-locking nut SW 14 (recently castellated nut with cotter pin) with washer of piston rod from toggle lever while holding the piston rod by means of screwdriver inserted into the slot in piston rod. When removing the toggle lever coupling use care not to lose the second washer behind the toggle lever and the corrugated washer below the steering head.
3. Hintere Gelenkverbindung des Hydraulikzylinders lösen und vollständigen Zylinder abnehmen. Die Klemmschelle am oberen Rahmenrohr soll möglichst nicht gelöst werden, da dies eine Neueinstellung der Einbaulage des Dämpfers erforderlich macht.	3. Libérer la fixation arrière du cylindre hydraulique et enlever le cylindre complet. Le collier au tube supérieur de cadre ne doit autant que possible pas être desserré, car cela rendrait nécessaire un nouveau réglage de la position de l'amortisseur.	3. Disconnect rear coupling of hydraulic steering damper and remove complete cylinder. The fastening clamp on upper frame tube should if possible not be loosened, as otherwise the damper position must be readjusted after installation.
Achtung! Der Hydraulikzylinder muß stets so eingebaut sein, daß die Kerbmarkierung an der hinteren Stirnfläche des Zylinders den tiefsten Punkt darstellt. **Bild 194**	**Attention!** Le cylindre hydraulique doit toujours être monté avec l'encoche de repère, sur sa surface frontale arrière, située au point le plus bas. **Fig. 194**	**Caution!** The hydraulic cylinder must always be so installed that the notch mark on rear face of cylinder constitutes the bottommost point. **Figure 194**
Hydraulikzylinder in Einbaulage (Kerbmarkierung) auf gleichmäßigen Widerstand bei Zug- und Druckhub prüfen, dabei nicht mit Kraft bis zum Endanschlag ziehen bzw. drücken (genaue Prüfung nur mittels Prüfmaschine, siehe Herstellerdaten bei	Essayer le cylindre hydraulique dans sa position de montage (encoche de repère); il doit présenter la même résistance à la traction et à la compression. Mais il ne faut jamais pousser ou tirer fortement jusqu'à la butée.	Check hydraulic cylinder in installed position (notch mark) for even resistance to pull and pressure motion, but when doing this restrain from pulling or pressing piston by force into the final stop positions (precision test only by means of testing

L4 = Desmontar y montar el amortiguador hidráulico de la dirección

1. Desmontar la rótula completa: mediante una llave tubular delgada se desatornilla la tuerca SW 12 junto a la arandela elástica, dispuesta en la parte inferior del cabezal de la dirección, extrayendo seguidamente hacia arriba el mango estrellado. **Fig. 191**

191

> ¡Atención! Al efectuar el montaje, la tuerca SW 14 y la contratuerca deberán hallarse dispuestas sobre el eje del mango estrellado de tal modo, que la arandela ondulada colocada debajo del cabezal de la dirección quede comprimida hasta tal punto, que el mango estrellado aún pueda ser girado con facilidad después de haber apretado en el extremo inferior la tuerca SW 12 con el anillo elástico. Al instalar un eje del mango estrellado nuevo, se monta la articulación en rótula y se ajusta la longitud de tal modo, que el eje no choque con la palanca articulada.
> El tornillo de tope (A) para la posición de conexión de la palanca acodada deberá ser graduado de tal forma, que la palanca no llegue al tope hasta después de haber superado un punto de presión perfectamente perceptible. También se ha previsto en el yugo de la horquilla un casquillo tensor (a) como protección del tope. **Fig. 192**

192

> En la posición de desconexión, el mango estrellado es detenido mediante dos bolas de compresión elástica en la placa de orificios que se halla arriba, junto al cabezal de dirección. Como elemento de retención adicional se ha previsto un casquillo tensor en el yugo de la horquilla. En esta posición, el punto rojo marcado en la estrella deberá señalar hacia atrás. **Fig. 193**

2. Quitar del perno en el yugo de la horquilla la arandela de seguridad. Desatornillar de la palanca acodada la tuerca de autofrenado SW 14 (recientemente tuerca corona con pasador) con su respectivo disco, pertenecientes a la biela, efectuando la sujeción con un desatornillador aplicado en la ranura de la biela. Al desmontar la articulación en rótula, deberá ponerse atención en el segundo disco detrás de la palanca acodada, así como en el disco ondulado dispuesto debajo del cabezal de dirección.

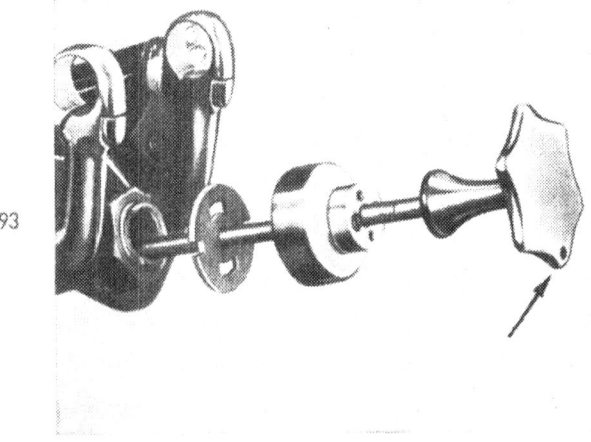

193

3. Separar la unión articulada trasera del cilindro hidráulico y desmontar el cilindro íntegro. La abrazadera de sujeción en el tubo superior del cuadro no debe ser soltada, a ser posible, ya que su desmontaje requeriría un reajuste de la posición de instalación del amortiguador.

> ¡Atención! El cilindro hidráulico deberá hallarse montado siempre de tal forma, que la entalladura en la superficie frontal posterior del cilindro represente el punto inferior. **Fig. 194**

Comprobar si el cilindro hidráulico presenta igual resistencia a la tracción y a la presión en su posición de servicio (observar la entalladura). No deberá ejercerse fuerza para llegar a la posición final de presión o de tracción. (La verificación exacta sólo podrá efectuarse con una máquina de comprobación, véanse los datos de fábrica en el capítulo de medidas y tolerancias.) Los

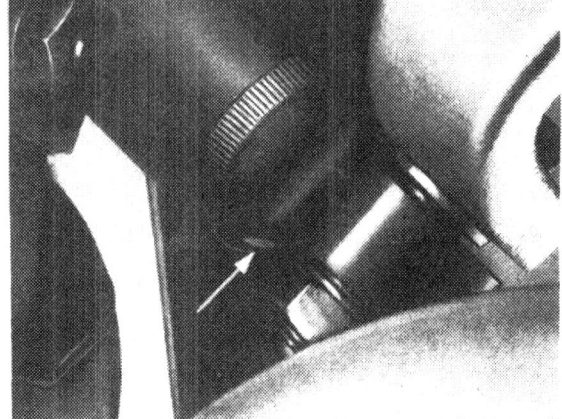

194

Maße und Passungen). Defekten Zylinder nicht zerlegen, sondern komplett austauschen.

4. **Einbaulage des Hydraulikzylinders**
Wurden wesentliche Teile erneuert, z. B. Rahmen, Gabel, Kniegelenk oder die hintere Klemmschelle gelockert, ist eine Neueinstellung des Hydraulikzylinders erforderlich, damit der Dämpferkolben in den Endlagen bei vollem Rechts- und Linkseinschlag der Gabel nicht im Zylinder anstößt und der Zylinder selbst genügend Abstand zu den Gabelholmen hat.
Alle Teile angebaut, Sterngriff auf Einschaltstellung, Verbindung der Kolbenstange zum Winkelhebel getrennt, Klemmschelle am oberen Rahmenrohr locker.

a) Kolbenstange vorsichtig bis zum Anschlag des Kolbens im Hydraulikzylinder herausziehen und Länge „a" bis zum Ansatz des Gewindezapfens messen (ca. 62 mm).

b) Kolbenstange vorsichtig ganz hineinschieben bis zum Anschlag im Zylinder und auf Länge „b" = ca. 6 bis 9 mm herausziehen.

c) Gabel ganz nach links einschlagen und Kolbenstange im Langloch des Winkelhebels anschrauben (Scheibe, Winkelhebel, Scheibe, sowie jeweils neue Elastik-Stop-Mutter SW 14), dabei nach Bedarf Klemmschelle am Rahmenrohr etwas verschieben, ohne daß sich die Stellung der Kolbenstange im Zylinder verändert. **Bild 195**

Eventuell Klemmschelle etwas verdrehen bzw. auch Kolbenstange im Langloch nach oben schieben, damit der Hydraulikzylinder nicht am Gabelholm anstößt. **Bild 196**
Klemmschelle festziehen.

d) Gabel ganz nach rechts einschlagen. Die Länge der jetzt ausgezogenen Kolbenstange muß geringer sein als die bei „a" gemessenen, und auf Anschlag ausgezogen, und soll ca. 58 mm betragen. **Bild 197 links**

Sterngriff in Ausschaltstellung bringen, Gabel bleibt nach rechts eingeschlagen. Der Hydraulikzylinder darf auch jetzt nicht am Gabelholm anstoßen. **Bild 197 rechts**

Nach evtl. notwendiger Nachstellung erneut eine Kontrolle vornehmen wie unter „a" bis „d" angegeben.
Elastik-Stop-Mutter SW 14 bzw. Kronenmutter mit Scheibe an der Kolbenstange endgültig festziehen, dabei mittels Schraubenziehers im Schlitz der Kolbenstange gegenhalten; Kronenmutter auf Splintloch gegenhalten und neuen Splint einbauen. **Bild 198**

(Pour un contrôle précis la machine d'essai est indispensable ; voir indications sous cotes et tolérances). Ne pas démonter un amortisseur défectueux : le remplacer complet.

4. **Longueur de montage du cylindre hydraulique**
Si des pièces déterminantes ont été remplacées, comme cadre, fourche, leviers de renvoi de l'amortisseur, ou que le collier de fixation arrière à été desserré, un nouveau réglage de l'amortisseur est nécessaire, afin que son piston ne vienne pas buter au fond du cylindre dans les positions extrêmes (braquage total à droite et à gauche) et que le cylindre lui-même soit assez écarté de l'entretoise de fourche.
Toutes les pièces étant montées, le volant de commande sur position « en service », tige de piston non accouplée au levier coudé, collier de fixation au tube supérieur du cadre desserré :
a) Tirer avec précautions la tige de piston jusqu'à la butée du piston dans le système hydraulique et mesurer la distance « a » jusqu'à la naissance du filetage (env. 62 mm).
b) Repousser prudemment la tige jusqu'à la butée dans le cylindre et la retirer de la longueur « b » env. 6 à 9 mm.
c) Braquer à fond la fourche à gauche et accoupler la tige dans le trou allongé du levier coudé (rondelle, levier, rondelle et écrou auto-bloquant OC 14), en déplaçant selon besoin sur le tube de cadre le collier de fixation, de façon à ne pas modifier la position de la tige de piston dans le cylindre. **Fig. 195**

S'il le faut, tourner un peu le collier ou déplacer la tige de piston dans le trou ovale du levier, vers le haut, afin que le cylindre ne bute pas contre l'entretoise. **Fig. 196**
Rebloquer le collier.

d) Braquer la fourche à fond, à droite. La longueur de la tige ainsi tirée doit alors être plus petite que la mesure « a » précédemment relevée à la butée et doit être environ 58 mm. **Fig. 197 gauche**

Mettre le volant de commande sur position « hors service », la fourche restant à fond à droite. Le cylindre hydraulique ne doit toujours pas toucher à l'entretoise.
Fig. 197 droite

Après un réglage éventuel, renoveler les contrôles ci-dessus, de a) à d).
L'écrou auto-bloquant OC 14 ou l'écrou crénelé sur la tige est finalement bloqué, tout en maintenant la tige de piston à l'aide d'un tournevis appliqué dans sa fente ; serrer l'écrou crénelé jusqu'au trou de goupille et introduire une goupille nouvelle.
Fig. 198

machine, see manufacturer's specification contained in "Tolerances and Fits". Never disassemble defective cylinder, but replace the complete unit.

4. **Position of Installed Hydraulic Cylinder**
Whenever essential parts are replaced, such as frame, fork, toggle lever coupling or when the rear fastening clamp is loosened, the hydraulic cylinder must be readjusted in order to insure that the damper rod in the final positions with handlebars fully turned to right and left does not touch cylinder faces inside and that the cylinder itself is sufficiently distant from the fork prongs.
All parts connected, damper knob in engaged position, piston rod separated from toggle lever, fastening clamp on upper frame tube in loose state.

a) Pull piston rod carefully out until piston stops in hydraulic cylinder and measure length "a" to adapter of threaded pin—approx. 62 mm. (2.44").

b) Slip piston rod carefully completely in onto stop in cylinder and pull out to length "b" = approx. 6 to 9 mm. (.24"–.36").

c) Turn fork completely to left and attach piston rod in oblong hole of toggle lever (washer, toggle lever, washer and new SW 14 self-locking nut each time), slightly displacing for this the fastening clamp on frame tube as required without altering the position of the piston rod in cylinder. **Figure 195**

Eventually turn fastening clamp somewhat or slip piston rod in oblong hole upward, so the hydraulic cylinder does not touch the fork prong. **Figure 196**
Tighten fastening clamp.

d) Turn fork fully to right. The length of the now pulled out piston rod must be less than that measured at "a", pulled out to stop, and should be approx. 2.28". **Figure 197, left**

Move damper knob into the engaged position, forks remains turned to right stop position. The hydraulic cylinder must, neither in this position, touch the fork prong.
Figure 197, right

After an eventually necessary readjustment repeat check as outlined under "a" to "d".
Definitely tighten SW 14 self-locking nut or castellated nut with washer on piston rod, while holding piston rod by means of screw driver inserted into slot of piston rod; tighten castellated nut up to cotter pin hole and install new cotter pin.
Figure 198

cilindros defectuosos no deberán ser desarmados, sino que tendrán que ser sustituidos totalmente.

4. **Posición de instalación del cilindro hidráulico:**
Si se decide renovar piezas esenciales, como por ejemplo el cuadro, la horquilla, la articulación acodada, o aflojar la abrazadera de sujeción trasera, deberá llevarse a cabo un reajuste del cilindro hidráulico, a fin de que el émbolo amortiguador no choque en el cilindro cuando la horquilla se halle completamente torcida hacia la derecha o hacia la izquierda y para que el mismo cilindro esté suficientemente separado de los largueros de la horquilla.

Seguidamente se montan todas las piezas, el mango estrellado se fija en la posición de conexión, la unión entre la biela y la palanca acodada se halla interrumpida, la abrazadera de sujeción en el tubo superior del cuadro se encuentra aflojada.

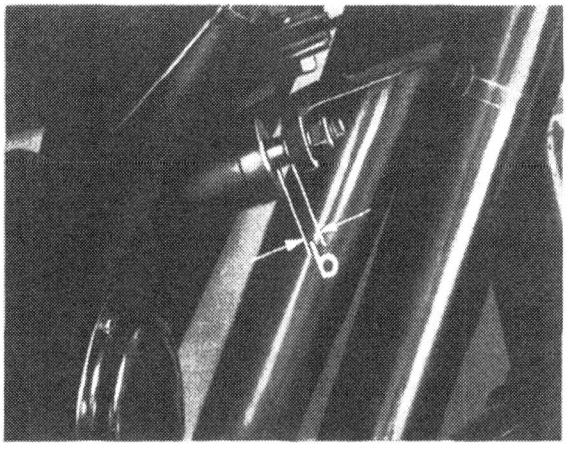
195

a) Sacar con precaución la biela, hasta el tope del émbolo en el cilindro hidráulico, y medir la distancia «a» hasta la base del vástago roscado (unos 62 mm.).

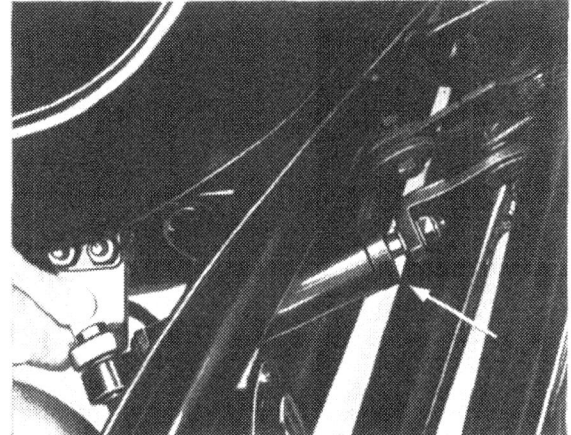
196

b) Meter a fondo, con precaución, la biela, hasta llegar al tope en el cilindro y extraerla por valor de la longitud «b» = 6-9 mm. aproximadamente.

c) Torcer hacia la izquierda del todo la horquilla y atornillar la biela del émbolo en el agujero alargado de la palanca acodada (disco, palanca acodada, disco así como la respectiva tuerca de autofrenado SW 14). Si fuese preciso se desplaza un poco la abrazadera de sujeción sobre el tubo del cuadro, sin que se altere la posición de la biela en el cilindro. **Fig. 195**

197

En caso necesario, se tuerce ligeramente la abrazadera de sujeción o se corre también hacia arriba la biela en el agujero alargado, con el fin de que el cilindro hidráulico no choque con el larguero de la horquilla. **Fig. 196**

Apretar la abrazadera de sujeción.

d) Torcer hacia la derecha del todo la horquilla. La longitud de la biela extraída ahora debe ser menor que la longitud «a» medida con la biela a tope, debiendo ser ahora de unos 58 mm. **Fig. 197, izq.**

Colocar el mango estrellado en la posición de desconexión, manteniendo la horquilla torcida hacia la derecha. Ahora, el cilindro hidráulico tampoco deberá chocar contra el larguero de la horquilla.
Fig. 197, der.

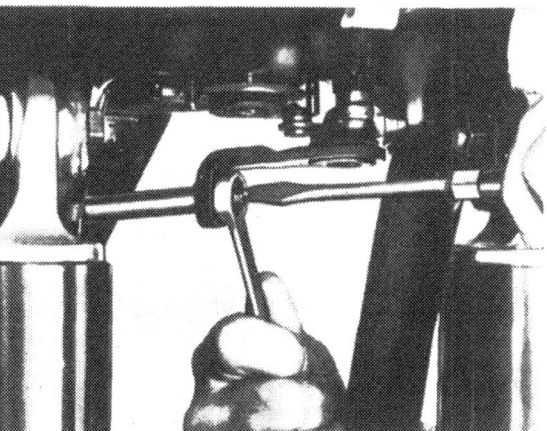
198

Después de haber efectuado el ajuste que pudiera ser preciso, se vuelve a realizar un control, según ha quedado especificado en los párrafos «a–d».
La tuerca de autofrenado SW 14 ó la tuerca corona con su disco es apretada definitivamente en la biela del émbolo. Para ello se utiliza un desatornillador, que se coloca en la ranura de la biela para hacer contrapresión; apretar la tuerca corona hasta el agujero para pasador e introducir un pasador nuevo.
Fig. 198

E = Elektrische Anlage

Beschreibung

Die elektrische Anlage besteht aus der Lichtmaschine, dem Magnetzünder, der Batterie, der Beleuchtungsanlage, dem Signalhorn, den Blinkleuchten, der Leerlaufanzeige und Ladekontrolle.

Die Lichtmaschine Bosch LJ/CGE 60/6/1700 R 5 ist ein von der Motor-Kurbelwelle angetriebener Nebenschluß-Dynamo mit einem angebauten Reglerschalter für 6 Volt Nennspannung. Sie erreicht die Nennleistung von 60 Watt bei 1700 U/min und die Höchstleistung von 90 Watt ab 2100 U/min.

Die Nennleistung wird demnach erreicht bei einer Fahrgeschwindigkeit im

	1. Gg.	2. Gg.	3. Gg.	4. Gg.
R 50, R 60, R 69 S Solo	15	23	32	41
R 50 S Solo	13	20	28	36
R 60 mit Seitenwagen	9	16	23	31

Zündanlage

Die Motoren haben einen Magnetzünder mit einem selbsttätig wirkenden Zündzeitpunktregler, der unmittelbar von der Steuerwelle mit halber Motordrehzahl angetrieben wird.

Die Magnetzündanlage der Zweizylinder-Motorräder ist völlig unabhängig von der übrigen elektrischen Anlage. Sie gewährleistet auch bei hohen Motordrehzahlen kräftige Zündfunken und hat sich als besonders betriebssicher erwiesen. Der Magnetzünder besteht aus dem an der Steuerwelle vorn angebauten Permanentmagnet als Läufer (Rotor), dem fest am Gehäuse angebauten Anker (Stator), der seinerseits aus dem Stahllamellenpaket mit Zündspule und Sicherheitsfunkenstrecke besteht, sowie dem Unterbrecher mit Fliehkraftversteller. Der Zündzeitpunkt ist 9° v. OT.

Die selbsttätige Zündzeitpunktverstellung beträgt 30° Kurbelwellenwinkel, so daß sich eine maximale Frühzündung von 39° ± 2° v. OT ergibt.

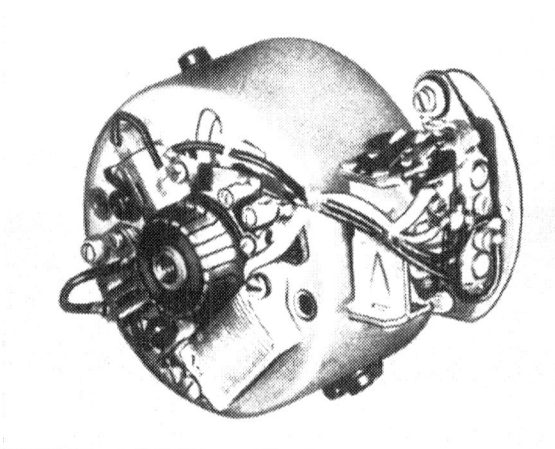

Bild - Fig. 199: Lichtmaschine - Dynamo - Generator - Dinamo

Die Batterie hat eine Nennspannung von 6 Volt und eine Kapazität von 8 Ah. Sie dient als Spannungsquelle bei Stillstand des Motorrades und bei niederen Drehzahlen, da die Lichtmaschine erst ab 1700 U/min die Anlage speist. Im normalen Fahrbetrieb wird die Batterie von der Lichtmaschine aufgeladen und gilt dann als Verbraucher. Die Batterie ist mit Akkumulatorensäure von 1,28 (in Tropen 1,23) spezifischem Gewicht bis etwa 6 mm über oberem Plattenrand gefüllt. Zum Nachfüllen nur destilliertes Wasser verwenden.

Die Beleuchtungsanlage

Der Scheinwerfer LE/MTA 160×2 (48/3) mit Biluxlampe 6 V, 35/35 W und elektrischem Abblendschalter am Lenker, Standleuchte, Ladeleuchte und Leerlaufleuchte, je 6 V/2 W, Tacholeuchte 6 V/1,2 W, ist an der Vorderradgabel in Gummi gelagert. In ihm ist auch der Licht- und Zündschalter, die Rotscheibe für das Ladelicht, die Grünscheibe für das Leerlauflicht, der Tachometer und – je nach Ausstattung – der Blinkgeber eingebaut.

E = Equipement électrique

Description

L'équipement électrique comprend la dynamo, la magnéto d'allumage, la batterie, l'équipement d'éclairage, l'avertisseur, les clignotants, les témoins de point mort et de charge.

La dynamo Bosch LJ/CGE 60/6/1700 R 5 est entraînée par le vilebrequin ; elle comporte un régulateur incorporé pour 6 V de tension nominale. La puissance nominale de 60 watt est atteinte à 1700 t/min et la puissance max. de 90 watt à 2100 t/min.

La puissance nominale est ainsi atteinte lorsqu'on roule aux vitesses suivantes : (km/h.)

	1re	2e	3e	4e vitesse
R 50, R 60, R 69 S Solo	15	23	32	41
R 50 S Solo	13	20	28	36
R 60 avec side-car	9	16	23	31

Equipement d'allumage

Le moteur comporte une magnéto d'allumage, pourvue d'un dispositif automatique de réglage de l'avance et directement entraînée à demi-régime du moteur, par l'arbre à cames.

L'équipement d'allumage des motos bi-cylindres est totalement indépendant du reste de l'équipement électrique. Il assure de puissantes étincelles, aussi à haut régime et s'est montré particulièrement sûr en service. La magnéto consiste en un aimant permanent monté en bout d'arbre à cames (rotor) et en un induit fixé au carter moteur (stator), lequel comprend à son tour le paquet de tôles, la bobine d'allumage et les éclateurs de sécurité. Elle comporte encore un rupteur avec un dispositif centrifuge d'avance automatique. Le point d'allumage est 9° avant PMH. Le régulateur automatique d'avance agit sur 30° de rotation du vilebrequin et l'avance maximale est ainsi de 39° ± 2° avant PMH.

La batterie a une tension nominale de 6 V et une capacité de 8 Ah. Elle sert de source de courant à l'arrêt et aux bas régimes puisque la dynamo ne peut alimenter le réseau que depuis 1700 t/min. En conduite normale, la batterie reçoit un courant de charge de la dynamo et devient donc consommatrice de courant. La batterie est remplie d'acide pour accumulateurs de poids spécifique 1,28 (1,23 pour pays tropicaux) jusqu'à 6 mm environ au-dessus du bord supérieur des plaques. Pour compléter le niveau, n'employer que de l'eau distillée.

L'équipement d'éclairage

Le phare LE/MTA 160×2 (48/3) comporte une lampe Bilux 6 V, 35/35 W, un commutateur au guidon, une lampe de parc et deux lampes-témoins de charge et de point-mort, chacune de 6 V/2 W, une lampe d'éclairage de compteur 6 V/1,2 W. Il est fixé sur caoutchouc, à la fourche avant. Il présente aussi, à sa partie supérieure, un commutateur d'allumage et d'éclairage, la lunette rouge pour le témoin de charge, la lunette verte pour le témoin de point-mort, et le compteur. Selon l'équipement, il renferme encore le clignoteur.

E = Electrical Equipment

Description

The electrical equipment consists of the generator, the magneto assembly, the battery, the lighting equipment, the horn, the blinker lights, the neutral indicator and the charging indicator.

The Generator (Bosch LJ/CGE 60/6/1700 R 5) is a shunt-type dynamo driven from the engine crankshaft, with built-in voltage regulator for a rated tension of 6 volts. Its rated output of 60 watts is produced at an engine speed of 1,700 r.p.m. and the peak output of 90 watts at 2,100 r.p.m.
The rated output therefore is obtained at the following speeds (m.p.h.):

Models	1st	2nd	3rd	4th
R 50, R 60, R 69 Solo	9	14	20	25.5
R 50 S Solo	8	12.5	17	22
R 60 with sidecar	5.6	10	14	19

Ignition System

The engines have magneto ignition with automatic timing control, the magneto being driven directly from the camshaft at half engine speed.

The magneto assembly of the two-cylinder motorcycle is completely independent of the rest of the electrical system. It guarantees a powerful spark even at high engine speeds and has proved especially reliable. The constituent parts of the magneto are: a permanent magnet which is integral with the camshaft and serves as rotor; the fixed stator which comprises the laminated steel core with the ignition coil and the safety gap; the contact breaker and the automatic advance unit. The firing point is 9° before T.D.C.

The timing range amounts to 30° of crankshaft, so a max. advance of 39° ±2° before T.D.C. is obtained.

Bild - Fig. 200: Magnetzünder - Magnéto d'allumage - Ignition magneto - Magneto de encendido

The Battery has a rated tension of 6 volts and a capacity of 8 ampere-hours. When the engine is turned off or idling, the battery provides the electric power as the generator supplies current only from 1.700 r.p.m. upward. At normal driving speeds the battery is charged by the generator and is then an electric power consuming unit. The battery contains electrolyte with specific gravity (state of charge) of 1.28 (tropics 1.23), the level should be approx. 6 mm (.24") above the plates, and should only be completed with distilled water.

The Lighting Equipment

The headlamp LE/MTA 160×2 (48/3) with double-filament bulb 6 V, 35/35 watts and electric dimmer switch on handlebars, parking light, charge and neutral indicators of 6 V/2 W each, and speedometer light 6 V/1.2 W is rubber-mounted on the front fork. It also incorporates the ignition and light switch, the red window for charge indicator light, the green window for neutral indicator light, the speedometer and the flasher unit, if installed (optional item).

E = Instalación eléctrica

Descripción

La instalación eléctrica consta de la dinamo, el magneto de encendido, la batería, el equipo de alumbrado, el claxon, las luces intermitentes, el indicador de marcha en vacío y la lámpara de control de carga.

La dinamo Bosch LJ/CGE 60/6/1700 R 5 es una dinamo en derivación, acoplada al cigüeñal del motor, provista de un regulador de 6 V de tensión nominal. Con ella se consigue una potencia nominal de 60 vatios a 1.700 r.p.m. y una potencia máxima de 90 vatios a 2.100 r.p.m.
Es decir, que la potencia nominal se logra a las siguientes velocidades en la marcha indicada

	1ª	2ª	3ª	4ª
R 50, R 60, R 69 S sin sidecar	15	23	32	41
R 50 S sin sidecar	13	20	28	36
R 60 con sidecar	9	16	23	31

Equipo de encendido

Los motores poseen un magneto de encendido, con un regulador automático del momento de encendido, accionado directamente por el árbol de levas a mitad del número de revoluciones del motor.

El equipo de encendido magnético de las motocicletas con dos cilindros es enteramente independiente del resto de la instalación eléctrica. Con este equipo de encendido se obtienen chispas potentes incluso a un número de revoluciones elevado del motor. Este equipo se ha acreditado por su seguridad de servicio. El magneto de encendido consta del imán permanente acoplado en la parte delantera del árbol de levas, que hace de rotor, y del inducido, unido fijamente a la carcasa, que hace de estátor. Por su parte, el inducido se compone del paquete de láminas de acero con la bobina de encendido y del espacio de seguridad de chispa, así como del interruptor y del regulador centrífugo. El momento de encendido es 9° apms. El regulador automático del momento de encendido tiene un recorrido neto de 30° del cigüeñal, de modo que el avance del encendido máximo es de 39°±2° apms.

La batería tiene una tensión nominal de 6 V y una capacidad de 8 Ah. Sirve de fuente de energía cuando la moto está parada o cuando marcha a un número de revoluciones reducido, ya que la dinamo no carga la instalación por debajo de 1.700 r.p.m. Durante el servicio normal, la dinamo carga la batería, que puede ser considerada entonces como elemento consumidor de corriente. La batería ha sido rellenada hasta unos 6 mm. por encima del borde superior de las placas con ácido para acumuladores de 1,28 peso específico (para regiones tropicales 1,23). Para restablecer el nivel de líquido sólo debe utilizarse agua destilada.

Equipo de alumbrado

El faro LE/MTA 160×2 (48/3) con la bombilla Bilux de 6 V, 35/35 W y el conmutador para la luz de cruce o de carretera se hallan montados en el manillar, mientras que la luz de estacionamiento, la luz de control de carga, la luz de marcha en vacío (éstas de 6 V/2 W) y la luz del velocímetro (6 V/1,2 W) se hallan alojadas en amortiguadores de goma, en la horquilla delantera. En la horquilla también se hallan instalados los interruptores de luz y de encendido, el disco rojo para la luz de control de carga, el disco verde para la luz de marcha en vacío, el velocímetro y – según la dotación – el interruptor para luz intermitente.

Der Zündlichtschalter hat folgende Schaltstellungen:

1. **Zündschlüssel in Mittelstellung eingedrückt** = Zündung eingeschaltet, d. h., das Kurzschließen der Zündung ist aufgehoben. Im Schaltkasten ist die bewegliche Kontaktfeder von den Massenklemmen 2 und 31 abgehoben und an Klemme 51 gelegt. Damit ist die Batterie bzw. die Lichtmaschine eingeschaltet. Die Leitungen Batterie zur Lichtmaschine, Lichtmaschine zum Schaltkasten im Scheinwerfer, von Schaltkastenklemme 15/54 zum Signalhorn, Ladekontroll- sowie Leerlaufanzeigeleuchte sind unter Spannung. Das rote Ladelicht brennt und erlischt nach dem Anwerfen des Motors, was dann anzeigt, daß die Lichtmaschine in Ordnung und mit der Batterie verbunden ist. Die Stromversorgung der Anlage übernimmt die Lichtmaschine.

2. **Zündschlüssel nach rechts geschwenkt** = Nachtfahrbeleuchtung eingeschaltet. Unter Spannung stehen über Kontakt 56 die weiße Leitung zum Abblendschalter und damit je nach Stellung des Abblendschalters die Leitung rot für Fernlicht bzw. schwarz für Abblendlicht sowie die Leitung für Tacholicht, über Schleifkontakt und Klemme 58 die Leitung schwarz zum Schlußlicht und Seitenwagen.

3. **Zündschlüssel nach links geschwenkt** = Standbeleuchtung. Zündung eingeschaltet, bewegliche Kontaktfeder wie unter 1. Unter Spannung stehen über Kontakt 58 Standlicht, Schlußlicht und die Seitenwagenbeleuchtung.

4. **Zündschlüssel links abgezogen** = Parkbeleuchtung. Die Zündung ist durch Kurzschließen ausgeschaltet. Die bewegliche Kontaktfeder liegt an Kontakt 2 und 31. Die Standbeleuchtung bleibt eingeschaltet.

5. **Zündschlüssel in Mittelstellung abgezogen** = Ausgeschaltet. Die bewegliche Feder liegt an Kontakt 2 und 31. Zündung und alle Stromabnehmer sind ausgeschaltet.

Die **Schlußleuchte** besitzt für das Schluß- und Bremslicht eine Zweifadenlampe 6 V, 5/18 W und für die Kennzeichenbeleuchtung eine Kugellampe 6 V, 5 W. Der Bremslichtschalter, ein federnder Kontakt, sitzt neben dem Fußbremshebel, von dem aus er betätigt wird.

Eine **Steckdose** ist am Rahmen links neben der Sattelstütze angebracht, an der die Seitenwagenbeleuchtung oder eine Handlampe angeschlossen wird.

Das **Signalhorn** Klaxon ETF/4 D ist am Rahmen vorn unter dem Kraftstofftank angeordnet und wird durch einen Druckknopfschalter, der im Abblendschalter miteingebaut ist, betätigt.

Die **Blinkleuchten** Hella Bl 81 – sofern zur Ausstattung gehörend – sind an den Lenkerenden angeordnet bzw. bei Seitenwagenbetrieb eine davon auf dem Kotflügel des Seitenwagens. Der Blinkgeber befindet sich im Scheinwerfer, der Blinkerschalter am rechten Lenkergriff; darüber ist der **Lichthupendruckknopf** angeordnet.

Der **Leerlaufkontakt im Getriebe** schaltet durch einen Kontaktstift auf der Schaltkurvenscheibe und eine Kontaktfeder in Leerlaufstellung eine grüne Leerlaufleuchte am Scheinwerfer ein.

Le commutateur d'éclairage comporte les positions suivantes :

1. **Clef de contact introduite dans sa position médiane** = contact d'allumage, c.à.d. que le courant d'allumage n'est plus court-circuité. Dans le commutateur, le ressort de contact est soulevé des bornes de masse 2 et 31 et appuie sur la borne 51. Ainsi, la batterie, respectivement la dynamo, sont en circuit. Les conducteurs suivants sont sous tension : batterie à la dynamo, dynamo au commutateur du phare, de la borne 15/54 au claxon, de même que les témoins de charge et de point-mort. La lampe rouge de contrôle de charge est éclairée ; elle s'éteint après mise en marche du moteur, ce qui indique que la dynamo est en ordre de marche et reliée à la batterie. La dynamo pourvoit aux besoins en courant de l'équipement.

2. **Clef de contact tournée à droite** = feux de route en fonction. Sont sous tension : par le contact 56, le conducteur blanc au commutateur phare-code et selon la position de ce dernier, le fil rouge pour phare ou noir pour code, de même que le fil pour éclairage du compteur ; par le contact à lame et la borne 58, le fil noir du feu arrière et du feu side-car.

3. **Clef de contact tournée à gauche** = feux de parc. Contact d'allumage, contact mobile comme sous 1. Sont sous tension, par le contact 58, le feu de parc avant, le feu arrière et celui du side-car.

4. **Clef de contact retirée dans sa position à gauche** = feux de parc. Allumage court-circuité. Le contact mobile est sur les contacts 2 et 31. Les feux de position restent allumés.

5. **Clef de contact retirée en position médiane** = contact mobile est sur les bornes 2 et 31. L'allumage et tous les consommateurs de courant sont hors service.

Le **feu arrière** possède, pour l'éclairage arrière et le stop, une lampe à deux filaments 6 V, 5/18 W et pour l'éclairage de plaque, une lampe 6 V, 5 W. Le contacteur de stop est placé près de la pédale de frein, qui le commande.

Une **prise de courant** se trouve sur le cadre, à gauche, près du support de selle, pour alimenter une balladeuse ou le feu de side-car.

Le **claxon** EFT/4 D est fixé au cadre, à l'avant, sous le réservoir d'essence. Il est actionné par un bouton incorporé au commutateur phare-code.

Les **clignotants** Hella Bl 81 – pour autant que l'équipement les prévoit – sont disposés à chaque extrémité du guidon ou, s'il y a un side-car, d'un côté du guidon et sur l'aile du side-car. Le clignoteur est dans le phare, la commande à la poignée droite du guidon ; au-dessus est le **bouton de l'avertisseur optique.**

Le **contact de point-mort**, ergot de contact sur le disque de guidage dans la boîte et lame de contact, allume sur le phare un témoin vert quand la boîte est au point-mort.

Switch Positions of Ignition Key in Headlamp:

1. **Ignition key inserted in central position:** ignition on, i. e. ignition is no more short-circuited. The movable contact spring in the switch box is raised away from the ground terminals 2 and 31 and makes contact with terminal 51. Herewith the battery and the generator, respectively supplies electric power. The leads connecting battery to generator, generator to switch box in headlamp, switch box terminal 15/54 to horn, charging and neutral indicator lights carry current. The red charging light burns, and goes out after starting the engine, this being a sign that the generator is in order and will charge the battery and energize the entire electrical equipment.

2. **Ignition key turned to the right:** ignition and driving lights on. The following leads are energized: through contact 56 the white wire to dimmer switch and, depending on the position of the dimmer switch, the red lead for high-beam driving light and black lead for low beam light, the lead for speedometer light, and, through sliding contact and terminal 58, the black wire running to tail light and to sidecar.

3. **Ignition key turned to the left:** ignition and city lights on, movable contact spring as specified under 1. City lights, tail light and sidecar lights are energized through contact 58.

4. **Ignition key turned to the left and pulled out in this position:** parking lights on. Ignition off by short-circuiting. The movable contact spring rests on contacts 2 and 31. The parking lights remain on.

5. **Ignition key inserted in central position and pulled out in the same position:** off. The movable spring rests on contacts 2 and 31. Ignition and all current consuming units off.

The **Tail Light** incorporates a 6 V/5 & 18 W double-filament bulb for stop and tail light, and a round-bulb lamp 6 V/5 W for license plate illumination. The stop light switch, a spring contact, is adjacent to the foot brake lever, from which it is actuated.

An **Electrical Jack (Socket)** on the frame under the saddle provides a connection for a work light or for sidecar lighting.

The **Horn** (Klaxon ETF/4 D) on front of frame, below the fuel tank, is operated by a push-button switch integral with the dimmer switch.

The Hella Bl 81 **Blinker Lights**—if installed—are fitted to the handlebar ends or, in the case of a sidecar outfit, one of them dwells on the sidecar fender. The flasher unit is installed in the headlamp, the blinker switch on right handlebar grip, and the **headlight flasher button,** over it.

The **neutral indicator contact in the transmission** energizes the green indicator light in the headlamp, by means of a contact pin on the cam plate and a contact spring, if gearbox is in neutral.

Posiciones del conmutador de encendido y de alumbrado:

1. **Llave de contacto metida en la posición central** = el encendido se halla conectado, es decir, se ha eliminado el cortocircuito del encendido. El contacto móvil en la caja de conexiones ha sido separado de los bornes de masa 2 y 31, apoyándose sobre el borne 51. De este modo, ha quedado conectada la batería, respectivamente la dínamo. Las conducciones de la batería a la dínamo, de la dínamo a la caja de conexiones en el faro, del borne 15/54 en la caja de conexiones al claxon, a la luz de control de carga y a la luz indicadora de marcha en vacío están sometidas a tensión. La luz de carga roja se enciende y se apaga cuando el motor ha arrancado, lo que pone de manifiesto, que la dínamo funciona correctamente y se halla perfectamente conectada a la batería. La dínamo suministra la corriente que precisa la instalación eléctrica.

2. **La llave de contacto girada hacia la derecha** = alumbrado para el tránsito nocturno. A través del contacto 56 se halla sometido a tensión el conductor blanco que se dirige al conmutador de luz de carretera/cruce y con ello, según la posición de este conmutador, el conductor rojo para la luz de carretera o el negro para la luz de cruce, así como el cable de la luz del velocímetro y el cable negro que, a través del contacto de fricción y del borne 58, suministra corriente a la luz trasera y a las luces del sidecar.

3. **La llave de contacto girada hacia la izquierda** = luces de estacionamiento, así como el encendido conectados. El contacto móvil tiene la misma posición que bajo 1). A través del contacto 58 se hallan sometidos a tensión las luces de estacionamiento, la luz trasera y la luz del sidecar.

4. **La llave de contacto retirada en la posición izquierda** = luces de estacionamiento conectadas. El encendido está fuera de servicio, en cortocircuito. El contacto móvil toca los terminales 2 y 31.

5. **La llave de contacto retirada en la posición central** = toda la instalación se encuentra desconectada. El contacto móvil toca los terminales 2 y 31.

El **piloto trasero** incluye una lámpara de dos filamentos de 6 V, 5/18 W para la luz de posición trasera y la luz de freno, así como una lámpara esférica de 6 V, 5 W para la iluminación de la matrícula. El conmutador de la luz de freno, un contacto elástico, se halla dispuesto junto al pedal de freno, mediante el cual es accionado.

El **tomacorrientes,** al que puede ser conectada la iluminación del sidecar o una lámpara portátil, se halla montado sobre el cuadro, a la izquierda del soporte para el sillín.

El **claxon** ETF/4 D se halla dispuesto sobre el cuadro, en la parte delantera, debajo del depósito de gasolina, siendo accionado mediante el botón que se encuentra instalado en el conmutador de las luces de cruce/carretera.

Las **luces intermitentes** Hella Bl 81 se hallan dispuestas en los extremos del manillar, respectivamente en el guardabarros del sidecar una de ellas, cuando la moto lleva sidecar, y siempre que estas luces queden incluidas en el equipo de serie. El emisor para las luces intermitentes se halla alojado en el faro, el interruptor para las luces intermitentes en el mango derecho del manillar; encima se halla dispuesto el **botón de ráfagas luminosas.**

El **contacto para la luz indicadora de marcha en vacío,** instalado en la caja de cambio, conecta una luz indicadora verde en el faro, cuando en la posición de marcha en vacío una clavija de la leva selectora toca el muelle de contacto.

Instandhaltung der elektrischen Anlage

Zur Aufrechterhaltung der Betriebssicherheit der elektrischen Anlage ist erforderlich, daß alle nicht gelöteten Verbindungen an den Klemmen der Geräte sauber gehalten und von Zeit zu Zeit auf Festsitz geprüft werden sowie die Unterbrecherkontakte des Zünders und des Spannungsreglers einwandfrei sind. Ferner ist zu achten, daß Kabelbaum und Einzelkabel nicht scheuern oder sich verklemmen können.

1. **Die Batterie** ist etwa alle vier Wochen (in Tropen noch öfter) auf Flüssigkeitsstand zu prüfen, bei Bedarf destilliertes Wasser nachzufüllen. Säure darf nur nachgefüllt werden, wenn Säure verschüttet wurde.

Wird das Fahrzeug längere Zeit stillgesetzt, so ist die Batterie auszubauen und in Abständen von 2 Monaten aufzuladen, nachdem sie vorher über eine Glühlampe 6 V, 5 W langsam entladen wurde.

Bei längerer langsamer Nachtfahrt ist darauf zu achten, daß mit genügend hoher Motordrehzahl, eventuell mit kleinerem Gang, gefahren wird, damit genügend Ladestrom erzeugt wird.

In neue Batterien reine Akkumulatorensäure vom spezifischen Gewicht 1,28 (in Tropen 1,23) bis zur Siebplatte im Einfüllstutzen einfüllen und fünf Stunden stehenlassen. Hat sich der Säurespiegel gesenkt, dann wieder Säure nachfüllen.

Akkumulatorensäure wird hergestellt, indem man in zwei Teile destilliertes Wasser einen Teil konzentrierte reine Schwefelsäure vorsichtig hinzugibt. Niemals umgekehrt! Das spezifische Gewicht nach Abkühlen der Mischung feststellen und durch vorsichtige Zugabe von Säure oder destilliertem Wasser berichtigen. Erst wenn diese Akkumulatorensäure völlig abgekühlt ist, darf sie in die Batterie eingefüllt werden. Da sie sich dabei nun erwärmt, muß die Batterie fünf Stunden stehen, ehe mit der Aufladung begonnen wird. Während des Ladevorganges an einer ortsfesten Anlage dürfen die Verschlußstopfen nicht eingeschraubt sein.

Das Ladegerät und die Batterie sind mit ihren +Polen bzw. ihren −Polen zu verbinden. Die Ladung dauert bei entladener Batterie etwa 12 bis 14 Stunden und ist beendet, wenn die Spannung je Zelle 2,7 V, d. i. gesamt 3 × 2,7 = 8,1 V, beträgt.

Die einzelnen Zellen müssen bei dieser Spannung gleichmäßig gasen. Die Säuredichte muß wie bei Erstauffüllung 1,28 (1,23) betragen.

Nach dieser Erstaufladung die Batterie mittels einer 6 V, 5 W-Glühlampe entladen, bis die Glühlampe nur noch dunkel brennt. Anschließend Batterie wieder wie vorbeschrieben laden. Abschließend mit Säurestandprüfer überschüssige Säure bis auf Siebplatte im Einfüllstutzen absaugen.

Der Ladezustand der Batterie ist neben Spannungsmessung durch Messung der Säuredichte wie folgt festzustellen:

Säuredichte	bei Normalfüllung	bei Tropenfüllung
Batterie geladen	1,28 (32° Bé)	1,23 (27° Bé)
Batterie halb geladen	1,23 (27° Bé)	1,19 (23° Bé)
Batterie entladen	1,14 (18° Bé)	1,10 (14° Bé)

Entretien de l'équipement électrique

Pour le maintien de la sécurité de fonctionnement de l'équipement électrique, il est indispensable que toutes les connections non soudées soient maintenues propres et que leur serrage soit contrôlé de temps à autre. Les contacts du rupteur et du régulateur de tension doivent être en bon état. Les câbles et les faisceaux de câbles ne doivent pouvoir frotter nulle part, ni entrer en contact électrique.

1. **Batterie.** Contrôler toutes les 4 semaines entiron (plus souvent dans les pays chauds) le niveau de l'acide; compléter au besoin avec de l'eau distillée. On ne doit remettre de l'acide que si ce dernier a été renversé.

Si le véhicule reste longtemps inutilisé, il faut déposer la batterie et la recharger tous les 2 mois, après l'avoir déchargée lentement, en y couplant une lampe 6 V 5 W.

Lors de longs parcours effectués lentement et de nuit, il faut maintenir un régime assez élevé du moteur, au besoin dans les rapports les plus réduits, pour que la batterie reçoive toujours un courant de charge suffisant.

Dans une batterie neuve, verser un acide pur, pour accumulateurs, de poids spécifique 1,28 (1,23 en pays chauds) jusqu'à ce que le niveau atteigne le fond perforé des chambres de remplissage. Laisser reposer 5 heures.

Si le niveau a baissé, ajouter de l'acide. On prépare l'acide pour accumulateurs en mélangeant à 2 parties d'eau distillée 1 partie d'acide sulfurique pur concentré que l'on ajoute prudemment à l'eau. Ne jamais faire l'inverse! Contrôler le poids spécifique du mélange, après refroidissement et corriger par des adjonctions prudentes d'acide ou d'eau distillée. Ce n'est que lorsque le mélange est totalement refroidi qu'on peut le verser dans la batterie. Comme cette opération provoque un nouvel échauffement, il faudra laisser la batterie reposer 5 heures ensuite, avant de commencer à la charger. Pendant la charge, opérée par un chargeur fixe, les bouchons de la batterie doivent être enlevés.

L'appareil de charge et la batterie doivent être réunis par leur pôle + et leur pôle −. La charge d'une batterie déchargée s'opère en 12 à 14 heures environ. Elle est terminée lorsque la tension de chaque élément atteint 2,7 V, soit pour l'ensemble 3 × 2,7 = 8,1 V.

A cette tension, les éléments doivent bouillonner identiquement. Le poids spécifique de l'acide doit être, comme au premier remplissage, de 1,28 (1,23).

Après cette première charge, décharger la batterie par une lampe 6 V 5 W, jusqu'à ce que le filament soit rouge sombre. Puis recharger la batterie comme décrit précédemment. Finalement, à l'aide de la pipette du pèse-acide, enlever l'acide en excès, au-dessus du fond perforé des trous de remplissage.

L'état de charge de la batterie peut être contrôlé, outre par la mesure de la tension, par la mesure du poids spécifique de l'acide, comme suit :

Densité de l'acide :	Remplissage pour climats tempérés	Remplissage pour pays tropicaux
Batterie chargée	1,28 (32° Bé)	1,23 (27° Bé)
Batterie à demi chargée	1,23 (27° Bé)	1,19 (23° Bé)
Batterie déchargé	1,14 (18° Bé)	1,10 (14° Bé)

Maintenance of the electrical equipment

In order to maintain the reliability of the electrical system, it is necessary that the non-soldered terminal connections of the entire system be kept in clean condition. They should from time to time be checked for tightness, the breaker points of the magneto as well as the contacts of the voltage regulator for correct condition. Moreover inspect wiring harness and single leads for chafing marks and jammed condition.

1. **Battery.** Check water level every four weeks (in hot climates more often and restore the level by adding distilled water. Do not add electrolyte except if some has been spilled accidentally.

If the vehicle is to be put out of service for a long period, the battery should be removed, slowly discharged every 8 weeks by means of a 6 V, 5 W-bulb and then recharged. During long night-time trips use care to always maintain adequate engine revolutions by shifting, if necessary, into a lower gear so sufficient charging current will be supplied.

Fill new batteries with pure battery acid of 1.28 specific gravity (1.23 in hot climates) up to the screen plate in the filler neck and leave battery for five hours with this filling, and top up thereafter when acid level has dropped, by adding pure acid.

Electrolyte can be obtained by carefully pouring 1 part of chemically pure concentrated sulphuric acid into 2 parts of distilled water. Never pour distilled water into sulphuric acid! Check the specific gravity after the liquid has cooled down and correct by carefully adding acid or distilled water. The liquid must not be filled into the battery unless it has cooled down completely. Since pouring in will heat it again, the battery should be charged only five hours later. During the charging through a stationary charging equipment the vent holes must remain open.

Connect battery (+ to + and − to −) to charging equipment. When battery is discharged, the charging requires about 12 to 14 hours and it is terminated when the voltage of each cell amounts to 2.7 volts, thus giving a total of $3 \times 2.7 = 8.1$ volts.

With this voltage the various cells must show equal gas development and the specific gravity (state of charge) of the electrolyte should be again 1.28 (1.23).

After this preliminary charging of the battery, discharge it by means of a 6 V, 5 W-bulb until the bulb burns only faintly. Thereafter recharge battery as prescribed above. Finally suck off acid in excess with a hydrometer until acid level has lowered down to the screen plate in the filler neck.

Besides by the voltage test the state of charge of the battery may be checked by testing the specific gravity of the electrolyte as follows:

Specific gravity	with normal filling	with "tropical" filling
Battery fully charged	1.28 (32° Bé)	1.23 (27° Bé)
Battery about half discharged	1.23 (27° Bé)	1.19 (23° Bé)
Battery fully discharged	1.14 (18° Bé)	1.10 (14° Bé)

Conservación de la instalación eléctrica.

Para conservar la seguridad de servicio de la instalación eléctrica, es preciso que todas las conexiones no soldadas en los bornes de los diferentes elementos eléctricos se encuentren limpias. De vez en cuando deberá controlarse si siguen fijamente unidas. Además, todos los contactos interruptores del encendido y del regulador de tensión deberán hallarse en perfecto estado. Por último, deberá cuidarse de que el manojo de cables y cada cable suelto no rocen ni se atasquen.

1. La **batería** deberá revisarse cada 4 semanas (en los trópicos con mayor frecuencia aún), controlando el nivel de líquido. Si fuese preciso, se echa agua destilada para restablecer el nivel prescrito. Sólo podrá completarse ácido cuando éste se haya derramado.
Si la moto se retira durante algún tiempo del servicio normal, ha de desmontarse la batería, cargándola cada 2 meses, después de haberla descargado previamente mediante una bombilla de 6 V, 5 W.
Al efectuar viajes nocturnos prolongados, deberá marcharse a un regimen de revoluciones suficientemente elevado, bajando a una velocidad inferior si fuese preciso, a fin de generar la corriente de carga necesaria. En las baterías nuevas se vierte ácido de acumuladores puro, con un peso específico de 1,28 (en los trópicos 1,23), hasta la placa filtrante en la boca de relleno, dejando reposar el ácido durante 5 horas. Si el nivel ha bajado después de este tiempo, se vuelve a restablecer con ácido.
El ácido para acumuladores se obtiene añadiendo con precaución a dos partes de agua destilada una parte de ácido sulfúrico puro concentrado. ¡No obrar nunca en sentido inverso! Determinar el peso específico de la solución, después de que se haya enfriado, corrigiéndole mediante una adición cuidadosa de ácido o de agua destilada. Hasta que no se haya enfriado completamente, esta solución no podrá ser echada en la batería. La reacción que se produce dentro de la batería eleva la temperatura del ácido, por lo que la batería deberá reposar durante 5 horas antes de dar comienzo a la carga. Durante la carga, que se habrá de efectuar en una instalación fija, los tapones de la batería deberán ser quitados.
El aparato de carga y la batería han de ser conectados con sus polos + y sus polos − respectivamente. Si la batería estaba descargada, se necesitan de 12 a 14 horas para cargarla. La carga se da por terminada, cuando la tensión por cada elemento es de 2,7 V − es decir, $3 \times 2,7 = 8,1$ V en total. A esta tensión, los elementos deben mostrar igual desarrollo de gases. Al igual que durante el primer relleno, la densidad del ácido debe ser de 1,28 (1,23).
Después de esta primera operación de carga, se descarga la batería mediante una bombilla de 6 V, 5 W, hasta que ésta sólo emita una lutz tenue. Seguidamente, se vuelve a cargar la batería según ha quedado descrito. Por último, se extrae el exceso de ácido que quede por encima de la placa filtradora en la boca de relleno, utilizando una pipeta adecuada.

Aparte de la medición de la tensión, también puede y debe verificarse la carga midiendo la densidad del ácido como sigue:

Peso específico del ácido	para zonas templadas	para zonas tropicales
Batería cargada	1,28 (32°Bé)	1,23 (27°Bé)
Batería semicargada	1,23 (27°Bé)	1,19 (23°Bé)
Batería descargada	1,14 (18°Bé)	1,10 (14°Bé)

2. Die **Lichtmaschine** ist nach etwa 10 000 km von angesammelten Kohlenstaub durch Auswischen mit einem sauberen benzingetränkten Leinenlappen zu reinigen. Abgenützte Kohlen durch Original-Kohlen ersetzen. Die Kohlen müssen in ihren Führungen leicht gleiten und von den Bürstenfedern mit 300 bis 400 g auf den Kollektor gedrückt werden.

Kollektor auf saubere, glatte und fettfreie Oberfläche prüfen, evtl. mit benzingetränktem Lappen abwischen oder bei Verschleiß in einer Spezialwerkstatt nacharbeiten lassen. Die Kollektoroberfläche muß genau rund laufen. Max. zulässiger Schlag, gemessen nach Anbau des Ankers an die Kurbelwelle, 0,04 mm.

Als **Reglerschalter** wird statt des früheren Bosch-F-Reglers der Bosch-Z-Regler (RS/ZA) verwendet, der wie dieser ein Einfeld-Zweikontaktregler ist. Er hat jedoch zwei Anker, je einen für den Regler und für den Schalter. Irgendwelche Einstellungen und Biegen von Federn am Regler sind nicht vorzunehmen, sondern nur Austausch bzw. Prüfung durch einen Bosch-Dienst.

2. La **dynamo** doit être débarrassée, tous les 10.000 km, de la poussière des charbons, au moyen d'un chiffon propre imbibé de benzine. Remplacer les charbons usés par des charbons d'origine. Ils doivent coulisser librement dans leur guide et être appuyés sur le collecteur avec une force de 300 à 400 g, par les ressorts.

La surface du collecteur doit être propre, lisse et non grasse. Au besoin, la laver avec un chiffon propre imbibé d'essence ou si elle est usée, remettre à un atelier spécialisé le soin de la retoucher. Le collecteur doit tourner rigoureusement rond. Le battement max. admissible, mesuré à la surface du collecteur monté sur le vilebrequin, est de 0,04 mm.

Le **régulateur** de tension – remplaçant le régulateur précédent Bosch F – est un Bosch Z (RS/ZA), aussi à un champ et deux contacts. Il a cependant deux armatures, une de commutation et une de réglage. Aucun réglage, aucune modification des ressorts du régulateur ne doivent être entrepris : on ne peut que faire contrôler ou remplacer le régulateur par un service Bosch.

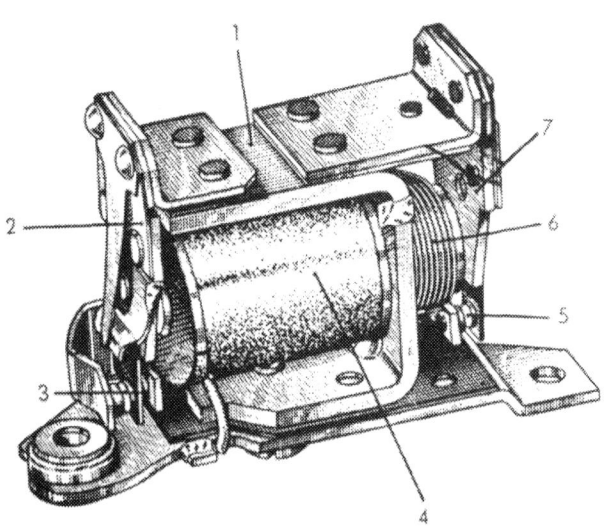

Bild – Fig. 201: Bosch-Reglerschalter RS/ZA
Régulateur de tension Bosch RS/ZA
Bosch RS/ZA voltage regulator
Regulador de voltaje Bosch RS/ZA

1. Magnetbügel
   Etrier de l'aimant
   Magnet "U" bow
   Arco del imán

2. Regleranker
   Induit du régulateur
   Regulator armature
   Inducido del regulador

3. Reglerkontakte
   Contacts du régulateur
   Regulator contact points
   Contactos del regulador

4. Spannungswicklung
   Bobine de tension
   Voltage regulator coil
   Devanado de voltaje

5. Schalterkontakte
   Contacts de l'interrupteur
   Circuit breaker points
   Contactos del interruptor

6. Stromwicklung
   Bobine d'intensité
   Current regulator coil
   Devanado de amperaje

7. Schalteranker
   Induit de l'interrupteur
   Circuit breaker armature
   Inducido del interruptor

3. **Magnetzünder**

Zündspule und Kondensator bedürfen keiner Wartung. Sie sind in Schadensfällen auszuwechseln.

Die Unterbrecherkontakte müssen stets sauber und trocken sein. Reinigung mit einem fettfreien glatten Blechstreifen, in Postkartenstärke, der zwischen die Kontakte geklemmt, hin und her gezogen wird. Verschmorte Kontakte mit einer Kontaktfeile glätten oder ersetzen. Der Unterbrecherabstand beträgt 0,4 mm.

Der Unterbrecherhebel muß sich auf seiner Achse leicht bewegen. In den Schmierfilz für den Nocken ist von Zeit zu Zeit Boschfett Ft 1 V 4 (eventuell Heißlagerfett) leicht einzureiben. Achten, daß an Kontakte kein Fett kommt. Die Fliehgewichte des Zündzeitpunktverstellers müssen sich leicht um ihren Drehpunkt ausschwenken lassen und durch den Federzug in die Ruhelage zurückfallen.

3. **Magnéto**

La bobine d'allumage et le condensateur ne demandent aucun entretien. Les remplacer s'ils sont endomagés.

Les contacts du rupteur doivent être maintenus propres et secs ; on les nettoie au moyen d'une petite bande de tôle propre, non grasse, de l'épaisseur d'une carte postale et bien lisse, que l'on fait aller et venir entre les rigoureusement rond. Le battement max. admissible, mesuré à la surface du collecteur monté sur le vilebrequin, est de 0,04 mm.

Le linguet du rupteur doit pivoter aisément sur son axe. Il faut, de temps en temps, enduire légèrement de graisse Bosch Ft 1 V 4 (éventuellement, graisse de roulements à haute température) le feutre de la came. Attention que la graisse n'atteigne pas les contacts! Les masselottes du régulateur automatique d'avance doivent pivoter facilement sur leur articulation et revenir à la position de repos sous l'effet des ressorts.

2. The **generator** should about every 6,000 miles be cleaned by wiping off deposits of carbon dust with a clean, petrol-moistened linen cloth. Replace worn brushes with new genuine brushes. The brushes must slide easily in their holders and brush springs should exert a pressure of .7 to .9 lbs. in order to press the brushes against the commutator.

Check commutator for clean, smooth and grease-free surface, eventually cleanse with a petrol-dampened cloth or, if worn, have it reconditioned in a special workshop. Check commutator for runout. Max. allowable runout, measured after fitting armature to crankshaft, .04 mm. (.0016").

Instead of the earlier Bosch F-type **regulator** the Bosch Z-type regulator (RS/ZA) is now used, both being single-field, double-contact voltage regulators. The Z-type regulator, however, possesses two armatures, one for voltage regulator and one for cut-out relay. Never try to readjust by bending springs on the regulator, but entrust it to a Bosch service station for inspection and replacement of worn parts.

2. La **dinamo** deberá limpiarse cada 10.000 km. aproximadamente, con un trapo de lino limpio, humedecido en gasolina, para eliminar el polvo de carbón que se haya depositado en ella. Los carbones gastados se sustituyen por carbones nuevos, de fabricación original. Los carbones deberán deslizarse con facilidad en sus guías. Los resortes de las escobillas deberán apretar los carbones con una fuerza de 300–400 g. contra el colector. Es preciso cuidar de que el colector tenga una superficie limpia, lisa y exenta de grasa. De ser necesario se limpia con un trapo humedecido en gasolina. Si el colector se ha gastado, conviene confiar su arreglo a un taller especializado. La superficie del colector debe describir un movimiento de rotación totalmente concéntrico. Máxima excentricidad admitida, medida después de haber acoplado el inducido al eje de cigüeñal, 0,04 mm.

En lugar del antiguo **regulador** Bosch F se utiliza ahora el regulador Bosch Z (RS/ZA) como interruptor de regulación. Al igual que el anterior, éste es un regulador de dos contactos y de un campo. Sin embargo, posee dos inducidos, uno para el regulador y otro para el interruptor. Los muelles del regulador no deben ser doblados ni ajustados, la sustitución o la verificación deberá confiarse a un taller Bosch.

Bild – Fig. 202: Schaltschema des Z-Reglers
Schéma des connexions du régulateur Z
Wiring diagram of Z regulator
Circuito eléctrico del regulador Z

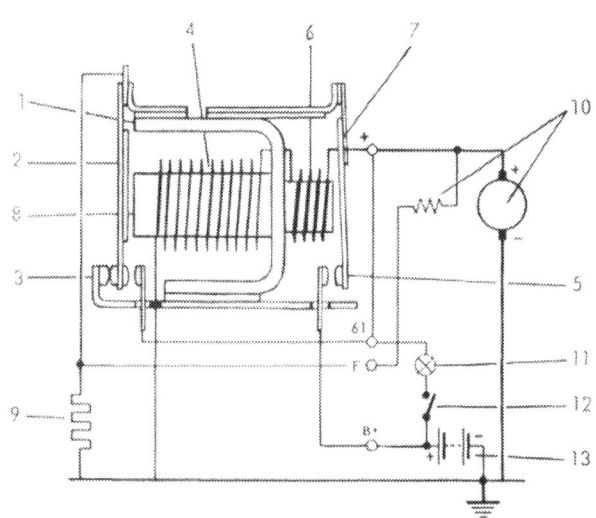

8. Magnetkern
   Noyau de l'aimant
   Magnet core
   Cuerpo del imán

9. Regelwiderstand
   Résistance du régulateur
   Regulator resistance
   Resistencia del regulador

10. Lichtmaschine
    Dynamo
    Generator
    Dinamo

11. Ladekontrollampe
    Lampe de contrôle de charge
    Charge indicator lamp
    Luz indicadora de la descarga

12. Zündschalter
    Commutateur d'allumage
    Ignition switch
    Conmutador del encendido

13. Batterie
    Batterie
    Battery
    Batería

3. **Ignition Magneto**

Ignition coil and condenser require no maintenance. In particular cases they should be replaced.

The breaker points should always be clean and dry. Cleanse them by inserting a clean, smooth and grease-free tin strip, approximately as thick as a postcard, between them and moving to and fro. Reface burned contact points with a contact file or replace.

The contact breaker gap is .4 mm. (.16").

The contact breaker arm must move freely on the axle. Periodically rub a trace of Bosch Ft 1 V 4 grease (eventually heat resisting grease) into the lubricating felt of the cam, using care to avoid getting grease on contacts. The governor weights of the automatic advance unit must freely turn on their fulcrum pins and easily be returned by their springs.

3. **Magneto de encendido**

La bobina de encendido y el condensador no requieren entretenimiento alguno. En caso de avería se sustituyen. Los contactos del interruptor deberán hallarse siempre limpios y secos. La limpieza se efectúa con una tira de hojalata lisa y exenta de grasa, del tamaño de una tarjeta postal, que se introduce entre los contactos y se somete a un movimiento de vaivén. Los contactos chamuscados se alisan con una lima de contactos y se recambian. La separación entre los contactos debe ser de 0,4 mm.

La palanca del ruptor debe girar libremente sobre su eje. El filtro lubricante para la leva debe ser engrasado de vez en cuando con grasa Bosch Ft 1 V 4 (o con grasa para altas temperaturas). La grasa no debe de tocar los contactos. Los contrapesos del regulador del momento de encendido deben moverse fácilmente alrededor de su punto de giro y regresar por los resortes a su posición de reposo.

4. **Scheinwerfer.** Hier ist vor allem der Schaltkasten an seinen Kontakten auf Korrosionsansätze sorgfältig zu prüfen bzw. zu reinigen.

Die im Scheinwerfer liegenden Leitungen sind auf Scheuerstellen und gute Anschlußverbindungen zu prüfen. Das Zündschloß soll öfter eingefettet werden, um das Eindringen von Wasser zu verhindern. Dabei achten, daß an Kontakte und Leuchten kein Fett kommen darf.

4. **Phare.** L'essentiel consiste en un contrôle attentif des contacts du commutateur d'éclairage et d'allumage qui doivent être soigneusement nettoyés et débarrassés de traces de corrosions. Contrôler les conducteurs, dans le phare, aux point de vue de l'isolation et de leurs connections. Graisser souvent l'entrée de la clef de contact, pour prévenir l'introduction d'eau, mais en pensant toujours qu'il ne doit pas parvenir de graisse aux contacts ou aux lampes.

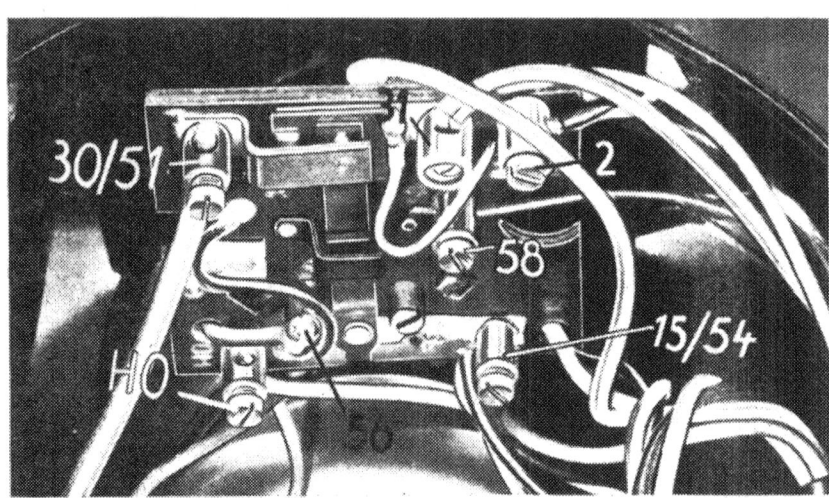

Bild – Fig. 203

Zündschloß

Commutateur d'allumage

Ignition switch

Conmutador del encendido

Die Scheinwerfereinstellung für Fern- und Abblendlicht ist von großer Bedeutung und muß deshalb bei Überholungen nachgestellt werden.

An einer hellfarbigen Wand in Höhe der Scheinwerfermitte ein Kreuz anbringen, das Motorrad mit Fahrer belastet auf 5 m Abstand von Wand zum Scheinwerfer stellen, dann muß bei eingeschaltetem Fernlicht das Einstellkreuz in der Mitte der hell bestrahlten Wandfläche stehen. Bei eingeschaltetem Abblendlicht muß die obere Grenze der hell erleuchteten Wand 5 cm unterhalb des Einstellkreuzes stehen, andernfalls ist der Scheinwerfer auf dieses Maß nachzustellen.

Bei Anbau eines Seitenwagens ist dieser zusätzlich mit einer Person zu belasten.

Le réglage du phare est de grande importance et doit être revu, par conséquent, à chaque occasion.

Tracer une croix, à hauteur du centre du phare, sur une paroi de couleur claire, la moto étant placée à 5 m de la paroi (depuis la lunette de phare) et chargée de son pilote. Ainsi, la croix sur la paroi doit se trouver au centre de la surface éclairée quand on met en action le projecteur. Si l'on passe en code, la limite supérieure de la surface éclairée sur la paroi doit se situer 5 cm au-dessous de la croix. Sinon, régler la position du phare sur cette donnée.

Si la moto est accouplée à un side-car, le contrôle doit se faire avec une personne dans le side-car, outre le pilote en selle.

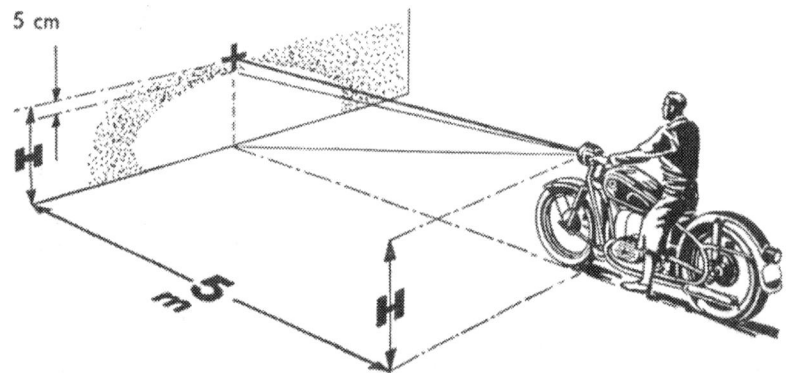

Bild – Fig. 204:

Scheinwerfer einstellen

Réglage du phare

Headlamp adjustment

Ajuste del faro

5. **Lampen im Scheinwerfer:**

Biluxlampe	6 V, 35/35 W
Standlicht	6 V, 2 W
Tacholicht	6 V, 1,2 W
Ladelicht	6 V, 2 W
Leerlauflicht	6 V, 2 W

5. **Lampes dans le phare :**

Lampe bilux	6 V, 35/35 W
Lampe de position	6 V, 2 W
Lampe de compteur	6 V, 1,2 W
Témoin de charge	6 V, 2 W
Témoin de point-mort	6 V, 2 W

4. **Headlamp.** On this unit inspect above all the contacts in the switch box for any signs of corrosion and clean carefully. Check leads in headlamp for chafing marks and correct connections. The ignition switch should be greased periodically to prevent water leak-in, using care to avoid getting grease on contacts or bulbs.

The headlamp setting for high and low beam is of vital importance and must therefore be readjusted after any overhaul.

For this purpose, a cross should be drawn on a light-colored wall at the same height as the center of the headlamp. The motorcycle should stand on its wheels about 5½ yards (5 meters) from the wall and be loaded by a rider. Switch on the high beam and set the headlamp so that the reference cross is in the middle of the beam on the wall. Switch to low beam; the upper edge of the illuminated area should be about two inches (5 cm.) below the reference cross, adjust as required.

If the motorcycle is to be operated with a sidecar, this adjustment should be carried out with the sidecar occupied.

4. **Faro**

Ante todo, es preciso proteger contra toda corrosión los contactos de la caja de conexiones, conservándolos siempre limpios.

Controlar la ausencia de puntos de rozamiento y el perfecto contacto de los conductores alojados en el faro. Engrasar a menudo la entrada de la llave de contacto, para impedir la infiltración de agua. Cuidar de que no se deposite grasa sobre los contactos o las lámparas.

El ajuste del faro para las luces de cruce y de carretera es de suma importancia, por lo que debe ser efectuado durante cada revisión.

Sobre una pared clara, a la altura del centro del faro, se traza una cruz. Colocar la moto, con el conductor montado, a unos 5 m. de distancia, medida desde el faro a la pared. Al encender la luz de carretera, la cruz debe encontrarse en el centro del espacio iluminado. Al encender después la luz de cruce, es preciso que el límite superior de la pared iluminada se encuentre 5 cm. por debajo de la cruz. De no ser así, se ajusta el faro para obtener esta medida.

Cuando la moto se utilice con sidecar, también se deberá cargar el sidecar con una persona para efectuar el ajuste descrito.

Bild – Fig. 205:

Scheinwerfereinsatz abgenommen

Ensemble réflecteur déposé

Reflector unit removed

Conjunto del reflector quitado

Bild – Fig. 206:

Bilux-Lampe mit Halter abgenommen; Tachometerspirale und Tachometer abgebaut zum Auswechseln der Lampen in den Kontrolleuchten.

Lampe bilux avec douille enlevée; transmission flexible et boîtier du compteur déposées pour le remplacement des lampes de contrôle.

Bilux lamp with socket removed; speedometer drive shaft and body removed for replacement of indicator lamps.

Bombilla Bilux con portalámparas sacada; transmisión y caja del velocímetro quitadas para la sustitución de las bombillas en las luces de control.

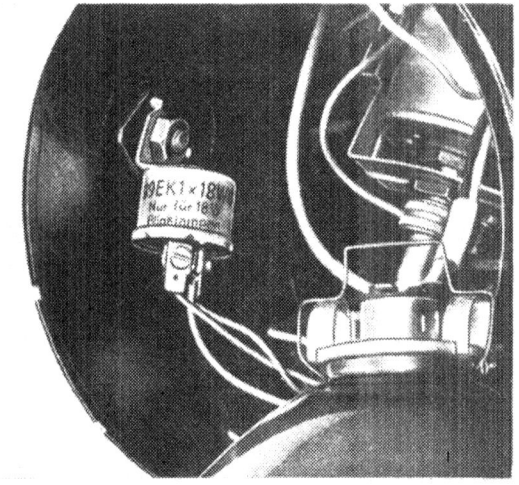

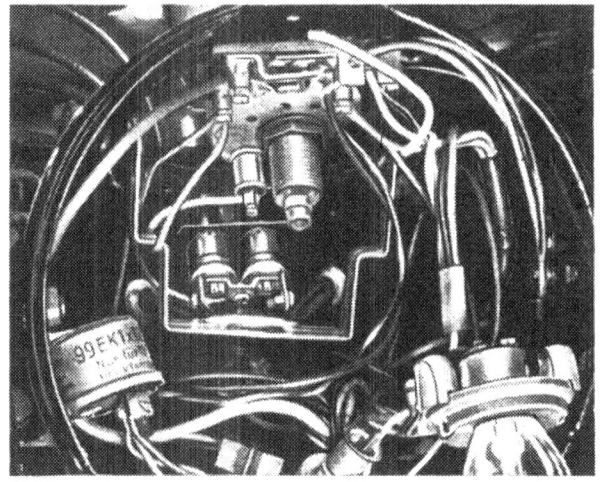

5. **Lamps** in headlamp:

Bilux lamp (twin-filament)	6 V, 35/35 W
Parking light	6 V, 2 W
Speedometer illumination	6 V, 1.2 W
Charging indicator	6 V, 2 W
Neutral indicator	6 V, 2 W

5. **Lámparas** en el faro:

Bombilla Bilux	6 V, 35/35 W
Luz de estacionamiento	6 V, 2 W
Luz del velocímetro	6 V, 1,2 W
Luz de carga	6 V, 2 W
Luz de marcha en vacío	6 V, 2 W

6. **Blinkleuchten.** Der Blinkgeber ist im Scheinwerfer eingebaut. Die Soffittenlampe einer Blinkleuchte kann nach Abnehmen einer gewölbten Kunststoffscheibe (2 Schlitzschrauben) und durch Zurückdrücken der federnden Halterung herausgenommen werden; evtl. auch den Verschlußstopfen aus dem Gehäuse herausschrauben. Zum Ausbau der Blinkleuchte, z. B. um den Gasdrehgriff abzuziehen und zu schmieren, sind folgende Arbeiten notwendig:

1. Kunststoffscheibe, Verschlußstopfen und Soffittenlampe ausbauen.

2. Isolierten Kontakthalter für Soffitte samt Feder und Leitung aus dem Lenkerende herausziehen und durch Lösen der Madenschraube von der Leitung trennen.

3. Schraube zum Klemmkonus für Blinkergehäuse im Lenker mittels Schraubenziehers **etwas** lockern (Achtung! Nicht herausschrauben!) und kleinen Prellschlag auf das Ende des Schraubenziehers geben.
(Siehe auch Bild 226.)

6. **Clignotants.** Le clignoteur est incorporé dans le phare. La lampe soffitte de chaque clignotant peut être atteinte en enlevant le capuchon en verre synthétique (2 fis fendues) et en la dégageant de ses fixations à ressorts ; éventuellement dévisser aussi du boitier la fermeture. Pour déposer le feu clignotant, par ex. pour retirer et graisser la poignée tournante, il faut :

1. Enlever le capuchon synthétique, la fermeture et la lampe soffitte.

2. Retirer du guidon le socle isolant pour la lampe, avec ressorts et conducteur et, en dévissant la vis cylindrique, le dégager du conducteur.

3. Desserrer **un peu** la vis de serrage pour le boitier du clignotant dans le guidon. Attention ! ne pas la dévisser complètement ! Donner un léger coup sur le manche du tournevis.
(Voir aussi Fig. 226.)

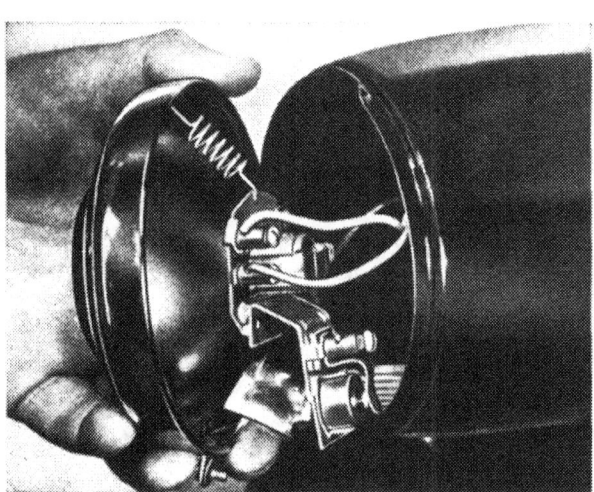

Bild – Fig. 207

Schluß- und Bremsleuchte, Lampen wechseln. Schluß- und Bremslicht Zweifadenlampe 6 V, 5/18 W, Kennzeichenbeleuchtung Kugellampe 6 V, 5 W.

Remplacement de la lampe arrière et stop 6 V, 5/18 W et de la lampe d'éclairage de plaque 6 V, 5 W.

Replacing tail and stop lamp. Tail-stop light twin-filament bulb, 6 V, 5/18 W. License plate illumination round-bulb lamp, 6 V, 5 W.

Sustituir las lámparas de posición trasera y de freno. Luz de posición y de freno: lámpara de dos filamentos 6 V, 5/18 W. Luz de la matrícula: lámpara esférica 6 V, 5 W.

7. **Zündkerzen.** Für R 50 und R 60 Bosch W 240 T 1 oder Beru 240/14. Für R 50 S und R 69 S für die Einfahrzeit Bosch W 240 T 1 oder Beru 240/14, nach der Einfahrzeit Bosch W 260 T 1 oder Beru 260/14. Elektrodenabstand 0,6 mm. Bei Bedarf Zündkerzen mit Reinigungsgerät säubern und Elektrodenabstand richtigstellen. Bei starkem Abbrand Kerzen erneuern. Nach spätestens 18 000 km sollten die Zündkerzen erneuert werden.

8. **Kabelbaum und Leitungen**
Bei diesen sind die einzelnen Leitungen auf Isolationszustand und gute Anschlußverbindungen zu untersuchen. Die Schutzschläuche und Gummihüllen müssen einwandfrei sein. Leitungen mit blankgescheuerten Stellen müssen ersetzt werden. Ein Isolierbandschutz darf nur im Notfall verwendet werden. Die Hochspannungskabel müssen absolut einwandfrei isoliert und die übergeschobenen Gummihüllen wasserdicht mit den Zündkerzensteckern verbunden sein.

7. **Bougies.** Pour R 50 et R 60, Bosch W 240 T 1 ou Beru 240/14. Pour R 50 S et R 69 S, pendant le rodage : Bosch W 240 T 1 ou Beru 240/14. Après le rodage Bosch W 260 T 1 ou Beru 260/14. Ecartement des électrodes 0,6 mm. Selon besoin, nettoyer les bougies sur l'appareil approprié et régler l'écartement des électrodes. Une bougie fortement usée est à remplacer. Il faut remplacer les bougies au moins tous les 18.000 km.

8. **Faisceau de câbles et conducteurs**
Contrôler l'isolation et les bonnes connections de chaque conducteur. Les tubes et cosses caoutchouc doivent être en parfait état. Les conducteurs dont l'isolation est usée par places doivent être remplacés. Une réparation de l'isolant à la toile isolante ne doit être considérée que comme moyen de fortune. Les conducteurs à haute tension, spécialement, doivent avoir une isolation parfaite et leur cosse caoutchouc doit se raccorder de façon étanche à la prise de bougie.

6. **Blinker Lights.** The blinker unit is installed in the headlamp. The bulb in a blinker can be removed by unfastening the convex plastic cover plate (2 screws) and pressing back on the spring bracket; if necessary unscrew the cover plug from the housing. To remove the blinker light for example, in order to disassemble and lubricate the throttle twistgrip—the following steps are necessary:

1. Remove the plastic cover plate, cover plug, and the bulb.

2. Pull the insulated contact bracket for the bulb, together with the spring and electrical wiring, out of the end of the handlebar and disconnect the wiring by releasing the screw terminal.

3. Using a screwdriver, **slightly** loosen (note: do NOT screw out) and then tap lightly on the handle of the screwdriver.
(Also see Fig. 226.)

6. **Luces intermitentes.** El emisor de luces intermitentes está instalado en el faro. La lámpara sofita de una luz intermitente puede ser sacada después de haber quitado el disco ovalado de plástico (2 tornillos de ranura) y de haber apretado hacia atrás la sujeción elástica; de ser necesario, se saca también el tapón de cierre de la caja. Si se desea desmontar el reflector de intermitentes misma, para sacar y engrasar por ejemplo el puño del acelerador, son necesarias las siguientes operaciones:

1. Desmontar el disco ovalado de plástico, el tapón de cierre y la lámpara sofita.

2. Extraer del extremo del manillar el portacontactos aislado para la lámpara sofita junto con el resorte y el cable, desenroscar el tornillo de espiga y separar el portacontactos del cable.

3. Aflojar **ligeramente** con ayuda de un desatornillador el tornillo del cono de retención para la caja de la luz intermitente (¡atención! el tornillo no debe ser desatornillado del todo) y aplicar un golpe ligero sobre el mango del desatornillador.
(Véase también Fig. 226.)

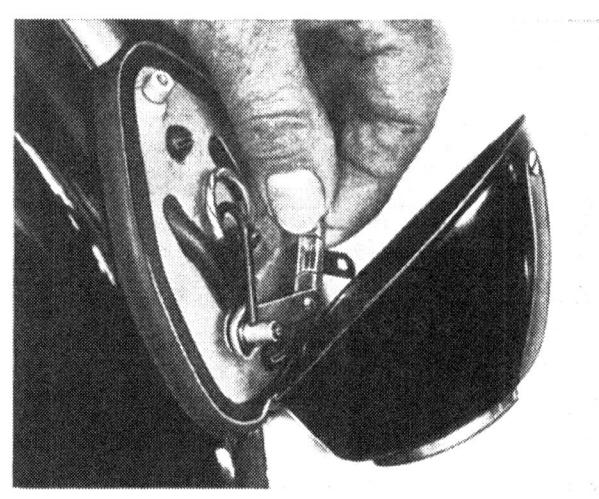

Bild – Fig. 208

Seitenwagenleuchte, Lampe 6 V/3 W wechseln.

Remplacement de la lampe de position side-car, 6 V, 3 W.

Replacing sidecar lamp, 6 V/3 W bulb.

Sustituir la luz del sidecar, lámpara de 6 V/3 W.

7. **Spark Plugs.** For R 50 and R 60 Bosch: W 240 T 1 or Beru 240/14. For R 50 S and R 69 S for running-in period: Bosch W 240 T 1 or Beru 240/14; afterwards: Bosch W 260 T 1 or Beru 260/14. Electrode gap .024" (.6 mm.). Clean spark plugs, when necessary, in a sand-blast type cleaner and correct electrode gap. Badly burned plugs should be replaced. Replace spark plugs in any way at least every 11,000 miles (18,000 km).

8. **Wiring Harness and Leads**
Inspect the various wires for proper insulation and connections. The covering hoses and rubber sleeves should be in correct condition. Leads with blank spots must be replaced. No insulation tape should be used, except in cases of emergency. Be sure the HT-ignition cables are absolutely well insulated and the rubber sleeves so slipped over as to insure a water tight connection to the spark plug adapters.

7. **Bujías.** Los modelos R 50 y R 60 tienen bujías Bosch W 240 T1 o Beru 240/14. Durante el tiempo de rodaje, los modelos R 50 S y R 69 S tienen bujías Bosch W 240 T 1 o Beru 240/14, después del rodaje Bosch W 260 T1 o Beru 260/14. Distancia entre los electrodos 0,6 mm. Si fuese preciso, se limpian las bujías con un dispositivo de limpieza y se ajusta la distancia entre los electrodos. Si los electrodos están demasiado quemados, se renuevan las bujías. De todos modos, las bujías deben ser sustituidas cada 18 000 km. lo más tarde.

8. **Manojo de cables y cables sueltos**
Verificar el aislamiento y la perfecta conexión de cada conductor. Los tubos de protección y los revestimientos de goma deben hallarse en perfecto estado. Los cables cuyo aislamiento presente señales de rozamiento deben ser sustituidos. La protección provisional mediante cinta aislante sólo es admisible en casos de emergencia. Los cables de alta tensión deben encontrarse perfectamente aislados, sus revestimientos de goma deben estar unidos a los enchufes de las bujías de forma hermética, para evitar el paso de agua.

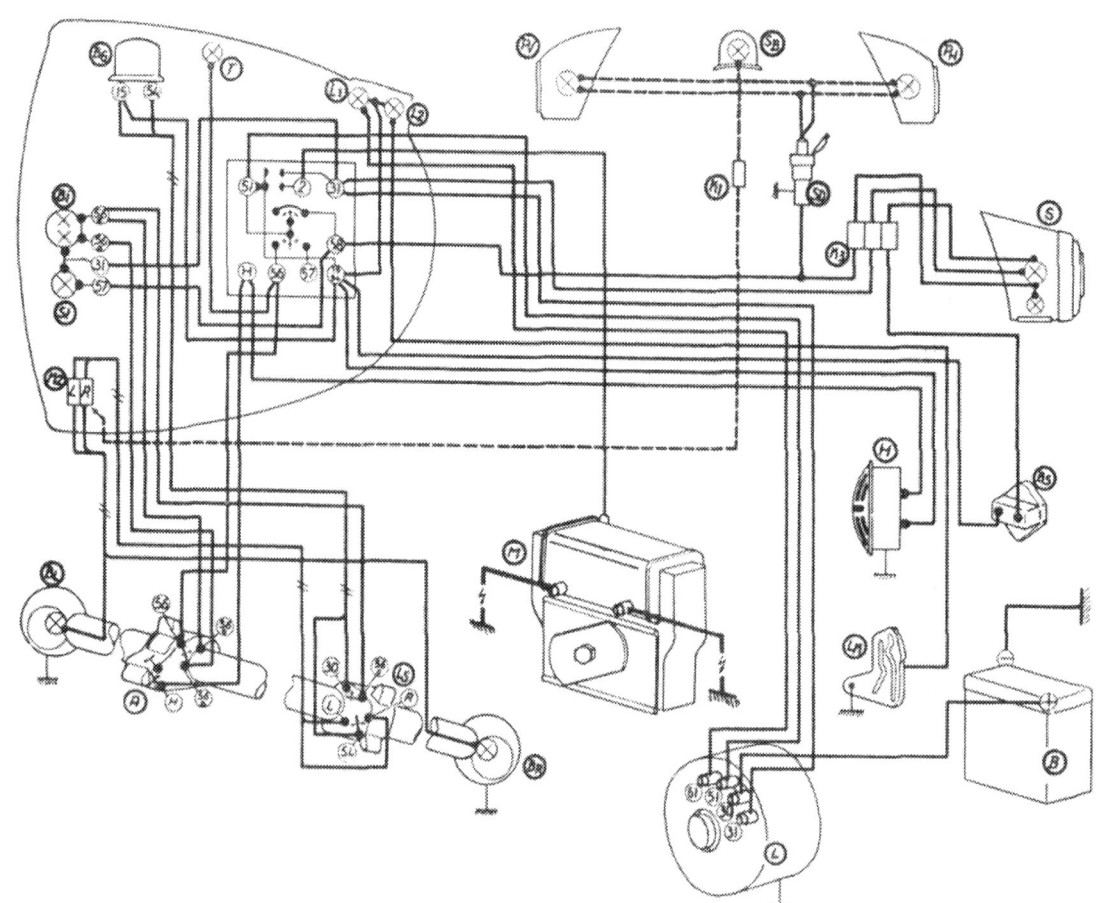

Bild – Fig. 209 Stromlaufplan – Schéma des connections – Wiring Diagram – Esquema de conexiones eléctricas

Aufstellung der Leitungen

Farbe	mm²	von	nach
schw.-viol.	0,75	15 Scheinwerfer	Bremslicht-Schalter
braun	1,5	31 Scheinwerfer	31 Lichtmaschine
blau	0,75	Ladeanzeigeleuchte	61 Lichtmaschine
schw.-rot	1,5	2 Scheinwerfer	2 Magnetzünder
rot	2,5	30/51 Scheinwerfer	51 Lichtmaschine
schwarz	1,5	15 Scheinwerfer	Signalhorn
schwarz	1,5	H Scheinwerfer	Signalhorn
schwarz	0,75	58 Scheinwerfer	3polige Klemme
braun	0,75	31 Scheinwerfer	3polige Klemme
schwarz	1,5	30 Lichtmaschine	Batterie +
schw.-viol.	0,75	Kabelverbindungs-Kl.	Bremslicht-Schalter
schwarz	0,75	Scheinwerfer-Leerlaufanz.	Getriebe-Leerlauf
schwarz	1,5	Batterie-Minus	Getriebe-Masse
schwarz	0,75	3polige Klemme	Seitenwagensteckdose
schwarz	3x0,75	3polige Klemme	Schlußlicht

Blinkanlage

Farbe	mm²	von	nach
schwarz	0,75	2polige Klemme im Scheinwerfer	Blinkleuchte L
blau	0,75	2polige Klemme im Scheinwerfer	Blinkleuchte R
rot	1,0	Zündschloß, Kl. 15	Blinkgeber, Kl. 15
blau	0,75	Blinkerschalter R	2pol. Klemme im Scheinw.
schwarz	0,75	Blinkerschalter L	2pol. Klemme im Scheinw.
grün	0,75	Blinkerschalter 54	Blinkgeber, Kl. 54
grau	0,75	Blinkerschalter 56a	Biluxlampe, Kl. 56a
rot	0,75	Blinkerschalter 30	Blinkgeber, Kl. 15

Die 3polige Klemme befindet sich am Batterieträger hinten.

Disposition des câbles

Couleur	mm²	de	à
noir-violet	0,75	15 phare	contacteur stop
brun	1,5	31 phare	31 dynamo
bleu	0,75	témoin de charge	61 dynamo
noir-rouge	1,5	2 phare	2 magnéto
rouge	2,5	30/51 phare	51 dynamo
noir	1,5	15 phare	claxon
noir	1,5	H phare	claxon
noir	0,75	58 phare	réglette 3 pôles
brun	0,75	31 phare	réglette 3 pôles
noir	1,5	30 dynamo	+ batterie
noir-violet	0,75	réglette de connections	contacteur stop
noir	0,75	témoin de point-mort	contact boîte vit.
noir	1,5	– batterie	masse boîte vit.
noir	0,75	réglette 3 pôles	prise de courant
noir	3x0,75	réglette 3 pôles	feu arrière

Clignotants

Couleur	mm²	de	à
noir	0,75	phare, borne 2 pôles	clignotant G
bleu	0,75	phare, borne 2 pôles	clignotant D
rouge	1,0	borne 15 phare	clignoteur borne 15
bleu	0,75	commande clign. D	phare, borne 2 pôles
noir	0,75	commande clign. G	phare, borne 2 pôles
vert	0,75	commande clign. 54	clignoteur borne 54
gris	0,75	commande clign. 56a	lampe bilux borne 56a
rouge	0,75	commande clign. 30	clignoteur borne 15

La réglette 3 pôles se trouve sur la face arrière du porte-batterie.

Zeichenerklärungen

A	=	Abblendschalter
B	=	Batterie
BG	=	Blinkgeber
Bi	=	Biluxlampe
BL	=	Blinkleuchte links
BR	=	Blinkleuchte rechts
BS	=	Bremslichtschalter
H	=	Signalhorn
K1	=	Kabelverbindung 1polig
K2	=	Kabelverbindung 2polig
K3	=	Kabelverbindung 3polig
L	=	Lichtmaschine
L1	=	Ladeanzeige
L2	=	Leerlaufanzeige
LK	=	Leerlaufkontakt
LS	=	Lichthupen- und Blinker-schalter
M	=	Magnetzünder
PH	=	Positionsleuchte hinten „S"
PV	=	Positionsleuchte vorne „S"
S	=	Schluß-Brems-Kennzeichen-leuchte
SB	=	Blinkleuchte „S"
SD	=	Steckdose
St	=	Standlicht
T	=	Tachometerbeleuchtung ("S" = Seitenwagen)

Bei Seitenwagenbetrieb ist die gestrichelt gezeichnete Leitung an der Klemme K2 angeschlossen, anstelle der Leitung zu Lenkerblinkleuchte BR.

Table des désignations

A	=	Commutateur phare-code
B	=	Batterie
BG	=	Clignoteur
Bi	=	Lampe bilux
BL	=	Clignotant gauche
BR	=	Clignotant droit
BS	=	Contacteur de stop
H	=	Claxon
K1	=	Jonction de câbles, 1 pôle
K2	=	Jonction de câbles, 2 pôles
K3	=	Jonction de câbles, 3 pôles
L	=	Dynamo
L1	=	Contrôle de charge
L2	=	Témoin de point-mort
LK	=	Contact de témoin de PM.
LS	=	Commande de clignotants et d'avertisseur optique
M	=	Magnéto
PH	=	Feu de position arrière side-car
PV	=	Feu de position avant side-car
S	=	Feu arrière, stop et éclairage de plaque
SB	=	Clignotant side-car
SD	=	Prise de courant
St	=	Feu de parc
T	=	Eclairage de compteur

Lors de l'emploi avec side-car, le conducteur dessiné en pointillés est à connecter à la borne K2, à la place du conducteur du clignoteur droit de guidon BR.

Key to wiring diagram

A	=	Dimmer switch
B	=	Battery
BG	=	Flasher unit
Bi	=	Double-filament bulb
BL	=	Left blinker
BR	=	Right blinker
BS	=	Stop light switch
H	=	Horn
K1	=	Cable connector (1-pole)
K2	=	Cable connector (2-pole)
K3	=	Cable connector (3-pole)
L	=	Generator (dynamo)
L1	=	Charge indicator
L2	=	Neutral indicator
LK	=	Neutral indicator contact
LS	=	Blinker and headlight flasher switch
M	=	Magneto
PH	=	Rear side light Sidecar
PV	=	Front side light Sidecar
S	=	Stop, tail and license plate light
SB	=	Blinker Sidecar
SD	=	Electrical jack (socket)
St	=	Parking light
T	=	Speedometer light

For sidecar operation, connect the wire, which is shown dotted in the schematic, to cable jonction K2 in place of the conductor from right-hand blinker light (BR).

Clave de circuito eléctrico

A	=	Conmutador para luces de carretera y cruce
B	=	Batería
BG	=	Mecanismo de intermitencias
Bi	=	Lámpara Bilux
BL	=	Luz intermitente, izquierda
BR	=	Luz intermitente, derecha
BS	=	Interruptor de la luz de «pare»
H	=	Claxon
K1	=	Empalme monopolar
K2	=	Empalme bipolar
K3	=	Empalme tripolar
L	=	Dinamo
L1	=	Indicador luminoso de descarga de la batería
L2	=	Indicador luminoso del punto muerto
LK	=	Contacto para punto muerto
LS	=	Conmutadores para las ráfagas de luz y las luces intermitentes
M	=	Magneto
PH	=	Luz trasera de posición, sidecar
PV	=	Luz delantera de posición, sidecar
S	=	Luces trasera, de «pare» y para iluminación de la placa de la matrícula
SB	=	Luz intermitente, sidecar
SD	=	Enchufe
St	=	Luz de población
T	=	Iluminación del velocímetro

Cuando se utilice la motocicleta con sidecar, se empalmará al terminal K2 la conexión señalada con la línea punteada, en lugar del conductor para la luz intermitente BR del manillar.

List of Wires

Colour	sq.mm.	from	to
black-violet	.75	15 headlamp	stop light switch
brown	1.5	31 headlamp	31 generator
blue	.75	charging indicator light	61 generator
black-red	1.5	2 headlamp	2 ignition magneto
red	2.5	30/51 headlamp	51 generator
black	1.5	15 headlamp	horn
black	1.5	H headlamp	horn
black	.75	58 headlamp	3-pole terminal
brown	.75	31 headlamp	3-pole terminal
black	1.5	30 generator	battery +
black-violet	.75	wire connector	stop light switch
black	.75	headlamp, neutral indicator	transmission, neutral indicator contact
black	1.5	battery −	transmission, ground
black	.75	3-pole terminal	sidecar jack (socket)
black	3×.75	3-pole terminal	tail light

Blinker-System:

Colour	sq.mm.	from	to
black	.75	2-pole terminal in headlamp	blinker light LH
blue	.75	2-pole terminal in headlamp	blinker light RH
red	1.0	ignition switch, terminal 15	blinker unit, terminal 15
blue	.75	blinker switch RH	2-pole terminal in headlamp
black	.75	blinker switch LH	2-pole terminal in headlamp
green	.75	blinker switch 54	blinker unit, terminal 54
grey	.75	blinker switch 56a	bilux lamp, terminal 56a
red	.75	blinker switch 30	blinker unit, terminal 15

The 3-pole terminal is situated on battery carrier, at rear.

Relación de cables

Color del cable	mm.²	del	al
negro-violeta	0,75	15, faro	conmutador de luz de freno
marrón	1,5	31, faro	31, dinamo
azul	0,75	luz de carga	61, dinamo
negro-rojo	1,5	2, faro	2, magneto de encendido
rojo	2,5	30/51, faro	51, dinamo
negro	1,5	15, faro	claxon
negro	1,5	H, faro	claxon
negro	0,75	58, faro	borne de 3 polos
marrón	0,75	31, faro	borne de 3 polos
negro	1,5	30, dinamo	batería + conmutador de luz de freno
negro-violeta	0,75	placa de conexiones	
negro	0,75	faro, luz de marcha en vacío	contacto caja cambio
negro	1,5	batería −	caja de cambio, masa tomacorrientes
negro	0,75	borne de 3 polos	del sidecar
negro	3×0,75	borne de 3 polos	luz de posición trasera

Instalación de luz intermitente

Color	mm.²	del	al
negro	0,75	borne de 2 polos en el faro	luz intermitente izquierda
azul	0,75	borne de 2 polos en el faro	luz intermitente derecha
rojo	1,0	llave de contacto, borne 15	emisor de intermitentes borne 15
azul	0,75	luz de intermitentes, der.	borne de dos polos en el faro
negro	0,75	luz de intermitentes, izq.	borne de dos polos en el faro
verde	0,75	interruptor de intermitentes, 54	emisor de intermitentes, borne 54
gris	0,75	interr. de intermitentes, 56 a	lámpara Bilux, borne 56 a
rojo	0,75	interr. de intermitentes, 30	emisor de intermitentes, borne 15

El borne de 3 polos se encuentra detrás del portabaterías.

Störungen, deren Auffindung und Beseitigung

Vor allen Arbeiten an der elektrischen Anlage ist die Batterie am Minuspol abzuklemmen, soweit deren Einschaltung zu bestimmten Prüfungen nicht unbedingt nötig ist.

1. Zündstörungen

Wenn der Motor nicht anspringt oder während der Fahrt stehenbleibt, so ist, falls genügend Kraftstoff vorhanden und der Vergaser in Ordnung ist, der Fehler in der Zündanlage zu suchen. Dazu ist die Zündanlage zu überprüfen, was in folgender Weise je Zylinder geschieht: Kerze herausschrauben, Zündkabel aus dem Kerzenstecker entfernen, Kabel in etwa 5 mm Abstand von einer Zylinderrippe halten und Motor durchdrehen. Es müssen Funken vom Kabel zur Zylinderrippe überspringen; ist dies der Fall, liegt ein Fehler an der Zündkerze vor.
Springen dagegen keine Funken vom Kabelende zur Masse über, so können folgende Störungsursachen vorliegen:

Fehler	Abhilfe
a) Zündschlüssel rastet nicht richtig ein. Die bewegliche Kontaktfeder im Schaltkasten wird vom Massekontakt nicht abgehoben.	Ist der Fehler im Schaltkasten nicht zu beheben, so kann notfalls das Kabel aus der Klemme 2 des Magnetzünders ausgeklemmt werden. In diesem Fall läßt sich der Motor mit dem Zündschlüssel nicht abstellen.
b) Kabel zwischen Klemme 2 im Schaltkasten und Klemme 2 des Magnetzünders hat Masseschluß.	Kabel auswechseln, notfalls Kabel aus Klemme 2 des Magnetzünders wie unter a) beschrieben ausklemmen.
c) Zündkabel beschädigt oder hat Masseschluß.	Zündkabel erneuern.
d) Unterbrecherkontakte verschmutzt, oxydiert oder verschmort.	Beide Kontakte mit Kontaktfeile säubern. Hierauf Unterbrecherabstand prüfen. Derselbe darf nur 0,4 mm betragen.
e) Starkes Kontaktfeuer bzw. stark verbrannte Kontakte infolge eines defekten Kondensators.	Kondensator ersetzen (Reparatur nicht möglich) und Kontakte mit Kontaktfeile glätten oder ersetzen. Unterbrecherabstand wie unter d) einstellen.
f) Unterbrecherhebel klemmt.	Lagerbüchse und Lagerbolzen des Unterbrecherhebels reinigen und mit Bosch-Fett Ft 1 v 4 einfetten.
g) Unterbrecherhebel wird vom Nocken nicht mehr abgehoben. Schleifklötzchen am Unterbrecherhebel abgenützt.	Unterbrecherhebel erneuern und Unterbrecherabstand wie unter d) einstellen.

Dérangements, leur localisation et réparation

Avant tout traivail sur l'équipement électrique, il faut découpler le câble de la borne négative de la batterie, pour autant que sa présence ne soit pas indispensable pour un essai prévu.

1. Pannes d'allumage

Si le moteur ne part pas ou s'arrête inopinément, il faut rechercher la panne du côté de l'allumage, pour autant qu'il y ait assez d'essence et que les carburateurs soient en état. Contrôler alors, comme suit, l'allumage pour chaque cylindre : dévisser la bougie, dégager le câble de la prise de bougie, approcher le bout du câble à 5 mm environ, d'une ailette et faire tourner le moteur au kick-starter. L'étincelle doit jaillir entre le câble et l'ailette ; si c'est le cas, la bougie est défectueuse.
S'il ne se produit pas d'étincelle entre le câble et l'ailette, les causes suivantes sont à envisager :

Défaut	Remède
a) La clef de contact ne vient pas bien en place. Le contact mobile, dans le commutateur, n'est pas soulevé du contact de masse.	Si le defaut dans le commutateur ne peut être corrigé on peut, provisoirement, déconnecter le câble de la borne 2 de la magnéto. Mais ainsi, on ne peut plus arrêter le moteur par la clef de contact.
b) Le câble reliant la borne 2 du commutateur et la borne 2 de la magnéto est en contact avec la masse.	Remplacer le câble, à la rigueur le déconnecter provisoirement de la borne 2 de la magnéto, comme sous a) ci-dessus.
c) Câble de bougie endommagé ou ayant un contact de masse.	Remplacer le câble de bougie.
d) Contacts de rupteur sales, oxydés ou endommagés.	Retoucher les contacts à la lime spéciale, puis contrôler leur ouverture : 0,4 mm seulement.
e) Fortes étincelles aux contacts ou contacts brûlés par suite d'un condensateur défectueux.	Remplacer le condensateur (irréparable !) ; retoucher ou remplacere les contacts. Régler leur ouverture comme sous d) ci-dessus.
f) Le linguet du rupteur colle.	Nettoyer la douille et le pivot du linguet et les enduire de graisse Bosch Ft 1 v 4.
g) Le linguet n'est plus soulevé par la came, son poussoir étant usé.	Remplacer le linguet ; régler l'ouverture des contacts comme sous d) ci-dessus.

Typical Failures, their Causes and Correction

Before performing a checking procedure on the electrical system, disconnect the negative battery cable, except in cases where it will be absolutely necessary to keep the battery in the circuit for a particular test.

1. Ignition Failures

If engine will not start or stalls when running and fuel supply and carburetors function properly the ignition system should then be checked. To do this, proceed on each cylinder as follows: Remove spark plug, pull ignition cable out of spark plug adapter, hold cable at a distance of about .2" (5 mm) from a cylinder fin and crank engine. Sparks must then flash from cable to cylinder fin; if this is the case, the failure resides in the spark plug. If no sparks flash from cable end to ground, the failure may be due to one of the following causes:

Possible causes	Remedies
a) Ignition key does not engage properly. Movable contact spring in switch box fails to come away from ground contact.	If the failure is not located in the switch box, disconnect cable from terminal 2 of magneto in case of need. But remember that in this case the engine cannot be switched off with the ignition key.
b) Cable between terminal 2 in switch box and terminal 2 of magneto is grounded.	Replace cable, in case of emergency disconnect cable from terminal 2 of magneto as described under a).
c) Ignition cable defective or grounded.	Replace ignition cable.
d) Breaker points dirty, oxidized or burned.	Clean both points with contact file. Thereafter check breaker gap. This should not exceed .016".
e) Heavy contact firing or badly burned contacts due to defective condenser.	Replace condenser (cannot be repaired) and smoothen contacts with contact file or replace. Adjust breaker gap as specified under d).
f) Breaker arm binds.	Clean bearing bushing and pin of breaker arm and lubricate with Bosch Ft 1 v 4 grease.
g) Breaker arm fails to come away from cam. Rubbing block on breaker arm is worn.	Replace breaker arm and adjust breaker gap as specified under d).

Fallas, su localización y eliminación

Antes de comenzar cualquier trabajo en la instalación eléctrica, es preciso desconectar la batería en el polo negativo, excepto en casos en que sea necesaria para llevar a cabo determinados controles.

1. Fallas del encendido

Si el motor no arranca o si se para durante la marcha, a pesar de tener gasolina suficiente y de encontrarse el carburador en perfecto estado, será preciso buscar la causa de la anomalía en el sistema de encendido. El encendido se revisa de la siguiente forma, para cada cilindro: desatornillar la bujía, separar el cable de encendido del enchufe de la bujía, aproximar el extremo del cable a 5 mm. de una aleta del cilindro y hacer girar el motor. Deberán saltar chispas del cable a la aleta, en cuyo caso la falla reside en la bujía. Si no saltan chispas del cable a la aleta, las fallas pueden tener una de las causas siguientes:

Falla	Eliminación
a) La llave de contacto no encaja completamente. El muelle de contacto móvil en la caja de conexiones no se separa del contacto de masa.	Si el defecto en la caja de conexiones no puede ser subsanado, se puede desconectar provisionalmente el cable del borne 2 en el magneto de encendido. En este caso, no será posible parar el motor con la llave de contacto.
b) El cable entre el borne 2 de la caja de conexiones y el borne 2 del magneto de encendido tiene un contacto de masa.	Reemplazar el cable; si fuese preciso, también puede desconectarse provisionalmente el cable del borne 2 en el magneto de encendido, véase a).
c) Cable de encendido deteriorado o con puesta a tierra.	Reemplazar el cable.
d) Contactos del ruptor sucios, oxidados o chamuscados.	Limpiar ambos contactos con una lima fina. Verificar la distancia entre los contactos, que deberá ser de 0,4 mm.
e) Chispas intensas entre los contactos o contactos quemados debido a un condensador deficiente.	Sustituir el condensador (su reparación no es posible) y alisar los contactos con una lima fina o sustituirles. Ajustar la separación entre los contactos, véase d).
f) La palanca del interruptor se atasca.	Limpiar el casquillo y el eje de la palanca, engrasándoles seguidamente con grasa Bosch Ft 1 v 4.
g) La palanca del interruptor ya no es levantada por la leva. El taco de deslizamiento de la palanca se ha gastado.	Reemplazar la palanca y ajustar la distancia entre los contactos, véase d).

h) Abstand der Sicherheitsfunkenstrecke am Magnetzünder zu klein.	Der Abstand ist auf 10–11 mm zu bringen (siehe Bild 110).	h) Trop petite ouverture des éclateurs de sécurité, sur la magnéto.	Cette ouverture doit être portée à 10–11 mm (voir fig. 110).
i) Zündspule schlägt nach außen gegen ein Metallteil durch.	Zündspule erneuern. Nur im Notfall Zündspule durch Bestreichen mit Schellack isolieren. Maschinenteile in der Nähe der Spule, auf die der Zündfunke überspringt, ebenfalls mit Schellack bestreichen.	i) Fuite de la bobine vers une partie métallique proche.	Remplacer la bobine Réparation de fortune seulement: renforcer à la laque l'isolant de bobine et enduire aussi le laque les pièces métalliques proches.
k) Zündspule defekt.	Erneuern (kann nicht repariert werden).	k) Bobine d'allumage défectueuse.	Remplacer (ne peut pas être réparée).
l) Automatische Zündverstellung arbeitet nicht.	Welle und Nockenbohrung reinigen und einfetten mit Bosch-Fett Ft 1 v 30. Fliehgewichte und Federn prüfen und einfetten.	l) Le régulateur automatique d'avance ne travaille pas.	Nettoyer et graisser légèrement (graisse Bosch Ft 1 v 30) l'axe et l'alésage de la came. Contrôler et graisser les masselottes et leurs ressorts.
m) Setzt die Zündung nur bei hohen Drehzahlen aus, so können Isoliersteine der Zündkerzen durch Bleibelag verunreinigt sein.	Bei verbleiten Kraftstoffen kann sich mit der Zeit ein Bleibelag am Kerzenstein niederschlagen. Dieser ist bei kalter Kerze nicht leitend, bei heißer (über 500° C) jedoch leitend. Beste Abhilfe: Kerzen erneuern.	m) Si des ratés d'allumage ne se produisent qu'à haut régime, il se peut que des dépôts de plomb affectent l'isolation des bougies.	L'emploi de carburants contenant du plomb peut causer des dépôts de plomb sur l'isolant des bougies. Sans effet à froid, ils deviennent conducteurs à chaud (plus de 500° C). Meilleur remède: remplacement des bougies.
oder Unterbrecherfeder kann leicht verkantet sein, deshalb läuft der Unterbrecherhebel mit seiner Büchse an der Unterlage oder an der Sicherungsscheibe an und wird gebremst.	Unterbrecherfeder parallel zur Maschine ausrichten.	ou Le ressort du rupteur est peut-être légèrement faussé et pousse ainsi le linguet avec sa douille contre l'un ou l'autre bout du pivot: il est ainsi freiné.	Rétablir le parallélisme du ressort pour qu'il pousse le linguet perpendiculairement à son pivot.

2. Störungen an der Lichtmaschine

Verstellungen an der lackgesicherten Sechskantmutter bzw. Verbiegen der Kontaktfedern des Reglers heben die Garantieverpflichtungen auf. Sie sollen deshalb nur von Bosch-Werkstätten ausgeführt werden.

Behelfsmäßige Prüfung der Lichtmaschine

Volles Licht einschalten, Horn betätigen.
Das Licht darf beim Betätigen des Horns nur wenig nachlassen. Andernfalls muß die Batterie an einer ortsfesten Stromquelle nachgeladen werden.
Gut geladene Batterie einsetzen, Motor auf etwa 2500 U/min bringen, volles Licht einschalten und dann Leitung vom Batterie-(–)Pol entfernen. Das Licht soll beim Entfernen des (–)Kabels etwas heller, beim Berühren des Minuspols mit dem Kabel wieder etwas dunkler werden.
Ist es umgekehrt, dann ist die Maschinenleistung ungenügend und es sollte eine genauere Kontrolle mittels Testgerätes, nach Möglichkeit bei einem Bosch-Dienst, vorgenommen werden.

2 Dérangement de la dynamo

Toute intervention sur l'écrou six-pans scellé à la laque ou sur les ressorts des contacts du régulateur, annulent les obligations de garantie. Ces travaux ne peuvent donc être exécutés que par les ateliers de service Bosch.

Essais de la dynamo

Mettre l'éclairage à pleins feux, actionner le claxon. La lumière ne doit baisser que de peu lors de l'emploi du claxon. Sinon, il faut recharger la batterie, par un chargeur indépendant. Monter une batterie bien chargée, faire tourner le moteur à 2.500 t/min environ, mettre l'éclairage à pleins feux et déconnecteur le conducteur du pôle – de la batterie. La lumière doit être un peu plus vive lorsqu'on enlève le câble – de la batterie et baisser un peu lorsque l'on touche la borne – de la batterie avec le câble.
Si le contraire se produit, la puissance de la dynamo est insuffisante et un contrôle précis, au moyen d'un appareil d'essai est nécessaire. Le confier autant que possible à un service Bosch.

h) Safety spark gap on ignition magneto too small.	Adjust gap to 10–11 mm. (.4" to .44").	h) La distancia entre los bornes de seguridad del magneto es demasiado pequeña.	La distancia ha de ser ajustada a 10–11 mm. (véase fig. 110).
i) Ignition coil open circuited to external metal part.	Replace ignition coil. Only in case of need insulate ignition coil by coating it with shellac. Likewise coat parts adjacent to ignition coil, to which the spark jumps, with shellac.	i) La chispa de la bobina salta a masa en un punto metálico cualquiera.	Sustituir la bobina. Sólo en casos de urgencia se aisla la bobina cubriéndola con goma laca. Cubrir igualmente con goma laca los puntos metálicos inmediatos a los que saltó la chispa.
k) Ignition coil defective.	Replace (cannot be repaired).	k) Bobina defectuosa	Sustituir la bobina (no puede ser reparada).
l) Automatic advance unit inoperative.	Clean shaft and cam hole and lubricate with Bosch Ft v 30 grease. Check governor weights and springs and grease them.	l) La regulación automática del encendido no funciona.	Limpiar y engrasar ligeramente con grasa Bosch Ft v 30 el eje y el orificio de la leva. Controlar y engrasar los pesos centrífugos y los resortes.
m) If ignition misses only at high engine speeds, this failure may be due to lead deposits on spark plug insulator.	Permanent use of leaded fuels will cause lead deposits on insulator of spark plug. With spark plug cold, this deposit is non-conducting, but becomes conducting with spark plug hot (over 930 deg. F.). Best remedy: Replace plugs.	m) Si el encendido sólo se interrumpe a un régimen de revoluciones elevado, puede ser que los aisladores de porcelana de las bujías tengan sedimentos de plomo,	Los combustibles que contienen plomo pueden motivar después de algún tiempo la formación de un depósito de plomo en el aislador de porcelana de la bujía. A bajas temperaturas, este depósito no es conductor, aunque se vuelve conductor cuando la bujía está caliente (más de 500° C). La mejor solución es cambiar la bujía.
or breaker arm spring is slightly distorted, so breaker arm rubs with its bushing on the support or on the lockwasher and becomes inoperative.	Dress breaker arm spring into parallel position to the generator.	o que el muelle del interruptor esté algo ladeado, por lo que la palanca del interruptor roza con su casquillo sobre el soporte o la arandela de seguridad, siendo frenado.	Corregir q restablecer el paralelismo entre el muelle y la dinamo.

2. Generator Failures

Never try to perform adjustments by turning the lacquer sealed hexagon nut or bending the contact springs of the regulator as this would invalidate the manufacturer's warranty. Adjustments of this kind should therefore only be carried out in a Bosch service station.

Provisional Generator Test

Switch on full lighting, actuate horn.
As horn is actuated the lighting intensity should only drop slightly. Otherwise the battery must be recharged from a charging equipment.
Install fully charged battery, accelerate engine up to approx. 2,500 r.p.m., switch on full lighting and disconnect negative battery cable. While negative cable is removed the brightness of the lighting should slightly increase, and diminish when touching the negative pole with the cable.
If the lighting reacts contrarily, the generator output is insufficient and an accurate test should then be performed with a generator tester, whenever possible in a Bosch service station.

2. Fallas de la dinamo

En el momento en que el sello de lace de la tuerca hexagonal sea violado o que los muelles de contacto del regulador hayan sufrido una alteración, cesa toda garantía, por lo que se recomienda recurrir a un representante de la casa Bosch para subsanar las fallas que pudieran existir.

Comprobación auxiliar de la dinamo

Conectar todas las luces y hacer funcionar el claxon. La intensidad de las luces sólo debe disminuir ligeramente al accionar el claxon. En caso contrario ha de cargarse de nuevo la batería con un cargador independiente.
Montar una batería bien cargada, impulsar el motor a un régimen de 2.500 r.p.m. aproximadamente, conectar todas las luces y separar a continuación el cable del polo negativo de la batería. En estas condiciones deberá apreciarse un ligero aumento de la intensidad luminosa, que deberá disminuir nuevamente al volver a conectar el cable al polo negativo.
Si se produce un efecto contrario al descrito, la potencia de la dinamo es insuficiente, siendo conveniente someter la dinamo a un control minucioso con un aparato de ensayo, a ser posible en un taller Bosch.

Störungsursachen an der Lichtmaschine und deren Beseitigung		Dérangement de la dynamo et leurs remèdes	
Fehler	Abhilfe	Défaut	Remède
a) Ladeanzeigelampe erlischt nicht.		a) La lampe de contrôle de charge ne s'éteint pas.	
Kohlen liegen nicht auf dem Kollektor auf oder klemmen in den Haltern	Bürstenfedern richten, abgelaufene Kohlen ersetzen, festsitzende Kohlen gängig machen.	Les charbons n'appuient pas sur le collecteur ou coincent dans leur guide.	Redresser les ressorts de charbons, remplacer les charbons usés, alibrer les charbons dans leur guide.
oder Kollektor ist verschmiert oder verölt	Kollektor mit einem in Benzin getränkten Lappen reinigen, Zwischenraum zwischen den Kollektorlamellen mit Holzspan auskratzen.	ou Le collecteur est encrassé ou gras.	Le nettoyer avec un chiffon propre imbibé de benzine; décrasser avec un racloir en bois les intervalles entre les lames.
oder Reglerkontakte verschmutzt	Kontakte blank putzen durch Hin- und Herziehen eines dünnen sauberen Blechstreifens zwischen den Kontakten. Auf keinen Fall darf an diesen Kontakten gefeilt werden.	ou Les contacts du régulateur sont sales.	Nettoyer les contacts en introduisant entre eux une bandelette de tôle mince, propre, que l'on fait aller et venir. Ne jamais toucher ces contacts à la lime!
oder Ankerwicklung defekt.	Anker ersetzen.	ou Bobinage de l'induit défectueux.	Remplacer l'induit
b) Ladeanzeigelampe glimmt etwas während der Fahrt (ganz leichtes Glimmen, besonders bei eingeschaltetem Licht, ist bedeutungslos und verliert sich, wenn Batterie wieder gut aufgeladen ist).		b) La lampe de contrôle de charge s'éclaire faiblement en roulant si elle s'éclaire très faiblement et spécialement quand l'éclairage est en service, le fait est sans importance et tout rentrera dans l'ordre dès que la batterie sera bien chargée).	
Andernfalls: Batterie entladen oder schadhaft	Batterie an ortsfester Stromquelle aufladen oder ersetzen.	Si ce n'est pas le cas: Batterie déchargée ou défectueuse.	Recharger ou remplacer la batterie.
oder Kabelverbindungen nicht einwandfrei	Kabelklemmschrauben an Maschine, Scheinwerfer und Batterie nachziehen, Masseanschluß Batterie reinigen.	ou Connections imparfaites	Resserrer les connections à la dynamo, au phare et à la batterie; nettoyer la connection de la batterie à la masse.
oder Schalterkontakte des Reglerschalters sind nicht einwandfrei.	Batterie abklemmen und Kontakte blank putzen durch Hin- und Herziehen eines dünnen sauberen Blechstreifens zwischen den Kontakten. Unter keinen Umständen darf an diesen Kontakten gefeilt werden.	ou Contacts de commutation du régulateur imparfaits.	Déconnecter la batterie, nettoyer les contacts en introduisant entre eux une bandelette de tôle mince, propre, que l'on fait aller et venir. Ne jamais toucher cer contacts avec une lime!

Causes of Generator Failures and their Correction

Possible causes	Remedies
a) The charge indicator lamp will not go out.	
Brushes do not rest upon the commutator or jam in their holders,	Dress brush springs, replace worn brushes. Free up jammed brushes in their holders.
or commutator greasy or oily	Clean commutator with petrol-dampened cloth, scrape out slots between commutator segments with piece of wood.
or regulator contacts dirty	Clean contacts by inserting and moving to and fro a thin and proper tin strip between them. On no account file these contacts.
or armature winding defective.	Replace armature.
b) Charge indicator lamp glows dimly when driving (a very slight glowing, particularly with lighting switched on is without significance and will disappear as the battery is properly charged).	
Otherwise: Battery discharged or defective	Charge battery with a charging equipment or replace.
or improper cable connections	Retighten terminal clamping screws on generator, headlamp and battery, clean ground connection on battery.
or improper contacts of cut-out relay of voltage regulator	Disconnect battery and clean contacts by moving to and fro a thin and proper tin strip between them. Under no circumstances file these contacts.

Fallas de la dinamo y su eliminación

Fallas y causas	Eliminación
a) La lámpara de control de carga no se apaga.	
Los carbones no se adaptan bien al colector o se atascan en sus guías	Enderezar los muelles de las escobillas, sustituir los carbones gastados y procurar que los carbones se deslicen perfectamente en sus guías
o el colector esta sucio o grasiento	limpiar el colector con un trapo humedecido en gasolina, limpiar con un palillo de madera las ranuras entre las láminas del colector
o los contactos del regulador están sucios	limpiar los contactos, frotándoles con una tira de hojalata delgada y limpia, que se hace pasar entre los contactos. Una lima no debe utilizarse de ninguna manera
o el bobinado del inducido es defectuoso	sustituir el inducido
b) La luz de control de carga se enciende un poco durante la marcha (un reflejo muy tenue de esta luz, sobre todo cuando las demás luces están encendidas, no tiene importancia, y desaparece cuando la batería se ha vuelto a cargar suficientemente).	
En caso contrario: la batería está descargada o defectuosa	cargar la batería con un cargador fijo o sustituirla
o las conexiones de los cables son imperfectas	apretar los tornillos de los bornes en la dinamo, el faro y la batería; limpiar la conexión a masa de la batería
o los contactos del regulador se encuentran en mal estado	desconectar la batería y limpiar los contactos frotándoles con una tira delgada y limpia de hojalata, que se hace pasar entre ellos. Los contactos no deben ser limados bajo ningún concepto

c) Ladeanzeigelampe brennt sehr hell auf und brennt durch oder Batterie kocht über. Damit verbunden häufiges Durchbrennen der Glühlampen.		c) La lampe de contrôle de charge éclaire fortement et brûle ou la batterie bouillonne. En même temps, des lampes brûlent fréquemment.	
Reglerschalter arbeitet nicht, weil Fremdkörper, insbesondere Eisenfeilspäne, im Luftspalt zwischen Anker und Spule oder am Schalterkontakt.	Fremdkörper mit einem Stückchen steifen, glatten Karton entfernen.	Le régulateur ne fonctionne pas, des corps étrangers, particulièrement de la limaille, étant entre l'armature et la bobine ou entre les contacts de commutation.	Enlever les corps étrangers avec une petite bande de carton lisse.
oder Reglerschalter arbeitet nicht, weil Masseanschluß des Reglerschalters nicht einwandfrei ist.	Befestigungsschraube des Reglerschalters, unter die der Masseanschluß geklemmt ist, etwas lösen und wieder festziehen.	ou Le régulateur ne fonctionne pas, parce que sa liaison à la masse est imparfaite.	Dévisser un peu la vis de fixation du régulateur sous laquelle se trouve la connection de masse et la reviser.
oder Schalterkontakte des Reglers stark verschmort, Kontaktfeder lahm, Batterie falsch angeschlossen (Pluspol auf Masse, Maschine hat sich umgepolt).	Regler ersetzen. Nach Anbau des neuen Reglers Lichtmaschine polarisieren durch kurzzeitiges Verbinden der Klemmen 51 und 61 am Regler mit einem Draht. Auf keinen Fall darf auf F (DF) Strom kommen.	ou Contacts ou ressort du régulateur hors d'usage, batterie connectée à faux (pôle + à la masse; la polarisation de la dynamo s'est ainsi inversée)	Remplacer le régulateur. Après montage du régulateur neuf, repolariser la dynamo en reliant par un fil, pour un bref instant les bornes 51 et 61 du régulateur. En aucun cas il ne doit parvenir du courant à F (DF).
d) Ladekontrolleuchte leuchtet in regelmäßigen Abständen auf, Kurzschluß in den elektrischen Leitungen wahrscheinlich.	Zunächst Licht ausschalten, d. h. Zündschlüssel in Mittelstellung eingedrückt. Wenn Fehler immer noch vorhanden, Leitungen, Lichtmaschine 51 nach Scheinwerfer 51, Scheinwerfer 15/54 nach Leerlauflicht und Horn auf Kurzschluß untersuchen. Trat Fehler dort nicht auf, dann Standlicht einschalten, Leitungen nach Schlußlicht und Seitenwagen, in zweiter Linie nach Standleuchte und Scheinwerfer untersuchen. War Fehler auch hier nicht zu finden, so ist der Scheinwerfer einzuschalten und Leitungen zur Bilux-Lampe oder diese selbst zu untersuchen.	d) La lampe de contrôle de charge s'éclaire à intervalles réguliers, court-circuit probable dans les conducteurs.	D'abord, éteindre les feux (clef de contact enfoncée en position médiane). Si le défaut se produit toujours, contrôler les conducteurs, de la dynamo 51 au phare 51, du phare 15/54 au témoin de point-mort et au claxon, au point de vue isolation. Sans résultat, enclancher les feux de parc et contrôler les conducteurs pour feu arrière et side-car puis ceux du feu de position et du phare. Si le défaut n'est pas encore découvert, mettre en service le phare et contrôler les conducteurs pour la lampe bilux et cette lampe elle-même.
e) Scheinwerfer flackert oder erlischt zeitweise. Kabel gebrochen oder in einer Klemme lose,	Durch Drücken oder leichtes Ziehen an den verschiedenen Kabeln Fehler feststellen. Schadhaftes Kabel ersetzen, lose Klemmen festziehen.	e) Le phare clignote ou s'éteint momentanément. Câble cassé ou borne desserrée.	Localiser le défaut en appuyant et tirant légèrement sur les câbles. Remplacer le câble défectueux, serrer la borne desserrée.
oder Batterie schadhaft.	Durch leichtes Ziehen und Drücken an den Batteriepolen läßt sich Plattenbruch feststellen, Batterie erneuern.	ou Batterie défectueuse	Par de légères tractions et pressions sur les pôles, on peut déceler une repture de plaque. Remplacer la batterie.

Die vorstehenden Störungshinweise für Zündanlage und Lichtmaschine sind als einfache Hilfe in Notfällen gedacht, wenn keine speziellen Prüf- und Testgeräte zur Verfügung stehen.

Les indications qui précédent, concernant le dépannage des équipements d'allumage et d'éclairage, sont données à titre de moyens simples, en cas d'urgence, quand les moyens spéciaux d'essais et de contrôles font défaut.

c) Charge indicator lamp lights very brightly and burns out or battery boils over, this coinciding with frequent burning out of bulbs.		c) La lámpara de control de carga se enciende intensamente y se funde o el ácido de la batería se derrama. Cuando se produce este fenómeno, también suelen fundirse las demás lámparas.	
Cut-out relay inoperative due to foreign material, particularly iron chips, in air gap between armature and coil or on cut-out contact	Remove foreign material with a piece of stiff and smooth carton.	El regulador de voltaje no funciona, porque se ha depositado algún cuerpo extraño, especialmente virutas de hierro, en el espacio limitado por la bobina y la armadura o en el contacto del interruptor	retirar los cuerpos extraños con ayuda de un trozo de cartón rígido y liso
or cut-out relay inoperative because of improper ground connections	Slightly loosen fastening screw of cut-out relay, which retains the ground connection, and retighten.	o el regulador no trabaja, porque su puesta a tierra (masa) es deficiente	aflojar ligeramente el tornillo de sujeción del regulador, bajo el que se encuentra la conexión a masa, y apretarle de nuevo
or cut-out relay contacts badly burned, insufficient point spring tension, battery connected incorrectly (Positive pole to ground, generator polarity reversed).	Replace regulator. After installing the new regulator polarize the generator by causing a momentary connection between terminals 51 and 61 on regulator by means of a jumper wire. In no case should current be supplied to F (DF).	o los contactos del regulador están chamuscados, el muelle de contacto está relajado, la batería está mal conectada (polo positivo a masa, la polaridad de la dinamo ha quedado invertida)	sustituir el regulador; a continuación se polariza correctamente la dinamo, uniendo brevemente con un alambre los bornes 51 y 61 del regulador. De ningún modo deberá pasar corriente a F (DF)
d) Charge indicator light flashes at regular intervals, probably due to a short circuit in electric leads.	First switch off lighting, i.e. ignition key inserted in central position. If failure is still evident, check wires: generator 51 to headlamp 51, headlamp 15/54 to neutral indicator light and horn for short circuit. If no failure was found there, switch on parking light, check leads to tail light and sidecar and thereafter lead to parking light and headlamp. If after this checking the cause of the failure is not yet evident, switch on the headlamp and check wires to Bilux lamp and the Bilux lamp itself.	d) La lámpara de control de carga se enciende a intervalos regulares; es probable que haya un cortocircuito en los conductores eléctricos	en primer lugar se desconecta la luz, con la llave de contacto metida en su posición central. Si persiste la anomalía, se comprueba si hay un cortocircuito en los cables de la dinamo 51 al faro 51, del faro 15/54 a la luz indicadora de marcha en vacío y al claxon. Si no se descubre allí la falla, conectar la luz de estacionamiento, controlando los cables que van al piloto y al sidecar, seguidamente los que van a la luz delantera de estacionamiento y al faro. Si sigue sin aparecer la causa de la anomalía, se conecta el faro, controlando los cables de la lámpara Bilux y la lámpara Bilux misma
e) Headlamp flickering or going out temporarily. Wire broken or loose connection,	Locate failure by pressing or slightly pulling on the various wires. Replace defective wire, tighten loose terminals.	e) La luz del faro es irregular o se apaga por momentos. El cable se ha partido o se ha aflojado en algún borne	tirando y apretando con cuidado los diferentes cables se determina cual es el defectuoso; sustituir el cable defectuoso, apretar los bornes flojos
or battery defective.	Broken plates can easily be detected by slightly pulling and pressing on battery poles, replace battery.	o la batería es defectuosa	resulta posible constatar una ruptura de las placas, moviendo con cuidado los bornes de la batería. Sustituir la batería.

The before mentioned checking procedures for ignition system and generator are suggested for emergency cases when special testing equipment is not available.

Las indicaciones antecedentes, para la localización y la eliminación de fallas en el sistema de encendido y la dinamo, deberán encontrar aplicación en casos de urgencia, cuando no se disponga de aparatos de verificación y de ensayo adecuados.

3. Prüfungen der eingebauten Lichtmaschine

1. Regulierspannung im elektrischen Leerlauf

Motor anlassen und auf ca. 2000 U/min bringen. An der Batterie das Massekabel abklemmen. Zwischen Klemme D+61 des Reglerschalters und Masse ein Voltmeter anschließen. Motordrehzahl unter Beobachtung des Voltmeters so lange steigern, bis die Spannung nicht mehr ansteigt. Dieser Wert (7,2–7,9 V) stellt die Regulierspannung ohne Belastung und den Anfang der Lichtmaschinenkennlinie dar.

Wenn der Zeiger des Voltmeters bei dieser Messung vibriert oder starke Ausschläge macht, ist auf folgende Fehler zu schließen: Kohlebürsten sind zu kurz, verschmutzt oder klemmen. Bürstenfederdruck zu gering, Kollektor läuft unrund, defekte Ankerwicklungen, schadhafter Regler. Auf gute Masseverbindungen sowie guten Kontakt an Klemme D+61 des Reglers achten, da andernfalls die Feldspulen verbrennen können.

Wird die vorgeschriebene Regulierspannung ohne Belastung nicht erreicht, bekommt die Batterie ungenügenden Ladestrom. Liegen die Meßwerte über dem Sollwert, wird die Batterie zu stark geladen.

2. Einschaltspannung

(Prüfung möglichst bei einem Bosch-Dienst durchführen.)

Der Reglerschalter hat einen elektromagnetisch betätigten Ein- und Ausschalter, der die Lichtmaschine bei Erreichen der vorgeschriebenen Spannung mit dem Netz verbindet. Die Prüfung der Einschaltspannung ist besonders wichtig und beginnt im Leerlauf des Motors.

Hierzu wieder das Massekabel an die Batterie anklemmen. Das Voltmeter ist, wie vorher beschrieben, an Klemme D+61 des Reglerschalters und Masse zu legen. Leitung an Klemme 30/51 des Reglers abklemmen und zwischen diese Klemme und der abgeklemmten Leitung ein Amperemeter anschließen.

Motordrehzahl vom Leerlauf aus langsam steigern und dabei beide Instrumente beobachten. Sobald der Zeiger des Amperemeters ausschlägt, Einschaltspannung am Voltmeter ablesen (6,4–7,1 V).

Ist die Einschaltspannung zu niedrig, so fließt vom Augenblick des Einschaltens bis zum Erreichen einer genügend hohen Lichtmaschinenspannung ein Rückstrom von der Batterie in das Netz, der die Batterie vorzeitig entlädt. Ist die Einschaltspannung zu hoch, können Kontakte des Reglers durch den dann sehr hohen Einschaltstromstoß beschädigt werden.

3. Essais de la dynamo montée

1. Tension de réglage à vide

Faire tourner le moteur à environ 2.000 t/min. Déconnecter le câble de masse de la batterie. Coupler un voltmètre entre la borne D+61 du régulateur et la masse. Augmenter le régime du moteur, tout en observant le voltmètre, jusqu'à ce que le voltage cesse d'augmenter. La valeur observée (7,2–7,9 V) représente la tension de réglage sans charge (à vide) et le début de la caractéristique de la dynamo.

Si l'aiguille du voltmètre, lors de cette mesure, vibre ou oscille fortement, il faut conclure aux défauts suivants : les charbons sont trop courts, sales ou coincés. Les ressorts ne pressent pas assez sur les charbons, le collecteur est mal rond, défaut dans les spires du rotor, défaut du régulateur. Veiller à la bonne liaison à la masse et au bon contact à la borne D+61 du régulateur, sans quoi les bobines de champ peuvent brûler.

Si la tension de réglage à vide, ci-dessus indiquée, n'est pas atteinte, la batterie reçoit un courant de charge insuffisant. Si elle est dépassée, le courant de charge est trop intense.

2. Tension de commutation

(Contrôle à faire effectuer autant que possible par un service Bosch.)

Le régulateur comporte un commutateur à commande électromagnétique qui met en circuit la dynamo quand elle a atteint la tension prescrite. Le contrôle de la tension de commutation est particulièrement important et commence au ralenti du moteur.

A cet effet, déconnecter le câble de masse de la batterie. Le voltmètre est, comme décrit précédemment, à coupler entre la borne D+61 du régulateur et la masse. Découpler le conducteur de la borne 30/51 du régulateur et intercaler, entre cette borne et le conducteur découplé, un ampèremètre.

Elever lentement le régime du moteur, à partir du ralenti, en observant les instruments. Dès que l'aiguille de l'ampèremètre dévie, lire la tension sur le voltmètre (6,4–7,1 V).

Si la tension de commutation est trop basse, il en résulte, entre l'instant de la commutation et celui où la dynamo atteint une tension suffisante, un courant de retour de la batterie au circuit, qui décharge prématurément la batterie. Si elle est au contraire trop élevée, les contacts du régulateur peuvent être endommagés par le choc trop puissant du courant de cummutation.

3. Performance Tests with Generator in Car

1. No-Load Regulating Voltage

Start engine and speed up to approx. 2,000 r.p.m. Disconnect ground lead from the battery. Connect a voltmeter between terminal D+61 of voltage regulator and ground. Increase engine speed, noting voltage setting, until voltage remains constant. This value (7.2 to 7.9 V) represents the no-load regulating voltage and the start to the generator characteristic.

When the hand on the voltmeter vibrates during this test or performs heavy kicks, this can be due to the following faults: Generator brushes too short, dirty or sticking. Brush spring tension insufficient, commutator in out-of-round condition, defective armature windings, damaged voltage regulator. Be sure the ground leads are securely connected and the contact on terminal D+61 of the voltage regulator is in order, because otherwise the field coils are likely to burn.

If the specified no-load regulating voltage is not obtained, the battery receives insufficient charging current. If the test values exceed the specified value, the battery is overcharged.

2. Cut-in Voltage

(This test should best be left to a Bosch service shop.)

The current and voltage regulator assembly possesses an electromagnetically controlled circuit breaker (cut-out relay) which closes the charging circuit when the generator is charging. Testing the cut-in voltage is extremely important and starts with engine idling.

To do this, disconnect the ground lead from the battery, and connect voltmeter, as described above, to terminal D+61 of the voltage regulator and to ground. Disconnect the lead from terminal 30/51 of the regulator, and connect an ammeter between this terminal and the disconnected lead.

Increase engine speed slowly from the idling rate, noting the settings of the two instruments. On the moment the hand on the ammeter performs a kick, take the reading of the cut-in voltage on the voltmeter (6.4 to 7.1 V).

If the cut-in voltage is too low, reverse current flows, from the cut-in moment on, from the battery back to the circuit until a satisfactory generator voltage is attained, so that the battery will too rapidly be discharged. If the cut-in voltage is too high, the regulator contacts may be damaged by the extremely violent rush of the cut-in current.

3. Controles de la dinamo instalada

1. Tensión de regulación sin carga eléctrica

Poner en marcha el motor y dejar que funcione a 2.000 r.p.m. Desconectar el cable de masa de la batería. Conectar un voltímetro entre el borne D+61 del interruptor regulador y masa. Incrementar el número de revoluciones del motor, observando simultáneamente el voltímetro, hasta que la tensión deje de subir. Este valor (7,2–7,9 V) representa la tensión de regulación sin carga eléctrica y el comienzo de la curva característica de la dinamo.

Si la aguja del voltímetro vibra u oscila fuertemente durante esta medición, cabrá pensar en las siguientes anomalías: las escobillas de carbón son demasiado cortas, están sucias o se atascan. La presión de los resortes de las escobillas es insuficiente, el colector describe un movimiento de rotación excéntrica, el devanado del inducido es deficiente, el regulador no funciona correctamente. Cuidar de que las conexiones a masa sean correctas y de que el contacto con el borne D + 61 del regulador sea correcto también, ya que de lo contrario podrían quemarse las bobinas de excitación.

Si no resulta posible alcanzar la tensión de regulación prescrita sin carga, la batería no recibe la cantidad suficiente de corriente de carga. Si los valores de medida exceden al valor teórico exigido, la batería se halla sometida a una carga excesiva.

2. Tensión de conexión

(La verificación se efectúa, a ser posible, en un taller autorizado Bosch.)

El interruptor regulador posee un dispositivo de conexión y de desconexión accionado electromagnéticamente, mediante el cual se lleva a cabo la conexión de la dinamo a la red cuando se ha alcanzado la tensión prescrita. La verificación de la tensión de conexión es especialmente importante y comienza con el motor en el régimen de marcha en vacío.

Para ello vuelve a unirse el cable de masa a la batería. Según ha quedado descrito, el voltímetro se une al borne D + 61 del interruptor regulador y a masa. Separar el cable del borne 30/51 del regulador e intercalar entre este borne y el cable desconectado un amperímetro.

Incrementar despacio el número de revoluciones del motor, a partir de la marcha en vacío, poniendo atención en ambos instrumentos. Tan pronto comience a desviarse la aguja del amperímetro, se desprende del voltímetro la tensión de conexión (6,4–7,1 V).

Si la tensión de conexión es demasiado baja, fluirá una corriente de retorno de la batería a la red, desde el momento de la conexión hasta que se alcance una tensión suficientemente alta de la dinamo. Esta corriente de retorno descarga prematuramente la batería. Si la tensión de conexión es excesiva, puede ocurrir que se dañen los contactos del regulador debido al salto de corriente de conexión, muy intenso en este caso.

3. Regulierspannung bei Belastung

Diese Prüfung wird vorgenommen, weil die Spannung der Lichtmaschine bei Belastung nach einer geneigten Kennlinie geregelt wird. Hierzu ist an die Klemme 30/51 des Reglers ein Voltmeter und ein regelbarer Widerstand (im Bosch-Testgerät eingebaut) anzuschließen, die beide mit ihrer anderen Klemme mit Masse zu verbinden sind.

Motor dann auf mittlere Drehzahl bringen und den regelbaren Widerstand auf die der Lichtmaschine entsprechende Wattzahl einstellen (60 Watt). Die dann am Voltmeter angezeigte Spannung muß der vorgeschriebenen Regulierspannung bei Belastung (6,5–7,4 V) entsprechen, wenn Lichtmaschine und Regler einwandfrei arbeiten.

Ohne Testgerät können als Behelf gegebenenfalls so viele Verbraucher am Fahrzeug eingeschaltet werden, bis am Amperemeter der vorgeschriebene Belastungsstrom (11,5 A) abgelesen werden kann, wobei gleichzeitig das Voltmeter die richtige Regulierspannung anzeigen soll.

Ist die Regulierspannung bei Belastung zu hoch, wird die Lichtmaschine überlastet und kann verbrennen und die Kohlebürsten erreichen keine genügend lange Lebensdauer. Bei zu geringer Regulierspannung gibt die Lichtmaschine nicht ihre volle Leistung ab und die Batterie wird nicht ausreichend geladen.

4. Rückstrom

Meßinstrumente wie bei Prüfung der Einschaltspannung anschließen. Das Amperemeter soll jedoch den Nullpunkt in der Mitte der Skala haben, damit in beiden Stromrichtungen abgelesen werden kann. Der Reglerschalter, der die Maschine bei Einschaltspannung an das Netz anschließt, muß bei niedriger Drehzahl diese Verbindung wieder trennen, um eine Entladung der Batterie über die Lichtmaschine zu verhindern. Das Abschalten erfolgt, wenn ein bestimmter Rückstrom aus der Batterie über die Lichtmaschine an Masse fließt.

Zur Prüfung des Rückstromes wird – beginnend bei mittleren Motordrehzahlen – bei langsamer Verringerung der Motordrehzahl ein Rückgang des Ladestromes bis auf 0 am Amperemeter beobachtet. Darüber hinaus erfolgt bei weiterer Drehzahlverminderung (gegebenenfalls Leerlaufdrehzahl reduzieren) ein zunehmender Zeigerausschlag nach der anderen Skalenseite (Rückstrom). Bei einem Rückstrom von 2 bis 7,5 A muß der Schalter abschalten und der Zeiger des Amperemeters ruckartig auf 0 zurückgehen.

Es ist dabei zu berücksichtigen, daß die angegebenen Rückstromwerte bei einer halbvollen Batterie festgelegt sind. Eine volle Batterie ergibt etwas höhere, eine leere Batterie niedrigere Werte. Bei zu großem Rückstrom besteht die Gefahr, daß der Schalter hängenbleibt und die Lichtmaschine bei Stillstand des Motors durch den dann fließenden Rückstrom verbrennt bzw. sich die Batterie entladet.

3. Tension de réglage sous la charge

Ce contrôle est nécessaire car la tension sous la charge de la dynamo doit être réglée selon une caractéristique favorable. Pour celà, connecter à la borne 30/51 du régulateur un voltmètre et une résistance réglable (incorporée dans l'appareil Bosch de contrôle), tous deux reliés à la masse par leur autre borne.

Faire tourner le moteur à demi-régime et régler la résistance réglable selon la puissance correspondante de la dynamo (60 W). La tension alors indiquée par le voltmètre doit correspondre à la tension prescrite de réglage sous la charge (6,5–7,4 V) si la dynamo et le régulateur sont en parfait état.

Sans appareil de contrôle, on peut enclancher autant de consommateurs de courant du véhicule qu'il faut pour obtenir le courant prescrit (11,5 A) à l'ampèremètre. On doit lire en même temps au voltmètre la tension de réglage correcte.

Si la tension de réglage est trop élevée, la dynamo est surchargée; elle peut brûler et les charbons, en tous cas, auront une durée réduite. Si cette tension est trop faible, la dynamo ne donne pas toute sa puissance et la batterie ne reçoit pas un courant de charge suffisant.

4. Courant de décharge

Coupler les instruments de mesure comme pour l'essai de la tension de commutation (2. ci-dessus). L'ampèremètre doit cependant avoir le point 0 au milieu de l'échelle pour être lisible dans les deux sens du courant. Le régulateur, qui met la dynamo en circuit à la tension de commutation, doit aussi la remettre hors circuit lorsque le régime et par conséquent la tension, baisse, pour éviter la décharge de la batterie par la dynamo. Cette rupture doit s'opérer quand un courant de retour donné passe de la batterie, par la dynamo, à la masse.

Pour contrôle de ce courant on réduira progressivement le régime du moteur, en partant du demi-régime, en observant le recul de l'aiguille de l'ampèremètre, indiquant le courant de charge, jusqu'à 0. Si l'on réduit encore le régime (au besoin réduire le ralenti du moteur), l'aiguille va se déplacer dans l'autre sens (courant de retour). Lorsqu'elle indiquera de 2 à 7,5 A, le régulateur doit couper la liaison et l'aiguille retomber à 0.

Il faut observer que les chiffres indiqués pour le courant de retour correspondent à une batterie à demi chargée. Si la batterie est complètement chargée, les valeurs seront un peu plus élevées; inversement pour une batterie déchargée. Si le courant de retour est trop intense, il existe le danger que le régulateur reste collé et que, à l'arrêt, la dynamo brûle sous l'effet de ce courant ou en tous cas que la batterie se décharge.

3. Generator Load Regulating Voltage

This test is made because the load voltage of the generator is regulated pursuant to an inclined characteristic. For this purpose connect a voltmeter and a variable resistance (incorporated in Bosch testing equipment) from terminal 30/51 of voltage regulator to ground.

Operate engine at medium speed and adjust the variable resistance to generator watt value (60 watts). The voltmeter setting must then correspond to the specified generator load regulating voltage (6.5 to 7.4), if generator and regulator function correctly.

If a testing equipment is not available, connect for an emergency check as many electrical accessories as required to obtain the specified amperage reading (11.5 Amps.), when the voltmeter must show the correct regulating voltage.

If generator load regulating voltage is too high, the generator is overcharged and may burn and the carbon brushes do not attain a satisfactory service life. If the regulating voltage is too low, the generator fails to deliver its maximum output and battery charge is insufficient.

4. Reverse Current

Connect testing instruments as when testing cut-in voltage. The ammeter, however, should be of the center zero type so as to allow readings in both current directions. The circuit breaker which on reaching the cut-in voltage connects the generator to the circuit, must at lower speeds open this circuit, so as to avoid current flowing from battery to generator. The breaker points open when a predetermined reverse current flows from battery via generator to ground.

To check the reverse current start with medium engine speeds and slowly reduce engine speed until a charging current decrease to zero is noted on the ammeter. When further reducing engine speed (if necessary reduce idling rate), the hand on the ammeter moves accordingly to the other scale side (reverse current). When the reverse current attains a value of from 2 to 7.5 amps. the circuit breaker must open the points and the hand on the ammeter rush back to zero.

When performing this test take in mind that the indicated reverse current values have been determined with the battery in half-discharged condition. A fully charged battery delivers slightly higher values, a discharged one lower values. When reverse current amperage is too high, the circuit breaker points tend to stick and the reverse current flow after engine stopping may burn the generator or the battery may be discharged.

3. Tensión de regulación bajo carga

Esta verificación se lleva a cabo, ya que bajo carga, la tensión de la dinamo se regula según una línea característica inclinada. En este caso, es preciso conectar al borne 30/51 del regulador un voltímetro y un reostato (incluido en el aparato de ensayos Bosch). Con su segundo borne, el voltímetro y el reostato han de ser conectados a masa.

Seguidamente se deja girar el motor a un número de revoluciones mediano, ajustando el reostato al número de vatios correspondientes a la dinamo (60 W). La tensión que denota entonces el voltímetro ha de equivaler a la tensión de regulación bajo carga prescrita (6,5–7,4 V), dando por anticipado que la dinamo y el regulador funcionen correctamente.

Si no se dispone de aparato de ensayo, pueden conectarse, como medida auxiliar, tantos consumidores a la moto, que el amperímetro marque la corriente de carga prescrita (11,5 V), en cuyo caso el voltímetro deberá señalar la tensión de regulación exacta.

Si la tensión de regulación bajo carga es excesiva, la dinamo se halla sometida a una sobrecarga, pudiendo quemarse. Además, la duración de las escobillas de carbón es demasiado corta. Si la tensión de regulación es demasiado baja, la dinamo no trabaja con pleno rendimiento y la batería no se carga suficientemente.

4. Corriente de retorno

Conectar los instrumentos de medición según ha quedado descrito para la verificación de la tensión de conexión. Sin embargo, el amperímetro deberá tener el punto cero en el centro de la escala, para que es registro queda efectuarse en ambas direcciones de la corriente. El interruptor regulador, que conecta la dinamo a la red al ser alcanzada la tensión de conexión, deberá interrumpir de nuevo esta conexión a un régimen de revoluciones reducido, para evitar que la batería pueda descargarse a través de la dinamo. La desconexión se efectúa al fluir una determinada corriente de retorno de la batería por la dinamo a masa.

Para controlar la corriente de retorno se observa en el amperímetro un retroceso de la corriente de carga hasta 0, al reducir lentamente el número de revoluciones del motor, comenzando a un régimen de revoluciones mediano. Si se sigue reduciendo el número de revoluciones (si fuese preciso puede aminorarse para ello el número de revoluciones de marcha en vacío), podrá observarse que la aguja sigue desplazándose hacia el otro lado de la escala, de forma cada vez mayor (corriente de retorno). El interruptor deberá efectuar la desconexión cuando la corriente de retorno sea de 2–7,5 A. Al efectuarse la desconexión, la aguja del amperímetro deberá regresar repentinamente a la posición 0.

Conviene observar, que los valores de la corriente de retorno citados han sido determinados con la batería semicargada. Con una batería llena se obtienen valores algo mayores, con una batería vacía algo menores. Si la corriente de retorno es demasiado intensa, puede ocurrir que el interruptor se atasque, en cuyo caso podría quemarse la dinamo al quedar parado el motor o descargarse la batería debido al flujo de la corriente de retorno.

Prüfung des Ankers außerhalb der Lichtmaschine

1. Isolation gegen Masse

Mittels Prüfgerätes, z. B. Bosch EFAW 85, auf Masseschluß prüfen.
Eine Prüfspitze auf Kollektor, eine Prüfspitze auf Blechpaket. Isolation gegen Masse ist gut, wenn Glimmlampe n i c h t aufleuchtet.

2. Windungsschluß in der Wicklung

Nur mit sehr guten Meßinstrumenten oder mit Abhörgerät feststellbar. Anker hat keinen Windungsschluß, wenn Abhörgerät stumm bleibt.

3. Wicklungsunterbrechung

Kollektor zeigt an einzelnen Lamellen starke Brandstellen.

Prüfung des Feldes im ausgebauten Lichtmaschinengehäuse

Pluspol einer 6 Volt-Batterie über ein Amperemeter mit Klemme 61 des Gehäuses, Batterie-Minuspol mit Gehäusemasse verbinden. Feldspulen sind in Ordnung, wenn Amperemeter 2,7 Amp. anzeigt, und wenn ein Stück weiches Eisen (Schraubenzieher) beim Abtasten der Pole an allen vier Polschuhen gleichmäßig klebt.

1. Widerstand

ist in Ordnung, wenn Amperemeter beim Herabdrücken des Reglerankers etwas zurückgeht. Er ist defekt, wenn Amperemeter dann keinen Strom mehr anzeigt.

2. Masseschluß

Amperemeterausschlag ist wesentlich größer als 2,7 Amp. oder wird beim Niederdrücken des Reglerankers wesentlich größer.

3. Windungsschluß

Amperemeterausschlag ist etwas größer als 2,7 Amp.

4. Wicklungsunterbrechung in einer der Feldspulen

Amperemeter zeigt erst einen Ausschlag beim Herabdrücken des Reglerankers, sofern nicht Widerstandsspule auch defekt ist.
Lichtmaschine mit defekten Feldspulen bei einem Bosch-Dienst erneuern lassen.

Essai de l'induit hors de la dynamo

1. Isolation à la masse

au moyen de l'équipement de contrôle, p. ex. Bosch EFAW 85.
Appliquer une pointe au collecteur et une au paquet de tôles. L'isolation à la masse est bonne si la lampe de contrôle ne s'allume pas.

2. Court-circuit de spires dans le bobinage

Vérification possible seulement avec un équipement très perfectionné ou un contrôleur accoustique, lequel ne donne aucun son s'il n'existe pas de court-circuit de spires.

3. Rupture de bobinage

Le collecteur présente de fortes traces de brûlures sur certaines lamelles.

Contrôle du champ dans l'inducteur, induit déposée

Relier la borne positive d'une batterie 6 V, par l'intermédiaire d'un ampèremètre, à la borne 61 de l'inducteur et la borne négative de la batterie à la masse de l'inducteur. Les bobines sont en bon état si l'ampèremètre indique 2,7 Amp. et si un morceau de fer doux (tournevis) adhère à chacun des 4 pôles de façon égale.

1. Résistance

Est normale si l'aiguille de l'ampèremètre revient un peu en arrière quand on appuie sur l'armature du régulateur. Elle est défectueuse si l'ampèremètre, dans ce cas, n'indique plus aucun courant.

2. Fuite à la masse

L'indication de l'ampèremètre est alors nettement supérieure à 2,7 Amp. ou augmente de beaucoup lorsqu'on appuie sur l'armature du régulateur.

3. Court-circuit entre spires

L'ampèremètre indique un peu plus de 2,7 Amp.

4. Rupture de bobinage dans une des bobines d'induction

L'ampèremètre n'accuse de déviation que lorsqu'on appuie sur l'armature du régulateur, pour autant que la bobine de résistance n'est pas défectueuse, elle aussi.
Une dynamo présentant des bobines défectueuses est à remettre, pour remplacement, à un service Bosch.

Testing Armature (Removed from Generator)

1. Test for Ground

Test for grounded armature with a tester, for instance Bosch EFAW 85.
Place one probe on the commutator, one probe on armature lamination. Insulation against ground is in order if test lamp does NOT light.

2. Test for Short in Winding

Can only be detected with precision testing instruments or with a sound detector. Armature winding is not shorted if the sound detector intercepts no noise.

3. Open Circuit in Winding

Commutator evidences badly burned sports on the various segments.

Testing Field Coils in Removed Generator Frame

Connect plus pole of a 6-volt battery via an ammeter to terminal 61 of the frame, connect battery minus pole to ground on frame. Field coils are in order if ammeter indicates 2.7 amps. and if a piece of soft iron (screwdriver) used for touching the poles is attracted to each of the four pole shoes with the same force.

1. Resistance

is in order if ammeter slightly recedes as regulator armature is depressed. It is defective if ammeter does not more indicate any current.

2. Grounded Coil

Ammeter setting is esentially more than 2.7 amps. or becomes essentially more by pressing down the regulator armature.

3. Short Circuit in Field Winding

Ammeter setting slightly more than 2.7 amps.

4. Open Circuit in one of the Field Coils

Ammeter indicates current only when regulator armature is pressed down, so far resistance coil is not defective, too. A generator with defective field coils should be left to a Bosch service station for replacement.

Verificación del inducido, sacado de la dinamo

1. Aislamiento contra cortocircuito

Comprobar con un aparato de ensayo, por ejemplo Bosch EFAW 85, si existe una puesta a masa.
Colocar un contacto de control sobre el colector, el otro sobre el paquete de chapas. El aislamiento contra masa es satisfactorio, cuando la lámpara de resplandor débil no se enciende.

2. Cortocircuito en el devanado

El cortocircuito sólo puede ser constatato mediante instrumentos muy sensibles o mediante un aparato acústico. El inducido no tiene un cortocircuito en el devanado, cuando el aparato acústico permanece silencioso.

3. Interrupción del bobinado

Algunas láminas del colector están muy quemadas.

Verificación del campo en la carcasa de la dinamo (desmontada)

Conectar el polo positivo de una batería de 6 V a través de un amperímetro con el borne 61 de la carcasa. El polo negativo de la batería queda unido a masa en la carcasa. Las bobinas de excitación se encuentran en perfectas condiciones, cuando el amperímetro marca 2,7 A y cuando un trozo de hierro dulce (desatornillador) se adhiere con igual fuerza a cada una de los 4 zapatas polares, al ser tocadas por él.

1. La resistencia

se encuentra en perfectas condiciones, si el amperímetro retrocede un poco al oprimir la armadura del regulador. Está defectuosa si el amperímetro no indica paso de corriente.

2. Conexión a masa

La oscilación del amperímetro es bastante mayor que 2,7 A o aumenta considerablemente al oprimir la armadura del regulador.

3. Cortocircuito en el devanado

La oscilación del amperímetro es algo mayor que 2,7 A.

4. Rotura en el devanado de una de las bobinas de excitación

El amperímetro no acusa ninguna desviación hasta que se oprime la armadura del regulador, a no ser que la bobina de resistencia también esté defectuosa.
Si la dinamo tiene bobinas de excitación defectuosas, ha de ser reparada en un taller autorizado Bosch.

Nachträgliches Anschließen des BMW-Schwingachs-Seitenwagens „Spezial"

Der nachträgliche Umbau eines Solomotorrades für Seitenwagenbetrieb erfordert eine Anzahl technischer Änderungen, die in jedem Fall einer BMW-Spezialwerkstatt vorbehalten bleiben sollen.

Bild 210

1. Auswechseln des Kegelradsatzes im Hinterradantrieb gegen einen solchen mit Seitenwagenübersetzung 4,33:1. Die am Gehäuse des Hinterradantriebs eingeschlagenen Zähnezahlangaben entfernen und neue Zähnezahlkennzeichnung 26/6 einschlagen.

Bild 211

2. Auswechseln des Wechselgetriebes gegen ein solches mit Seitenwagenübersetzung (nur bei R 50 und R 60).

3. Tachometer mit Wegdrehzahl für die geänderte Übersetzung einbauen.

4. Vorderrad- und Hinterrad-Solotragfedern gegen Vorderrad- und Hinterrad-Seitenwagentragfedern auswechseln (s. Seite 34).

Vorderradschwinge in die vordere Lagerung

Bild 212

und die oberen Federbeinanschlüsse in die unteren Bohrungen der Gabel einbauen.

Bild 213

5. Bremshebel ohne Anschlagschraube am Hinterrad gegen Bremshebel mit Anschlagschraube auswechseln und diesen in gleicher Stellung auf Bremsschlüssel aufstecken.
Die Anschlagschraube an diesem Bremshebel eindrehen, bis sich eine fühlbare Bremswirkung zeigt, dann Anschlagschraube etwas zurückdrehen bis das Rad frei läuft, Gegenmutter kontern.

Bild 214

6. Sololenker 660 mm breit ist zweckmäßig gegen Seitenwagen-Lenker 745 mm auszuwechseln, dann aber auch die etwas längeren Seilzüge für Seitenwagenbetrieb einsetzen.

7. Bei Umbau von Solomaschinen mit Leichtmetallfelgen sind für Beiwagenmaschinen Stahlfelgen zu verwenden, für Vorderrad 2.15 B × 18 mit Reifen 3.50 - 18 und für Hinterrad 2.75 C × 18 mit Reifen 4.00 - 18.

8. Der vordere Motorbolzen wird gegen den von BMW zu liefernden Kugelbolzen ausgewechselt. Die im rechten Rahmenauge befindliche Hülse muß dabei entfernt werden. Statt der normalen Befestigungsmutter SW 19 ist für den Kugelbol-

Accouplement, après coup, d'un side-car BMW « Special » à suspension oscillante

L'accouplement après coup d'un sidecar à une moto BMW prévue pour solo nécessite les modifications techniques suivantes, de la moto, qui restent du domaine d'un atelier spécialisé BMW :

Fig. 210

1. Remplacement du couple conique arrière par un couple avec rapport pour side-car 4,33 : 1. Les nombres de dents frappés sur le carter de couple sont à effacer et à remplacer par les nombres de dents pour side-car, 26/6.

Fig. 211

2. Remplacement de la boite de vitesses par une boite avec rapports sidecar (seulement pour R 50 et R 60).

3. Remplacer le compteur de vitesse par un compteur avec rapport correspondant à la nouvelle démultiplication.

4. Remplacement des ressorts de suspension avant et arrière pour solo par des ressorts avant et arrière pour side-car (voir page 34).

Bras oscillant avant dans son œillet avant.

Fig. 212

et fixation supérieure des jambages à ressort avant dans l'œillet inférieur de la fourche.

Fig. 213

5. Déposer le levier de frein sans vis de butée, du tambour arrière et monter à sa place un levier avec vis de butée, dans le même position sur la clef de frein.
Serrer, sur ce levier, la vis de butée jusqu'à ce que l'on perçoive un effet de freinage, puis la desserrer juste assez pour que la roue tourne librement. Bloquer le contre-écrou.

Fig. 214

6. Remplacement du guidon solo de 660 mm de largeur par un guidon side-car de 745 mm. Monter en même temps les transmissions à câble, un peu plus longues, pour guidon sidecar.

7. Si la moto solo a des jantes métal léger, il faut les remplacer par des jantes pour usage avec side-car, en acier, avant 2.15 B × 18 avec pneu 3.50–18, arrière 2.75 C × 18 avec pneu 4.00–18.

8. La broche de fixation avant du moteur est à remplacer par la broche tête sphérique, livrée par BMW. La douille se trouvant dans l'œillet droit du cadre doit être enlevée. A la place de l'écrou normal de fixa-

Subsequent Mounting of BMW "Special" Sidecar

The subsequent modification of a solo motorcycle to accommodate a sidecar involves a number of technical changes which in every case should be reserved for a special BMW garage.

Figure 210

1. Exchange the "solo" pinion and ring gear set in rear axle drive against another with the "sidecar" ratio 4.33:1. Hereby remove the earlier teeth numbers on bevel drive housing and stamp in the new ones: 26/6.

Figure 211

2. Exchange the transmission against another with sidecar ratio (only for R 50 and R 60).

3. Install modified speedometer with ratio for sidecar operation.

4. Equip the front and rear suspension with springs for sidecar operation (see page 35).

Set the swinging arm bearing of the front fork into the forward location on the fork.

Figure 212

and the front wheel upper suspension mounting into the lower position on the fork.

Figure 213

5. Exchange brake lever without stop screw on rear wheel against brake lever with stop screw and install it into the same position on the brake cam.
Screw in the stop screw on this brake lever untila noticeable braking effect is obtained, then reverse stop screw, until wheel just runs freely, and tighten lock nut.

Figure 214

6. It is adviceable to exchange the 25.6" solo handlebar against a 28" sidecar handlebar. In this case install also the longer control cables for sidecar operation.

7. Exchange the wheels with light-metal rims for solo operation against wheels with steel rims: front wheel 2.15 B × 18 with 3.50–18 tires, rear wheel 2.75 C × 18 with 4.00–18 tires.

8. Replace the front engine mounting bolt by the ball pin to be supplied by BMW. For this, it is necessary to remove the bushing fitted into the right-hand frame eye. Instead of the normal SW 19 retaining nut a cas-

Acoplamiento posterior del sidecar BMW «Spezial», de eje oscilante

La transformación ulterior de una motocicleta monoplaza para el servicio con sidecar esta ligada a una serie de modificaciones técnicas, cuya ejecución debería confiarse en cualquier caso a un taller especial BMW. **Fig. 210**

210

1. Sustituir el juego de engranajes cónicos en el mecanismo de accionamiento de la rueda trasera por otro con una relación de transmisión 4,33:1 para servicio con sidecar. Tachar la indicación del número de dientes antiguo en la caja de accionamiento trasera y grabar la nueva relación 26/6. **Fig. 211**

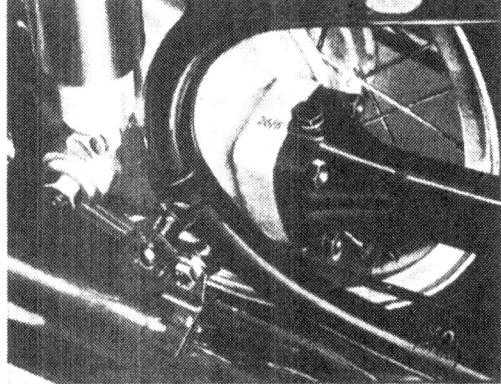
211

2. Sustituir el engranaje de cambio por otro con relación de transmisión para servicio con sidecar (sólo en los modelos R 50 y R 60).

3. Instalar un velocímetro con el número de revoluciones de recorrido correspondiente a la nueva relación de transmisión.

4. Sustituir los resortes de suspensión de la rueda delantera y de la rueda trasera, por los resortes correspondientes para sidecar (véase pág. 35).

Montar el balancín de la rueda delantera en el alojamiento anterior **Fig. 212**

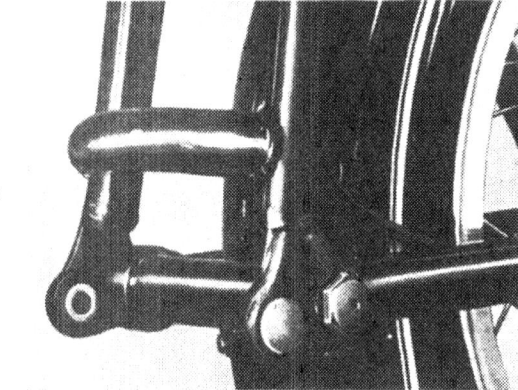
212

e instalar la sujeción superior de los brazos telescópicos en los orificios inferiores de la horquilla. **Fig. 213**

5. Sustituir la palanca de freno sin tornillo de tope en la rueda trasera por otra provista de tornillo de tope, que se monta en la misma posición en la llave de freno. Atornillar el tornillo de tope de esta palanca, hasta conseguir un frenado perceptible. Después se afloja ligeramente este tornillo, hasta que la rueda gire libremente, apretando seguidamente la contratuerca. **Fig. 214**

213

6. Sustituir el manillar para solo de 660 mm. de ancho por otro de 745 mm. de ancho para servicio con sidecar. Si se efectúa esta sustitución, también deben montarse cables de tracción para sidecar algo más largos.

7. Si la moto a la que se desea acoplar un sidecar, tiene llantes de metal ligero, éstas deberán ser sustituidas por llantas de acero para el servicio con sidecar. La llanta de acero delantera deberá tener 2.15 B × 18 con neumático de 3.50–18, la trasera 2.75 C × 18 con 4.00–18.

8. El perno delantera de sujeción del motor se sustituye por el perno de cabeza esférica que suministra la casa BMW. Para ello deberá retirarse el casquillo que se encuentra en el agujero derecho del cuadro. Para el perno de cabeza esférica se ha previsto una tuerca

214

zen eine Kronenmutter vorgesehen, die nach erfolgtem Festziehen zu versplinten ist.

Bild 215

Ferner sind die beiden von BMW zu liefernden Ösenschrauben für den Anschluß der Seitenwagenstreben in die vorgesehenen Augen am rechten Rahmenrohr vorn und hinten einzusetzen. An den Augen den Lack von den Sitzflächen für die Ösenschrauben entfernen und nach Anpassen der Streben die Muttern der Ösenschrauben mit 7,5 mkg festziehen.

Bild 216

9. Bremsstange genügend tief in die Gewindemuffe SW 14 auf der Zugzylinder-Kolbenstange einschrauben. Solo-Bremsstange abbauen und dafür Gabelauge des Bremszugzylinders vorn mit vorhandenem Bolzen, hinten am Bremshebel die neue Bremsstange mit Scheibe, Rückholfeder und Rastenring anschließen. Abflachung an der Bremsstange und Kerbe im Hohlbolzen des neuen Bremshebels müssen oben sein. Flügelmutter soweit aufschrauben, bis das Gestänge längsspielfrei ist. Der Kolben im Zugzylinder darf dabei nicht aus seiner Ruhestellung weggezogen werden. Dann Gegenmuttern an der Gewindemuffe am Gestänge kontern.
Achten, daß Bremszylinder nicht streift.

Bild 217

10. Zum Seitenwagenanschluß Motorrad auf Ständer stellen, Seitenwagen aufbocken und Seitenwagenschutzblech nach Lösen der vorderen Befestigungsmuttern zurückklappen.

Wichtig!
Vor Aufsetzen des Seitenwagenrades Achsstummel blank abziehen und leicht einfetten. Seitenwagenrad aufschieben und darauf achten, daß Radnabe nicht am Bremsschild anläuft. Evtl. Distanzscheibe einsetzen. Radnaben-Schnellverschluß anziehen und mit Kunststoffhammer festklopfen.
Nach Entfernen der zwei Gummipfropfen am Bremsschild können durch die freigewordenen Bohrungen hindurch die Rastenmuttern für die Bremseinstellung mittels Schraubenziehers, verdreht werden. Nacheinander diese Rastenmuttern so verdrehen, bis die Bremse schleift, hernach Rastenmuttern etwas zurückdrehen, bis das Rad frei läuft.

Bilder 218/219

Seitenwagen unten anschließen.
Durch mehrmaliges seitliches Kippen des Motorrades an Kugelgelenken guten Sitz herstellen.

11. Vorspur einstellen: Motorrad senkrecht stellen. Eine Meßlatte längs

---

tion OC 19, un écrou à crénaux est prévu pour la broche tête sphérique. Il faut le goupiller après serrage.

Fig. 215

Ensuite, il faut monter les deux vis à œillet, livrées par BMW pour l'attache des barres d'accouplement, dans les logements prévus à droite, aux tubes du cadre, à l'avant et à l'arrière. Enlever l'email pour assurer un bon contact des surfaces portantes des œillets. Après ajustage des barres, il faudra serrer les érous des vis à œillet à 7,5 mkg.

Fig. 216

9. Visser assez profondément la tringle de frein dans le raccord OC 14 de la tige de piston de cylindre. Déposer la tringle de frein solo et monter à sa place, à l'avant, la chape du cylindre, avec le boulon existant et à l'arrière, au levier de clef de frein, la nouvelle tringle avec rondelle, ressort de rappel et rondelle d'appui. Le plat de la tringle et l'encoche du tourillon du nouveau levier de frein doivent être tournés vers le haut. Serrer l'écrou à ailettes jusqu'à ce que la tringle n'ait plus de jeu en longueur. La tige de piston du cylindre ne doit cependant pas être tirée, ce faisant, hors de sa position de repos. Bloquer alors le contre-écrou du raccord fileté, sur la tringle. S'assurer que le cylindre ne coince pas.

Fig. 217

10. Pour accoupler le side-car, mettre la moto sur sa béquille, caler le châssis du side-car et relever le garde-boue du side-car après avoir libéré sa fixation avant.

Important!
Avant de placer la roue de side-car, il faut polir son axe et le graisser légèrement. Monter la roue et contrôler que le moyeu ne porte pas contre la plaque de frein. Au besoin, ajouter une rondelle d'espacement. Monter le dispositif de serrage rapide de la roue et le bloquer au maillet. Enlever les deux bouchons caoutchouc de la plaque de frein ; on peut alors atteindre avec un tournevis les écrous à crans de réglage du frein. Tourner l'un après l'autre, alternativement, ces écrous jusqu'à ce que le frein touche, puis les ramener en arrière juste de ce qu'il faut pour que la roue tourne librement.

Fig. 218/219

Monter les attaches du bas.
En inclinant plusieurs fois la moto de part et d'autre, assurer la bonne portée des accouplements sphériques.

11. Régler le pincement : mettre la moto bien verticale. Appliquer une latte

---

tellated nut is provided for the ball pin, which must be secured with a cotter pin after tightening.

Figure 215

Further install the two eye bolts to be supplied by BMW for the connection of the sidecar braces, into the provided eyes on right frame tube, at front and at rear. On the eyes, remove the finish pain from contact surfaces for the eye bolts, and after adjusting the braces tighten the eye bolt nuts with 54 ft./lbs. torque.

Figure 216

9. Screw the brake rod sufficiently far into SW 14 threaded sleeve on pull cylinder piston rod. Remove solo brake rod and on its place connect the clevis of the brake pull cylinder with the existing pin at front, the new brake rod with washer, return spring and lockwasher to brake lever at rear. The flattened side of the brake rod and the notch in the hollow pin of the new braie lever must point upward. Screw on the wing nut until any longitudinal linkage play is eliminated. While doing this, the piston in the pull cylinder should not be drawn off its rest position. Thereafter tighten locknuts on the threaded bushing fitted to the rod. Be sure that the brake cylinder does not touch the frame.

Figure 217

10. To mount the sidecar, set the motorcycle on its stand, block up the sidecar and swing sidecar fender (mudguard) back after having loosened the retaining nuts at front.

Important!
Before installing the sidecar wheel polish axle stub with emery and grease it slightly. Slip sidecar wheel into position, using care to prevent wheel hub touching the brake plate. If necessary insert a spacing washer. Install wheel hub speed cap and tap it tight with a plastic mallet. After removal of the two rubber plugs from the brake plate the serrated nuts for brake adjustment will become accessible through the plug holes and may then be rotated by means of a screwdriver. Rotate these adjuster nuts, one after the other, until the associated brake shoe begins to drag, thereafter reverse adjuster nuts until wheel just turns freely.

Figures 218/219

Connect sidecar below.
Rock the motorcycle repeatedly sidewise in order to insure a perfect seat of the ball joints.

11. Adjusting toe-in: Place the motorcycle into upright position. Position

almenada en lugar de la tuerca de sujeción SW 19 normal. Después de haber sido tensada, esta tuerca ha de ser asegurada con un pasador.   **Fig. 215**

Además han de ser colocados en los respectivos orificios del tubo derecho del cuadro, adelante y atrás, los dos tornillos de ojal suministrados por BMW, previstos para la conexión de las barras de acoplamiento del sidecar. Raspar la pintura en la zona inmediata a los orificios, para asegurar un buen asiento a los tornillos de ojal. Después de haber acoplado las barras, se aprietan las tuercas de los tornillos de ojal a 7,5 mkg.
Fig. 216

9. Atornillar con suficiente profundidad la varilla de freno en el manguito roscado SW 14 del cilindro principal del freno hidráulico. Retirar la varilla de freno para el servicio sin sidecar, colocando en su lugar, adelante, el perno existente en los agujeros bifurcados del cilindro de freno y atrás, la varilla de freno nueva con su arandela, su muelle de retorna y su disco de retención en la palanca de freno. Tanto la parte plana de la varilla de freno como la muesca en el casquillo hueco de la nueva palanca de freno deberán quedar hacia la parte de arriba. Apretar la tuerca de mariposa hasta que la varilla ya no tenga juego longitudinal. Durante esta operación, el pistón del cilindro de freno no debe ser desplazado de su posición de reposo. Seguidamente se aprieta la contratuerca del manguito roscado en el varillaje. Cuidar de que el cilindro de freno no roce.
Fig. 217

10. Para acoplar el sidecar, se coloca la moto sobre el caballete central, se sitúa el sidecar sobre unos bloques de madera, se desenrosca la tuerca de sujeción delantera para el guardabarros del sidecar y se echa hacia atrás el guardabarros

¡ Importante !
Antes de montar la rueda del sidecar, es preciso pulir el muñón del eje y engrasarle ligeramente. Colocar la rueda y cuidar de que el cubo de la rueda no roce con el disco del freno. Si fuese preciso, se coloca una arandela distanciadora. Apretar el cierre rápido del cubo de la rueda y asegurar el cierre golpeándole con un martillo de plástico.
Retirar los dos tapones de goma en el disco de freno. A través de los orificios destapados de este modo, pueden ser apretadas con un desatornillador las tuercas de ajuste para el freno. Graduar sucesivamente estas tuercas, hasta que se perciba un rozamiento del freno. A continuación vuelven a aflojarse ligeramente las tuercas, hasta que la rueda gire libremente.
Fig. 218/219

Acoplar el sidecar por su parte inferior. Moviendo repetidas veces la moto de un lado al otro, se asegura el perfecto asiento de las articulaciones esféricas.

11. Ajuste de la convergencia: colocar la moto en posición vertical. Apoyar una regla de madera en la parte

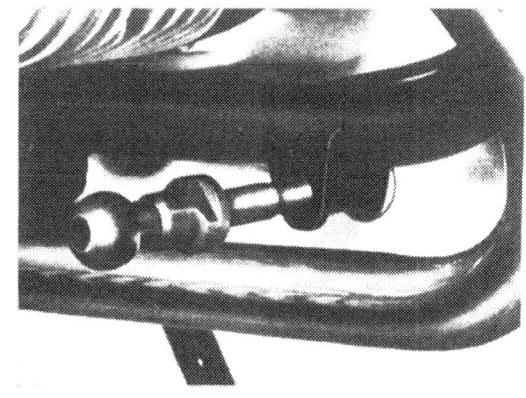
215

216

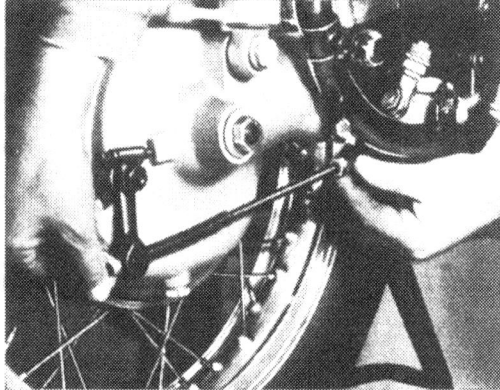
217

218

219

des Seitenwagenrades außen am Rad anlegen. Zweite Meßlatte außen an dem Vorder- und Hinterrad des Motorrades anlegen.
Abstand zwischen den beiden Meßlatten vorn am Vorderrad und hinten am Hinterrad messen. Hinterer Abstand (a) muß 30-40 mm größer sein als vorn (b).
Bild 220

Eventuelle Berichtigung durch Herein- oder Hinausschieben des Anschlußarmes im hinteren Querrohr nach Lösen der Klemmschrauben.
Bild 221

Das Längsrohr des Seitenwagenrahmens soll dabei hinten etwa 10 mm niedriger stehen als vorn; dazu Anschlußarm vor dem Festziehen der Klemmschrauben nach Bedarf verdrehen.

12. Obere hintere Verbindungsstrebe des Seitenwagens zum Motorrad so einstellen, daß die Maschine senkrecht, d. h. ohne Sturz, steht und mit Verbindungsschraube SW19 Gabelkopf der Strebe mit den Ösenschrauben am Motorrad verschrauben. Vordere Verbindung spannungsfrei, wie vorbeschrieben, anschließen; bei belastetem Gespann beträgt dann der Sturz (Maß C–D) am Hinterrad, gemessen an den Felgenhörnern, bis ca. 10 mm.
Bild 222

An Bremsschlauch und Zugzylinder Anschlußschutzkappen abnehmen und Schlauch anschließen.

Achtung! Bei jedesmaligem Trennen der Leitung Schutzkappen wieder aufschrauben. Durch Rückschlagventile an den Verbindungsstellen ist in der Regel ein Wiederentlüften nicht nötig.

13. Zum Füllen und Entlüften der hydraulischen Bremse Einfüllverschraubung am Zugzylinder abschrauben. Auffanggefäß unter den Zugzylinder stellen und Gummikappe vom Entlüftungsventil am Radbremszylinder abnehmen. Von einem Bremsflüssigkeits-Druckbehälter einen Schlauch am Entlüftungsventil anschließen, Entlüftungsventil eine Umdrehung lösen und solange blaue ATE-Bremsflüssigkeit durchdrücken, bis diese blasenfrei am Zugzylinder austritt. Flüssigkeitsstand muß dort stets 1 cm über Zylinderbüchse stehen. Entlüftungsventil wieder fest anziehen und Gummikappe aufstecken sowie Zugzylinder-Einfüllschraube festziehen.
Bremshebel betätigen und Leitungen auf Dichtheit prüfen.
Bild 223

14. Die Bremswirkung am Seitenwagenrad im Verhältnis zu der des Hinter-

bien rectiligne contre la roue du side-car, extérieurement et une autre latte contre les deux roues de la moto, extérieurement aussi.
Mesurer l'écartement des deux lattes, devant la roue avant et derrière la roue arrière.
A l'arrière (a), il doit être de 30 à 40 mm plus grand qu'à l'avant (b).
Fig. 220

Pour effectuer la correction éventuellement nécessaire, sortir ou rentrer le bras d'accouplement dans l'entretoise arrière du châssis, après avoir désserré le collier de serrage (2 vis).
Fig. 221

Se tube longitudinal du châssis de side-car doit alors se trouver, à l'arrière, environ 10 mm plus bas qu'à l'avant ; ce que l'on peut régler en faisant tourner le bras d'accouplement, avant de resserrer son collier, de la quantité nécessaire.

12. Régler la barre d'accouplement supérieure arrière de façon que la moto soit bien verticale, c.à.d. sans carrossage et avec la vis de liaison OC 19, fixer la chape de la barre à l'œillet monté sur le cadre. Monter ensuite de même manière, sans tension, la barre d'accouplement avant ; lorsque le side-car est chargé, on obtient alors le carrossage voulu (mesure C – mesure D) de 10 mm environ au max., mesuré aux rebords de la jante arrière.
Fig. 222

Enlever les chapeaux de protection au tuyau et au cylindre de frein et les raccorder.

Attention ! Chaque fois que l'on découple le tuyau et le cylindre, remettre les fermetures de protection. Grâce à une soupape à proximité du raccord, il n'est pas nécessaire, dans la règle, de purger d'air ensuite la tuyauterie.

13. Pour le remplissage ou pour la purge d'air du système hydraulique du frein, dévisser le bouchon de remplissage, sur le cylindre de commande, placer au-dessous un récipient et enlever la fermeture caoutchouc de la soupape de purge, au cylindre de roue. Relier par un tuyau la soupape de purge à une pompe de liquide de frein, dévisser d'un tour la soupape de purge et chasser le liquide de frein ATE bleu dans le système, jusqu'à ce qu'il ressorte au cylindre de commande, sans aucune bulle d'air. Le niveau du liquide doit alors, toujours, se situer 1 cm au-dessus de la douille du cylindre. Rebloquer la soupape de purge, remettre la fermeture caoutchouc et bloquer le bouchon du cylindre de commande.
Actionner la pédale de frein et contrôler l'étanchéité des conduites.
Fig. 223

14. L'efficacité du freinage sur la roue de side-car par rapport à celle du

a measuring staff along outside of sidecar wheel and place a second measuring staff along outside of front and rear wheel of motorcycle. Measure the distance between both measuring staffs on end of front and rear wheel of motorcycle. The distance (a) in the rear must be from 1.2" to 1.6" more than the distance (b) in the front.
Figure 220

If necessary correct by displacing in or outward the coupling arm in the rear cross tube after loosening the clamping screws.
Figure 221

The longitudinal runner of the sidecar frame should then be approx. 10 mm. (.4") lower at the rear than at the front; for this twist coupling arm as required, before tightening the clamping screws.

12. Adjust upper rear sidecar brace to motorcycle so that the motorcycle stands in upright position, i.e. without camber, and with SW 19 connecting screw fasten clevis head of sidecar brace onto the eye bolts of the motorcycle. Likewise connect front sidecar brace, but make sure that it is tension-free; when the sidecar and motorcycle are occupied, the camber (difference C–D) at the rear wheel, measured on the rim beads, should amount to approximately 3/8" to 7/16" (10 mm.).
Figure 222

Remove protection boots from brake hose and pull cylinder and connect the hose.

Caution! Whenever the brake line is disconnected, the protection boots should be reinstalled. As the connections of the brake line are equipped with check valves, it will normally not be necessary to bleed the hydraulic line again.

13. To fill up or to bleed the hydraulic brake unscrew the filler plug on the pull cylinder. Place a jar under the pull cylinder and remove rubber cap brom bleeder valve on wheel cylinder. From a brake fluid pressure tank, connect a hose to bleeder valve, loosen bleeder valve one turn and pump ATE blue brake fluid through the hydraulic line until fluid runs out of the pull cylinder in a solid stream without air bubbles. The fluid level of the pull cylinder must always be at 1 cm. (.4") over cylinder bushing. Retighten bleeder valve, reinstall rubber cap and tighten pull cylinder filler plug.
Actuate brake lever and check brake lines for leaks.
Figure 223

14. The braking action on the sidecar wheel, relative to that on the rear

exterior de la rueda del sidecar y otra de igual forma a lo largo de las ruedas de la moto misma.
Medir la distancia entre las dos reglas, adelante y atrás. La separación entre las reglas atrás (a) debe ser de 30 a 40 mm. mayor que adelante (b). **Fig. 220**

La convergencia puede ser corregida metiendo o sacando el brazo de acoplamiento en el tubo transversal trasero, después de haber aflojado los tornillos de apriete. **Fig. 221**

El tubo longitudinal del cuadro del sidecar deberá encontrarse adelante 10 mm. más alto que atrás; para ello se tuerce convenientemente el brazo de acoplamiento antes de tensar los tornillos de apriete.

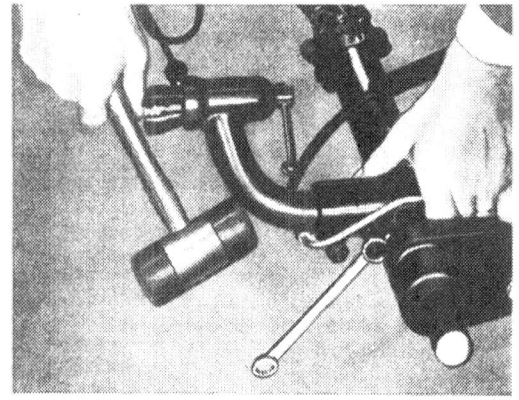

12. Ajustar la barra de acoplamiento trasera superior del sidecar de tal modo, que la moto permanezca en posición vertical, es decir, sin presentar inclinación alguna. Con el tornillo SW 19 se une la cabeza ahorquillada de la barra a los tornillos de ojal de la moto. A continuación se monta el acoplamiento delantero, como ha quedado descrito para el caso anterior, de forma que no se halle sometido a tensión. Con el sidecar cargado, la convergencia de la rueda trasera (cota C-D) importa entonces hasta 10 mm., midiendo desde los extremos de las llantas. **Fig. 222**

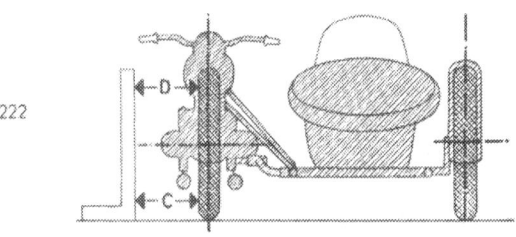

Quitar los tapones de protección del tubo y del cilindro de freno, empalmando el tubo flexible.

¡Atención! Cada vez que se desconecte el tubo flexible, es preciso volver a colocar los tapones protectores. Gracias a las válvulas de retención dispuestas en los puntos de conexión no es necesario, por regla general, volver a purgar el aire de la instalación.

13. Para rellenar y efectuar la purga de aire del sistema de freno hidráulico, se desenrosca el tapón atornillado en el cilindro principal, colocando debajo de éste un recipiente. Retirar el capuchón de goma que cubre la válvula de purga en el cilindro de freno de la rueda. Conectar la válvula de purga mediante un tubo flexible a un depósito de presión con líquido de freno. Aflojar la válvula de purga en una vuelta, dejando salir el líquido de freno azul ATE, hasta que salga del cilindro principal sin presentar burbujas. En el cilindro principal, el nivel del líquido siempre deberá quedar 1 cm. por encima del casquillo del cilindro. Volver a cerrar herméticamente la válvula de purga y cubrirla con el capuchón de goma. Apretar asimismo el tornillo del cilindro principal.
Accionar el pedal de freno, para comprobar la estanqueidad de las conducciones. **Fig. 223**

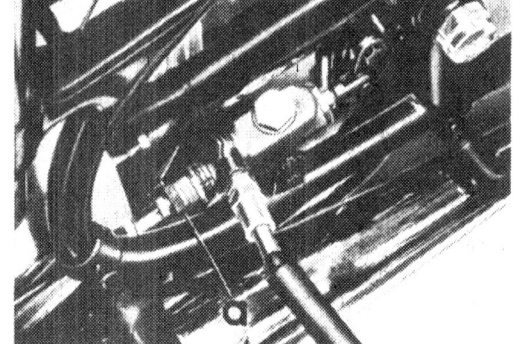

14. El efecto de frenado de la rueda del sidecar en relación a la rueda trasera de la moto puede ser reducido o

rades kann durch Hineindrehen der Rändelmutter (a) am hydraulischen Bremszylinder verringert bzw. ganz ausgeschaltet werden.

Bild 224

Letzteres ist der Fall, wenn die Druckfeder (13) durch die Rändelmutter „a" bzw. (10) auf Block zusammengedrückt ist (Windungen aneinanderliegend) und somit die Zugstange (d. h. auch die Kolbenstange im Hauptzylinder) fest mit dem Hauptzylinder verbunden ist. Bei Bremsbetätigung kann also dann kein hydraulischer Druck ausgeübt werden.

Bild 225

Die Seitenwagenbremse soll grundsätzlich erst dann einsetzen, wenn die Hinterradbremse bereits leicht angezogen hat.
Im allgemeinen soll die Gesamtbremswirkung der Vorder- und Hinterradbremse des Motorrades zu der des Seitenwagenrades so abgestimmt werden, daß das Gespann auch mit unterschiedlicher Belastung beim Bremsen gut in der Spur bleibt.
Nach öfterem Trennen des Bremsschlauchanschlusses vom Zugzylinder beim Abbau des Seitenwagens ist zu empfehlen, das Bremsflüssigkeitssystem neuerdings zu entlüften. Bei richtig eingestellten Bremsbacken und einwandfreier Entlüftung beträgt der Weg des Kolbens im Zugzylinder etwa 4-5 mm, bis die Seitenwagenbremse fest wird.

15. Blinkleuchte am rechten Lenkerende (sofern zur Ausrüstung gehörend) abbauen (siehe Seite 134), Leitung an der Klemme K 2 (R) des Blinkgebers im Scheinwerfer abklemmen und statt dessen neue Leitung für Blinkleuchte auf dem Seitenwagenkotflügel anklemmen. Öffnung im Lenkerende mit passendem Stopfen verschließen.

Bild 226

16. Die Steckdose für den Anschluß der Seitenwagenbeleuchtung befindet sich unter dem Fahrersattel am Querjoch des Rahmens. Nach Einschalten des Lichtes am Scheinwerfer steht die Steckdose unter Spannung.

Bild 227

Bei Ab- und Wiederanbau des Seitenwagens kann eine neue Spureinstellung entfallen, wenn die Anschlüsse nicht verstellt werden.
An der Pufferstange für die Ausschlagbegrenzung des Seitenwagenrades ist ein Auge vorgesehen, an dem am oberen Ende ein Stoßdämpfer angebaut werden kann, der mit seinem unteren Auge am Schwinghebel in Radachsmitte anzuschließen wäre.

---

frein arrière peut être réduite et même totalement annulée en vissant l'écrou à crans (a) sur le cylindre de roue.

Fig. 224

L'annulation du frein du side-car se produit lorsque le ressort de pression (13) est totalement comprimé, spire contre spire, par l'écrou à crans (a), respectivement (10). Dans ce cas, la tringle de traction et aussi la tige de piston dans le cylindre de commande sont solidaires du cylindre de commande. L'action de la pédale de frein n'a alors aucune influence sur la pression dans le système hydraulique.

Fig. 225

Le frein du side-car doit entrer en action quand la roue arrière est déjà un peu freinée.
En règle générale, l'action du frein du side-car doit être réglée par rapport à l'action totale des freins avant et arrière de la moto de telle sorte que l'ensemble reste bien sur sa trajectoire lors du freinage, même pour des charges différemment réparties. Après avoir déconnecté souvent la conduite du cylindre de frein lors de déposes successives du side-car, il est à recommander de purger d'air le système de frein. Si les mâchoires sont correctement réglées et que le système de frein est totalement purgé d'air, la course du piston dans le cylindre de commande doit être de quelque 4 à 5 mm jusqu'à ce que le frein du side-car soit bloqué.

15. Déposer le clignotant du côté droit du guidon (pour autant qu'il soit prévu dans l'équipement) — voir page 134 — déconnecter le conducteur de la borne K 2 (R) du clignoteur dans le phare et coupler à sa place le nouveau conducteur pour le clignotant sur l'aile du side-car. Fermer l'ouverture du bout de guidon par un chapeau adapté.

Fig. 226

16. La prise de courant pour l'éclairage du side-car se trouve sous la selle du pilote. Cette prise est sous tension quand on place le commutateur sur le phare dans sa position d'éclairage.

Fig. 227

Lors de dépose et repose du side-car, un nouveau réglage du pincement n'est pas nécessaire, si les accouplements n'ont pas été déréglés.
Sur la barre limitant le débattement de la roue du side-car, un œillet a été prévu pour le montage à volonté de l'extrémité supérieure d'un amortisseur dont l'extrémité inférieure s'attacherait alors au bras oscillant, dans l'axe de la roue.

---

wheel, may be reduced or completely cut out by screwing in knurled nut (a) at the hydraulic brake cylinder.

Figure 224

This is the case it the pressure spring (13) is fully compressed by the knurled nut "a" or (10) respectively. (coils contact each other) and thus the pull rod (i.e. also the piston rod in the main cylinder) is firmly connected to the main cylinder, so hydraulic pressure cannot be exercised when the brake is actuated.

Figure 225

The sidecar brake should take hold after the rear wheel brake has already begun to grip.
In general, the total braking action of the front and rear wheel brakes of the motorcycle should be so proportioned to that of the sidecar that the vehicle always tracks well, irrespective of the load, when the brakes are applied.
When the brake hose connection had to be repeatedly disconnected from the pull cylinder during removal of sidecar, it is recommended to bleed the hydraulic system again. With correctly adjusted brake shoes and system properly bled the piston in the pull cylinder will travel approx. from 4 to 5 mm. until the sidecar brake begins to grip.

15. Remove blinker light from right handlebar end (if installed) (see page 135), disconnect lead from terminal K 2 (R) of blinker unit in headlamp and on its place connect the new lead for the blinker light upon the sidecar fender (mudguard). Seal opening in handlebar end with a suitable plug.

Figure 226

16. The electric jack (socket) for connection of the sidecar lighting is situated under the seat on the cross tube of the frame. The jack is energized as the light on the headlamp is switched on.

Figure 227

When disconnecting and reconnecting the sidecar camber adjustment is not required so far the connections have not been altered.
On the bumper bar for the rebound limit of the sidecar wheel an eyelet is provided, onto the upper end of which a shock absorber may be installed.
The lower eye of this shock absorber is then to be connected to the swinging arm in wheel axle center.

eliminado totalmente atornillando la tuerca moleteada (a) en el cilindro de freno hidráulico. **Fig. 224**

Este último caso se da cuando el resorte de compresión (13) se halla totalmente comprimido por la tuerca moleteada (a) ó (10) respectivamente, de modo que sus espiras se toquen. De esta forma, el tirante (al igual que el vástago del pistón en el cilindro principal) se encuentra totalmente unido al cilindro principal. Es decir, que al accionar el freno ya no puede ejercerse en este caso ninguna presión hidraulica. **Fig. 225**

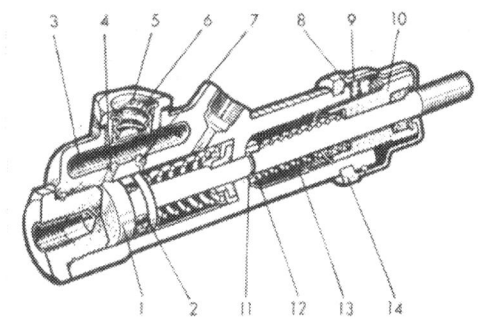

225

1. Kolben mit Kolbenstange	1. Piston avec tige de piston
2. Kolbenmanschette	2. Coupelle caoutchouc du piston
3. Ausgleichbehälter	3. Réservoir de compensation
4. Nachlaufbohrung	4. Trou de retour
5. Luftbohrung im Deckel	5. Trou de ventilation dans le couvercle
6. Faltenbalg	6. Soufflet cache-poussière
7. Ausgleichbohrung	7. Trou d'égalisation
8. Arretierkugel	8. Bille d'arrêt
9. Federring	9. Rondelle Grower
10. Stellschraube	10. Vis de réglage
11. Sprengring	11. Jonc d'arrêt
12. Überwurfring	12. Anneau de raccord
13. Druckfeder	13. Ressort de rappel du piston
14. Gummimanschette	14. Anneau de retenue

1. Piston with push rod	1. Embolo con biela
2. Primary cup	2. Guarnición primaria
3. Brake fluid container	3. Depósito de líquido de frenos
4. Feed port	4. Orificio de alimentación
5. Vent hole in cover	5. Orificio de ventilación en la tapa
6. Rubber bellows	6. Fuelle de goma
7. Compensating port	7. Orificio de compensación
8. Detent ball	8. Bola de detención
9. Spring washer	9. Anilla elástica
10. Set screw	10. Tornillo regulador
11. Snap ring	11. Arandela de seguridad
12. Union ring	12. Anillo de unión
13. Return spring	13. Resorte retroceso
14. Secondary cup	14. Guarnición secundario

En principio, el freno del sidecar ha de entrar en acción cuando el freno de la rueda trasera ya presione ligeramente su tambor.
Por regla general, el efecto de frenado total del freno delantero y trasero en la moto ha de ser graduado de tal forma con relación al efecto de frenado del freno en el sidecar, que el conjunto compuesto por la moto y el sidecar no se desvíe de su trayectoria al frenar.
Después de haber separado repetidas veces el tubo flexible del cilindro principal al desmontar el sidecar, se recomienda volver a efectuar una purga de aire del sistema hidráulico de freno. Si las zapatas de freno están correctamente ajustadas y la purga de aire ha sido completa, el recorrido del émbolo en el cilindro de freno es de unos 4-5 mm., hasta que el freno del sidecar bloquee totalmente la rueda.

15. Si el equipo de serie incluye luces intermitentes, se separa la lámpara de luz intermitente del extremo derecho del manillar (véase pág. 135), se desconecta el cable para el emisor de intermitentes en el faro del borne K 2 (R), conectando en su lugar el cable nuevo para la lámpara de luz intermitente montada en el guardabarros del sidecar. La abertura que queda en el extremo del manillar se tapa con un tapón apropiado. **Fig. 226**

16. El tomacorriente para la conexión del alumbrado eléctrico del sidecar se encuentra alojado debajo del sillín, en la placa de refuerzo transversal del cuadro. Después de haber encendido la luz del faro, el tomacorrientes se halla sometido a tensión. **Fig. 227**

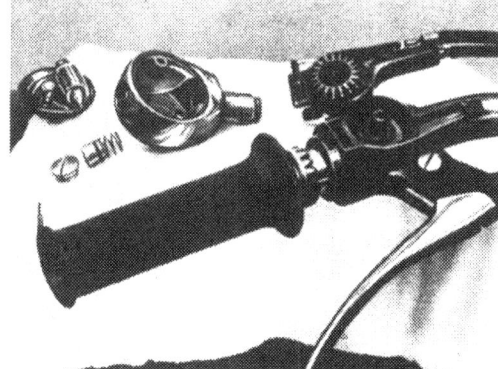

226

227

Cuando se desacople y se vuelva a acoplar el sidecar, puede evitarse el nuevo ajuste de la convergencia, si no se altera la posición de los elementos de acoplamiento.
En la barra de tope destinada a limitar la desviación de la rueda del sidecar, ha sido previsto un orificio, en el cual puede sujetarse el extremo superior de un amortiguador. El extremo inferior del amortiguador tendría que ser sujetado con su perforación respectiva a la palanca oscilante en el centro del eje de la rueda.

Anhang zur Reparaturanleitung
Supplement to Repair Manual

BMW R 50 · R 50 S
     R 60 · R 69 S   für die Modelle   R 50 US
                                                       R 60 US
                                                       R 69 US

R 69 US

Bayerische Motoren Werke AG München

Anhang zur Reparaturanleitung R 50, R 50 S, R 60, R 69 S für die Baumuster R 50 US, R 60 US und R 69 US

Die neuen Zweizylindermodelle R 50 US, R 60 US und R 69 US sind ausschließlich für den Solobetrieb bestimmt und weisen gegenüber den ebenfalls in Serie laufenden Motorrädern R 50, R 60 und R 69 S eine Reihe von Sonderheiten auf, die nachstehend aufgeführt sind:

1. Neu entwickelte Vorderrad-Teleskopgabel mit hochgezogenem Lenker, Vorderradbremse mit Bremsmomentstütze und Vorderradschutzblech mit Bügel.

2. Doppelsitzbank (breite Ausführung) einschließlich Soziusfußrasten.

3. Verchromte Stahlfelgen.

4. Bereifung am Hinterrad 4,00–18.

5. Entsprechende Übersetzung mit Hinterradantrieb 3,375 : 1 mit Zähnezahlen 8/27.

6. Meilentachometer mit Wegdrehzahl 1,232.

7. Scheinwerfer mit zusätzlicher Fernlichtkontrolleuchte.

8. Große Batterie 6 V, 16 A/h.

9. Kleines Halteblech für Brems-Schluß-Kennzeichenleuchte.

10. Rahmen ohne Seitenwagenanschlüsse.

Außerdem erhielt das Wechselgetriebe einige Verbesserungen an Kurvenscheibe und Schaltstiften der Zahnräder, wodurch sich das Getriebe schneller, exakter und leichter schalten läßt. Montagemäßig hat sich am Getriebe nichts geändert.

Zusätzlich erhalten die Motorräder der US-Baureihe selbstverständlich auch alle Verbesserungen, die in letzter Zeit an unseren Baumustern R 50, R 60 und R 69 S durchgeführt wurden, in der Reparaturanleitung aber noch nicht korrigiert sind. Dieser Anhang berücksichtigt auch diese Änderungen.

Alle Aussagen in diesem Nachtrag sind in der Reihenfolge des Inhaltsverzeichnisses der Reparaturanleitung gemacht und sind auch an den übrigen Stellen im Text sinngemäß zu verwenden.

Supplement to Repair Manual for R 50, R 50 S, R 60, R 69 S covering Models R 50 US, R 60 US and R 69 US

The new twin-cylinder models R 50 US, R 60 US and R 69 US are intended purely for solo use and thus incorporate a number of features not found on the other standard models R 50, R 60 and R 69 S. There are listed below:

1. Newly developed telescopic front forks with raised handlebar, front brake with torque reaction strut and front mudguard with tubular rail.

2. Dualseat (wide version) and pillion passenger footrests.

3. Chromium plated steel rims.

4. 4.00 × 18 rear tire.

5. Revised final drive gear ratio 3.375 : 1, No. of teeth 8 : 27.

6. Speedometer calibrated in miles, with gear ratio 1.232.

7. Headlight with additional high beam warning light.

8. Large-capacity battery, 6 Volt 16 Amp/hr.

9. Small mounting bracket for rear/stop/license plate light.

10. Frame without sidecar mounting lugs.

In addition the gearbox incorporates certain improvements to the pinion selector cams and pegs for more rapid, precise and easier action shifts.
Gearbox fitting instructions are unchanged.

Motorcycles of the US series also include all the improvements made recently to the R 50, R 60, and R 69 models, even though the main repair manual may not have been corrected to show these improvements. They are listed instead in this supplement.

The information included in this supplement is shown in the order in which it appears in the main Repair Manual list of Contents, and should be consulted at the appropriate points in the main text.

Technische Daten

Motor: R 69 S, R 50 S
Steuerwelleneinstellung bei 2 mm Ventilspiel (Toleranz ±2,5°):

Einlaß öffnet	4° v. OT
Einlaß schließt	44° n. UT
Auslaß öffnet	44° v. UT
Auslaß schließt	4° n. OT

Vergaser

	R 50 US	R 60 US	R 69 US
Bauweise	zwei geneigt angeordnete Bing-Flanschvergaser mit Nadeldüse, Gasschieber und Hebelschwimmer		
Bing-Vergasertyp			
linker Vergaser	1/24/149	1/24/151	1/26/91
rechter Vergaser	1/24/150	1/24/152	1/26/92
Hauptdüse	120	125	130
Düsennadel	46–255	46–255	46–254 Nr. 4
Gasschieber	22–542	22–542	22–542
Ansaugfilter	Für beide Vergaser ein leistungsfähigeres Trockenluftfilter ohne Startschieber, mit »micro-star«-Filtereinsatz		

Lichtmaschine
Batterie: 6 V, 16 A/h

Beleuchtung
Scheinwerfer: Bosch LE 27/9 F 2 mit Fernlichtkontrolleuchte

Lampenbestückung
Fernlichtkontrolleuchte: 12 V, 2 W, Anzeigelampe

Wechselgetriebe
Schmieröl: Marken-Hypoidöl SAE 90, ganzjährig

Hinterradantrieb
Schmierung im rechten Schwingarm: Marken-Hypoidöl SAE 90, ganzjährig
Füllmenge: 200 ccm

Hinterradgetriebe

	R 50 US	R 60 US	R 69 US
Übersetzung	3,375:1	3,375:1	3,375:1
Zähnezahl	8:27	8:27	8:27
Schmieröl	Marken-Hypoidöl SAE 90, ganzjährig		

Fahrgestell
Rahmen: geschlossener Doppel-Stahlrohrrahmen ohne Seitenwagenanschlüsse

Vorderradfederung
Vorderradgabel: Teleskopgabel mit doppelt wirkenden, großvolumigen hydraulischen Stoßdämpfern und innenliegenden, progressiv wirkenden Gabeltragfedern
Gabeltragrohre: hochvergüteter Stahl, hartverchromt
Gabelgleitrohre: Leichtmetallguß
Gabelbrücke unten: Leichtmetall-Schmiedeteil
Ölfüllung pro Gabelholm: 280 ccm

Specification

Engine: R 69 S, R 50 S
Camshaft settings with 0.0787" (2 mm) valve clearance (Tolerance ± 2.5°):

Inlet opens	4° BTDC
Inlet closes	44° ABDC
Exhaust opens	44° BBDC
Exhaust closes	4° ATDC

Carburetors

	R 50 US	R 60 US	R 69 US
Type	Two semi-downdraught Bing flange mounted carburetors with needle jet, slide throttle and lever-mounted float		
Bing Carburetor Reference			
Left-hand carburetor	1/24/149	1/24/151	1/26/91
Right-hand carburetor	1/24/150	1/24/152	1/26/92
Main jet	120	125	130
Jet needle	46–255	46–255	46–254 No. 4
Throttle slide	22–542	22–542	22–542
Intake air filter	High-efficiency dry filter without starting strangler, using 'Micro-star' element, common to both carburetors.		

Dynamo
Battery: 6 Volt, 16 Amp/hr

Lights
Headlight: Bosch LE 27/9 F 2 with high beam warning light

Bulbs required: High beam warning: 12 Volt, 2 Watt pilot bulb

Gearbox
Lubricating oil: Branded hypoid SAE 90, summer and winter

Final drive shaft
Oil content of right-hand swinging arm: Branded hypoid SAE 90, summer and winter
Quantity required: 7 fl.oz. (200 cc)

Final drive gears

	R 50 US	R 60 US	R 69 US
Reduction ratio	3.375:1	3.375:1	3.375:1
No. of teeth	8:27	8:27	8:27
Lubricating oil	Branded hypoid SAE 90, summer and winter		

Frame
Fully-enclosed duplex steel tube frame, without sidecar mounting lugs

Front suspension
Front forks: Telescopic, with double-acting high-capacity hydraulic shock absorbers and enclosed progressive-action coil springs.
Fixed fork tubes: High-temper steel, hard chromium plated
Sliding fork tubes: Cast light alloy
Lower fork bridge: Forged one-piece light alloy
Oil capacity per fork leg: 9.5 fl.oz. (280 cc)

Ölsorte	Stoßdämpferöl, Shell 4001 BP-Aero-Hydraulic 1 (BP Olex HL 2463)			Oil grade	Shell 4001 Shock absorber oil BP-Aero-Hydraulic 1 (BP Olex HL 2463)		
Federweg, Belastung 75 kg nach oben nach unten	139 mm 214 mm 75 mm			Suspension movement with 165 lb (75 kg) load Bump travel Rebound travel	8.4" (214 mm) 5.47" (139 mm) 2.95" (75 mm)		
Vorderrad-Nachlauf Lenkereinschlag	85 mm, nicht veränderlich ca. 40° nach jeder Seite			Front wheel castor Max. lock	3.347" (85 mm), fixed Approx. 40° to either side		
Reifengröße Reifen, hinten Schlauch, hinten	R 50 US 4,00–18 4,00–18	R 60 US 4,00–18 4,00–18	R 69 US 4,00 »S«–18 »S« 4,00–18	Tire sizes Rear tire Rear tube	R 50 US 4.00–18 4.00–18	R 60 US 4.00–18 4.00–18	R 69 US 4.00S–18 4.00S–18
Reifenluftdruck (atü) Fahrer allein Fahrer mit Sozius	Vorderrad 1,7 1,7	Hinterrad 1,8 2,0		Tire pressures Rider only Rider and passenger	Front tire 24 psi (1.7 atm) 24 psi (1.7 atm)	Rear tire 26 psi (1.8 atm) 28 psi (2.0 atm)	
Baumaße (Motorrad unbelastet) größte Breite	660 mm; R 69 US = 722 mm an Zylindern			Dimensions (unladen) Overall width	25.98" (660 mm)	28.43" (722 mm)	over cylinders
Sololenkerbreite größte Höhe Sattelhöhe größte Länge Radstand Bodenfreiheit	600 mm 995 mm 740 mm 2137 mm 1427 mm 150 mm			Handlebar width (solo) Overall height Seat height (rider) Overall length Wheelbase Ground clearance	23.62" (600 mm) 39.17" (995 mm) 29.13" (740 mm) 84.13" (2137 mm) 56.18" (1427 mm) 5.91" (150 mm)		
Gewichte Leergewicht[1]	R 50 US 195 kg	R 60 US 195 kg	R 69 US 199 kg	Weights Unladen weight[1]	R 50 US 430 lb (195 kg)	R 60 US 430 lb (195 kg)	R 69 US 439 lb (199 kg)
zulässige Radlasten hinten	320 kg	320 kg	320 kg	Max. permitted load on rear wheel	705 lb (320 kg)	705 lb (320 kg)	705 lb (320 kg)

[1] Leergewicht = Eigengewicht des betriebsfertigen Motorrades mit Schmier- und Kraftstoff und Werkzeug.

[1] Unladen weight = weight of motorcycle in road trim with lubricants, fuel and tools.

Beschleunigung				Acceleration			
von 0 auf 50 km/h in Sek.	3,2	2,8	2,6	0– 50 kph (31 mph) in (sec.)	3.2	2.8	2.6
von 0 auf 60 km/h in Sek.	4,1	3,6	3,3	0– 60 kph (37 mph) in (sec.)	4.1	3.6	3.3
von 0 auf 80 km/h in Sek.	6,8	6,0	5,3	0– 80 kph (50 mph) in (sec.)	6.8	6.0	5.3
von 0 auf 100 km/h in Sek.	10,3	8,8	7,5	0–100 kph (62 mph) in (sec.)	10.3	8.8	7.5
von 0 auf 120 km/h in Sek.	14,3	12,6	11,1	0–120 kph (75 mph) in (sec.)	14.3	12.6	11.1
von 0 auf 140 km/h in Sek.	—	—	16,0	0–140 kph (87 mph) in (sec.)	—	—	16.0
1000 m mit stehendem Start in Sek.	33,6	32,0	30,1	1000 m (1094 yd) standing start in (sec.)	33.6	32.0	30.1

Schmierstoffe	**Lubricants**
Motor	Marken-HD-Öl für Ottomotoren
unter 0° C	SAE 10 W 30
von 0° bis 30° C	SAE 30
über 30° C und bei sportlicher Fahrweise	SAE 40 Ölfüllmenge 2 Liter
Getriebe	Marken-Hypoidöl SAE 90, ganzjährig Ölfüllmenge 0,8 Liter
Hinterradschwinge	Marken-Hypoidöl SAE 90, ganzjährig Ölfüllmenge 200 ccm
Hinterradantrieb	Marken-Hypoidöl SAE 90, ganzjährig Ölfüllmenge 150 ccm
Vorderradgabel	Stoßdämpferöl Shell 4001, BP-Aero-Hydraulic 1* (BP Olex 2463*) pro Gabelholm 9,5 fl. oz (280 ccm)

Engine	Branded HD oil for 4-cycle petrol engines
below 32° F (0° C)	SAE 10 W 30
between 32° F and 86° F (0–30° C)	SAE 30
above 86° F (30° C) or for hard riding	SAE 40 Capacity 4.2 US pints (2 liters)
Gearbox	Branded SAE 90 hypoid gear oil summer and winter Capacity 1.7 US pints (0.8 liters)
Rear swinging arm	Branded SAE 90 hypoid gear oil summer and winter Capacity 7 fl.oz. (200 cc)
Final drive	Branded SAE 90 hypoid gear oil summer and winter Capacity 5 fl.oz. (150 cc)
Front forks	Shell 4001 shock absorber oil BP Aero-hydraulic 1* (BP Olex 2463*) Capacity 9.5 fl.oz. (280 cc) per fork leg

* besonders auch für Winterbetrieb geeignet.

* Particularly suitable for winter operation

Maße und Passungen

Kolbenring-Einbauspiele

Kolbenring-Flankenspiel in den Nuten (mm)	R 50 US	R 60 US	R 69 US
Kolbenring I	0,040—0,072	0,045—0,072	0,070—0,092
Kolbenring II	0,040—0,072	0,035—0,062	0,070—0,092
Kolbenring III	0,030—0,052	0,025—0,057	0,020—0,047

Kolbenbolzenpassung im Kolben	0,00 bis 0,006 mm
in der Pleuelbuchse	0,015 bis 0,026 mm

Stößel und Ventile

Laufspiel der Stößel im Motorgehäuse	0,01 bis 0,051 mm

Drehbares Rillenventil, Ventilschaft hartverchromt

Einlaßventil	Schaft ⌀ (mm)	Laufspiel in der Führung (mm)
R 50 US / R 60 US	7 −0,050/−0,065	0,040—0,070 mm
R 69 US	8 −0,050/−0,065	0,050—0,080 mm
Auslaßventil		
R 50 US / R 60 US	7 −0,065/−0,080	0,055—0,085 mm
R 69 US	8 −0,065/−0,080	0,065—0,095 mm

Ventilsitzringe im Zylinderkopf Einlaß-Ventilsitzring	0,05 bis 0,20 mm Preßsitz

Schraubenanzugsmomente

Motor	R 50 US	R 60 US	R 69 US
Schraube für Schwungradbefestigung	22 + 2 mkp		

Getriebe

Rundmutter, Gewinde M 16 Getriebeabtriebswelle – Mitnehmerflansch (Konusverbindung ohne Keil)	22 + 2 mkp

Kardanwelle

R 50 US   R 60 US   R 69 US

Sechskantmutter, Gewinde M 16, Kardanwelle–Kupplungsglocke (Konusverbindung ohne Keil)	24 + 3 mkp

Hinterradantrieb

Sechskantmutter für Kupplungsnabe–Ritzel	11 + 1 mkp
6 Stück Muttern für Deckelverschraubung	je 2 + 0,2 mkp

Vorderradgabel

Zentriermutter	12 mkp
Klemmring	1 bis 1,2 mkp
Federlager oben	12 mkp
Klemmschrauben an der unteren Gabelbrücke	3,3 bis 3,5 mkp
Verschlußbolzen am Dämpferrohr unten und Kolben (Federlager) oben	2,5 + 0,2 mkp

Dimensions and Clearances

Piston ring fitting clearances

Piston ring flank clearance in ring grooves		R 50 US	R 60 US	R 69 US
Top ring	in.	0.00158—0.00283	0.00177—0.00283	0.00276—0.00362
	mm	0.040—0.072	0.045—0.072	0.070—0.092
Center ring	in.	0.00158—0.00283	0.00138—0.00244	0.00276—0.00362
	mm	0.040—0.072	0.035—0.062	0.070—0.092
Lower ring	in.	0.00118—0.00205	0.00098—0.00224	0.00078—0.00185
	mm	0.030—0.052	0.025—0.057	0.020—0.047

Gudgeon pin clearance		
in piston	in.	0—0.00024
	mm	0—0.006
in connecting rod bush	in.	0.00059—0.00102
	mm	0.015—0.026

Pushrods and valves

Running clearance of pushrods in crankcase	in.	0.00039—0.00201
	mm	0.01—0.051

Self-rotating valve with grooved hard chromium plated stem

Inlet valve	Stem dia.		Running clearance in guide	
	in.	mm	in.	mm
R 50 US / R 60 US	0.2756 −0.00197/−0.00256	7 −0.050/−0.065	0.00158—0.00276	0.040—0.070
R 69 US	0.3150 −0.00197/−0.00256	8 −0.050/−0.065	0.00197—0.00315	0.050—0.080
Exhaust valve				
R 50 US / R 60 US	0.2756 −0.00197/−0.00256	7 −0.050/−0.065	0.00217—0.00335	0.055—0.085
R 69 US	0.3150 −0.00256/−0.00315	8 −0.065/−0.080	0.00256—0.00374	0.065—0.095

Valve seat rings in cylinder head	
Inlet valve seat ring	0.00591—0.00787" (0.15—0.20 mm) interference fit

Tightening torque values

Engine	R 50 US R 60 US R 69 US
Flywheel securing bolt	160 + 15 ft/lb (22 + 2 mkp)

Gearbox

M 16 round nut on gearbox output shaft drive flange (keyless taper fit)	160 + 15 ft/lb (22 + 2 mkp)

Cardan shaft

R 50 US   R 60 US   R 69 US

M 16 hex. nut on cardan shaft and clutch housing (keyless taper fit)	174 + 22 ft/lb (24 + 3 mkp)

Final drive

Hex. nut on clutch center/pinion	80 + 7 ft/lb (11 + 1 mkp)
6 nuts for threaded cover	each 14 + 1.5 ft/lb (2 + 0.2 mkp)

Front forks

Centering nut	87 ft/lb (12 mkp)
Clamp ring	7—8.7 ft/lb (1—1.2 mkp)
Top spring support	87 ft/lb (12 mkp)
Lower fork bridge clamp bolts	24—25.3 ft/lb (3.3—3.5 mkp)
Shock absorber tube lower end cap bolt and upper piston (spring support)	18 + 1.5 ft/lb (2.5 + 0.2 mkp)

Bodenverschraubung im Gleitrohr	12 + 1 mkp
Mutter M 8 × 1 (Verbindung Dämpfer–Bodenverschraubung–Gleitrohr)	2,3 mkp
Schutzblechbügel oben	2,3 mkp

Getriebe

Gangräder auf Buchsen	
1. und 4. Gang	0,04 bis 0,09 mm Spiel
2. und 3. Gang	0,02 bis 0,06 mm Spiel
Buchsen auf Welle	
1. Gang	0,005 bis 0,035 mm Spiel
4. Gang	0,005 bis 0,047 mm Spiel
Längsspiel der Nebenwelle	0,1 mm
Längsspiel der An- und Abtriebswelle im Gehäuse	0,1 mm

Hinterradantrieb

Wälzlager mit geteiltem Innenring auf Ritzel	Preßsitz 0,015 mm
Wälzlager mit geteiltem Innenring im Gehäuse	leichter Preßsitz (Gehäuse zur Montage auf ca. 80° C anwärmen)

Radfederung:

Teleskop-Vorderradgabel

Gabelstandrohr (hartverchromt) Außendurchmesser	$36\,^{-0,050}_{-0,075}$ mm
Zulässiger max. Radialschlag	0,1 mm
Gabelgleitrohr Innendurchmesser	$36\,^{+0,025}_{0}$
Laufspiel von Gabelgleitrohr auf Gabelstandrohr	0,050 bis 0,1 mm
Kolben auf dem Dämpferrohr Außendurchmesser	27,7 ± 0,1 mm
Gabelstandrohr Innendurchmesser	28 ± 0,15 mm
Laufspiel des Kolbens im Gabelstandrohr	0,05 bis 0,55 mm
Länge der Gabeltragfeder (entspannt)	540 mm

Spezialwerkzeug

Die zur Instandsetzung der Teleskop-Vorderradgabel erforderlichen Spezialwerkzeuge

1 Gabelspannholz	Bestell-Nr. 545
1 Montagebüchse	Bestell-Nr. 546
1 Schlagdorn	Bestell-Nr. 547
2 Lineale	Bestell-Nr. 548
1 Spreizkeil	Bestell-Nr. 549

können durch die Abteilung VKF bezogen werden.

Sliding tube lower threaded insert	87 + 7 ft/lb (12 + 1 mkp)
M 8 × 1 nut connecting shock absorber and sliding tube lower threaded insert	17 ft/lb (2.3 mkp)
Mudguard tubular hoop, top	17 ft/lb (2.3 mkp)

Gearbox

Pinions to bushes	
1st and 4th gear	0.00157–0.00354" (0.04–0.09 mm) play
2nd and 3rd gear	0.00078–0.00236" (0.02–0.06 mm) play
Bushes to shafts	
1st gear	0.00019–0.00138" (0.005–0.035 mm) play
4th gear	0.00019–0.00185" (0.005–0.0047 mm) play
Layshaft axial play	0.00394" (0.1 mm)
Input and output shaft axial play in housing	0.00394" (0.1 mm)

Rear wheel drive

Roller bearing with split inner race/pinion	0.00059" (0.015 mm) interference fit
Roller bearing with split inner race/housing	Slight interference fit (warm housing to approx. 176° F (80° C))

Suspension

Telescopic front forks

Fixed fork tube (hard chromium plated) extl. dia.	$1.417"\,^{-0.00197"}_{-0.00295"}$ $(36\,^{-0.050}_{-0.075}$ mm)
Max. radial runout	0.00394" (0.1 mm)
Sliding fork tube intl. dia.	$1.417"\,^{+0.00098"}_{-0}$ $(36\,^{+0.25}_{-0}$ mm)
Working clearance of sliding on fixed fork tube	0.00196–0.00394" (0.05–0.1 mm)
Piston on shock absorber tube: extl. dia.	1.091 ± 0.00394" (27.7 ± 0.1 mm)
Fixed fork tube intl. dia.	1.102 ± 0.00591" (28 ± 0.15 mm)
Working clearance of piston in fixed fork tube	0.00197 – 0.02165" (0.05 – 0.55 mm)
Length of fork spring (relaxed)	21.260" (540 mm)

Special tools:

The following are required for repair of the telescopic front forks:

1 Wooden block for fork tensioning, Ordering No. 545.

1 Assembly bush, Ordering No. 546.

1 Drift, Ordering No. 547.

2 Straightedges, Ordering No. 548.

1 Spreading wedge, Ordering No. 549.

These may be ordered from Dept. VKF.

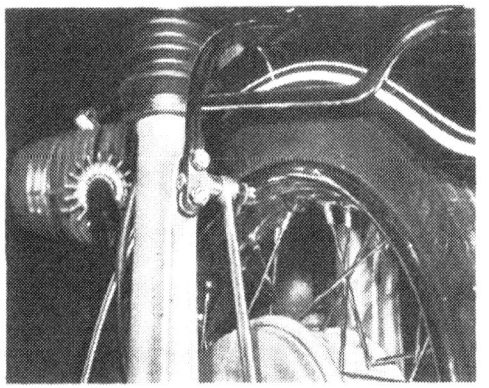

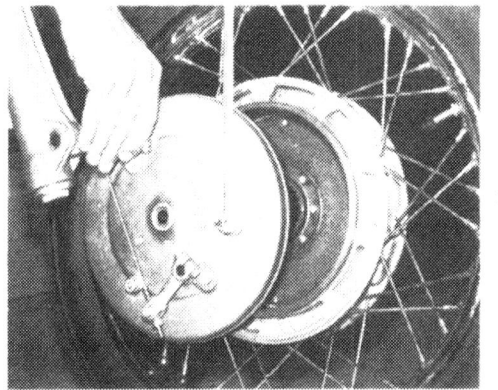

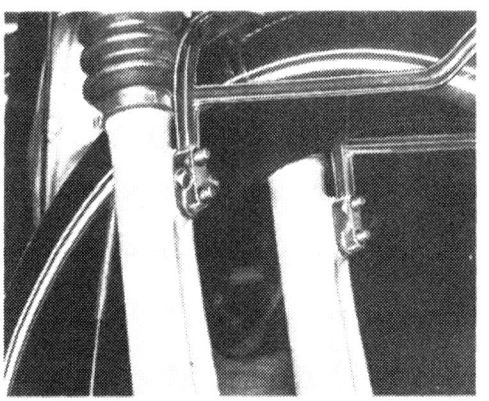

L 5 = Teleskop-Vorderradgabel und Lenkung aus- und einbauen

(Vorderrad ist eingebaut)

Vorderrad aus- und einbauen:

1. Motorrad auf Kippständer stellen und Motor unter Ölwanne sicher aufbocken, daß das Vorderrad frei ist.

2. Obere splintgesicherte Mutter SW 13 mit Scheibe nebst Innensechskantschraube 6 mm an der Bremsmomentstütze entfernen.
Bild 1

Achsmutter SW 22 mit Scheibe abschrauben, Klemmschraube der Vorderachse (6 mm Innensechskant) lockern und Vorderachse mittels Dorn herausziehen.
Bild 2

Achtung! Beim Wiedereinbau der leicht eingefetteten Vorderachse erst die Achsmutter festziehen (evtl. mit Steckdorn gegenhalten), anschließend Gabel mehrmals kräftig durchfedern, dann erst Klemmschraube festziehen. Durch diese Maßnahmen wird ein Verspannen der Gabelgleitrohre vermieden.

3. Vorderrad mit dem kompletten Bremshalter nach vorn herausnehmen.
Bild 3

Falls erforderlich, Seilzug vom Bremshalter aushängen; dazu Nachstellmutter SW 10 unter Gegenhalten an der Stellschraube so weit abschrauben, bis beide Gelenkbolzen aus den Bremshebeln genommen werden können.

4. **Schutzblech komplett mit Haltebügeln ab- und anbauen:**
Links und rechts je 2 Stopmuttern SW 13 am oberen und 2 Muttern SW 10 mit Federscheiben und Schrauben am unteren Schutzblechbügel entfernen. Schutzblech abnehmen.

Achtung! Beim Einbau das Schutzblech mit oberem Bügel erst lose auf die Stiftschrauben der Gleitrohre stecken. Unteren Bügel locker anschrauben.
Bild 4

Komplettes Vorderrad mit Bremshalter einbauen (Achsmutter festziehen, Gabel mehrmals kräftig durchfedern, Klemmschraube festziehen). Erst dann Schutzblechbügel festschrauben (Anzugsmoment für oberen Schutzblechbügel je 2,3 mkp).

L 5 = Removing and refitting telescopic front fork and steering

(Front wheel in position)

Removing and refitting front wheel:

1. Place motorcycle on center stand and prop securely under oil sump so that the front wheel is clear of the ground.

2. Remove upper SW 13 nut (secured with split pin), washer and 6 mm Allen screw on brake torque reaction stay.
Fig. 1

Unscrew SW 22 axle nut and washer (1).
Loosen front axle clamp bolt (6 mm Allen screw) (2) and drive out the front axle with the drift (3).
Fig. 2

Warning: Lightly grease the front axle before refitting, and tighten first the axle nut (prevent from turning with drift if necessary). Then compress the forks strongly several times before tightening clamp bolt.
This will prevent distortion of the sliding fork tubes.

3. Withdraw front wheel and brake plate complete towards the front.
Fig. 3

If necessary, detach the brake cable from the brake plate; to do this, prevent the setscrew from turning and unscrew the SW 10 adjusting nut until both nipples can be removed from the actuating levers.

4. **Detaching and refitting mudguard complete with retaining struts:**
Remove the 2 SW 13 locknuts on each side of the upper mudguard strut, and the 2 SW 10 nuts and spring washers on the lower strut at each side. Remove the mudguard.

Warning: When refitting, first place the mudguard with the upper strut loosely onto the sliding tube stud bolts. Screw on the lower strut without fully tightening.
Fig. 4

Refit the complete front wheel with brake plate (tighten the axle nut, compress the forks strongly several times, then tighten the clamp bolt). Only then should the mudguard strut be fully tightened (torque value for the upper strut 17 ft/lb = 2.3 mkp).

Reibungs-Lenkungsdämpfer aus- und einbauen:

5. Knebelschraube für Lenkungsdämpfer am Sterngriff oben ausschrauben und unten Druckplatte sowie oben Sicherungskappe und Sicherungsscheibe abnehmen.
   Bild 5

Dämpfungsscheibenhalter vom Rahmen abbauen: Mutter SW 13 mit Federscheibe, Schraube M 8 × 25 mit Scheibe, Distanzrohr und Gummischeiben (4 Stück) entfernen. Der Einbau erfolgt in umgekehrter Reihenfolge.
   Bild 6

6. **Scheinwerfer (ohne Abklemmen der Kabel) abbauen:**

Am linken Lenkergriff Schlitzschraube für kombinierten elektrischen Schalter ausschrauben und Schalter aushängen.
   Bild 7

Links und rechts am Scheinwerfer je eine Schraube SW 13 mit Scheibe, 2 Gummischeiben und Gummimuffe entfernen. Scheinwerfer vorsichtig nach unten hängen lassen.
   Bild 8

Achtung! Nach dem Anbau ist der Scheinwerfer wieder neu einzustellen (siehe Elektro-Anhang der Reparaturanleitung).

7. **Kompletten Lenker von oberer Gabelbrücke abbauen:**

An den Klemmböcken für das Lenkerrohr je 2 Muttern SW 13 mit Federscheiben entfernen.
   Bild 9

Lenker samt Armaturen und eingehängten Seilzügen am Tank auf weicher Unterlage ablegen.

8. **Gabel aus dem Rahmen aus- und einbauen:**

Beim Lösen bzw. Festziehen nachstehender Schraubverbindungen zum Schutz des Kraftstofftankes geeigneten Vier- oder Sechskantdorn zwischen Anschlagzapfen der unteren Gabelbrücke und Versteifungsstrebe am Lenkungskopf stecken. Verschlußkappen (Leichtmetall) links und rechts mit Zapfenschlüssel ausschrauben.

Beide oberen Federlager SW 36 mit darunterliegenden Paßscheiben herausschrauben (Anzugsmoment 12 mkp); auf die jeweils zur Tragfedervorspannung dienende Beilage achten.
   Bild 10

Removing and refitting friction steering damper:

5. Unscrew damper rod on lock knob above and remove pressure plate below as well as lock cap and lock cap and lock washer on top.
   Fig. 5

Detaching damper friction disc holder from frame:
Loosen SW 13 nut with spring washer and remove M 8 × 25 bolt with washer, distance piece and rubber discs (4 in all).
Refit in the reverse order.
   Fig. 6

6. **Detaching headlight (without disconnecting cables):**

Unscrew holding screw for combined electrical switch on left-hand handlebar, and remove the switch.
   Fig. 7

Remove SW 13 screws on either side of headlight, with in each case the washer, 2 rubber discs and rubber sleeve. Lower the headlight carefully until it is hanging freely.
   Fig. 8

Warning: After refitting the headlight, the beam must always be reset (see Electrical supplement to Repair Manual).

7. **Detaching complete handlebar from upper fork bridge:**

Remove 2 SW 13 nuts and spring washers from each of the handlebar tube clamping blocks.
   Fig. 9

Remove the handlebar with all controls and attached cables, and lower onto a soft surface previously placed on the fuel tank.

8. **Removing telescopic forks from frame, and refitting:**

Before loosening or tightening any of the threaded connections listed below, protect the fuel tank by inserting a suitable square section or hexagon drift between the lower fork bridge stop bracket and the steering head reinforcement strut.

Unscrew the (light alloy) end caps at left and right with a socket wrench. Then unscrew the two upper spring supports (SW 36) with the shims below (tightening torque 87 ft/lb = 12 mkp). Note the spacers used to preload the springs.
   Fig. 10

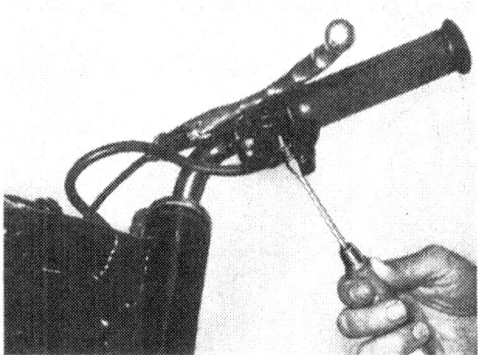

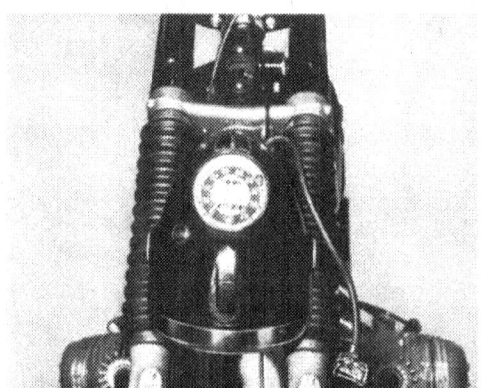

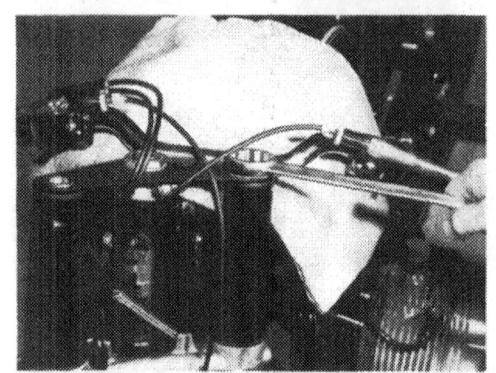

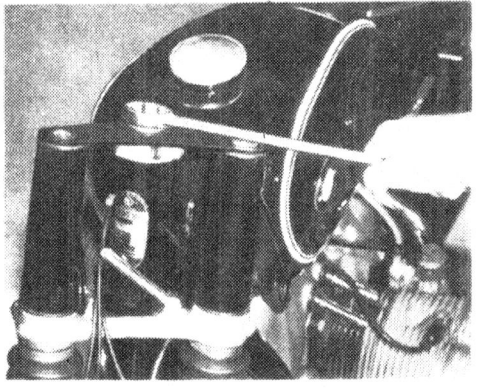

11

12

13

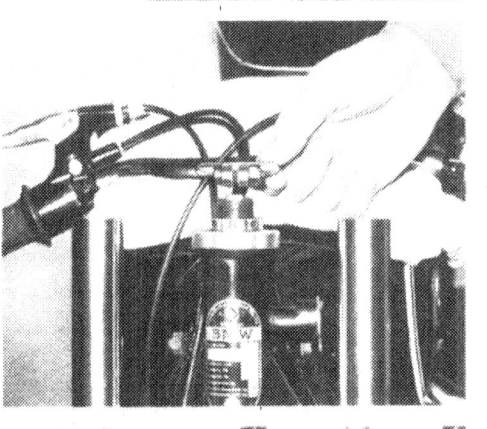

14

15

Zentriermutter SW 36 entfernen (Anzugsmoment 12 mkp) und obere Gabelbrücke abnehmen.
Bild 11

Achtung! Beim Wiederanbau auf den Verlauf der Seilzüge achten.
Bild 12

Scheinwerferhalter links und rechts nebst Gummiringen abziehen (untere Gummiringe besitzen Bohrung für Entlüftungsröhrchen in der Gabelbrücke).
Bild 13

Klemmschraube (Innensechskantschraube 6 mm) und Stopmutter SW 13 am Klemmring lockern (Anzugsmoment 1 bis 1,2 mkp); Klemmring abnehmen. **Bild 14**

Geschlitzte Kreuzlochmutter abschrauben, Schutzkappe für Laufringe entfernen.
Gabel nach unten aus dem Rahmen ziehen; evtl. durch leichtes Klopfen auf das Gabelführungsrohr mittels Kunststoffhammer nachhelfen. Auf Lagerkugeln achten.

Achtung! Zum Einbau Laufringe mit Fett versehen und je Lagerung 23 Kugeln verwenden. In den im Rahmen eingebauten Außenschulterlaufring **oben Kugelhalter** einsetzen und Kugeln einkleben.

Auf den Innenschulterlaufring der unteren Gabelbrücke ebenfalls einen Satz Lagerkugeln aufkleben. **Bild 15**

Gabel vorsichtig in den Rahmen einführen. Beachten, daß Kabelbaum und Tachowelle unterhalb der unteren Gabelbrücke verlaufen. Oberen Innenschulterlaufring sowie Schutzkappe für Laufringe auflegen und geschlitzte Kreuzlochmutter aufschrauben.

Lenkung einstellen: Kreuzlochmutter so weit festziehen, bis die Lenkung spielfrei ist. Mittels Kunststoffhammer jeweils Prellschlag auf Gabelführungsrohr unten und oben geben. Beim Festziehen des Klemmringes beachten, daß dabei die Gewindegänge der geschlitzten Kreuzlochmutter tiefer in das Gewinde des Gabelführungsrohres eingreifen und somit die Lagerung stärker vorgespannt wird. Evtl. Kreuzlochmutter ca. 1/8 Umdrehung lockern und Klemmring wieder festziehen. Die Lenkung ist richtig eingestellt, wenn **bei festgezogenem Klemmring** die Gabel nach beiden Seiten leicht beweglich ist, jedoch kein fühlbares Spiel in der Lagerung hat.

Remove the SW 36 centering nut (tightening torque 87 ft/lb = 12 mkp) and take off the upper fork bridge. **Fig. 11**

Warning: When refitting make sure that the cables run correctly.
Fig. 12

Draw off the headlight holder with rubber rings at left and right (the lower rubber rings are provided with a hole for the fork bridge bleed tube).
Fig. 13

Loosen the clamp bolt (6 mm Allen screw) and the SW 13 stop nut on the clamp ring. (Torque 7–8.7 ft/lb = 1–1.2 mkp.) Remove the clamp ring. **Fig. 14**

Unscrew the cross-head nut and remove the bearing race end cap.
Remove the forks downwards away from the frame. Assist if necessary by light blows of a plastic headed hammer on the fork guide tube. Ensure that the ball bearings are not lost.

Warning: Before refitting, coat the bearing races with grease and press in 23 balls per bearing. Insert the **ball retainer** into the external shoulder races when in position on the **upper end of the frame,** and press in the balls.

Press a set of balls into position on the internal shoulder race of the **lower** fork bridge.
Fig. 15

Carefully guide the forks onto the frame.
Make sure that the cable harness and speedometer drive shaft run below the lower fork bridge. Fit the upper internal shoulder race and bearing race end cap, and screw back the cross-head nut.

Adjusting steering: Tighten the cross-head nut until the steering is free from play. Using a plastic-headed hammer, tap the fork guide tube at top and bottom to take up slack. When tightening the clamp ring check that the threads of the cross-head nut penetrate further into the threaded section of the fork guide tube with each blow of the hammer, so that the bearing is more strongly preloaded. If necessary loosen the cross-head nut by approx. 1/8 turn and retighten the clamp ring. The steering is correctly adjusted when the fork can easily be turned to either side **with the clamp ring fully tightened,** but the bearings exhibit no detectable play.

9. **Gleitrohre aus- und einbauen:**
Ausgebaute Gabel entleeren durch Pumpbewegungen mit den Gleitrohren.
Gabel mit Spannholz Nr. 545 in den Schraubstock spannen.

Bild 16

9. **Removing and refitting sliding fork tubes:**
After removing the forks, compress the sliding tubes repeatedly to force out oil.
Fasten forks into vise with wooden clamping block No. 545.

Fig. 16

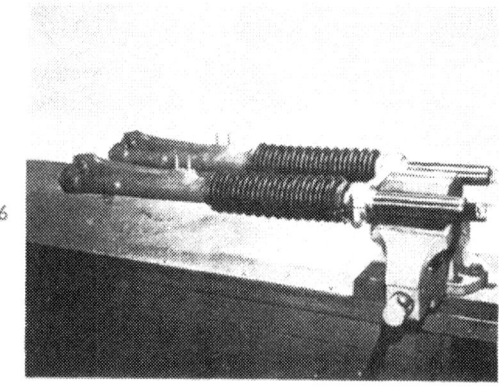

Je 2 Spannbänder am Gummibalg links und rechts genügend weit lockern.
Gummiverschlußkappen von den Bodenverschraubungen abnehmen, Mutter SW 13, Gewinde M 8×1, für Dämpferbefestigung abschrauben (Anzugsmoment 2,3 mkp), dabei mit Innensechskantschlüssel 4 mm gegenhalten.

Bild 17

Loosen the two clips on the rubber gaiters on either side as far as necessary.
Remove rubber closure caps from threaded base inserts, and unscrew the SW 13 nut and the M 8×1 threaded insert for the shock absorber attachment (tightening torque 17 ft/lb = 2.3 mkp), while preventing from turning with the 4 mm Allen screw.

Fig. 17

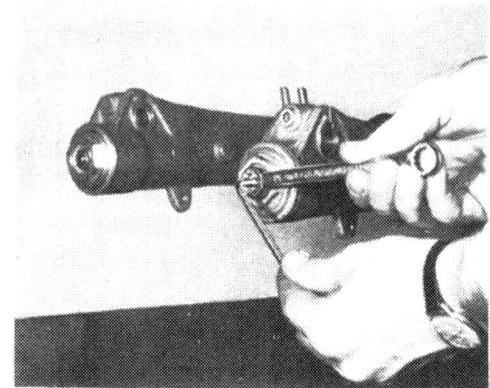

Gleitrohre abziehen, Gummibälge abnehmen.

Achtung! Beim Einbau neuer Abstreifringe in die Gleitrohre oben den Außenmantel der Abstreifringe mit Dichtungsmasse bestreichen und mit Vorrichtung Nr. 547 einpressen (dünne Dichtlippe und metallene Stirnfläche nach oben). Bei wahlweiser Verwendung von »KACO«-Abstreifringen sind diese ohne Dichtungsmasse und mit der offenen Seite nach unten einzusetzen.

Bild 18

Draw out the sliding tube and remove the rubber gaiter.

Warning: When fitting new scraper rings in the upper sliding tubes, coat the outer sleeve of the scraper rings with sealing compound and press in using device No. 547 (with the thinner sealing lip and metal face uppermost). "KACO" scraper rings are an optional fitting, and these should be fitted without sealing compound and with the open side downwards.

Fig. 18

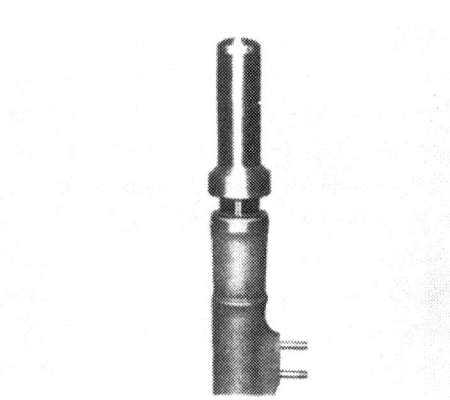

Muß die Bodenverschraubung abgenommen werden, bei Zusammenbau Verschraubung mit 12+1 mkp festziehen.

Bild 19

If the base threaded insert has to be removed, tighten on refitting to a torque of 87 ÷ 7 ft/lb (12 ÷ 1 mkp).

Fig. 19

Bei Montage der Gummibälge jeweils das Entlüftungsloch auf das Entlüftungsröhrchen in der unteren Gabelführung schieben.

Bild 20

When refitting the rubber gaiters, push each bleed hole onto the bleed tube in the lower fork guide.

Fig. 20

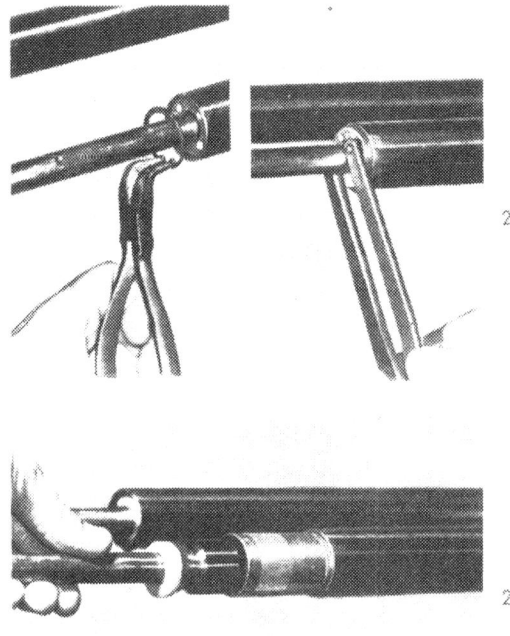

21

Dichtscheiben (Weichmetall) vom Verschlußbolzen des Dämpfers abnehmen.

Achtung! Beim Zusammenbau immer neue Dichtscheiben verwenden.

10. **Dämpfer aus- und einbauen:**
Sicherungsring an der Öldüse ausheben und Öldüse mit Zapfenschlüssel herausschrauben. **Bild 21**

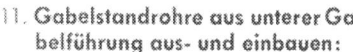

22

Dämpfer nebst Kunststoffanschlag und Tragfedern **nach unten** herausziehen.

Achtung! Beim Wiedereinbau des kompletten Dämpfers zum Schutz der Kolbenringe Montagebüchse Nr. 546 verwenden. **Bild 22**

Falls erforderlich, die Gabeltragfedern vom Dämpfer durch Rechtsdrehen auf- oder abwinden.
Bild 23

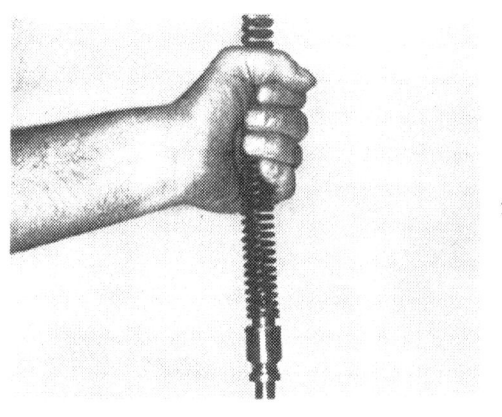

23

11. **Gabelstandrohre aus unterer Gabelführung aus- und einbauen:**
Stopmuttern SW 17 an der Gabelbrücke lösen (Anzugsmoment 3,3 bis 3,5 mkp). Spreizkeil Nr. 549 eintreiben und jeweils Standrohre herausziehen.

Achtung! Wird die untere Gabelbrücke ausgewechselt, so muß zum richtigen Einbau der Standrohre vorerst die untere und obere Gabelbrücke komplett nebst eingestellten Lenkungslagern in den Rahmen eingebaut sein (Klemmring und Zentriermutter festgezogen). Erst dann werden die Gabelstandrohre durch die untere Gabelbrücke bis zur satten Anlage an die obere Gabelführung eingeschoben. Klemmschrauben zur Befestigung der Standrohre mit 3,3 bis 3,5 mkp festziehen.
Bild 24

24

Wird nur ein einzelnes Gabelstandrohr ausgewechselt, so kann die genaue Einbauhöhe am gegenüberliegenden Standrohr abgenommen werden.

Prüfungen:
Besonders bei Beschädigungen der Gabel obere und untere Gabelbrücke, Gabelstandrohre sowie Gleitrohre auf etwa entstandene Haarrisse sorgfältig untersuchen.
Die ausgebauten Standrohre bei Auflage an beiden Enden auf Prismen (oder im Spitzenbock) auf Schlag prüfen (max. zulässig 0,1 mm). **Bild 25**

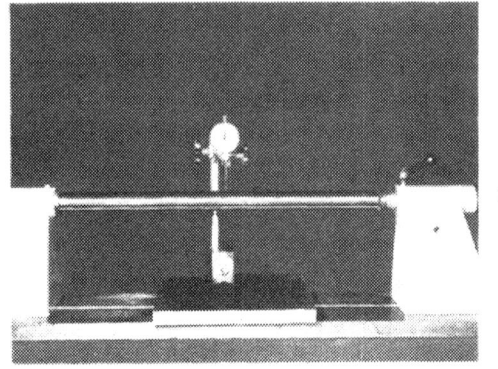

25

Remove the packing washers (soft metal) from the shock absorber closure plugs.

Warning: When refitting, always use new packing washers.

10. **Removing and refitting shock absorbers:**
Extract circlip from oil orifice and screw the oil orifice out using a socket wrench. **Fig. 21**

Withdraw the shock absorber with its plastic stop and the springs in a **downward** direction.

Warning: When refitting the complete shock absorber, use assembly bush No. 546 to protect the piston rings. **Fig. 22**

If necessary, unscrew the fork springs from the shock absorber by turning clockwise, or screw on accordingly.
Fig. 23

11. **Removing and refitting the fixed fork tubes at the lower fork guide:**
Unscrew the SW 17 stop nuts on the fork bridge (tightening torque 24–25.3 ft/lb = 3.3–3.5 mkp). Drive in a spreading wedge No. 549 and extract the fixed tube.

Warning: If the lower fork bridge is renewed, the fixed fork tubes cannot be correctly refitted unless the lower and upper fork bridges complete are installed on the frame and the steering correctly adjusted (clamp ring and centering nut fully tightened). Only then should the fixed fork tubes be passed through the lower fork bridge until they seat firmly against the upper fork guide. To secure the fixed tubes tighten the clamp bolts to 24–25.3 ft/lb (3.3–3.5 mkp) torque.
Fig. 24

If only one fixed tube is renewed, the exact fitted height can be measured from the remaining fixed tube.

Checking for damage:
If the forks are damaged, examine the upper and lower fork bridges, fixed and sliding tubes most thoroughly for hairline cracks.
Remove the fixed tubes, mount with both ends in Vee-guides (or between centers) and check for runout (max. 0.0039″ = 0.1 mm).
Fig. 25

Verbogene Standrohre dürfen **nicht nachgerichtet** werden. Dauerbruchgefahr!

Zur Prüfung der unteren Gabelbrücke zwei neue Standrohre einklemmen (Prüf-Einbaulänge 160 mm, gemessen von Oberkante Tragrohre bis zur bearbeiteten Fläche an der unteren Gabelführung).

Bild 26

a) Quer über die Enden der Gabeltragrohre 2 Prismen (Lineale) auflegen und evtl. Verzug feststellen durch Visieren.

Bild 27

b) Parallelität der eingebauten Standrohre mittels Schublehre prüfen.

c) Gabelführungsrohr zu den Standrohren auf genaue Flucht prüfen. Dazu obere Gabelbrücke aufbauen. Beide oberen Federlager (jeweils mit Paßscheibe) sowie die Zentriermutter müssen sich spannungsfrei aufschrauben lassen.

Bild 28

12. Dämpfer zerlegen und zusammenbauen:

Kompletten Dämpfer am Sechskant des Verschlußbolzens einspannen und Federlager am Dämpferrohr oben abschrauben. Nacheinander abnehmen: Federlager mit Kolbenringen, Dämpfventil und Ventilfeder.

Kugelventil ausbauen: Dämpferrohr am Dämpferanschlag vorsichtig zwischen Weichmetallbacken spannen und Verschlußbolzen ausschrauben.

Druckfeder und Kugel entnehmen.

Achtung! Die sorgfältig gereinigten Teile in umgekehrter Reihenfolge zusammenfügen.

Bild 29

Anschließend das Dämpferrohr am Sechskant des Verschlußbolzens einspannen und mit einem Drehmomentschlüssel am Sechskant des Federlagers beide Verschraubungen mit 2,5 + 0,2 mkp festziehen.

Bild 30

In die fertig montierte Gabel pro Gabelholm 280 ccm der vorgeschriebenen Ölqualität (siehe Anhang Seite 5) einfüllen und die Gabel 4- bis 5mal kräftig durchfedern, damit die Luft entweichen kann.

If fixed tubes are bent they must **never be realigned.** There is a danger of long-term fracture.

To check condition of lower fork bridge, clamp two new fixed tubes into position (fitted length for inspection purposes 6.3" = 160 mm) from the upper edge of the carrier tube to the machined face on the lower fork guide.

Fig. 26

a) Place two Vees (and straightedges) No. 548 across the ends of the fork carrier tubes and align visually to determine distortion, if any.

Fig. 27

b) Check that fixed tubes are parallel in fitted position by means of sliding calipers.

c) Check that fork guide tube aligns exactly with fixed tubes. To carry out this test, fit the upper fork bridge. Both upper spring supports (with shim in each case) and the centering nut must screw on easily without jamming.

Fig. 28

12. Dismantling and reassembling shock absorber:

Clamp the complete shock absorber into the vise by means of the hexagon end cap, and unscrew the spring support from the upper shock absorber tube.

Remove, in the following order: Spring support with piston rings, shock absorber valve and valve spring.

Remove the ball valve: carefully clamp the shock absorber tube at its stop into a vise, using soft metal jaws, then screw out the closure plug.

Remove the coil spring and ball.

Warning: Reassemble the parts in the reverse order after careful cleaning.

Fig. 29

Next, clamp the shock absorber tube by the hexagon end cap, and tighten both threaded unions to 18 + 1.5 ft/lb (2.5 + 0.2 mkp) at the hexagon on the spring support, using a torque wrench.

Fig. 30

Add 9.5 fl.oz. (280 cc) of the correct grade of oil (see page 5) to each leg of the forks after reassembly, then compress the forks strongly 4 or 5 times to bleed air from the interior.

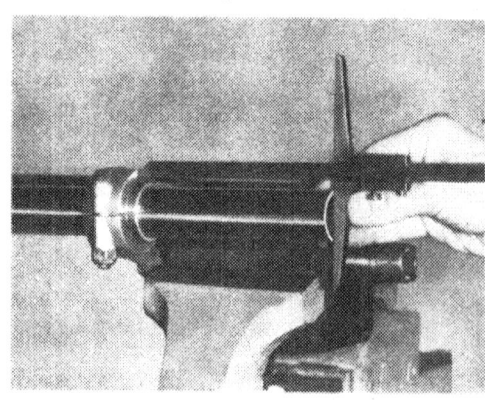

26

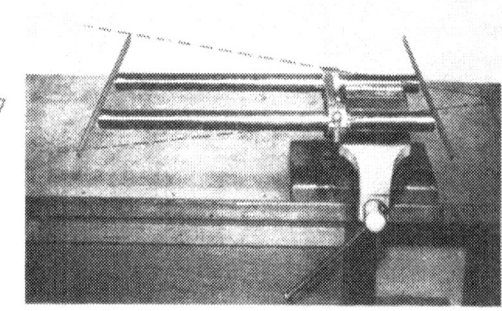

27

28

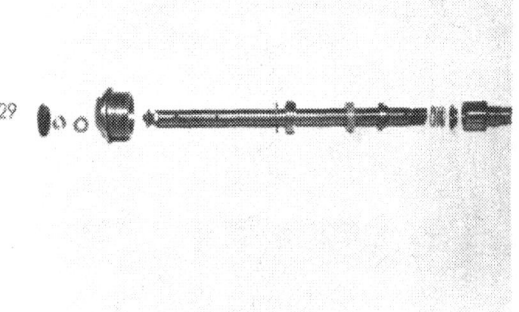

29

30

OTHER CLASSIC MOTORCYCLE MANUALS CURRENTLY AVAILABLE IN THIS SERIES:

TRIUMPH 1935-1939 MAINTENANCE & REPAIR MANUAL

All Pre-War single & twin cylinder models: L2/1, 2/1, 2/5, 3/1, 3/2, 3/5, 5/1, 5/2, 5/3, 5/4, 5/5, 5/10, 6/1, Tiger 70, Tiger 80, Tiger 90, 2H, Tiger 70C, 3S, 3H, Tiger 80C, 5H, Tiger 90C, 6S, 2HC, 3SC, 5T Speed Twin, 5S and T100 Tiger 100.

Much of the data is applicable to earlier models that utilize the following engines: *Single Cylinder:* 250cc OHV, 350cc SV, 350cc OHV, 500cc SV, 500cc OHV, 550cc SV and 600cc SV. *Twin Cylinder:* 500cc OHV and 650cc OHV.

TRIUMPH 1937-1951 WORKSHOP MANUAL (A. St. J. Masters)

The most comprehensive Workshop Manual available for pre swing-arm Triumph motorcycles. Covers rigid frame and sprung hub single cylinder SV & OHV and twin cylinder OHV pre-war, military, and post-war models: 2H, Tiger 70, Tiger 70C, 3S, 3H, Tiger 80, Tiger 80C, 5H, Tiger 90, Tiger 90C, 6S, 2HC, 3SC, 5T Speed Twin, 5S, T100 Tiger 100, 3HW, 3SW, 5SW, 3T, Grand Prix, TR5 Trophy and 6T Thunderbird.

Much of the data is applicable to earlier models that utilize the following engines: *Single Cylinder:* 250cc OHV, 350cc SV, 350cc OHV, 500cc SV, 500cc OHV and 600cc SV. *Twin Cylinder:* 350cc OHV, 500cc OHV and 650cc OHV.

TRIUMPH 1945-1955 FACTORY WORKSHOP MANUAL NO.11

The most comprehensive Workshop Manual available for pre-unit, twin-cylinder Triumph motorcycles. Covers the full line of rigid frame, sprung hub, swing-arm and 350cc models: 5T Speed Twin, T100 Tiger 100, TR5 Trophy, 6T Thunderbird, T110 Tiger 110 and 3T De-Luxe.

Much of the data is applicable to later models that utilize the following engines: Twin Cylinder 350cc OHV, 500cc OHV and 650cc OHV.

BMW FACTORY WORKSHOP MANUAL R50, R50S, R60, R69S

A reproduction of the factory workshop manual for the R50, R50S, R60, R69S twin cylinder series of BMW's. Also included is a supplement for the USA models: R50US, R60US, R69US.

The text and illustration captions are printed in English, German, French and Spanish and while the translations may at times be a little quirky, the data is comprehensive and invaluable to the BMW enthusiast.

BMW FACTORY WORKSHOP MANUAL R27, R28

A reproduction of the factory workshop manual for the R27 and R28 single cylinder series of BMW's, while quite scarce in the USA these were very popular models in Europe.

The text and illustration captions are printed in English, German, French and Spanish and while the translations may at times be a little quirky, the data is comprehensive and invaluable to the BMW enthusiast.

NORTON FACTORY TWIN CYLINDER WORKSHOP MANUAL 1957-1970

A reproduction of the factory workshop manual for both the *Lightweight Twins:* 250cc Jubilee, 350cc Navigator and 400cc Electra and the *Heavyweight Twins:* Model 77, 88, 88SS, 99, 99SS, Sports Special, Manxman, Mercury, Atlas, G15, P11, N15, Ranger (P11A) which makes this manual appropriate for all Norton models that utilized this series of 500, 600, 650 and 750cc engines through the 1970 model year.

PLEASE CHECK OUR WEBSITE OR CONTACT YOUR DEALER FOR AVAILABILITY
~ WWW.VELOCEPRESS.COM ~

OTHER CLASSIC MOTORCYCLE MANUALS COMING SOON IN THIS SAME SERIES:

ARIEL WORKSHOP MANUAL 1933-1951
All Single, Twin & 4 cylinder models

ARIEL MAINTENANCE & REPAIR MANUAL 1932-1939
LF3, LF4, LG, NF3, NF4, NG, OG, VA, VA3, VA4, VB, VF3, VF4, VG,
Red Hunter LH, NH, OH, VH & Square Four 4F, 4G, 4H

DUCATI OHC FACTORY WORKSHOP MANUAL
160 Junior Monza, 250 Monza, 250 GT, 250 Mark 3,
250 Mach 1, 250 SCR & 350 Sebring

HONDA FACTORY WORKSHOP MANUAL
250 & 305cc C.72 C.77 CS.72, CS.77, CB.72, CB.77 [HAWK]

HONDA FACTORY WORKSHOP MANUAL
50cc ~ 100, 110, C.100 & C.110

HONDA MAINTENANCE & REPAIR MANUAL 1960-1964
50cc ~ C.100, C.102, C.110 & C.114
125cc C.92 & CB.92 – 250cc C.72 & CB.72

NORTON MAINTENANCE & REPAIR MANUAL 1932-1939
16H, 16I, 18, 19, 20, 50, 55, ES2, CJ, CSI, International 30 & 40

SUZUKI FACTORY WORKSHOP MANUAL 250/200cc
T10, T20 [X-6 Hustler] T200 [X-5 Invader & Sting Ray]

VESPA MAINTENANCE & REPAIR MANUAL 1946-1959
All 125cc & 150cc models including 42/L2 & Gran Sport

VILLIERS ENGINE WORKSHOP MANUAL
All Villiers engines and ancillaries through 1947

VINCENT WORKSHOP MANUAL 1935-1955
All Series A, B & C Models

BRITISH MILITARY MAINTENANCE & REPAIR MANUAL
Service & Repair data for all British WD motorcycles

BRITISH MOTORCYCLE ENGINES
AJS, Ariel, BSA, Excelsior, JAP, Norton, Royal Enfield, Rudge, Scott, Sunbeam, Triumph, Velocette, Villiers &
Vincent ~ a compilation of 1950's articles from
The Motor Cycle dealing with engine design.

PLEASE CHECK OUR WEBSITE OR CONTACT YOUR DEALER FOR AVAILABILITY
~ WWW.VELOCEPRESS.COM ~

www.ingramcontent.com/pod-product-compliance
Lightning Source LLC
Chambersburg PA
CBHW060253240426
43673CB00047B/1917